孙中山与近代中国研究丛书

岭南文化与孙中山

（修订版）

胡波 ◆ 著

中山大学出版社
SUN YAT-SEN UNIVERSITY PRESS
·广州·

版权所有　翻印必究

图书在版编目（CIP）数据

岭南文化与孙中山/胡波著 . —修订版 . —广州：中山大学出版社，2017.9

（孙中山与近代中国研究丛书）

ISBN 978 - 7 - 306 - 06056 - 3

Ⅰ. ①岭… Ⅱ. ①胡… Ⅲ. ①地方文化—文化研究—广东 ②孙中山（1866—1925）—人物研究 Ⅳ. ①G127.65 ②K827 - 6

中国版本图书馆 CIP 数据核字（2017）第 115997 号

出 版 人：徐　劲
策划编辑：邹岚萍
责任编辑：邹岚萍
封面设计：曾　斌
责任校对：黄燕玲
责任技编：黄少伟
出版发行：中山大学出版社
电　　话：编辑部 020 - 84111996，84113349，84111997，84110779
　　　　　发行部 020 - 84111998，84111981，84111160
地　　址：广州市新港西路 135 号
邮　　编：510275　　传　真：020 - 84036565
网　　址：http://www.zsup.com.cn　　E-mail：zdcbs@ mail.sysu.edu.cn
印 刷 者：广东省农垦总局印刷厂
规　　格：787mm×1092mm　1/16　21.5 印张　408 千字
版次印次：1997 年 4 月第 1 版　2017 年 9 月修订版　2017 年 9 月第 2 次印刷
定　　价：68.00 元

如发现本书因印装质量影响阅读，请与出版社发行部联系调换

目　录

修订版序 …………………………………………………………… (1)
第一版序 …………………………………………………………… (1)

第一章　定格：文化与人 ……………………………………… (1)
　一、研究缘起 …………………………………………………… (1)
　二、问题的提出 ………………………………………………… (8)

第二章　阐释：岭南文化 ……………………………………… (13)
　一、岭南文化界说 ……………………………………………… (13)
　二、岭南文化的生成 …………………………………………… (19)
　　（一）先秦时期的岭南文化 ………………………………… (19)
　　（二）秦汉时期的岭南文化 ………………………………… (21)
　　（三）魏晋南北朝到明清时期的岭南文化 ………………… (24)
　　（四）近代岭南文化 ………………………………………… (29)
　三、岭南文化的结构 …………………………………………… (31)
　　（一）物质设备 ……………………………………………… (33)
　　（二）社会组织 ……………………………………………… (35)
　　（三）典章制度 ……………………………………………… (38)
　　（四）风俗习惯 ……………………………………………… (40)
　　（五）方言俚语 ……………………………………………… (40)
　　（六）宗教信仰 ……………………………………………… (42)
　　（七）文学艺术 ……………………………………………… (43)
　四、岭南文化的特征 …………………………………………… (43)
　　（一）开放融通性 …………………………………………… (45)
　　（二）动态发展性 …………………………………………… (46)
　　（三）新异实用性 …………………………………………… (46)
　　（四）多元层次性 …………………………………………… (47)
　　（五）商业商品性 …………………………………………… (48)

（六）家族本位性 ……………………………………………………… (48)
　　（七）大众参与性 ……………………………………………………… (49)
　　（八）经验直观性 ……………………………………………………… (50)

第三章　透视：岭南文化与岭南人 ………………………………………… (51)
　一、岭南方言与岭南人 …………………………………………………… (51)
　　（一）语言与文化 ……………………………………………………… (51)
　　（二）岭南方言的形成与分布 ………………………………………… (54)
　　（三）岭南方言与岭南人文化心理 …………………………………… (57)
　二、岭南人的个性心理 …………………………………………………… (60)
　　（一）岭南人的性格表征 ……………………………………………… (61)
　　（二）岭南人的气质特征 ……………………………………………… (63)
　三、岭南人中的典型 ……………………………………………………… (69)
　　（一）广府人的文化心理 ……………………………………………… (70)
　　（二）客家人的文化心理 ……………………………………………… (73)
　　（三）潮汕人的文化心理 ……………………………………………… (75)
　　（四）梁启超的个性心理 ……………………………………………… (77)
　　（五）洪秀全的个性心理 ……………………………………………… (80)

第四章　网络：孙中山与岭南文化 ………………………………………… (84)
　一、生活圈：孙中山与岭南生活方式 …………………………………… (85)
　　（一）生活方式与文化 ………………………………………………… (85)
　　（二）岭南生活方式与孙中山 ………………………………………… (86)
　二、学习圈：孙中山与岭南教育传统 …………………………………… (98)
　　（一）家庭教育 ………………………………………………………… (99)
　　（二）学校教育 ………………………………………………………… (104)
　　（三）社会教育 ………………………………………………………… (109)
　三、交游圈：孙中山与岭南人的联系 …………………………………… (113)
　　（一）交往关系的价值取向 …………………………………………… (114)
　　（二）关系效应 ………………………………………………………… (119)
　四、活动圈：孙中山与岭南文化圈 ……………………………………… (125)

第五章　潜影：岭南文化与孙中山的个性心理 ……………………… (133)
　一、同时代人眼中的孙中山 …………………………………………… (133)
　二、学者眼中的孙中山 ………………………………………………… (139)
　三、孙中山的个性心理 ………………………………………………… (145)
　　（一）外向型性格 …………………………………………………… (147)
　　（二）多血质与胆汁质合二为一的气质 …………………………… (163)
　　（三）超常的能力品质 ……………………………………………… (170)
　　（四）积极的个性倾向和强烈的自我意识 ………………………… (179)
　四、孙中山的个性与岭南文化 ………………………………………… (183)

第六章　烙印：岭南文化与孙中山的思维方式 ……………………… (192)
　一、问题的提出 ………………………………………………………… (192)
　二、岭南文化与孙中山的思维模式 …………………………………… (198)
　　（一）两种思维方式的比较 ………………………………………… (199)
　　（二）孙中山的思维模式与岭南文化 ……………………………… (205)
　三、岭南文化与孙中山的致思途径 …………………………………… (217)
　　（一）致思途径的文化差异 ………………………………………… (217)
　　（二）岭南人的致思途径 …………………………………………… (219)
　　（三）孙中山的致思途径 …………………………………………… (221)

第七章　底色：岭南文化与孙中山的情感世界 ……………………… (232)
　一、岭南人的情感世界 ………………………………………………… (232)
　二、孙中山的情感世界 ………………………………………………… (240)
　　（一）执着而又淡泊的爱情 ………………………………………… (241)
　　（二）无私而又有情的伦常之性 …………………………………… (249)
　　（三）坦率而又真诚的友情 ………………………………………… (256)
　　（四）炽烈而又持久的爱乡爱国情 ………………………………… (266)

第八章　定向：岭南文化与孙中山的行为方式 ……………………… (276)
　一、问题讨论 …………………………………………………………… (276)
　二、南北中国人的行为方式 …………………………………………… (279)
　三、孙中山的行为方式 ………………………………………………… (291)

（一）"敢为天下先"——敢于冒险、勇于开拓型的行为
方式 ·· (291)
（二）"适乎世界之潮流，合乎人群之需要"——开放主动、
积极进取型的行为方式 ······································ (298)
（三）"天下为公"——崇尚风骨、气节与道德的行为方式
·· (302)

第九章　局限：岭南文化与孙中山的历史命运 ················ (309)
　一、影响了孙中山与同志间之关系 ······························ (311)
　二、影响了孙中山理想和愿望之达成 ··························· (312)
　三、影响了孙中山思想理论体系之建立 ······················· (315)
　四、影响了孙中山的自我认识和形象塑造 ···················· (317)

参考书目 ·· (320)

第一版后记 ·· (325)

修订版后记 ·· (328)

修订版序

林家有

胡波的大作《岭南文化与孙中山》（修订版）即将由中山大学出版社出版与广大读者见面了，我为他对这部具有学术价值的研究课题的完善表示祝贺。

近十多年来，由于工作的关系，我与胡波接触较多，尤其是他到中山大学攻读博士学位后，彼此之间过从甚密，我们经常在一起切磋学术问题、交流研究情况，教学相长相互学习和启发。胡波不仅求知的兴趣广泛，读书的范围极广，而且研究问题刻苦勤奋，锲而不舍，所以研究成果一个接着一个。胡波原来的研究方向不是孙中山，他从武汉大学历史系攻读研究生获取硕士学位后，便离开条件优越的大城市主动投奔广东，到了孙中山的故乡中山市，在中山学院（原孙文学院）从事教学和研究工作。他作为中山市的一位移民，在中山市生活久了，孙中山的名字牢牢地吸引了他，孙中山的事业和历史功绩便深深地鼓舞了他，中山人的开拓创业精神也必然强烈地震撼了他，因而，他对孙中山怀抱着深厚的感情，立志要在孙中山研究中有所建树。他凭借强烈的事业心和执着的追求，默默地埋头苦干，不怕困难，勇于开拓和创新，终于成功了。因此我对他怀有几分敬佩，并热切地期望他有更多的孙中山研究优秀成果问世。

作为伟大的爱国者、民主革命和中国近代化建设的先驱者——孙中山，他虽逝世已经90多年了，但90多年来国内外研究孙中山的学者坚持不懈，孜孜以求，出版的研究成果可谓丰富极了，其中有生平传记，有功德事功，有思想学说，有道德品格，也有时人和后人的追忆，各种出版物林林总总，种类繁多。孙中山研究工作做得那么多，取得的成果也不少，是不是已经到了无文可做、没有什么问题可以再研究了呢？胡波的《岭南文化与孙中山》给了我一个新的启示，那就是孙中山的研究没有完结，应该做的课题还不少。像孙中山这样一位世纪伟人，中华民族的英雄，他的经历如此惊心动魄，他的思想体系如此博大精深，他接触的人如此广泛，涉及的国家又那么多，他处理的事如此繁多，而他对人类对中国社会的影响和贡献又如此深远和巨大。毫无疑问，孙中山的研究还有许多问题可以研究，比如，他爱国、革命和建设国家的核心思想，他屡遭挫折，救国、强国的奋斗精神和坚忍不拔的意志不曾稍衰，以及他建设国家、社会，实现民有、民治、民享，追求人类和谐，建构幸福社会，等等课题，都是具实现"天下为公"和"世界大同"的理想信仰。这些课题有学术的重大价值，又有深刻的现实意义。所以，孙中山研究不能"淡化"，但必须深化和拓展。

所谓深化，就是要在理论、方法上有所提升，避免僵化、死板的简单重复和表层的状态性研究，要根据新的资料研究新的问题，也可以利用旧的资料将问题做深做细，要将孙中山的奋斗经历和思想说清楚，讲明白。要将他放在特定时代的国家大视角、世界的大空间去研究他的思想与行为对全人类、对中华民族复兴的特殊贡献，总结他在追求近代化、追求世界和平和人类进步的奋斗中所具有的地位。应该重点研究难点问题，解决疑点问题。从表层到深层，从他的生平事功深入到他的人格特征，从他的思想特征深入到他的行为取向，从他接受的文化教育深入到他的品质、道德、人格的确立。孙中山是政治家，又是思想家。从政治家的角度，要研究他与前后政治家、同时代政治家的异同，研究他的国家学说和治国方略，以及他的功德和成败；从思想家的角度，要研究他的独特思想的产生、形成、思想的渊源，以及他在世界和中国思想史中的重要地位。孙中山是中国民主革命和近代化建设的领导者、规划者，他与他的战友、朋友的关系，对广大劳动人民生活的关怀爱护，总之，孙中山接触的人很多，人际关系如何？都必须重视研究。研究孙中山切戒党派化、政治化、意识形态固定化，要还原孙中山作为中华民族优秀代表的地位，他的思想是中华民族的共同精神财富。但因世界是中国的世界，中国是世界的中国，孙中山为争取中华民族的独立、民主和富强而奋斗终生的思想，既是维系中华民族团结、统一的精神纽带，当然也是世界范围内追求民主进步和文明事业人士的精神财富。孙中山不仅属于中国，也属于全世界全人类。

所谓拓展，就是要开辟新的研究领域。孙中山的生涯跨越了两个世纪，贯串着两个世界和两个时代。他接受了传统文化的教育，又受西方文化的熏陶，他重视研究和调查中国的国情，又广泛地关注各国的政治、社会和文化，他接触了世界各地的学者名流和政界要人，他考察和访问过欧美、亚洲许多国家和地区，又广泛深入海外华人华侨社会。他学贯中西，了解中外，又热爱祖国，崇拜民族英雄；他崇尚耶稣，又推崇佛学，他主张信教自由，宗教与政治提携，如此等等，都说明孙中山思想的多元性、复杂性。所以要重视研究孙中山经历和思想的复杂性、多元性和矛盾性；更要注意研究孙中山对人对事的原则性与灵活性，对帝国主义国家的认识与行为的反差性，对中国国情的了解和对社会认识的坚实性，以及他追求中国近代化的思想与主张对世界对中国现代化进程所产生的影响。总之，无论是对孙中山的思想和实践，还是对他放眼世界结交世界各类人士寻求救国真理，对他的人格品质、功利观念，都还有大量可开拓的领域，还有大量的工作等待我们去做。要开拓研究新领域，就要选择一些过去研究较为薄弱，或没有人做过研究的新问题，用新的视角和思维进行研究。开拓创新孙中山研究范围和方向，是一项艰辛的工作任务，相信孙中山研究的工作者会再接再厉，勇于探索，敢于开拓，不断出现更多更优秀的新成果。

胡波的《岭南文化与孙中山》就是一部具有开拓性的值得一读的好书。作者试图在更广阔更深层的范围内，通过对文化功能的分析，探索文化尤其是岭南文化对孙中山的个性、思想和实践诸方面的影响，对孙中山的文化思想进行一次深层的历史学的阐释。我认为，本书有几点是很突出的创新：

第一，本书从人与文化的关系来建构自己的观点，通过阐释岭南文化的特征和岭南人的个性心理、文化心理来比照孙中山的个性特征、感知方式、思维特点、审美情趣等，说明孙中山的成长与岭南文化的关系。本书通过对孙中山内心世界的分析研究，帮助我们了解孙中山思想行动中某些令人难以索解的矛盾问题，从而改变了过去只重人物的外在表现和行动的倾向、忽视对人们内心世界进行研究的弱点，弥补了过去孙中山研究的不足，开辟了一个新的研究领域。

第二，本书从孙中山的生活圈、学术圈、交流圈、活动圈来考察岭南文化对孙中山外向型性格，以及他积极的个性倾向和强烈的自我意识形成的影响，从而揭示孙中山性格结构中的情绪特征、理智特征和对人、对己、对事、对物，以及与革命事业的关系。书中指出："在对孙中山性格和个性形成的研究中，人们往往只是强调海外文化和儒家文化对孙中山的双重影响，却忽视了地域文化对孙中山的陶冶作用。"强调要重视地域文化（亚文化）对推动孙中山独特个性、思想认识和实践活动的作用，从而探讨孙中山的文化性格和文化归属，说明孙中山与岭南文化之间的密切关系，对孙中山的思想理论、个性特征和行为取向作文化学上的阐释，这就为孙中山的研究提供了一个思考问题的广阔天地。

第三，本书采用历史心理学、文化学、社会政治学的方法来研究地域文化对历史伟人孙中山的思想理论、性格特征形成和制约的作用，这是一种有益的新尝试。书中引用了丰富的材料，吸收了大量中西方学者的研究成果，有助于人们了解孙中山研究的新情况、各种事件的背景，以及各种观点的渊源。这是一个负责任的学者应该坚守的一项重要原则，也是一个历史学家必须具备的条件。

当然，不是说胡波这部新作已经十全十美，不足之处也是有的。比如，人与文化的关系，尤其是孙中山的思想形成，文化陶冶、吸收和对他思想行为、人格、品性的影响，毋庸置疑是孙中山研究中的一个重要问题，但是两者之间的关系很复杂，它不可能是简单的被动的单向影响，因为人选择文化，文化陶冶人，所以人与文化的关系，归根到底是你选择了我，我也选择了你，你陶冶了我，我改造了你。孙中山受中外多元文化的影响，是中外文化共同造就和培养的世界性人物，究竟何种文化是影响孙中山的主流文化，中华文化（比如岭南文化）与西方的资产阶级文化（比如孙中山所说的泰西文化）究竟何者为主、何者为从，应该如何说明传统文化与西方文化之间的关系，我也讲不清，但不能过于强调某一方面，而忽略了另一方面。

胡波这本书有自己鲜明的特色，给人一种新颖的感觉，探讨了一些前人比较忽略的问题，解决了一些前人未曾充分注意到的问题。从文化的视角去研究文化（这里主要讲地域文化）对孙中山成长和治国、对事对人的关系的影响，本书算是第一部，也是胡波对孙中山研究的一大贡献。

胡波爱用脑、勤思考，他才思敏捷，知识面广，又勤奋执着，相信他今后会在学习和研究中发挥其聪明才智，施展其学术研究的热情和抱负，在深化和拓展自己的研究方法和思路的过程中，必定会有更多的佳作问世。就说这些浅见，与胡波共勉！

2017 年 6 月 20 日于中山大学历史学系

第一版序

陈胜粦

鸦片战争以后，岭南以其独特的地理位置和时代机缘，从得风气之先的地区，而成为近代中国开风气之先的地区。面对"先进的西方"和"侵略的西方"的双重挑战，岭南人怀着爱国的情感，在憎恨和反抗"侵略的西方"的同时，又带着追求进步的理性去师法"先进的西方"，对西方的双重挑战作出了积极而又健康向上的"双重回应"。经过对爱国的情感和追求进步的理性之间的冲突进行合理的调适之后，岭南地区的文化精英以开放而又健全的心态，在融汇中西优秀文化传统的基础上，不仅实现了创造性的文化转换和文化重构，而且也完成了由"得风气之先"向"开风气之先"的飞跃，孕育了推动中国文化向近代形态转变的岭南近代文化精神。

岭南文化的创造性转换，和"得风气之先"与"开风气之先"二者的良性循环，无疑是岭南人，尤其是岭南文化精英自我调适、理性选择和融汇创新的结果。这批文化精英，包括了从林则徐、梁廷枏到康有为、梁启超、孙中山等，在不同时期对岭南文化的近代化作出不同程度贡献的人物。他们在得近代西方风气之先和前人开风气之先的双重文化优势基础上，吸纳、融汇中西先进文化，不断地充实、提升和强化岭南近代文化精神，从而使岭南近代文化始终处于不断继承和不断建构的变动状态。通过融贯中西文化肌理重新建构的岭南近代文化，又以其巨大的穿透力对岭南乃至全国产生一定的文化辐射。生活在岭南文化区域内的文化人，在创造这种文化的同时，又被这种文化所陶铸，而成为岭南近代文化的载体，此所谓"人创造文化，文化又塑造人"。"人与文化"的互动关系，学术界已有不少学者从理论上和宏观上进行探讨。胡波新著的《岭南文化与孙中山》一书，则着重从微观上为我们深入研究"文化与人"这一课题提供了一个颇具特色的个案。

无论是从"人创造文化"这个角度来分析，还是从"文化塑造人"这个角度去研究，孙中山与岭南近代文化之间的互动关系，无疑是一个具有典型性的重要课题。因为，面对近代西方的双重挑战，孙中山一方面表现出强烈的爱国精神，对西方的侵略表现了坚决反抗和斗争的态度；另一方面，他对西方近代物质文明和精神文明又采取了冷静而客观的理性态度。由于他坚持对西方近代文明采取"取法乎上"的原则,因而不仅较早地实现了"从学习西方器物到学习西方政制的飞跃",实现了"从传统的民本主义到近代民主主义的飞跃",而且也实现了"对西方文明从单纯学习到有所借鉴、有所批判、有所改造、有所创新的飞跃"。① 从这个意义上说,孙中山无疑是岭南近代文化的最优秀代表。他继往开来,得风气之先,又开风气之先,在会通中西和熔铸古今的历史文化精华基础上,将岭南近代文化推向了新的发展阶段。他自己也在这种文化的继承和重构过程中,受到模铸、陶冶和制约,成为岭南近代文化精英中的典型。

胡波在《岭南文化与孙中山》一书里,从"文化塑造人"这个角度出发,着重探讨了"岭南文化与孙中山的个性心理""岭南文化与孙中山的思维方式""岭南文化与孙中山的情感世界""岭南文化与孙中山的行为方式"等一些新问题。对这些问题的探讨,无疑有助于孙中山研究与岭南文化研究的深入,读后不仅令人有耳目一新之感,而且也给人们提供了不少启示。

岭南文化对孙中山的影响,是毫无疑问的。问题是如何区分岭南文化、中国传统文化和西方近代文化各自对孙中山的影响,如何确认岭南文化对孙中山产生影响的范围、程度、方式、途径,等等。本书作者在论述岭南文化对孙中山的个性、思想和实践活动有着深刻、持久的影响的同时,充分肯定了中国传统文化、西方近代文化在孙中山的个性、思想、活动中的特殊地位和重要作用,这是完全必要的,不可忽略和不容低估的。然而,从中国近代文化和岭南近代文化发展的脉络看,岭南文化所开创的近代精神,实际上已成为中国近代文化发展的主流,它反映了中国近代文化发展变化的趋势。从这个意义上说,强调岭南文化对孙中山的言行产生过深刻的影响,还是比较合乎实际的。

过去,我们研究历史人物,比较注意历史人物的言论和外在行为表现,较少触及历史人物的内心世界,特别是对历史人物的性格、气质、能力、兴趣、情绪、情感、思维、行为方式等问题缺乏深入的研究。对孙中山的研究亦是如此。本书作者注意到了这些问题,既从孙中山的生活圈、学习圈、活动圈等方面,阐述了岭南文化与孙中山之间的外在联系,又从个性心理、思维方式、情感世界和行为方式等方面,探讨了岭南文化与孙中山之间的内在联系。这种力图从表层向深层的研究,有助于深化人们对孙中山这位伟人的认识。

"岭南文化与孙中山",其实又是一个牵涉面很广的课题。本书作者的

---

① 陈胜粦:《关于孙中山向西方学习的若干问题思考》,载《中山大学学报论丛·孙中山研究论文集》1995 年第 12 期。

尝试，其精神是很可贵的，但不足之处也在所难免。有些问题，如对岭南人与北方人性格气质的比较研究，对思维方式和行为方式的研究，等等，则有待进一步推敲或作深一层的研究。

胡波同志是一位勤勉好学的青年学者，我祝贺他写出了这一本颇具特色、值得一读的好书，也预祝他在学术研究上取得更大的成绩。是为序。

1996 年 11 月 23 日

第一章 定格：文化与人

一、研究缘起

1925年3月12日，孙中山先生与世长辞了。

巨星陨落，举国悲咽。这位一生为"登中国于富强之域"，"亟拯斯民于水火"，"以革命精神，兴义师、倒专制，登吾民于衽席；本博爱主义，扶小弱、抑强暴，跻世界于大同"，① 不停地组织革命活动和终身坚守高尚人格的伟人之死，引起了海内外各界人士的深切关注和沉痛悼念：

——孙中山的追随者邵力子送来了挽联："举世崇拜，举世仇恨，看清崇拜或仇恨是些什么人，愈见先生伟大；毕生革命，毕生治学，倘把革命与治学分成两件事，便非吾党精神。"

——中山先生的另一个追随者赵祖康也送来了挽联："毁公半天下，哭公半天下，毁公者不识公，哭公者未能继公，伤哉死者有应，恐难瞑目；祸国有人焉，爱国有人焉，祸国也难言国，爱国也可曾救国，殆已国亡无日，孰不痛心。"

——远在越南的潘佩珠，这位越南民族解放运动的领导者，更没有忘记往日与孙中山先生的友谊，闻此噩耗，倍感悲伤，撰一挽联以寄哀思："志在三民，道在三民，忆横滨致和馆几度握谈，卓有精神贻后世；忧以天下，乐以天下，被帝国主义多年压迫，痛兮余泪泣英雄。"

——四川靖国联军副总司令卢师谛在重庆追悼孙中山大会所写的挽联，表达了军人对孙中山先生精神人格的崇敬之情："不自谋、不私怨、不任术、不好名、不苟同、不附欲、不巧不伐、不屈不挠、不以退为进，毕生勋烈，只是光明真实做来，论四十年光明艰难，到底成功在此；有主义、有方略、有新思、有远识、有魄力、有精神、有情有义、有勇有谋、有杀身成

---

① 刘作忠编：《挽孙中山联选》，山西高校联合出版社1994年版，第281页。

仁、盖世模范、纯从学历志行流出，系亿万众平民忧乐，那堪继起无人。"①

——中国共产党创始人之一李大钊有感于中山先生之死，思前想后，百感交集，巨笔一挥，写下了气势磅礴而意味深长的长联。上联云："广东是现代思潮汇注之区，自明季迄今兹，汉种子遗，外邦通市，乃至太平崛起，类皆孕育萌兴于斯乡；先生挺生其间，砥柱于革命中流，启后承先，涤新淘旧，扬良族主义，决将再造乾坤；四十余年，殚心瘁力，誓以青天白日满地红旗，唤起自由独立之精神，要为人间留正气"；下联云："中华为世界列强竞争所在，由泰西以至日本，政治掠取，经济侵凌，甚至共管阴谋，争思奴隶牛马尔家国；吾党适于此会，丧失我建国山斗，云凄海咽，地黯天愁，问继起何人，毅然重整旗鼓；亿兆有众，惟工与农，须本三民五权群策群力，遵依牺牲奋斗诸遗训，成厥大业慰英灵"。

长歌当哭，痛定思痛。孙中山在世时，人们似乎对他有较多的误解或许多微词，或认为他的思想超时，或认为他的主义不切实际，或认为他的言谈太空太泛而缺少实际的行动……但当他真正离人们远去、做了古人时，人们这才感到其人格、精神和种种思想主张之重要了，才渐渐地意识到他是一位真正伟大的人物。大概世人就是如此，过分地看重实际的效用和眼前的利益，而缺少深谋远虑的智慧，对于那些勇于探索、追求真知、寻找人生终极目标的哲人、智者，他们历来就不肯轻易地原谅，即使内心深处生发出某种同情和惋惜，也往往是在哲人、智者变作古人之后，因为人们大都对死者格外宽容，而加倍地苛责活人，这也许是世俗的悲哀。林肯，这位美利坚合众国的有功之臣，不就是在被反对者枪杀后人们才称他是位英雄吗？马克思就曾对这种不公平的现象大发感慨，他说："当旧大陆和新大陆都群情激愤的时候，我的任务不是要倾泻悲痛和愤怒的言辞。就连那些被雇用的诽谤者，他们成年累月地、不辞劳苦地、息息法斯式地（西西弗斯神话——著者注）对阿伯拉罕·林肯和他所领导的伟大共和国进行了精神上的暗杀，现在也在人民的这种愤懑情绪的总爆发面前吓得目瞪口呆，争先恐后地将辞令的花朵撒满他的陵墓。他们现在终于明白了：这是一个不会被困难所吓倒、不会为成功所迷惑的人；他不屈不挠地迈向自己的伟大目标，而从不轻举妄动，他稳步向前，而从不倒退；他既不因人民的热烈拥护而冲昏头脑，也不因人民的情绪低落而灰心丧气；他用仁慈心灵的光辉缓和严峻的行动、用幽默的微笑照亮为热情所蒙蔽的事态；他谦虚地、质朴地进行自己宏伟的工作，决不像那些天生的统治者们那样做一点点小事就大吹大擂。总之，他是一位达到了伟大境界而仍然保持自己优良品质的罕有的人物。这位出类拔萃和道德高

---

① 刘作忠编：《挽孙中山联选》，山西高校联合出版社1994年版，第652页。

尚的人竟是那样谦虚,以致只有在他成为殉难者倒下去之后,全世界才发现他是一位英雄。"① 孙中山在世时虽然也曾以其革命的热情和勇气,以及他的三民主义主张赢得过较大的声誉,但他真正崇高的品格和伟大之处,还是在后人的发掘和宣传过程中,才逐渐地展现出来的。孙中山与林肯,他们终身努力的方向似乎相同,而两者还有不同的地方。孙中山的事业在中国而不在大洋彼岸,他所面临的是贫穷落后、封闭保守、四分五裂的乡土社会和缺乏进取精神与自我牺牲勇气的大众。因此,他更需要被理解,更需要多数人的支持。也许孙中山期望太高,性情太急,或者不落群俗,曲高和寡,他的伟大和超人之处才会如此一点一点地被发现和肯定,他的完整的崇高的形象因此也只能是在争论和辨析的过程中缓慢地树立起来。

理解不仅需要智慧,而且需要勇气。孙中山生前好友之一陈少白沉痛地鸣咽:"失败云乎哉!行道期百年,唾弃小就,力赴大同;虽在颠沛弥留中未尝稍懈。流俗今已矣,入世垂四十载,驱策群雄,招来多士,为问真知己,真同调?究属阿谁?"② 四川成都商会公报有人撰文称:"客或问于予曰:'孙逸仙与华盛顿之优劣何以?'予曰:'就其人而论,孙与华易地则皆然;以时势较之,则孙之难,盖十倍于华也。当此大功告成,人心已定,予其孙,原非敢为过誉之论,实以吾国幅员之广,人数之多,贤愚智不肖之不等,皆非美国当时所可同日而语。加以前清康乾诸帝,雄才大略,布置规划,臻于完备,初非贸贸者流,所能窥伺而觊觎也。孙以海外亡命,势单力薄,本其救世之心,发为恢复之说,一倡百和,声势愈张,革命之风,浸淫而至于全国,彼乃百折不回,一生九死,卒至今日,雄心以遂,轰轰烈烈之伟功,于是贯全球亘千古而朽矣。鸣呼,此诚盖世之英雄,拿破仑、华盛顿而外,吾未见其比也。'"③ 不以成败论英雄固然反映了评论者们思想观念的进步、思想境界的提升,但也着实说明当时大多数中国人是注定要以成败论英雄的。孙中山一生似乎最后成功的少,而失败的多,所以注定没能像那些凯旋的斗士、百战不败的英雄和成功地实现了自己梦想的人那样受到热烈的拥护和疯狂的崇拜。

与此相反,国外的一些出版物则对孙中山格外地推崇。美国报纸就指出:孙中山为现代五杰之先知先觉者。五杰是印度的甘地,土耳其的凯末尔,俄国的列宁,美国的威尔逊和中国的孙中山。说孙中山为先知先觉者,

---

① 《马克思恩格斯全集》第 16 卷,人民出版社 2002 年版,第 108～109 页。
② 吴相湘:《孙逸仙先生传》(下),台湾远东图书公司 1982 年版,第 1752 页。
③ 伍达光:《孙中山评论集》(民国十五年五月,广州刊),第 45～46 页。转引自吴相湘:《孙逸仙先生传》(下),第 1751 页。

是因为他获得国际声望的年代最早。孙中山成名于1896年伦敦蒙难。① 甘地成名于1919年，晚孙中山23年；威尔逊成名于1912年，晚孙中山16年；列宁成名于1917年，晚孙中山21年；凯末尔成名于1920年，晚孙中山24年。日本《东京日日新闻》也称赞孙中山的革命精神，说他"为母国革命，曾出入于几度生死之中，屡经困苦艰难，氏之一生最多奇迹，具有大精神乃成为一大伟人"②。菲律宾《自由周报》认为："一般人士之于孙博士，无论为敌为友，皆必有同情之观点，即孙博士诚淡泊是也。中国之所谓一般领袖人物者，无不剥削备至，故皆肠肥囊满，惟孙博士则依然故我，为一清贫之平民。总之，孙博士行为之动机，无非出于至忠至诚。"③

看来，理解不仅需要足够的智慧和勇气，而且还需要一定的社会环境和文化心理基础。孙中山在他生活的环境和社会文化土壤里想寻找革命的基础和条件，显然需要足够的时间和相当的耐力。然而，他未能赢得足够的时间得到这些而匆匆地走完了短暂的一生，因为他去世时毕竟只有59岁！

如今，死者长已矣。伟人之死，自然免不了后人的所谓"盖棺定论"。在中国，似乎为死者树碑立传、作一番评价、表白一下世人对于死者的态度是一个千古不变的传统，也似乎这样做是一种对死者的爱与恨、亲与疏的最好不过的表达方式。但评价和看法总是夹杂着评价者和研究者的价值观念和情感取向，正因为人们是带着一定的价值观念去为死者作所谓"盖棺定论"，所以，这"盖棺定论"又终究是很难"守节"的，中国历史上有许多为死者翻案的文章和平反昭雪的事例很难说与此不无关系。孙中山之死，"盖棺定论"是难免的。有吹他的、捧他的，也有骂他的、嘲笑他的、讥讽他的，但这终归是一种无聊的闹剧，因为一个人的"盖棺定论"是他自己写的。小人物在周围的人群中留下的印象，大人物在国家和世界上产生的影响，无一不是自己毕生生活活动的信息反馈。对此，鲁迅先生曾说过一段意味深长的话："中山先生逝世后无论几周年，本用不着什么纪念的文章。只要这先前未曾有的中华民国存在，就是他的丰碑，就是他的纪念。"④《微音月刊》更清楚地表明了他们对孙中山的崇敬的理由：我们以国家资格所要尽心诚意来追悼孙先生的，便是：（一）因为他是一个打倒专制时代的清朝政府，手创中华民国的元勋。（二）因为他是中国历史上第一个代表民众利益而奋斗的伟大领袖。（三）因为他曾历尽了艰险困苦，曾经过大挫折、大

---

① 吴相湘：《孙逸仙先生传》（下），台湾远东图书公司1982年版，第1754页。
② 吴相湘：《孙逸仙先生传》（下），台湾远东图书公司1982年版，第1754页。
③ 吴相湘：《孙逸仙先生传》（下），台湾远东图书公司1982年版，第1753页。
④ 《鲁迅全集》第7卷，人民文学出版社1989年版，第293页。

失败，而不改其本志的四十年如一，为中华民国独立而努力奋斗的革命首领。（四）因为他是始终为被压迫民众的利益而奔走，没有存贮私产的平民。（五）因为他是外察潮流，内考国情，启明三民主义、五权宪法的朴实学者。（六）因为他有三种美德：不要钱、不杀人、不怕死。为今日一般当权者所缺乏的，因为他临终时不及私语，最后的呼声，还只是"和平、奋斗、救中国"之爱国者。（七）他是亚洲一个首倡革命的始祖，而且使全世界震惊的一个革命家。（八）因为他是始终一致的为打倒国际帝国主义和国内军阀阶级而革命的一个导师。①

上海《醒狮周报》也刊载长文，对孙中山先生的精神和人格给予了总结和赞扬，认为中山先生一生"一曰富于革命精神。我国人处于专制政体之下，历数千年，久已养成服从性质，绝少革命精神，……苟非中山先生出而倡导革命，恐吾人至今尤为满清皇室之民，无复有自由平等之可言。抑中山非徒革满清之命也，凡恃强权而不顾公理者，只能屈服他人，而不能屈服中山。盖其革命精神得自先天，姜桂之性，老而弥辣，造成民国，盖非偶然，其不屈不挠之精神，洵足廉顽立懦矣。二曰富于牺牲精神。中山先生倡革命于独夫专制之朝，随时有灭门赤族之祸，当时清廷悬赏购中山头，价数十万。中山虽亡命海外，亦尝被捕于驻英使馆，侥幸得免，而终不稍悔，奔走革命如故。……而予所佩服者，尤在民国以前组织同盟会之时，不主君主而独倡共和，毅然打破数千年家天下之陋习，此虽由中山之明了世界大势，不愧先知先觉；而亦足见其淡于权利思想，富有牺牲精神矣。……三曰富于创造精神。国人之安常蹈故，重实际而轻理想，久已驰名于世。故凡有创为新说者，往往以无先例而见弃于社会。……何则？社会心理趋于守旧，不能不藉古以自重也。独孙中山先生则不然。民主共和之制，不妨自我而行；三民五权主义，不妨自我而倡；中华民国之成立，宁非中山创造精神之赐哉？"② 几十年后，曾是孙中山秘书的杨杏佛的评价，也许因少了一些情愫，多了一些理性，而更令人感到真实公正："我们为什么要追悼孙先生？因为他做过大总统么？不是。世界上做过大总统不知多少。因为他做过大元帅么？不是。仅仅一个元帅，有何追悼的价值。然则，为什么要追悼，是为四十年为平民奋斗的孙先生而追悼的。我今日来介绍孙先生，实在是一个平民百姓，不是大总统，也不是大元帅。他的祖先是农民，孙先生最初行医，后来看见平民的痛苦，所以才起来做革命事业。他自始至终没有一天不是为老

---

① 吴相湘：《孙逸仙先生传》（下），台湾远东图书公司1982年版，第1756页。
② 傅启学等编：《国父孙中山先生传》，台北"中央"文物供应社1965年版，第594～595页。

百姓而奋斗，孙先生不但是平民，而且是为平民而奋斗的！孙先生有做皇帝的机会，但是他不愿做皇帝：他推翻专制的清朝，造成共和的民国。他不但不喜欢做皇帝，并且想做皇帝的野心家也被先生推翻了。政治是什么？孙先生说不是做官。他所倡的三民主义，就是要全体人民来管理政治。孙先生为什么死了？就是因为要求开'国民会议'卒致争国民会议而死的！孙先生带病北上，受了许多反对派空气的逼迫而死的！孙先生的四十年，由平民而至于做革命领袖。他倡三民主义，第一是，他要求全中国民族的平等独立自由，并且不许外国势力的干涉压迫，这就叫做民族主义。孙先生又提倡民权主义，就是一切政治，除了自己的代表而外，还要由自家出来看管。第三就是民生主义，民生主义换一句话说，即是我们的'饭碗问题'。我们做了许多的工作，还是不能够食好饭、住好屋、穿好衣，这是很不平等、很不合情理的。孙先生看了这种情形，所以主张大家都应该食饭、住屋、穿衣，这就是所谓民生主义。可是孙先生以四十年的奋斗，还没成功。孙先生一个人弄得心力俱瘁，而我们大家却都不争气，结果只是孙先生今天革命，明天也革命，中国种种的痛苦，我们大都不注意，只有孙先生一个人知道。但是到后来，大家还要反对他，孙先生要大家分一碗饭给大家吃，人家是不愿意的。孙先生在北京的时候，受着许多痛苦，大家不去帮他，卒致没有办法去救济，以至于死了！孙先生死了，再有那个出来替我们来争？诸君，你们知道么？从前有一个人站在高山上，向我们招手，要引我们到幸福的地方，而我们反不信服他。这是谁？这就是孙中山先生！现在孙先生死了，我们却不可再辜负了孙先生的精神和主义！"①

诚然，"盖棺定论"固然没有太多的必要，研究和认识孙中山的历史与人格及思想却具有较多的现实意义和学术价值。毛泽东同志曾说："从孔夫子到孙中山，我们应当给以总结，继承这一份珍贵的遗产。这对于指导当前的伟大的运动，是有重要帮助的。"② 顾颉刚也曾告诫人们："若我们肯对中山先生作真实的追悼，应当把他的主张努力的实行，把他的历史尽心地搜集，把他的人格充分地表现。"③ 如今将近一个世纪过去了，孙中山研究不仅成了中国近代史研究的"显学"，而且也引起了国际学术研究者的极大关注和浓厚兴趣。新中国成立前有关孙中山的传记、年谱等书就出版了近50种之多，如果再加上各种文集、翰墨、资料、回忆录之类，则如汗牛充栋。

---

① 转引自王杰：《平民孙中山》，广东人民出版社2011年版，第4～6页。
② 《毛泽东选集》第二卷，人民出版社1991年版，第534页。
③ 吴相湘：《孙逸仙先生传》（下），台湾远东图书公司1982年版，第1756页。

新中国成立后，对孙中山的研究日趋繁荣。① 孙中山作为一个人，有其复杂而又丰富的思想和心理内涵；同时，作为一个社会中人，孙中山的一举一动又无不打上时代、社会和历史的印记。认识他不仅需要一个过程，也需要必需的智慧，而评价他就更需要客观和中肯。不过，任何学术上的争论是不可避免的也是必需的，不同的意见或看法也从侧面反映了孙中山的某些特点，从而有利于我们从整体上认识孙中山。

事实上，人们对孙中山的认识与了解就是在几十年的研究、讨论、商榷的过程中逐渐获得的。如通过对孙中山的革命实践活动以及具体历史问题的探讨，人们开始注意孙中山的性格和品质等方面的问题，提出了"伟人品质"和"政治性格"诸说，把人们探索的目光从表面引向深层。通过对孙中山三民主义思想和哲学思想等方面的探讨，人们开始分析孙中山思想中的文化成分和思想渊源，指出孙中山思想中的基督教与西方近代文化、儒学与传统文化等不同成分，及其所受到的东西方文化的影响，从而使人们对孙中山思想理论的认识有了一个从表象到本质、从抽象到具体的新突破。应该说，"大胆的假设，小心的求证"是几十年来学术研究的一大特点。事实已经证明，这一大胆的假设和小心的求证精神，使近几十年的孙中山学术研究有了长足的进展。但是，孙中山研究并没有完结，无论是孙中山的思想和实践活动，还是人格品质，都有极其丰富的内容等待发掘，诚如章开沅先生所言："孙中山思想是他留下的丰富而又宝贵的精神文化遗产，从中可以发掘出许多可以裨益于现实的东西，包括过去与现在尚未得到同人真正理解的一些主张，也包括一些可以为今日借鉴的经验教训。因此，对于这样丰富而又宝贵的历史遗产，现今孙中山研究所取得的成绩是很难令人满足的，还有大量更为艰巨的任务摆在我们的面前。"②

孙中山研究的深入是必然的也是必需的，问题是如何深入。就我个人看，孙中山研究的深入发展，大致有两条途径：一是从表层上来进行，即从孙中山与其时代、社会、历史、文化和人物之间的相互关系这一层面进行研究和拓展，通过对孙中山与其周围环境条件和社会氛围的分析研究，可以使我们在更广阔的意义上认识孙中山和确认孙中山的历史地位及其社会作用；二是从深层上来考察，即考察孙中山的个性形成、个性特征，包括孙中山的个性心理倾向和个性心理特征，以及感知方式、思维特点、审美情趣等深层心理方面的内容，通过对孙中山内心世界的分析研究，可以帮助我们从更完

---

① 转引自章开沅、刘望龄等编：《国内外辛亥革命史研究综览》，林增平、郭汉民编《辛亥革命研究备要》等书关于孙中山研究的介绍。

② "国立"中山大学中山学术研究所：《中山社会科学季刊》第5卷第4期，第6页。

全意义上认识孙中山，而且孙中山思想行动中的某些令人难以索解的矛盾问题也可以因此得到更详细的说明。应该说，后一种研究更富有启发意义和诱人的魅力，因为它不仅使人们探索的目光转移到主体人物孙中山的个性、人格和心理的深层次研究上来，改变了过去只重人物的外在表现和行动、思想特征而忽略人物内心世界复杂的心理活动和心理构成的不良倾向，弥补了史学理论和研究方法中的不足，为孙中山研究开辟了广阔的前景，而且还必然地把环境研究、思想研究、革命活动研究和与孙中山相关的人物的研究纳入它的研究范围，把表层研究和深层研究有机地结合起来，这样对于我们正确理解孙中山，全面科学地评价孙中山，无疑具有极其现实的意义和学术价值。本书正是基于这一构想，有感于目前孙中山研究中存留的某些问题，试图在更广阔更深层范围内对孙中山其人的人性、思想和实践诸方面进行一次深层历史学阐释。

二、问题的提出

说孙中山是一个异乎寻常的人，大概没有太多的异议。

所谓"异乎寻常"，不外乎指其思想、言论、行动和革命功绩的出乎其类、拔乎其萃，以及其人性格、气质、能力、意志诸方面的过人之处。对于孙中山这些方面的过人之处，在当时就有不少人深刻地感悟到了。宫崎滔天在《三十三年之梦》一书中谈到他第一次会晤孙中山时的感触："他的谈话言简而意赅，而且句句贯义理，语语挟风霜，其中又仿佛洋溢着无限的热情。他的谈话虽不巧妙，但绝不矫揉造作，滔滔不绝地抒发其天真之情，实似自然的乐章，革命的旋律，使人在不知不觉间为之感动首肯。当话毕之后，其情则宛如稚子，如村姑娘般天真纯朴，胸中已无一事之凝滞。至此我才感到无比的羞愧和后悔。我的思想虽是 20 世纪的，但内心却还没有摆脱东洋的旧套，徒以外表取人而妄加判断，这个缺点不仅自误，而且误人之处也很多。孙逸仙实在已接近纯真的境地。他的思想何其高尚！他的见识何其卓越！他的抱负何其远大！而他的情感又何其恳切！在我国（日本）人士中，像他这样的人究竟能有几人？他实在是东洋的珍宝。从此时候，我已把希望完全寄托在他身上了。"[①] 上海《国文周报》评论孙中山时说："中山思想最称丰富，民国以前之民族革命宣传，与民国成立后所标榜之三民主义，成为世人所称道，而后者尤富有平民政治之精神。世人论之者，辄惜中

[①] ［日］宫崎滔天：《三十三年之梦》，佚名初译，林启彦改译、注释，花城出版社、生活·读书·新知三联书店香港分店联合出版 1981 年版，第 124 页。

山先生理想太高，每为事实所不能行，故理想恒多于事实。其实中山之所谓理想，恒能在国民希望心理之中，其所以不能实现，并不在中山本身之不能力行，而在环境与社会之关系。中山平常对于国际问题及政治问题之见解，大抵皆超越常人，与欧西名政治家不相上下。""中山之为人，自其思想上观察，殆为最新之人物，自其性格上观察，则慈爱仁厚。年来躬亲政务，饱经艰辛，于猛进之中，已有稳健之觉悟。"① 与孙中山过从甚密的人和同时代的人的认识与感悟如此，大抵可以算得上较为公允和切合实际。

然而，孙中山动人的形象，生气勃勃的精神，虎虎有生气的鲜明个性，在后来的一些著述中已很难见到和感触到了。越是通读有关孙中山的著述和传记之类作品，越是觉得孙中山与我们的距离相隔太远，尽管有些著作也不乏个性的揭示和心理的描述，以及文化、历史、社会的性格求解，但忽略的似乎还是不少。具体表现在以下几个方面：

1. 人们只是对孙中山的性格、品质等作概括性的总结，试图从孙中山的外在表现中绅绎出某种带共同性或一贯性的规律或特征，而忽略了孙中山个性中的较为活跃的变动因素。这种寻找一贯性和规律性的史学意识严重地影响了史学家发掘历史的深度和广度，因为任何规律和理论上的探索，都可能带有想象和抽象的成分，《知识考古学》和《疯癫与文明》的作者福柯，就曾对这种类型的历史研究进行过较为理性的批评和责难。在他看来，过去的历史研究过分强调了秩序和意义，于是总是试图在时间轴上将散乱无序的现象与事实重新选择、排列组合，使其显示"秩序"，以期在逻辑上建立"意义"，因此常在体系的建立中或一厢情愿或削足适履，把事实中的历史变成了思维中的历史，于是历史学把自己的任务局限在找寻一以贯之的"主轴"上。其实，历史或思想史本身就无所谓"主轴"，而是四散分立，杂乱无章。

2. 人们一般注重孙中山性格中的常态部分，而忽视了性格的变动性以及性格与情境变化的关系，因为性格既随人所处情境而变化，又具有一定的可塑性。性格具有稳定性这一特点，并不意味着它在一切场合总是以同一模式一成不变地表现着，因为在定理化了的态度和行为方式中表现出来的性格特征，是在人们接触多种场合的过程中概括化的结果。故此，它既为性格带来一贯性的特点，也带来性格各特征之间结合的灵活性特点，这便于人们应付多变的客观现实。性格特征的不同结合有两种表现：其一，在一定场合性格的特征可能有表现程度多少之分。例如，一个懒散的学生在娇惯他的父母面前，这种弱点表现较多，在老师面前则可能表现较少。其二，在不同场合

---

① 吴相湘：《孙逸仙先生传》（下），台湾远东图书公司1982年版，第1756～1757页。

也可能明显地表露性格的不同侧面。例如，一个人在充满同志式气氛的集体中，他表现出对同志和蔼可亲、满腔热情；在对敌斗争中，他又可能表现出英勇拼搏的气概。① 孙中山是一个自觉性和自我意识极强而又与时俱进的人，其性格表现在不同的场景和环境条件下，自然有不同的倾向和侧重点。

3. 人们都注重研究孙中山性格结构中的意志特征和对政治社会的态度，而忽略了孙中山性格结构中的情绪特征、理智特征和对人、对己、对事、对物以及对革命事业的态度特征。作为个性极其鲜明的孙中山，其情绪状态、认识方面所表现出来的个人特点，不可避免地影响到他的全部活动。如其情绪的强度、稳定性、持久性和主导心境诸方面的性格特征，会影响他的革命热情，对人对事的态度和人际关系，等等，而感知、记忆、思维和想象等方面的性格理智特征，又会影响他对时势、现状、物事和时事的认识与把握，更会影响他对各种知识的摄取、吸收、消化、创新的质和量。

4. "人物的性格不仅表现在他做什么，而且表现在他怎样做"②。过去人们大都注重前者，即人物性格外在表现的内容方面，而忽视了性格的表现形式和行动的样式。事实上，就人物性格而言，活动的内容与活动的方式是统一的，也是相互影响的。一方面，活动的内容由主体内在需要和外部环境条件所决定；另一方面，活动的方式也往往是主体在经过认真筛选和理智的权衡之后所作的一种选择，并且这种选择又总是带有某种不自觉的惯性倾向，裹挟着主体的人生观和价值观。因此，从人物"怎样去做"这个角度看人物的性格，也是我们认识历史人物、解释其思想言行的一条有效途径。在孙中山研究中，人们似乎普遍地关注他的思想内容、思想属性和行动过程的内容表现，而不太考究其思维方式、致思途径、逻辑法则、审美情趣、价值观念等方面的特点，似乎孙中山"为什么这样地表现"和"怎样思考"并不重要，重要的是其"思考什么"和"表现什么"。其实这恰恰是一种误解，是一种把内容和形式割裂和对立起来的很不科学的做法。

5. 在对孙中山性格和个性形成的研究中，人们往往只是强调海外文化和儒家传统文化对孙中山的双重影响，却忽视了地域文化对孙中山的陶冶作用。无论是近代西方文化还是中国的传统文化，都是一个极其抽象、覆盖面很大的概念，都是从整体上共同性上来把握或说明一种文化现象的，它从根本上是不能代替任何一种生动、形象、丰富、驳杂的亚文化的。就"中国传统文化"这一说法而言，它本身就是一个很深很广的概念。在中国这样

---

① 高玉祥：《个性心理学》，北京师范大学出版社1989年版，第184页。
② 《马克思恩格斯选集》第4卷，人民出版社1972年版，第344页。

一个幅员辽阔的国度里,各地区由于具体的地理、气候、自然生态环境和社会历史条件等的不同,在文化形态和具体的文化规范等方面自然会有不同的表现,千篇一律地称它们为中国传统文化显然有些牵强和脱离实际。孙中山生活的文化区域虽然与中国文化的大传统保持着紧密的联系,表现出许多共同性,但岭南地区自古以来就与所谓的传统文化有着某些差别,表现出自己独特的个性。因此,忽视亚文化对孙中山性格形成、思想认识和实践活动的某种影响,显然是目前研究的一个缺陷。

那么,如何纠正这些认识和研究上的偏差呢?显然这不是笔者力所能及的,也不是本书的主要目的与任务,但我们所要指出的是:了解人,就必须首先了解他所从属的文化。我们研究孙中山,就不可避免地要了解他所接触和生活过的文化圈。过去有不少人对此问题曾作过许多启发性的探索,代表性的观点有三种:第一种观点认为,孙中山的言行与中国传统文化有直接的联系,儒家文化在孙中山身上打下了深刻的烙印;第二种观点认为,中国传统文化和西洋文明共同影响着孙中山的个性、思想和行动;第三种观点认为,西洋文化对孙中山的人格、思想和行动起决定性的作用。尽管这三种观点都从不同角度不同侧面看到了不同文化在孙中山身上的表现,但仍然不够系统完整,因为它们都忽视了如前所述的两大关键性的问题:一是文化的区域性和时代性。不同地区、不同时代,文化所表现出来的特征必然有所不同。孙中山固然受到儒家文化的影响,但儒家文化在中国不同区域又有不同的体现和特征,其对生活在自己文化圈内的每一个人的影响也有程度上、内容上和形式上的差别。二是孙中山生长在岭南地区,大部分时间也是在岭南和东南亚及海外华人社会中度过的,他的言谈举止、性格持操、思维路向和行为模式等也难免不受其生活圈内的"文化模式"之有形无形的影响。而岭南地区由于地理、自然环境和社会历史条件等因素的长期相互作用,形成了与中原其他区域文化,如齐鲁文化、吴越文化、楚文化、巴蜀文化、秦文化、三晋文化和中华传统文化略有区别的文化形态——岭南文化,这样,探讨孙中山的文化性格和文化归属,以及全面了解孙中山,就理所当然地要考察孙中山与岭南文化的内在联系,就必须把孙中山放在特定的文化——岭南文化环境里来考察。正像怀特所说的那样,"我们按照人类——个体的或整体的人类——的方式所做的一切无不深深地受到我们的文化的影响。我们的饮食习惯、婚姻习俗、是非观念、审美标准、丧葬礼仪,我们的哲学和宗教,总之,我们的整个生活,都是由文化决定的。并且,远非我们按照我们的思维、感觉和行为的方式解释我们的文化,相反,我们能够用我们的文化解释我们大部分的思想、感觉和行为"①。本书试图说明孙中山与岭南文化之间的关系,并尝试对孙中山的思想理论、个性心理和行为等作一些文化学上的阐释。

---

① [美]莱斯利·A. 怀特:《文化科学——人和文明的研究》,曹锦清等译,浙江人民出版社1988年版,第76页。

第二章 阐释：岭南文化

不用说，研究岭南文化与孙中山之间的关系，就必须弄清岭南文化本身的结构、性质、特征和基本功能。尽管本书的主要目的是阐明岭南文化对孙中山的个性、思想和活动诸方面的作用和影响，但对岭南文化本身的结构功能、性质特征、形成过程等的探讨仍有必要。

一、岭南文化界说

通常，一提"文化"，人们就会如数家珍地列出一大串关于它的定义来，在这里，我们没有必要再重复为大家所熟悉的"文化"的定义。就我们看来，文化应属于广义的，它包括人类社会在愚昧走向文明的历史进程中人类自身的全部物质财富和精神财富。从这个定义上，我们也可以看到文化是一个内容广泛、形式多样的有机整体，它没有进步与落后之分，没有阳春白雪与下里巴人之分。在我们看来，凡人类所创造的一切经验、感知、知识、科学、技术、理论、谬论邪说，以及财产、制度、教育、语言、文字等，都属于文化现象。大则宇宙观、时空观、人生观、价值观，小则衣食住行、婚丧嫁娶，社会的一切生活方式、行为方式、思维方式、语言方式、等级观念、角色地位、道德规范、价值标准、审美趣味等，都属于文化的范畴。

文化，是属于人类的。任何一种文化的产生、发展、演化或变异，都离不开一定的时间和空间，不同的时间和不同的空间之内的文化现象，无论是在特质、特征上，还是在结构功能上，都表现出不同的差异。尤其是地理空间的诸种因素和条件，对文化生成和文化特质有着甚至是决定性的影响。马克思在论及古代亚细亚和日耳曼不同的原始公社关系时指出，这种区别"取决于气候、土壤的物理性质，受物理条件的土壤开发方式，同敌对部落或四邻部落的关系，以及引起迁移，引起历史事件等等的变动"①。恩格斯在研

---

① 《马克思恩格斯全集》第 16 卷，人民出版社 2002 年版，第 525～549 页。

究爱尔兰的历史时,也从爱尔兰的地理环境、地理位置、土壤性质、矿藏、气候等入手,再进入经济的和社会历史的考察。① 列宁则认为地理环境的特性决定着生产力的发展,而生产力的发展又决定着经济关系以及附在经济关系后面的所有其他社会关系的发展。② 他们对地理环境的重视,至少说明地理环境的差异性和自然产品的多样性,不仅是人类社会进步的基础和条件,而且直接造成不同的物质生产方式和生活方式。普列汉诺夫就说:"不同类型社会的主要特征是在地理环境的影响后形成的。"③ 从这个意义上讲,文化的区域性与地理环境的千差万别存在某种内在联系。一般地,地理环境是通过物质生产方式这一中介,为各民族、各国家文化类型的铸造奠定了物质基础,多种文化类型因而都若明若暗地熏染了地理环境提供的色调。丹纳在讨论希腊的艺术时也认为:"一个民族永远留着他乡土的痕迹,而他定居时候越愚昧越幼稚,身上的乡土痕迹越深刻。"④

　　地理环境和气候条件对文化特质和文化发展的影响,在我国也早就引起人们的注意。《礼记·王制》中所说:"广谷大川异制,民生其间者异俗。"《管子·水地篇》也有类似见解:"地者,万物之本原,诸生之根菀也,美恶、贤不肖、愚俊之所生也。水者,地之血气,如筋脉之通流者也……故水一,则人心正;水清,则民心易。"⑤ 显然,他们已经把水土与人性联系起来了。在中国,人们似乎更注重水土、山川、地气即所谓的天文、地理对人文的影响。《国语》中有"沃土之民不材,淫也;瘠土之民向义,劳也"的说法;《汉书·地理志》中也有"凡民函有五常之性,而其刚柔缓急,音声不同,系水土之风气,故谓之风;好恶取舍,动静之常,随君上之情欲,故谓之俗"的论述。⑥ 《邹县志》中更有"邹人东近沂泗,多质实;南近滕鱼,多豪侠;西近济宁,多浮华;北近滋曲,多俭啬"⑦ 之类的认识。诸如"平原故址,其地无高山危峦,其野少荆棘丛杂,马颊高津,泾流直下,无委蛇旁分之势,故其人情亦平坦质实,机智不生,北近燕而不善悲歌;南近齐而不善套诈,民醇俗茂,悃幅无华"⑧,以及"潇湘间无土山,无浊水,民乘是气,往往清慧而文"之类描述,更把地理环境与风俗民情看作文化

---

① 参见《马克思恩格斯全集》第46卷,人民出版社2002年版,第8页。
② 《列宁全集》第38卷,人民出版社1986年版,第459页。
③ 《普列汉诺夫哲学著作选集》第3卷,生活·读书·新知三联书店1959年版,第179页。
④ [法]丹纳:《艺术哲学》,傅雷译,人民文学出版社1983年版,第243～244页。
⑤ 转引自冯天瑜:《中华文化史》(上),上海人民出版社1990年版,第24页。
⑥ 《汉书·地理志》。
⑦ 《邹县志》。
⑧ 《陵县志序》。

生成的因果关系。司马迁的《史记》，对我国历史上不同文化区域人们的风俗习性与地理环境间的关系也曾做过许多生动有趣的描述，如他说关中丰镐一带民有"先王之风，好稼穑，殖五谷，地重，重为"；中山一带地薄人众，"丈夫相聚游戏，悲歌慷慨"，"女子则鼓鸣瑟，跕屦，游眉富贵"；邹鲁"好儒，备于礼"，"地少人众，俭啬，畏罪远邪"；等等。至于后世人们对地理环境与人类文化发展关系的进一步认识，就更不用说了。在西方有所谓"地理环境决定论"；在中国不仅有人探讨地理环境与人类文化发生、发展和结构性质的关系，而且还发明了所谓的堪舆学。

但地理环境对文化生成的影响不能绝对化，它也不是决定文化发生、发展、结构和性质特征唯一的因素。文化发生在空间上自然要受到不同的地理环境的影响，并因此而表现出不同的特色，而社会结构的变迁对文化的影响更不容忽视。从历史纵向系列考察，就会发现真正影响文化的构成、文化特征和文化功能的最终原因还是社会结构的运动变化。《毛诗序》认为社会风气的变化是由于"王道衰，礼义废，政教失，国异政，家异俗，而变风，变雅作矣"。刘勰在《文心雕龙·时序》中也把社会文化变迁归之于王道衰微。他说："幽厉昏而《板》《荡》怒，平王微而《黍离》哀，故知歌谣文理，与世转移，风动于上，而波震于下者。"① 魏晋时代是中国历史上一个重大变化时期，当时政治、经济、军事、文化和整个意识形态，包括哲学、宗教、文艺等，都经历着历史性的转变。战国秦汉的繁盛城市和商品经济相对萎缩，东汉以来的庄园经济日益巩固和推广，大量个体小农和大规模的工商奴隶经由不同渠道，变而为束缚在领主土地上的人身依附性极强的农奴或准农奴。与这种标准的自然经济相适应，分裂割据、各自为政、世代相沿、等级森严的门阀士族阶级占据了历史舞台的中心。社会的这种变迁在意识形态和文化心理上的表现，是占据统治地位的两汉经学的崩溃。烦琐、迂腐、荒唐，既无学术效用又无理论价值的谶纬和经术，在时代动乱和农民革命的冲击下，终于垮台。代之而起的是门阀士族地主阶级的世界观和人生观。② 社会变迁尤其是社会结构的变动对社会风俗、习惯、生活方式和人们的思想观念等的影响，历代学人都颇有不同程度的认识，如春秋之际，吴越两国连年征战，尚武习俗蔚然成风。"吴越之君皆尚勇，故其民好用剑"③，"干将莫邪"的传说也源于此地。但到"永嘉以后，衣冠避难，多萃江左，文艺

---

① 刘勰：《文心雕龙·时序》。
② 参见李泽厚《美的历程》，文物出版社1989年版，第85页。
③ 《汉书·地理志》。

儒术，于今为盛，盖因颜谢徐庾之风焉"①，"其民老死不识兵革，四时嬉游，歌鼓之声相闻"②，这一地区的文化从"尚武"到"崇文"的转变，显然与社会结构的变迁有关。再如《天下郡国利病书》中所引"歙县风土论"，亦说明了社会结构的变动与文化习俗的关系，"国家厚泽深仁，重熙累洽，至于宏治，盖綦隆矣。于时家给人足，居则有室，佃则有田，薪则有山，艺则有圃，催科不扰，盗贼不生，婚媾依时，闾阎安堵，妇人纺绩，男子桑蓬，咸犹服劳，比邻敦睦。寻至正德末嘉靖初，则稍异矣。商贾既多，土田不重。操赢交接，起落不常。能者方成。拙者乃毁。东家已富，西家自贫。高下失均，锱铢共竞。互相凌夺，各自张皇。于是诈伪萌矣，讦争起矣，纷华染矣，靡汰臻矣。"③《隋书·地理志》中亦有记载："蕲春人性躁动，风气果决，包藏祸害，视死如归，此则其旧风也。自平陈之后，其俗颇变，尚淳质，好俭约，丧纪婚姻，率渐于礼。"④ 由此可见，社会结构变迁与文化转化的关系是何等密切。

这种文化因地理环境和社会结构的不同而表现出明显的区域性和时代性的特征，无疑地具有普遍性，历代学人，对此都在不同程度和不同范围内进行了总结和研究。早期人们把文化按大的地理环境划分为南方和北方两种不同类型的文化。王夫之在论述中国文化中心转移时曾指出："三代以上，淑气聚于北，而南为蛮夷。汉高祖起丰、沛，因楚以定天下，而天气移于南。郡县封建易于人，而南北移于天，天人合符之几也。天气南徙，而匈奴始强，渐与幽、并、冀、雍之地气相得。故三代以上，华夷之分在燕山，三代以后在大河，非其他而阑入之，地之所不宜，天之所不佑，人之所不服也。"⑤ "洪、永以来，学术、节义、事功、文章皆出荆、扬之产，而贪忍无良，弑君卖国，结宫禁，附宦寺、事仇雠者，北人为尤酷焉。……今且两粤、滇、黔渐向文明，而徐、豫以北，风俗人心益不忍问。"⑥ 现当代，这种考察与认识更加具体深入了，如有人把中国文化分成关东文化、燕赵文化、黄土高原文化、中原文化、齐鲁文化、淮河流域文化、巴蜀文化、荆湘文化、吴越文化、岭南文化、台湾海峡两岸文化、西南少数民族农业文化、内蒙古文化、北疆文化、南疆文化和青藏高原游牧文化等。⑦ 辽宁教育出版

---

① 〔明〕刘槃。
② 苏轼：《袁忠观碑》。
③ 《天下郡国利病书》卷32，引"歙县风土论"。
④ 《隋书·地理志》。
⑤ 《读通鉴论》卷十二。
⑥ 《思问录·外篇》。
⑦ 参见王会昌《中国文化地理》，华中师范大学出版社1992年版，第230页。

社出版的由李侃主持编写的《中国地域文化丛书》，把全国文化按区域划分为 18 种。① 这些都说明，由自然环境和社会结构影响的地域文化，正日益受到各方面的注意。

然而，岭南文化作为一种区域文化，对它的研究还远远不够。目前，人们都把注意力集中在齐鲁文化、楚文化、吴越文化、中州文化等成形较早的区域文化的探本寻源上，对岭南文化这个后起之秀似乎还没有明确的态度。因此，对岭南文化的探讨就不仅十分必要，而且也极其迫切。

那么，岭南文化有什么特点呢？以下从几个方面来加以分析：

第一，从地理空间上看，岭南主要包括今天的广东全省和广西东部地区。在历史上，广东常被人们称为岭南、岭外、岭表。由于广东北部边界千山重叠、万壑峥嵘的南岭山脉，五座险峻难越的高山大岭——大庾岭、骑田岭、越城岭、萌渚岭、都庞岭，像一条巨龙横卧在广东与湖南、江西交界的地方，成为一道天然屏障，使广东与中原几乎处于隔绝的状态。尽管毛泽东同志在他的著名诗词《七律·长征》中对五岭高山的险峻峥嵘抒发过不屑一顾的浪漫情怀，但在远古时代人们的眼里，五岭不啻是一道不可逾越的天然障碍，因此，无论是中原人还是岭南人，彼此之间就没有太多太亲密的交往和文化交流。虽然有"尧帝命羲叔，宅南交"，"虞舜以天法嗣尧……商抚交阯"，舜命禹"定九洲，各以其职来贡，不失厥宜，方五千里，至于荒服，南抚交阯"等古代传说，但不可尽信。岭南真正与中原有较多的接触是从秦灭六国、在岭南新置郡县开始的。地理空间阻隔，使岭南文化具有既封闭又开放的双重特性。

半封闭式的地理环境和丰富多彩的自然生态环境，使岭南人形成了有别于中原地区风俗习惯的生活方式、生产方式、审美习惯、人生态度、价值观念、行为方式。五岭虽然在一定程度上阻碍了广东与中原之间的文化交流，但辽阔的海洋和漫长的海岸线，以及优良的港湾，又使岭南人把发展的方向转移到蔚蓝色的大海。他们不但学会了造船航海，而且在与东南亚以及后来的葡萄牙、西班牙、英国、法国进行海外贸易的过程中，学会了经商，孕育了近代商业经营和商品意识。那品种繁多、花样百出的水果蔬菜，那纵横交错的水域河流，又给岭南早期居民提供了足够的生活资料。相对于内地中原来说，这里天然的生活资料似乎更容易寻觅和获取，从这方面说，生存下去不会有太大的困难。但当时人们抗御自然威胁的能力太差，在他们周围有咆哮的野兽，有潜伏在树林草丛里的猛蝎毒蛇，有凶猛无比的两栖动物鳄鱼，还有各种无法防疫的疾病，这些都威胁着早期的岭南人，他们随时都有生命

---

① 参见黄松《齐鲁文化》，辽宁教育出版社 1991 年版，第 262 页。

之虞。这种复杂的自然生态环境，无疑使岭南人从内心到外表都变得错综复杂起来。

第二，从岭南文化生成过程上看，岭南文化的形成也经历了一个极其漫长而又曲折的过程。根据考古学的研究，大约10万年前，岭南已有居民在这块土地上繁衍生息了。尽管当时考古发掘的有关岭南早期文化方面的资料还不太多，就已知的资料看，岭南文化发展的速度和规模可能要逊于黄河和长江流域的文化，但是，岭南文化在以后的发展过程中，明显地有了自己的特色。大致说来，岭南文化的形成和发展，与中国历史上几次大的移民高潮和中原文化的影响有关。从秦始皇统一六国，在岭南设桂林、象郡、南海三郡，到汉武帝再度统一岭南；从西汉南北朝间的移民高潮，到明末的第三次内地移民大迁徙，都说明岭南文化在其形成和发展过程中，无论是从内容到形式，还是从表层到深层，都打上了中原文化的烙印。尽管岭南文化也曾对中原文化产生过辐射，但中原文化对岭南文化的影响永远是深刻的和全面的。又由于海外贸易的加强，以及明清以来西方势力的逐渐渗入，岭南文化又融入了不少西方近代文化的成分。应该说，岭南文化的形成和发展过程，就是海外文化、中原文化与岭南地方文化相互交流影响的过程。① 所以，岭南文化从它一开始就注定不是一个孤立的个体，而是一个地地道道的混血儿。

第三，从岭南文化的内部基本构成上看，除了上面所说的西方近代文化、印度阿拉伯文化和中原文化这些文化因素的影响和渗入外，在具体表现和内部结构上，岭南文化又显示出自身的特点。在风俗习惯上，尽管岭南仍保留了中原文化的某些习俗，但也有自身的规范和要求。那驰誉世界的饮食文化，那为反抗封建婚姻制度而习染成风的"自梳""哭嫁""不落夫家"等不和谐的婚姻变奏曲，为铭记中原及岭南杰出人物的历史贡献而形成的种种独特习俗、古建筑和种种浪漫传奇式的节日活动，那光怪陆离的祭祀仪式和宗教信仰，以及那品赏点心美食的饮茶方式，驰名东南亚的广东凉茶和五彩缤纷的花市村墟，所有这些都构成了岭南民俗丰富多彩的文化长廊。在思想意识形态上，那体现"雄直"、追求阳刚之美的岭南诗歌，那清新流畅的广东音乐，被誉为"南国红豆"的粤剧，锐意创新的岭南画派，多姿多彩的客家山歌，都直接抒发了岭南人热爱生活、向往自由、追求完美和大胆创新的浪漫情怀。从心理性格上来看，那不拘形式、灵活多样的经营方法，那注重实际、脚踏实地的工作态度，那不断开拓、大胆吸收、勇于创新的精神，那永不满足的欲望和偏重于享受的现实人生追求，着实体现了岭南文化

---

① 参见拙作《岭南文化与孙中山》，载《中山大学学报论丛》1992年第2期。

的崇实尚用、开放多元、动静无常、刚柔相济的鲜明个性。

不难看出，岭南作为一个文化区域，其文化受其独特的地理环境和社会历史条件的种种限制和影响，在千百年的传统演变过程中，逐渐形成一种与内地各区域文化不同的文化模式。尽管这种文化模式在各种文化交往和碰撞中不断地调整和建构，但从总体上看，岭南文化始终保持着自身鲜明的独特的个性，或者说岭南文化正是在不断地交往、碰撞、融合和冲突中日益发展成熟起来的。由此我们可以说：不断地交往、沟通、吸收、融合、创新本身就是岭南文化的内在本色。

二、岭南文化的生成

（一）先秦时期的岭南文化

"人猿相揖别，有几个石头磨过小儿时节。"不难想象，人类在从猿到人的进化转变过程中，肯定经历了不知多少个万年的修炼。一般地，越是远古社会的历史，越是一个漫长缓进的过程，生存环境的极端恶劣和人们认识自然、改造自然能力的极度低下，更使历史像蜗牛式地爬行运动，缓慢无形而又悄无声息。但人类一旦进化到人的阶段，历史的演进速度就会相对地且按照人们主观的意志与想象加快地前进。"此情可待成追忆，只是当时已惘然。"尽管我们今天无法对我们的祖先的创世历史完完全全地描述和重现，但我们从有关的考古发掘的资料中可以勾勒出当时历史的大致轮廓。

岭南，这个封闭而又开放、神秘和富饶的地区，很早以前就有人类生息繁衍。1958年考古发现的广东曲江县马坝镇的"马坝人"大概是我们迄今知道的岭南地区最早的人类。尽管这个距今10多万年前的马坝人在岭南生活及其发展的历史尚有待进一步考证研究，但马坝人是岭南人类历史上的远祖这一事实应该无可置疑。20世纪50年代以后不断发现的人类化石和实物遗址，为我们揭示了岭南史前人类社会发展的历史进程，诸如"灵山人"和"峒中岩人"化石与遗址的发现，阳春县坡面区独石仔遗址、封开县渔涝区黄岩洞遗址和南海县官山镇西樵山东麓的细石器遗址，以及在深圳宝安区发现的沙丘遗址等处出土的各种文物，证实了远古居民在距今6000—7000年前，与中原地区的居民差不多同时进入母系氏族公社。进入母系氏族公社的岭南远古居民，以穴居为生，大多选择石灰岩地质形成的天然洞穴。这时的居民不仅学会了取火的方法，懂得了火的用途，而且还制造了石器、骨器、蚌器等工具，并用自制的夹砂粗陶器煮熟捕获的各类食物，告别了茹毛饮血的年代。这时期的文化显然具有几方面的特征，首先，人们学会了制造渔猎和农业锄耕的主要工具，在技艺上都较前代有了很大的进步，不仅工具种类增多，而且制作工艺极为细致。陶器的制作及使用，以及火的使用，已使他们的物质生活得到了足够的保证，生活水平也相应地提高了许多。他们不再完全依靠大自然的恩赐而生存生活了，他们开始凭借自己的脑力与体力、有一定目的和意图地改变着周围的环境和自身生活条件，生产劳动和自然进化的力量已把他们推入文明社会的门槛。其次，这时期人们的社会交往开始频繁起来。尽管岭南地形复杂，部落氏族之间的交往与此时期中原地区远古居民相比要少且艰难得多，但它们之间的交往和联系毕竟已经开始，封闭隔绝的状态开始松动瓦解，人类的生存开始具有了广泛和普遍的社会意义。在交往和联系的活动之中，人们渐渐有意识地选择理想的居住地，并逐步结成群体，形成一定的社会组织。再次，原始艺术已有萌芽，人们开始有了美的向往和追求，模糊的家族宗教观念也正在潜滋暗长，墓葬的多样性和集体葬已有了特定的观念和意义。

但是岭南古文化的发展是极其缓慢的，进入父系氏族公社就比黄河、长江流域的发展速度几乎迟了1000年。在公元前2100多年的夏代，中原地区的父系氏族公社进入了以青铜文化为标志的奴隶制时代。又过了大约1600年便跨入了封建社会的大门，这时期不仅铁器具有了广泛的使用价值，而且经济、文化也达到了极度的繁荣，出现了诸子立说、百家争鸣的辉煌灿烂的局面。中原文化不仅在内容上有了空前的繁盛，而且在形式上也姿态万千。然而岭南文化发展的速度相比之下就缓慢蹒跚了许多。岭南诸部落之间的纷争与厮杀和互不统属的四分五裂局面延宕了岭南文化发展的进程。在中原文化以前所未有的速度向前奔驰的时候，岭南文化的停滞就更使得彼此间的距离拉大。在这里，地理环境与社会环境对文化的影响显得有些突出。这个时期，尽管岭南与北方中原之间被高大的天然屏障挡住了视线，但透过少有的北风窗，岭南人还是可以嗅到北方中原文化的新鲜活泼的气息。根据考古发现的实物，可以断定，从西周开始，岭南人已受到中原礼乐教化的影响，而中原铁器的传入对岭南文化的发展更具有特别重要的意义。

但文化是不可能完完全全输入的。文化的发展更多地还要依赖自身的条件和内部机制。在先秦时期，从总体上说，岭南文化几乎是独立地发展起来的。岭南本土文化是此时期岭南文化的主要特点。创造岭南古文化的是南越民族，即马坝人的后裔。[①] 这时岭南文化在诸多方面已与中原文化有着显著不同的特征。

---

① 参见蒋祖缘、方志钦主编《简明广东史》，广东人民出版社1987年版，第56页；陈乃刚《岭南文化》，同济大学出版社1990年版，第31~32页。

首先，在生产工具和生活用具上有了本土文化的特色，双肩石器和有段石器盛行，几何形印纹陶器普遍使用，显示出岭南文化与中原文化已有了一定的区别。

其次，习水性、善用舟。《越绝书》中说越人"水行而山处"；《淮南子·原道训》也说"九嶷之南，陆事寡而水事众"；《南越志》更说"越王造大舟，溺人三千"。《交州志》记载有"越人铸铜为船在江，潮退时见"。岭南河网密布，水域广阔，水产品、海产品丰富，生存的欲望和生活的兴趣促使南越族人造舟下海，跣足不屦，涉水行舟，比中原人更早地熟悉了大海，也比中原人更早一步地利用和开发了水利资源。

再次，居住的环境和居室的独特。正如晋代张华在《博物志》中所说"南越巢居，北朔穴居，避寒暑也"，《南越志》也有南越栅居的记载。这种干栏式巢居，既是对岭南多雨潮湿、山多瘴疠、蝮蛇猛兽所构成的恶劣生存环境的一种适应和改善，也说明南越族人已经学会了保护自己、适应环境的本领，更证明了他们征服自然、改造自然的能力有了新的提高。

最后，南越族有善食鱼蛇蚌虾贝类的习惯，有猎头、食人之风，有断发文身和信鬼鸡卜之俗。《博物志·五方人民》中有"东南之人食水产……食水产者，龟、蚌、蛤、螺认为珍味，不觉其腥臊也"的记载。《逸周书·王会解》中有"东越海蛤，瓯人蝉蛇，且瓯文蜃（一种大蛤），若人（吴越之蛮）玄贝"的介绍。这种饮食习惯显然与中原居民的饮食习惯情形迥异。而《墨子·鲁问》中所说"楚国之南有啖人之国者，其国立长子生，则解而食之，谓之宜弟；羹则以遗其君，君喜则赏其父"，《楚辞·招魂》所说"魂兮归来，南方不可止些，雕题黑齿，得人肉而祀，以其为醢些"，更使中原人谈之色变、毛骨悚然。至于古越人断发文身和"俗信鬼""而以鸡卜"的风俗，也常常令当时的中原人颇感怪异。

（二）秦汉时期的岭南文化

岭南本土文化虽然在南越族人的努力开拓和创造下已有了初步发展，南越族人的某些风俗习惯和性格特征也逐渐成为一种文化基因而代代相传，但岭南文化长足的进展和结构功能、性质特征的真正获得还是从秦始皇统一岭南，设置桂林、象郡、南海三郡开始的，而赵佗所建的南越王国使岭南文化在中原文化的强烈影响下逐渐形成了自己的特色。

首先，秦在岭南设置郡县，委任中原人为郡尉县令，实行封建中央集权的郡县制度，使南越人从此结束了各部落彼此互不相属、各自为政、战乱不息的混乱局面，逐渐转变成封建政府的郡县编民，并且与南下的中原人一道共同创造着绚丽多姿的岭南文化。尽管秦亡以后，中原赵佗在岭南建立了半独立状态的南越王国，但在政治制度诸方面，南越王国仍然沿袭秦制。后来汉武帝再度统一岭南，更使中原的郡县制完整地保存下来，以至 2000 多年不变其宗。从制度文化上看，岭南所受的中原文化的影响已是不言而喻。①

其次，在秦汉时期，由于秦朝把岭南作为强制迁徙中原罪犯的基地之一，因此史称"发诸尝逋亡人、赘婿、贾人略取陆梁地……以适遣戍""适治狱吏不直者，筑长城及南越也"和赵佗"求女无夫家者三万人，以为士卒衣补，秦皇帝可其万五千人"，②说明有大量的中原人被迫南迁。西汉以后，汉军留戍落籍者有之，贵族官僚被流放于此地者有之，避免战乱者更大有人在。落籍于岭南的这些中原人，不仅改变了岭南的人口结构和素质，而且也带来了先进的铁制农具、生产技术和多方面的文化科学知识，为岭南文化注入了新鲜血液。

再次，赵佗的立国和南越王的统治，为岭南文化的发展创造了有利条件，汉朝长期实行和平政策又为岭南文化的繁荣发展开辟了广阔的前景。赵佗建立南越王国后不久便接受了汉高祖的封号，臣服于汉，他在当政的 70 年间，采取了一系列保证岭南和平安定的积极措施，如遵循汉制、注意对各族文化的糅合，既将原来互不统属的溪峒部落居民逐渐纳入共同发展的轨道，实现了各民族的融合，又在尊重南越风俗习惯的基础上勇于接纳中原人及汉朝先进的思想文化和生产技术。尽管南越王国只维持了 93 年，但南越王国时期却是岭南文化发展的一个转折和突变时期。可以说，岭南文化的基本特征和内在机制在这一时期就已有了原始的雏形，以致后来岭南文化的繁荣与发展仅仅是对这一时期文化的一种强化和充实。大致说来，秦汉时期岭南文化具有以下几个方面的特征：

（1）秦汉时期岭南文化发展的一个明显特点是南越文化开始淡化，中原先进文化的影响逐渐加强。自秦始皇派遣大兵南下统一岭南、设置郡县以后，中原文化进入岭南，带来了中原先进的农耕技术和一整套文化教育制度，为岭南地区的进一步开发给予了大量的人力、物力和文化技术等方面的支持，岭南文化的中原文化化倾向因此逐渐得以加强。这不仅表现为南越国有意承袭秦制和仿效汉制，在政制上"亦步亦趋效长安"，而且在风俗习惯、语言文字、工艺制作等方面也有汉文化的明显痕迹。刘邦曾肯定赵佗的功绩，他说："会天下诛秦，南海尉它（佗）居南方长治之，甚有文理，中县人以故不耗减，粤人相攻击之俗益止，俱赖其力"。"粤地秦南海尉赵佗自王，使国至武帝时，又以为郡。处近海，多犀、象、瑇瑁、珠玑、银、

---

① 参见《南越王墓与南越王国》，广州文化出版社 1990 年版，第 146~159 页。
② 《史记·秦始皇本记》，《史记·淮南衡山列传》。

铜、果、布之凑。中国往商贾者,多取富焉。番禺其一都会也"。① 杨雄在《交州箴》中说:"南海之宇,圣武是恢。稍稍受羁,遂遵黄支。牵来其犀,航海三万,泉竭中虚。"② 足见中原汉文化对岭南文化的影响既广且深。

(2) 在农业生产方面和农业经济上已初步呈现出具有南方特色的多样性。早在古南越族文化时期,岭南人就开始栽种水稻,到了这一时期,则更是"男子耕农,种禾稻纻麻,好蚕桑织绩,民有五畜"③。除水稻普遍种植外,南海诸郡还培植荔枝、龙眼、柑橘、香大蕉等名果以及甘蔗、椰子、槟榔、橄榄和花木。人们已懂得区分"斩而食之既甘"的果蔗和制糖的糖蔗,"迮取汁如饴饧,名之曰糖",再加之煎曝,制成叫作"石密"的糖制品。④

(3) 发达的手工业和海外交通开始。南越王国时期,郡都番禺(今广州的中心地带)不仅有比较发达的制陶业、铸铜业和造船业等手工业,而且还是中原、荆楚、黔蜀、闽浙以及南海诸国多种货物的集散地。当时来自内地和海外的许多不同的物品在番禺城中的市场上都可以见到,足见当时贸易之繁荣兴盛。手工业的发展、海外交通的开始、集市贸易的繁荣在当时的中原地区也是不多见的。从这时起,广州就成了中外海上交通和文化交流的口岸。

(4) 在汉文化和楚文化的影响下,岭南形成了富有地方特色的艺术文化。南越国时的音乐就带有汉文化与南越文化并存的风格。南越王墓出土的铜鼓,便是南越人的乐器,但中原风格的竹笛、瑟和蒙皮的木鼓在墓中亦有发现,可见广东音乐从一开始就是汉、楚、越多种音乐相互交流、彼此吸收的结晶。舞蹈亦是如此,既有中原的杂舞,又有越式舞。这时期最具地方特色的艺术是造型艺术。玉雕小舞人、嵌金片的铜虎节、鎏金小银羊、人操蛇屏风托座、犀角、木桶、鸭子型的器盖钮等,无不展示出造型艺术的写实风格,无不体现出岭南人追求艺术与实用相统一的审美价值观念。

总之,岭南文化在秦汉时期是发展中的一大转折,也是一次质的飞跃,岭南文化的雏形正是在这一时期形成的,岭南文化中的开放性、包容性、实用性、灵活性和商业性等特征在此时期已初露端倪,而这一变化正是在这种文化交流和碰撞中进行的。因此,从某种意义上说,没有中原文化的渗入和冲击,在当时就绝不会有南越文化的繁荣昌盛。

---

① 《汉书·地理志》。
② 徐坚:《初学记》。
③ 《汉书·地理志》。
④ 杨孚:《异物志》。

（三）魏晋南北朝到明清时期的岭南文化

岭南文化在这千余年的历史进程中，无论是在具体内容上还是在表现形式上，都有了巨大的变化。

域外文化的输入，内地中原汉文化的直接影响，使得岭南文化中的古南越族文化基因虽然借助文化遗传部分地被保留下来，但外来文化的因子更多地被接纳、吸收和传承改造，最终积淀在岭南文化的深层结构中，被持久地保存下来，并发挥其特有的功能作用。这一时期的对岭南文化发展、传承、变异起决定性作用的应该说是历史上三次大规模的移民高潮和印度佛教、阿拉伯的伊斯兰教、天主教和基督教的传入。

尽管在秦汉时期，中原人也不乏成批地南移，但无论是从规模上、人口数量上，乃至移民的主观意志上，都没有像这一时期的移民高潮那样，生活在中原各地的居民，不论地位高低，无论贫贱富贵，不分男女老少，由于不堪忍受北方社会动乱、战争持续不断的天灾人祸的"苦炼"，纷纷择地而居，举族迁入岭南这块"乐土"的现象，在这段历史上特别引人注目。那些个体的一家一户式的零零星星的南迁姑且不论，对岭南文化有较大影响的大规模移民高潮，这一时期就有三次。

第一次移民高潮是在两晋时期。这个时期前有司马氏的"八王之乱"，北方匈奴贵族刘氏大举入侵，后有"五胡十六国"的争霸称雄，再加上天灾人祸、民不聊生，和平富足的岭南便成了中原人理想的迁居之地。当时中原汉族迁居岭南有两大特点：其一是两晋徙居岭南的移民，以被称为"衣冠望族"的士族为主体；其二是以士族为主体的南迁人流到达岭南后，大多以家族为核心，聚族而居，往往能在极短的时间内成为当地的大族，左右着当地政治、经济和文化的发展命运。[①] 所谓"东晋南朝，衣冠望族向南而迁，占籍各郡"[②]，所谓"闽越遐阻，僻在一隅，永嘉之后，帝室东迁，衣冠避乱，多所萃止"[③] 就是有力的证明。

第二次移民高潮是在两宋时期。中原汉人与岭南人民的交往，在隋唐时期转趋正常，因为这一时期正是中原文化发展的鼎盛时期，无论是政治社会环境还是经济文化生活，都使"知足常乐"的中国人感到满意，安逸闲适的生活使他们大都能安居乐业，较少辗转他乡，因此像两晋南北朝近300年间的大规模移民已不再出现。但到了北宋末年，边患日急，内乱频繁，国破

---

① 参见陈乃刚《岭南文化》，同济大学出版社1990年版，第62~63页。
② 马端临：《文献通考·舆地考》。
③ 《晋书·地理志》卷318。

家亡的不祥之兆成了人民心头之患，逃避现实和无可奈何的心理驱使中原人再度移情他乡异域，于是中原的移民高潮又再度掀起，其势头大大地超过了两晋南北朝时期的移民高潮。这次移民高潮与第一次相比，除了规模更大之外，还有四个较突出的特点：一是交通改善，为中原移民直接进入岭南提供了便利的条件。因此，直接进入岭南的移民人数，比第一次移民高潮时显著增加。二是粤北已是一片比较兴旺发达、适于安居的乐土。其中新兴的南雄州更成了移民进入岭南后的第一个定居地或中转站。三是这时期的移民是以长江流域文化地区的江南人为主，而不再是以黄河流域文化地区的中原人为主了。① 四是这时期移民除了通过陆路移迁外，还有从海道进入岭南的，而且这时期的移民大都定居在粤东沿海地区，与过去几次移民相比，这时期进入岭南的人数多而集中。尤其是南宋灭亡后的移民高峰期间，每天进入岭南腹地的人数都达到近万人次。这时期的移民高潮，由于人数、范围、文化层次等都较前几次要多、要大、要高，所以对岭南的社会生活和文化发展影响最直接和深远。

  第三次移民高潮是在明末清初时期。这次移民仍然起因于北方战乱。先是李自成领导的农民起义，后是清军大举入关，挥戈南下，兵连祸结，再一次迫使长江流域乃至黄河流域居民大批南迁。这次移民高潮与南宋末年的那次颇为相似，但南迁移民分布的地点和范围与第二次移民高潮相比却略有不同，一方面，这时岭南地区已经过了千余年的开发，许多交通方便和生活条件较好的地区已布满人烟，留给这批移民的生活生产空间相对要少了许多，因此他们进入岭南后，只能进军人稀地广的荒山野岭或者散居在开发较早的珠江三角洲、潮汕平原；另一方面，这时期的移民中有许多是明朝的遗老遗少或者效忠明王朝的忠臣义士，人数虽然并不算多，但能量却不可低估，他们给岭南文化所带来的影响亦不能等闲视之。

  除这三次移民高潮对岭南文化具有决定性影响外，岭南文化在此时期亦遇到前所未有的异域文化的渗透和影响。在这以前，岭南文化仅仅是与中原文化，主要是楚文化、湖湘文化、巴蜀文化、吴越文化和齐鲁文化等区域文化之间交融互摄，取长补短。但到了魏晋南北朝时期，特别是隋唐、宋元、明清时期，由于海上通商的兴起和繁荣，广州因其特殊的地理位置从一开始就成为"海上丝绸之路"的枢纽或起点，广州对外贸易因此也格外地繁盛起来。唐朝时那"连天浪静长鲸息，映日帆多宝舶来"② 的广州港市景象，宋代广州那"千门日照珍珠市，万瓦烟生碧玉城，山海是为中国藏，梯航

---

① 参见陈乃刚《岭南文化》，同济大学出版社1990年版，第68～69页。
② 《酬南海马大人诗》，见《刘宾客诗集》卷4。

尤见外夷情"① 和"城外蕃汉数万家"的动人情期，说明在唐宋时期，广东的海外贸易和与各国的文化交流已有了相当的规模。而隋唐时期广州城内那摩尔式圆顶的宛葛素墓，中阿合璧、唐风遗影的怀圣寺，大量的阿拉伯地名的街巷，以及南宋时耸起的呈斯里兰卡长钟形状的光塔更成了中外文化交流和海上丝绸之路的结晶与历史的见证。

大致说来，岭南文化在这一时期主要受到中原文化、印度佛教文化、阿拉伯的伊斯兰教文化和天主教基督教文化等多种文化模式的影响。异质文化成分的加强，构成了这一时期岭南文化发展变化的一大特色。从三国两晋南北朝到宋元明清这个极为漫长的历史阶段，岭南文化在中外文化的冲击和渗透下，南越文化色彩逐渐淡化，中原封建文化色彩则逐渐加强，以致最终实现了岭南文化封建化、儒化。可以说，岭南文化在这一时期发展变化的过程，又是一个汉化的过程，到了明清之际，终于形成了独具特色的岭南文化体系。

1. 多元的农业架构与发达的海内外贸易

很早以前，岭南古南越族人就开始种植水稻。到了秦汉时期，水稻几乎一年两熟，在水稻的种植上已先于中原地区，且有了良好的耕作种植水稻的技术，粮食产量也有很大的提高。到了唐宋时期，发展为一年三熟。除水稻外，各地还培植了大量的水果蔬菜和其他商品性的农作物。在明代，主要的农副产品就有甘蔗、水果、花卉、香料、蒲葵、席草、桑蚕、塘鱼、蔬菜、茶叶、苧麻、棉花以及从外国引进的烟草和花生。仅水果一类就有荔枝、龙眼、柑橘、菠萝、香大蕉、番木瓜、杨梅、枇杷、杨桃、梅、桃、李、黄皮、西瓜、香瓜、石榴、柿、芒果、橄榄、菠萝蜜、槟榔、椰子等。其中，荔枝、龙眼、柑橘、香大蕉和菠萝驰誉中外，苏东坡就有"日啖荔枝三百颗，不辞长做岭南人"的感叹，明代亦有"世间珍果更无佳，玉雪肌肤罩绛纱；一种天然好滋味，可怜生处是天涯"的美丽动人的赞美诗。农业商品性生产的发展，不仅使农业生产结构发生了变化，而且带动了农村生产结构相应发生改变。明显的事实是，甘蔗的种植，推动了榨糖业；蒲葵的种植，推动了制葵业；蚕桑的发展，推动了丝织业；麻和棉花的种植，推动了织布业；席草的种植，推动了制席业；荔枝龙眼的生产和香料的种植，相应的打包业和做烤箱者也增加起来。② 珠江三角洲的"果基鱼塘"和"桑基鱼塘"的出现和迅速发展，足以看出岭南农业商品化生产和生产耕作技术及

---

① 《题共乐亭诗》，见王象之：《舆地纪胜》卷9。
② 蒋祖缘、方志钦主编：《简明广东史》，广东人民出版社1987年版，第217～218页。

方法已有了广东自己的独特模式。①

在这一时期,广东手工业生产也有了很大的发展。佛山的冶铁业和陶瓷业不仅誉满全国,而且驰誉海外。石湾陶瓷就以美观、实用著称,行销两广及吕宋诸国。当时佛山的纺织业和广州的丝织业发展就格外引人注目,其制葵业和制糖业则更是令人惊羡。同时,制造技术有了明显提高,制盐业的规模也有了扩大,采珠业的技术与方法比过去也有了大大的改进。这些都说明岭南的手工业到了明清之际,无论是从大规模的门类上看,还是从技术、经验上看,都较以前有了显著的发展。

随着农业、手工业的飞速发展,商业也逐渐得到重视和发展。唐宋时期海外贸易就很繁荣。元朝广州路的市舶贸易在摩洛哥旅游家伊宾·拔都地的《游记》中就有生动的描述。明代城镇的兴起和墟市的发展,虽然令中原人惊羡,但清朝广东帮商人更令他们刮目相看。广州"通夷舶,珠见族焉,西关尤财货之地,肉林酒海,无寒暑,无昼夜"②"商贾丛集,阛阓殷厚,冲天招牌,较京师尤大,万家灯火,百货充盈"③ 的繁荣景象,佛山商店里摆满的诸如铁器、铜器、锡器、银器、瓷器、布匹、绸缎等五花八门的商品杂货,④ 潮州城里"商贾辐辏、海船云集"⑤ 和海口"商贾络绎,烟火稠密"⑥ 的热闹气氛,已隐隐约约地透露出商业文化的新鲜气氛。重商思想和商品意识因而也逐渐在岭南人的内心深处发育成长起来。

2. 在对各种文化的兼容并包、改造利用的基础上,形成了岭南特殊的封建文化

在这一较长的历史时期,岭南文化基本上与中原文化相差无几。尽管古南越文化的潜质依然保留了下来,海外文化的影响也留下了深刻的印记,但总体上说中原文化的直接干预和制约是主要的,岭南文化因此也在很多方面深受中原文化的濡染。诸如大一统的国家观念,"天不变,道亦不变"的超稳定观念,以森严等级为核心的道德伦理观念,重农抑商、以农为本的经济价值取向和"学而优则仕"的知识价值观,等等,通过行政手段、个别典型人物的示范作用很自然地输入岭南文化体系之中,并成为其中一个重要组成部分。岭南人对家谱、族谱的重视和对科举考试的迷恋,以及散布在街坊瓦舍、桥头路边的孝子烈女的墓碑、祠堂、庙宇,就是中原封建文化"流

---

① 蒋祖缘、方志钦主编:《简明广东史》,广东人民出版社1987年版,第321~322页。
② 温州《纪西关火》,《广东文徵》第5册。
③ 〔清〕徐珂:《清稗类钞》。
④ 蒋祖缘、方志钦主编:《简明广东史》,广东人民出版社1987年版,第338页。
⑤ 乾隆朝《潮州府志》第14卷。
⑥ 雍正朝《广东通志》第7卷。

风遗韵"的复制。

3. 富有地方特色的岭南民俗

魏晋以来，由于大量来自中原文化区域的移民的增加和封建王朝对岭南控制的逐渐加强，岭南古南越族文化的遗风虽然被淘汰和改造，但由于地域上的环境差异，文化的遗传变异性和整合调适性的相互作用，所以，一方面，古南越族文化的基因对逐渐形成的岭南文化依然发挥着特殊的规约作用，间接或直接地决定了岭南文化的发展趋势和基本方向；另一方面，中原文化或异域文化一旦进入岭南，就会受地理环境和社会历史条件的严格审查，经过改组变形，被岭南本土文化所认同和整合，从而形成不同于古南越族文化的"岭南文化"。尽管有所谓"自东汉建安至于东晋永嘉之际，中国之人，避地者多入岭表，子孙往往家焉。其流风遗韵，衣冠气习，熏陶渐染，故习渐变而俗庶几中州"①，尽管"南雄始兴，民性质朴，少于争讼。男则尚力农功，而阛事商贾者。有皓首而足迹不履城市者。妇女性好纺绩，居室仅足以蔽风雨，衣服皆朴素，而无华饰。迩来趋尚礼仪，风俗还变。服饰居外，衣冠文物，蔚然可观，与中州无异焉"②，然而无论是偏僻幽深的山村茅舍，还是桑基鱼塘的水乡港口，无论是一马平川的珠江三角洲，还是群山环抱的粤东粤北之隅，处处都有一种不同于内地省份的风俗民情和诗情画意。那蕉林摇曳、荔枝如火、葡萄满枝的热带风情，那"香火万家市，烟花二月时。居人空巷出，去赛海神祠"的喜庆场面，那"除夕更阑人不睡，厌禳钝滞迎新岁。小儿呼叫走长街，云有痴呆召人买。二物于人谁独无？就中吴依仍有馀。巷南巷北卖不得，相逢大笑相揶揄。栎翁块坐重帘下，独要买添令问价。儿云翁买不须钱，奉赊痴呆千百年"的"除夕卖痴呆"古老习俗，以及除夕逛花市那种"羊城世界本花花，更买鲜花度年华。除夕案头齐供养，香风吹到暖人家"的欢乐气氛和"冬至大过年""肥冬瘦年"的俗谚，等等，与中原习俗风情相比，多少显得有些特别。在那茶楼酒肆勾栏瓦舍中，品尝南北香茗、慢吃中西点心美食的雅趣，在街头店前摆卖的各式大碗凉茶和"龙虎凤大会"的菜肴，以及"无鸡不成宴"的待客方式，与中原各地的生活方式和饮食习惯更形成鲜明的对比！即使是那些与中原文化有密切联系的客家人的多姿多彩的山歌，客家女的精明能干和不缠足的习惯，以及潮州人的工夫茶，也与中原习俗相距甚远。所有这些，无不暗示着一种变化，即岭南在吐故纳新的基础上逐渐形成了富有岭南地方特色的文化范式。

---

① 《广州通志》。
② 胡朴安编：《中华全国风俗志》，中州古籍出版社1990年版，第286页。

4. 富有地方特色的岭南文化艺术

那"曼节长声，自迥自复，不肯一往而异。辞必极其艳，情必及其至，使人喜悦悲酸而不能已已"的岭南民歌，那"尚得古贤雄直气，岭南犹似胜江南"的诗歌风格，那从形式到内容都极富地方色彩的戏剧，虽仍存有中原文化的遗风余韵，但岭南文化清新自然、活泼明快、浪漫热烈的特质似乎更鲜艳夺目。从总体上看，这时岭南文化艺术已具有了清新自然、不拘形式、随意挥洒、直抒胸臆和写实露真等特点。

总之，岭南在这一时期已经形成了富有地方特色的岭南文化。尽管这一时期的岭南文化中的汉化倾向极为明显，但汉文化传到岭南后被岭南古文化特有的内在机制进行改组、整合，然后被纳入岭南整体文化之中，形成其中一个主要部分，而且岭南本土文化在吮吸印度文化、阿拉伯文化等不同国家和地区的文化乳汁后，将其内化为自身机体中的一个组成部分，形成自己独具风格的文化模式。

（四）近代岭南文化

自 19 世纪以来，近代西方资本主义文化取代了印度、阿拉伯文化的历史地位，通过港澳同胞和众多的海外华侨，以及传教士等文化传播媒介，直接进入了岭南人民的日常生活，岭南因而得西方风气之先。在遭到前所未有的现代西方物质文明和资本主义文化思想等意识形态的猛烈冲击之后，岭南文化传统在这"千年未有"的大变革时代亦受到剧烈震荡。

在整个近代，岭南由于地处祖国南端，与西方资本主义文化接触较早，受到的影响也较大。早在 1853 年马克思就清楚地意识到："中国的连绵不断的起义已延续了十年之久，现在在已经汇合成一个强大的革命，不管引起这些起义的社会原因是什么，也不管这些原因是通过宗教的、王朝的还是民族的形式表现出来，推动了这次大爆炸的毫无疑问是英国的大炮……清王朝的声威一遇到不列颠的枪炮就扫地以尽，天朝帝国万世长存的迷信受到了致命的打击，野蛮的、闭关自守的、与文明世界隔绝的状态被打破了，开始建立起联系……所有这些破坏性因素，都同时影响着中国的财政、社会风尚、工业和政治结构，而到 1840 年就在英国大炮的轰击之下得到了充分的发展；……与外界完全隔绝曾是保存旧中国的首要条件，而当这种隔绝状态在英国的努力之下被暴力所打破的时候，接踵而来的必然是解体的过程，正如小心保存在密闭棺木里的木乃伊一接触新鲜空气便必然要解体一样。"① 而且，这种影响在岭南地区似乎还要明显，因为广东毕竟是中国与西方文化接

---

① 《马克思恩格斯选集》第 2 卷（上），人民出版社 1975 年版，第 1~3 页。

触的前沿。

首先是商品经济的冲击，自然经济在无可奈何中缓慢地实现着变革，岭南社会经济发生了前所未有的巨大变化。繁忙的海外贸易和农村专业化商品生产的加强，商业和商人的地位与作用逐渐得到社会的认可，人们的生产方式和生活方式也因此发生了变化，整个岭南重商、崇商、学商的倾向日渐分明，商品意识正在人们心里潜滋暗长。中国第一家民族资本主义工业——继昌隆缫丝厂的创办，我国第一家电灯公司——广州电灯公司的设立，佛山巧明火柴厂、南海宏远堂造纸厂、汕头豆饼厂、香山县的天华银矿等地方民办轻工业的诞生，广东机器局、广东钱局、广州机器制布纺纱官局的出现，以及潮汕铁路的修建，不仅开近代学习西方风气之先，而且也着实说明岭南近代经济已较早地迈进了近代化的行列。政治上，广东时局的变化更是中国近代历史变化的晴雨表，这里不仅是几次中外战争的主战场，而且也是近代民主革命和社会变革的策源地。虎门销烟、三元里抗英斗争、学社团练抵御外侮，广东人的反抗斗争精神和爱乡卫国的情怀令人侧目。太平天国起义、红巾军的反清斗争，不难看出岭南人反清斗争的传统和爱憎分明的性格。戊戌维新运动领导者康有为、梁启超，主张"商战"、撰写《盛世危言》的郑观应，首倡"驱除鞑虏、恢复中华、创立民国、平均地权"的孙中山，这些"但开风气不为师"的群伦生于广东，都说明岭南在近代政治风云变幻的历史进程中扮演了极其重要的角色。

其次，西方物质文化和精神文化通过各种途径，借助不同的方式，以极其快捷的速度和顽强的渗透力，给岭南文化以强烈的影响。中国本土的儒家正统文化和岭南地方文化都受到强有力的冲击和挑战，西方文化模式正逐渐被岭南文化所接受。在整合调适的基础上，岭南文化实现了自我更新。①

第一，政治民主化倾向和社会结构多元化倾向在逐渐加强，民众的自由意识与反抗意识较为普遍，因此社会变革的要求和改良政治的愿望特别迫切。与内地相比，广东在近代政治文化中表现为明显的自主性和超前性。西方自由、平等和博爱观念的输入，香港、澳门资本主义政治制度的模范作用，海外华侨的言传身教，以及国际国内政治形势的挤压，使岭南地区较早地实现了观念更新，也较早地迈出了反抗专制统治和封建观念的第一步，表现了鲜明的时代性和先进性。尽管旧式的社会组织依然存在，但组织的原则与目的都发生了变化。三合会式的秘密组织已明显地具有现代特征，其组织结构不仅严密有序，而且政治化倾向日益明显。

第二，岭南率先迈向了近代化。在近代社会经济变迁的过程中，岭南在

---

① 参见李权时主编《岭南文化》，第七章"近代思想文化"，广东人民出版社1993年版。

兴办实业、发展民族工商业、加强海内外贸易、引进外资、学习西方人的先进科学技术、开发生产力资源和拓宽商品销售市场上，都独领风骚。在早期中外贸易中的公行商人、通事和买办人数上，广东独占鳌头，后来中国的巨商、实业家、金融家的排行榜上，广东人仍然位居榜首。那如潮水般涌来的西洋货，诸如洋布、洋油、洋酒、洋糖、洋钉、洋火、洋伞、洋袜等，成为广东人欢迎的商品，同时也冲击着广东人的思想观念。旧岭南文化中的实用性、融通性和岭南人独有的应变能力，在这急剧的社会经济变革中迅速显示出了它的优势，在吸收、变通和选择中实现了创造性的文化转换。于是"以资为政"的思想萌发了，"商战"口号提出来了，①"拒和、迁都、变法"的呼声高涨起来了②，"人能尽其才，地能尽其利，物能尽其用，货能畅其流"的主张产生了，商品化专业化生产加强了，一家家新式的近代企业出现了，海外贸易和商业经营的范围扩大了，近代化趋势的大都市繁荣兴盛起来了，各行各业都带有明显的近代化倾向……种种迹象表明，在近代发展商品经济、实现现代化诸方面，岭南大踏步地走在了其他地区的前面。从总体上看，商业文化的兴起，是近代岭南文化变化的一大特点。

第三，形成了清新明快、朴实直观的艺术风格。清新流畅的广东音乐，被誉为"南国红豆"的粤剧③，锐意创新的岭南画派④，富有岭南风味的粤菜⑤，以及清新自然、明快洒脱的岭南文学⑥，已经在全国独树一帜，与中原其他区域文化相映成趣。那给人以清新、流畅、欢快、明秀之感的《步步高》《雨打芭蕉》《平湖秋月》《赛龙夺锦》等乐曲；那表演灵活细腻、唱腔流畅多变、旋律优美和谐、剧目繁多齐全的粤剧；那秀逸明快、诚实自然、绚丽清新、神采飞动、富有节奏感的岭南画派的艺术风格；那选料考究、刀工细腻、调味有方、煎、炸、炆、熏、卤、烩、烤方法特别，色、香、味俱佳的粤菜风格；那清新明快、注重喜剧效果的审美风格的岭南文学……所有这些无不表明，岭南文化已经有了自己的独特风格和范式。

三、岭南文化的结构

文化，尽管我们将其理解为物质文化和精神文化的总体，但文化本身是

---

① 参见李锦全等编著《岭南思想史》，广东人民出版社1993年版，第284～300页。
② 参见李锦全等编著《岭南思想史》，广东人民出版社1993年版，第317～326页。
③ 参见王会昌《中国文化地理》，华中师范大学出版社1992年版。
④ 参见王会昌《中国文化地理》，华中师范大学出版社1992年版。
⑤ 参见张磊主编《广东饮食文化汇览》，暨南大学出版社1993年版。
⑥ 参见陈永正主编《岭南文学史》，广东高等教育出版社1993年版。

一个结构复杂而内容丰富的有机整体。因此,对文化的整体性理解和准确把握还有待对文化内部构成要素的解剖与分析,对岭南文化的认识亦是如此。

什么是文化结构呢?对此人们有不同的看法。

文化人类学家博阿兹认为文化结构可分为三个方面的内容:物质文化——食物的获得、保存、加工、房屋、衣服、制造工艺的过程、物产和运输法,等等;社会关系——一般性经济状态,财产权,战争,平时的部落关系,部落内的个人地位、部落、氏族、家族组织、通讯形态、性别上和年龄上的个人关系;艺术、宗教、伦理、装饰、绘画、雕刻、歌谣、故事、舞蹈,对超自然存在状态、神圣存在状态的态度及行动,对善恶、适应与不适应等的判断及行动。①

马林诺夫斯基则认为文化可包括物质设备、精神方面文化、语言、社会组织四个部分的内容。②

在我国,有的学者则把文化结构理解为"物质的—制度的—心理的"三个层面。其中,"文化的物质层面,是最表层的;而审美趣味、价值观念、道德观念、宗教信念、思维方式等,属于最深层;介乎两者之间的是种种制度和理论体系"③,具体说来,物质的层面包括农业和小手工业相结合的自然经济以及由此决定的生产方式、劳动对象、生产工具、生产者、各种物质财富;制度的层面包括社会经济、政治、法律、教育制度等;心理的层面包括文化心理状态,主要是价值观念、思维方式、社会心理,与制度层面的政治制度(如官吏选拔制度)、教育制度(如科举制度)相融通。总之,三个层面之间既相互区别、各具特色,又相互联结,构成中国传统文化的整体结构。④

如此种种,各有千秋。

结构主义者认为,文化的结构本身就是一个整体,结构本身也反映了整体文化的面貌,但同时整体又决定着结构的特征和文化的性质。文化结构中各部分之间应是相互联系相互制约的,在整体结构中不存在独立发挥作用的文化因素,它们各自总是在相互影响中发展的。因此,我们一方面不能静止地看待文化结构;另一方面更不能孤立地分析它们各自的功能作用。就我们看来,模糊、笼统、抽象地看待文化内容或具体详尽地罗列文化成分,都很难把握文化的内在结构和整体特性。必须在联系中、在发展中、在系统中,

---

① 庄锡昌等编:《多维视野中的文化理论》,浙江人民出版社1987年版,第373~374页。
② [英]马林诺夫斯基:《文化论》,费孝通等译,中国民间文艺出版社1987年版,第4~10页。
③ 庞朴:《要研究"文化"的三个层次》,载《光明日报》1986年1月17日第2版。
④ 李宗桂:《中国文化概论》,中山大学出版社1988年版,第257页。

接近和把握文化的结构内容和整体性质。具体到岭南文化，有人认为它由底层古南越族文化、中层中华文化、表层西方文化三层次组成。① 我们为了研究分析的方便，也为了人们认识理解的简易，故将岭南文化分解成物质设备、社会组织、典章制度、风俗习惯、方言俚语、宗教信仰、文学艺术等七个部分。

（一）物质设备

物质设备，在马林诺夫斯基看来就是"举凡器物，房屋，船只，工具，以及武器"，它们决定了文化的水准，它们决定了工作的效率。② 在我们看来，最能体现物质文化的，应该是与人类最低的生理需要有关的衣、食、住、行等方面的物质设施，亦即指以满足人类物质需要为主的那部分文化产物，包括饮食文化、服饰文化、居处园林文化、日用器物文化、舟车交通文化、劳动工具——工艺技术文化等。衣食住行，吃喝玩乐，大概是人类最基本的生产生活活动。就像马克思所揭示的，无论是在哪一个社会中，人们都必须首先解决吃、喝、住、穿的问题，然后才能从事政治、科学、艺术、哲学、宗教等活动，没有物质生活资料的生产，就不可能有其他种种社会活动，也不会有社会历史。因此，我们在考察岭南文化的物质构成时，就从最能反映其文化特色的衣、食、住、行方面来进行研究。

1. 食

"民以食为天"。古往今来，尽管人们都特别注重饮食条件的改善，但各地因自然地理和生态环境等条件的不同，表现在吃喝上有很大的差别。自古以来，岭南在饮食文化上就形成了自己的特色，所谓的"生在苏州，住在杭州，食在广州，死在柳州"，就对岭南独特的"食文化"作了充分的肯定。在饮食的原料上，岭南人吃的东西真可谓多，天上飞的，地上跑的，田里长的，水里游的，没有他们不敢吃的。在"敢吃"的勇气方面，岭南人可谓全国之冠。"有人开个玩笑，说广州人什么都敢吃，天上除了飞机，地上除了四脚家具外，蛇、猴、猫、鼠、禾虫、穿山甲等都成了席上佳肴。……粤菜今日能得天下之盛名，与广州人敢吃的精神有很大关系"③。其实，"敢吃"是岭南人的一大传统。

2. 住

岭南人的居室建筑很有特点，不仅实用，而且美观大方。无论是古南越

---

① 参见《广东社会科学》1991年第5期关于岭南文化讨论综述中有关岭南文化三层次的划分法。
② ［英］马林诺夫斯基：《文化论》，费孝通等译，中国民间文艺出版社1987年版，第4页。
③ 《广州的文化风格》，广州文化出版社1988年版，第61～68页。

人的干栏式巢居,还是现代岭南人的砖木式建筑,都显示了共同的明显的特点,即注重排水、通风干爽、小巧玲珑、卫生舒适。从规模上看,岭南住宅比江南宅园面积更小,不仅小巧,而且玲珑,从而与北方宫苑的崇高雄健相区别。在建筑的色调风格上,也以艳丽多彩、纤巧繁缛而与江南宅园相区别,然而又不同于北方宫苑的富丽堂皇、金碧辉煌。如果说北方宫苑建筑是"浓丽"的话,那么岭南宅园建筑则可谓"绮丽",特别是顺德清晖园、东莞可园、番禺余荫山房,其体量不大的建筑装修、雕镂精细繁密,常用红、橙、青、绿等各种色彩,相互辉映,这和它图案形的布局、几何形的水池等一样,既显示出独特的地方色彩,又呈现出明显的商业的和外来的影响。[①]就建筑的物质材料来看,也往往带有特殊的地方色彩。东莞的可园就是一个代表,其外墙和屋顶多用青灰砖瓦,这种冷灰色调在烈日普照下显得阴凉清爽、柔和悦目。同时,外来因素也较明显,如潮阳的西园,其建筑材料常用钢筋、混凝土,其铁枝花纹的栏杆、陶立克式的柱廊楼房、半地下室的"水晶宫",和江南宅园纯粹的传统风格相比,又多了一种性格特征。至于岭南建筑内外檐装修就更见中西因素影响的痕迹了。那装修层次丰富、形式多样,其挂落、屏门、半窗、美人靠、栏杆等无一雷同的图案、纹样、色彩各异、对比鲜明、布局紧凑的住宅园林建筑,就给人一种独具的殊相之美。岭南居室房屋的建筑设计除了受西方建筑风格影响外,还深受中国传统建筑风格和"天人合一"的风水术的影响,同时还保留了岭南古代建筑的某些特点,充分体现了岭南文化兼容并包、取人之长补己之短的特点。

3. 衣

也许没有什么比服饰更能反映一种文化了。正如有人所指出的那样:"在人类活动中,也许没有比选择穿着更鲜明地反映我们的价值观念和生活方式了。个人的穿着是一种传递一系列复杂信息的'符号语言',并且也常常给人以深刻印象的基础",它"不仅是构成人类群体的总体文化的许多成分之一,而且是社会整体习惯、思想、技术及其状况特征的最明显的表达"。[②] 也就是说,服饰既为特定文化环境所决定,但同时又集中体现了这一种文化。中国人向来就特别注重穿衣戴帽、仪表外观。黎族妇女绣面文身和色彩绚丽的筒裙,潮州人瑰丽古朴的香色和朴素美观的水腰带,广州流行的素馨灯饰,闸坡渔女的铜鼓帽,五华妇女发髻上的银簪,南雄妇女的黑头

---

① 金学智:《中国园林美学》,江苏文艺出版社 1990 年版,第 131~132 页。
② [美]玛里琳·霍恩:《服饰:人的第二皮肤》,乐竟泓、杨治良等译,上海人民出版社 1991 年版,第 1、34 页。

帕等服饰上的习俗就别具风致。唐朝时"红旗围卉服,紫绶裹文身"①,"牙樯迎海舶,铜鼓赛江神"②的热闹场面,明清时"两旁持短楫应鼓者百夫,银帽红衫,铙吹沸作"③和"士女华妆炫服,照耀波间,坠耳遗簪,想满龙宫矣"那种龙舟竞渡时的情景,更叫人乐而忘忧。浓妆淡抹、披红挂绿的倩影,并不是随处可见,布衣之民更多的是衣着朴素,因为"地气多燠,既省絮衣之半,跣足波涛,不履袜,或男女同履"④。由此可见,岭南人在衣着上似乎都趋于朴素大方,不像中原人衣着上比较讲究等级身份。⑤

4. 行

岭南地区濒临南海,有较长的海岸线和众多的内流河,所以在古南越时期人们就掌握了关于海洋的知识,他们的交通工具因而也主要是舟楫。所谓"九嶷之南,陆事寡而水事众,于是人们,……短袂攘卷,以便刺舟"⑥。史书有言:"广为水国,人多以舟楫为家。""南海素封之家,水陆两岸。贫者浮家江海,岁入估人舟算婚。中妇卖鱼荡桨,至客舟前,倏忽以十数。"⑦所谓"战舰犹惊浪,戎车未见尘",所谓"粤人习海,竞渡角胜,而大舟比常制犹异;十余年始一举"⑧,所谓"岢峨大舶映云日,贾客千家万家室"⑨,所谓"两岸画栏红照水,蜒船齐唱水鱼歌。海珠石上柳阴浓,队队龙船出浪中。一抹斜阳照金碧,齐将孔翠作船篷"⑩,尽管有些夸张,但岭南人习水性、善造船,"且造轻舟下江洋"总是可信的。从岭南人先进的造船技术上可以看出,岭南人在适应自然地理环境的同时,也努力地使自然适应人类,他们在千百年的生活经验积累过程中,也创造了自己"行"的文化。

(二) 社会组织

众所周知,中国社会是一个以家族为本位的乡村社会,一切社会团体或群体,都是按照家族的模式组织起来的。在社会组织的发展过程中,虽然经历了由血缘、亲缘组织到地缘、业缘组织这样一个发展过程,但在中国历史

---

① 白居易:《送客春游岭南二十韵》。
② 白居易:《送客春游岭南二十韵》。
③ 〔明〕《天山草堂集》。
④ 胡朴安编:《中华全国风俗志》,中州古籍出版社1990年版,第256页。
⑤ 参见《南越王国与越王墓》,广州文化出版社1990年版,第99~108页。
⑥ 《淮南子·人间训》。
⑦ 胡朴安编:《中华全国风俗志》,中州古籍出版社1990年版,第256页。
⑧ 胡朴安编:《中华全国风俗志》,中州古籍出版社1990年版,第254页。
⑨ 胡朴安编:《中华全国风俗志》,中州古籍出版社1990年版,第257页。
⑩ 胡朴安编:《中华全国风俗志》,中州古籍出版社1990年版,第258页。

上,国家的行政区域划分很少影响到自然的村落,而家庭性质的自然乡村的自治体也一直独立于国家行政体系之外。即使从民族组织的角度看,在自然村之上,也没有什么更大的超出血缘联系的地缘组织的存在。有时人们为了某种生活、生存、交往的需要组织起来,形成一个团体,但仍然脱不掉家族体制和家族观念的巢臼。在乡村社会里,家族既是一个经济活动的基本单位,又是一个社会生活的基本单位,甚至还是一个宗教信仰的基本单位。中国封建社会能长期延续下来,与这种自然习惯的近乎原始的乡村血族集团的地方自治有关。

岭南亦不例外。梁启超对其家乡广东乡村自治的具体情况曾作过精彩的记述,在岭南颇有代表性。他这样写道:

> 吾乡曰茶坑,距崖门十余里之一岛也。岛中一山,依山麓为村落,居民约五千,吾梁氏约三千,居山之东麓,自为一保;余、袁、聂等姓分居环山之三面,为二保,故吾乡总名亦称三保。乡治各决于本保;其有关系三保共同利害者,则由三保联治机关法决之。联治机关曰"三保庙"。本保自治机关则吾梁氏宗祠"叠绳堂"。自治机关之最高权,由叠绳堂子孙年五十一岁以上之耆老会议掌之。未及年而有"功名"者(秀才监生以上),亦得与焉。会议名曰"上祠堂"(联治会议则名曰"上庙")。本保大小事,皆以"上祠堂"决之。叠绳堂置值理四人至六人,以壮年子弟任之,执行耆老会议所决定之事项。内二人专管会计,其人每年由耆老会议指定;但有连任至十余年者。凡值理虽未及年,亦得列席于耆老会议。保长一人,专以应官,身份甚卑;未及年者则不得列席耆老会议。耆老及值理皆名誉职,其特别权利只在祭祀时领双胙,及祠堂药燕饮时得入座。保长有俸给,每年每户给米三升名曰"保长米",由保长亲自沿门征收。
>
> 耆老会议例会每年两次,以春秋二祭之前一日行之。春祭会主要事项为指定来年值理;秋祭会主要事项为报告决算及新旧值理交代。故秋祭会时或延长至三四日。此外遇有重要事件发生,即临时开会。大率每年开会总在二十次以上,农忙时较少,冬春之交最多。耆老总数常六七十人,但出席者每不及半数;有时仅数人亦开议。未满五十岁者只得立而旁听,有大事或挤至数百人,堂前阶下皆满。亦常有发言者,但发言不当,辄被耆老呵斥。
>
> 临时会议其议题,以对于纷争之调解或裁判为最多。每有纷争,最初由亲友耆老和判,不服,则诉诸各房分祠,不服则诉诸叠绳堂,叠绳堂为一乡最高法庭,不服则讼于官矣。然不服叠绳堂之判决而兴讼,乡

人认为不道德，故行者极希。子弟犯法，如聚赌斗殴之类，小者上祠堂申斥，大者在神龛前跪领鞭扑，再大者停胙一季或一年，更大者革胙。停胙者逾期即复，革胙者非经下次会议免除其罪不得复胙，故革胙为极重刑罚。耕祠堂之田而拖欠租税者停胙，完纳后即复胙。犯窃盗罪者，缚其人游行全乡，群儿共噪辱之，名曰"游刑"。凡曾经游刑者最少停胙一年。有奸淫案发生，则取全乡人所豢之豕，悉行刺杀，将豕肉分配于全乡人，而令犯罪之家偿豕价，名曰"倒猪"。凡曾犯倒猪罪者永远革胙。

祠堂主要收入为尝田，各分祠皆有，叠绳堂最富，约七八顷。凡新淤积之沙田皆归叠绳堂，不得私有。尝田由本祠子孙承耕之，而纳租税约十分之四于祠堂，名曰"兑田"。凡兑田皆于年末以竞争投标行之，但现兑此田不欠租者，次年大率继续其兑耕权，不另投标。遇水旱风灾则减租，凡减租之率，由耆老会议定之，其率便为私人田主减租之标准。支出以坟墓之拜扫、祠堂之祭祀为最主要。凡祭皆分胙肉，岁杪辞年所分独多，各分祠皆然。故度岁时虽至贫之家皆得丰饱。

有乡团，本保及三保联治机关分任之，置枪购弹，分担其费。团丁由壮年子弟志愿补充，但须得耆老会议之许可。团丁得领双胙，枪由团丁保管（或数人共保管一枪）。盗卖者除追究赔偿外，仍科以永远革胙之严刑。枪弹由祠堂值理保管之。

乡前有小运河，常淤塞，率三五年一浚治，每浚治由祠堂供给物料，全乡人自十八岁以上，五十一岁以下，皆服工役。惟耆老、功名得免役，余人不愿到工或不能到工者，须纳免役钱，祠堂雇人代之，遇有筑堤堰等工程亦然。凡不到工又不纳免役钱者，受停胙之罚。

乡有蒙馆三四所，大率借用各祠堂为教室，教师总是本乡念过书的人。学费无定额，多者每年三十几块钱，少者几升米。当教师者在祠堂得领双胙。因领双胙及借用祠堂故，其所负之义务，则本族儿童虽无力纳钱米者，亦不得拒其附学。

每年正月放灯，七月打醮，为乡人主要之公共娱乐。其费例由各人乐捐；不足则由叠绳堂包圆。每三年或五年演戏一次，其费大率由三保庙出四分之一，叠绳堂出四分之一，分祠堂及他种团体出四分之一，私人乐捐者亦四分之一。

乡中有一颇饶趣味之组织，曰"江南会"，性质极类欧人之信用合作社。会之成立，以二十年或三十年为期，成立后三年或五年开始抽签还本，先还者得利少，后还者得利多。所得利息，除每岁杪分胙及大宴会所费外，悉分配于会员（乡中娱乐费，此种会常多捐）。会中值理，每年轮充,但得连任。值理无俸给,所享者惟双胙权利。三十年前,吾乡盛时,此种会有三四个之多。乡中勤俭子弟得此等会之信用,以赤贫起家而致中产者盖不少。

又有一种组织颇类消费合作社或贩卖合作社者。吾乡农民所需主要之肥料曰"麻麷";常有若干家相约以较廉价购入大量之麻麷,薄取其利以分配于会员。吾乡主要产品曰"葵扇",曰柑,常有若干家相约联合售出,得较高之价,会中亦抽其所入之若干。此等会临时结合者多,亦有继续至数年以上者。会中所得,除捐助娱乐费外,大率每年终尽数扩充为分胙之用。

各分祠及各种私会之组织,大率模仿叠绳堂,三保庙则取叠绳堂之组织而扩大之。然而乡治之实权,则什九操诸叠绳堂之耆老会议及值理。先君自二十八岁起,任叠绳堂值理三十余年,在一个江南会中兼任值理亦二三十年,此外又常兼三保庙及各分祠值理。启超幼时,正是吾乡乡自治最美满时代。①

尽管梁氏所讲是其家乡村社组织的自治情况,但其代表性是极其明显的。岭南古南越人大多以部落为群,散居在林密谷深的溪峒里,互不相属。但自从秦始皇统一岭南以后这种形式就发生了改变,尤其是之后中原居民不断进入岭南,使岭南社会组织和社会结构发生了很大的变化。南来的中原人在这块陌生的土地上仍然以家族、亲族为单位组织起来,形成一个个互不相属、各自独立的乡村或者团体。由于各家族、亲族南迁定居的历史都不一样,经济状况和实力也极不均衡,因此人们更加看重血缘亲属关系组成的团体和乡村。即使是他们散居在各地,建立同乡会或带有一定目标宗旨的团体,其家族遗风依然存在。从某种意义上讲,岭南人的社会组织形式是以家族、亲族为中心,以血缘、地缘为纽带建立起来的。因此,宗族、乡土观念在岭南人内心深处始终是一股奔腾不息的洪流。②

(三)典章制度

典章制度主要包括政治制度、经济制度、法律制度和教育制度等内容。就政治制度而言,岭南自秦汉时起,就一直沿用秦制。尽管直到唐宋时期,岭南仍被视为未开化的地区,但岭南始终是大中华的一部分,各朝统治者都

---

① 梁启超:《饮冰室合集》第十八册,《中国文化史·乡治章》。
② 参见拙作《论孙中山的乡土观念》一文,载《中山大学学报(哲学社会科学版)》1994年第1期。

在不同程度上对岭南实施控制。到了南宋以后，尤其是明清时期，由于中原人大量南迁，岭南也得到了较快的开发。中国经济重心的逐渐南移和海外贸易的繁荣，使得岭南在明清之际成为经济发展较快的地区。

但从经济制度来看，岭南特殊的地理位置和生态环境，以及生产力与生产关系发展的特殊性，决定了岭南经济制度与其他汉民族文化区的经济制度有较大的差别。虽然古南越王国时这里曾有向夏、商、周朝纳贡称臣的历史传说，即所谓"正南、瓯、邓、桂国、损子、产里、百濮、九菌，请令以珠玑、玳瑁、象齿、文犀、翠羽、菌鹤、短狗为献"，但并不表明中原汉族政权对岭南经济实行控制。事实上，由于岭南开发较晚，经济并不重要，因为"楚越之地，地广人稀，……或火耕而水耨……无积聚而多贫"，中原封建王朝不可能对该地区实行经济管制。只是到了中国封建社会中后期，即隋、唐、宋、元、明、清时，这里才开始实施中原封建王朝的一些经济政策和法令，国家对这个地方的经济发展才真正发挥其行政功能作用。大体上说来，以农为本、崇本抑末、重农轻商的封建经济政策，同样在岭南得到体现。所不同的是，国家对岭南的商业贸易、手工业生产和农业生产，一直没有作过多的行政干预，几乎是听其自然、任其发展。因此，岭南地区虽然在政治社会组织上深受国家政权的约束和控制，但在经济上却相对地得到了较为宽松和自由的发展气氛，因此也养成了岭南人在政治上尽量与朝廷保持一致、而在经济上却大胆地独立发展的双重性格。

从教育文化上看，岭南与中原大同小异。秦统一岭南至赵佗立国时，孔孟的著作还未被定为唯一的教育经典。但从出土的文物中可以断定，在南越王族和上层贵族中，已经有了教学的制度，上层统治者通过某些教学方法、制度，已能识文断字，摆脱了文盲蒙昧状态。到了西汉时期，岭南开始出现了官办学校。① 在以后的岁月里，由于中原名儒仕宦大量南迁，封建教育体制因而逐渐在岭南生根开花结果。州学、县学和书院的兴起②，以及"岭外科举尤重于中州"的现象就足以证明岭南封建教育的发展，也说明岭南极早地被纳入封建教育的轨道。

总之，岭南在典章制度的确立上，尽管与中原相比略为迟缓，但在内容与形式上与中原却往往大同小异，这种大同小异的情况说明：一方面岭南受中原封建大一统的政治文化的影响较深，另一方面也说明岭南较早地被纳入封建专制主义的中央集权政治统治的轨道，因而岭南文化中仍然带有浓厚的封建色彩。

---

① 陈乃刚：《岭南文化》，同济大学出版社1990年版，第88页。
② 关于"书院"，参见《广州陈氏书院文化研究》，中山大学出版社1994年版。

（四）风俗习惯

"百里不同风，千里不同俗，户异政，人殊服"。尽管岭南在封建王朝强大的移风易俗的力量和大量中原移民潜移默化的作用下，古南越族的风俗迅速被淘汰、改造、淡化，走向与中原民俗认同、整合的过程，实现了以汉民族民俗为重要内容的民俗文化，但古南越民俗中的某些内容仍然通过各种途径或改装或变换而保留下来。尤其是在饮食和日常生活中表现得更为突出。而岭南人民的气质、性格亦处处带有古南越族先民的特别禀赋。又由于岭南与外界的接触要早于中原其他地区，得海外风气之先，因此岭南民俗中亦渗入了不少西方民俗文化的因素。岭南民俗形成的历史和文化渊源因而比中原内地民俗要复杂且丰富多彩得多。表现在节日民俗上，其节日的安排、内容和意义与中原大致相同，所不同的是受地域、民情、生活习惯影响而形成的表现方式和活动内容。不过，由于地域、气候、环境和生产生活方式不同，即使是有中原民俗输入，也往往发生一些变异。如过年的习俗，珠江三角洲一带就有小儿除夕卖痴呆的风俗和除夕晚逛花市的习惯。在梅州地区，客家人过年就有一整套固定习俗。如"初一就话初一头，初二又话新年头，初三又讲穷鬼日，初四就话瓤一天，初五又话神天下，初六又话结团缘，七不去，八不归，九九十十看打狮，十一十二龙灯出，索性月半正来归"，就与中原人常说的"初一熟鸡，初二熟犬，初三熟猪，初四熟羊，初五熟牛，初六熟马，初七熟人，初八熟谷，初九熟油，初十熟麦"，以及"三十的火，月半的灯"等习俗有一定的差别。

至于岭南民俗在祭祀、生产、婚嫁、服饰、饮食、文体娱乐、迷信、禁忌上的表现，则更富有地方特色。诸如悦城的龙母诞、南海的菠萝诞、广州各地的天后诞、白云山上的郑仙诞、广州的金花诞、畲族祭祖公图、九龙的香树祭、香港的鲁班节、花县狮岭的盘古王诞和广州的生菜会，都反映了对自然神的敬畏和人们对于与自己日常生活有直接关系的神人的崇拜。岭南民俗中具有极大的现实性和生存意义，即使是生产习俗、文艺娱乐习惯和迷信禁忌等，也同样体现了岭南人对生活的渴求和对死的恐惧，以及对人生的向往和对幸福美满的追求。[①]

（五）方言俚语

语言是一种社会现象。各地的方言既是各个地区的人们文化心理的积淀，又是各地历史文化和自然环境的反映。广东是汉语方言分布极其复杂的

---

① 参见叶春生《岭南风俗录》，广东旅游出版社1988年版。

省份，岭南丰富多彩的方言，就反映了岭南人民在生产生活方式及风俗习惯、人伦关系等方面的心理特点。

由于历史上经过几次大规模的移民高潮，移民进入岭南的时间有先有后，进入的地理位置和路线有东有西，迁移来的内地居民原先分别属于不同的文化区域，其中，有楚文化区的，有鄱阳文化区的，有徽州文化区的，有中州文化区和齐鲁文化区的，他们在发展程度和风俗语言上都有较大的区别，这使得岭南地区在语言上驳杂斑斓。后虽经过长时期的交流，彼此都受到一定影响，但仍然泾渭分明。大致说来，岭南文化区域内并存着三大语言民系：一是以广州方言为标准音，主要聚居于珠江三角洲及西部地区的广府民系；二是以粤东北梅县方言为标准音，主要聚居于粤东北及东江流域的客家民系；三是以潮州方言为标准音，主要聚居于粤东南潮汕地区的福佬民系。其中，粤语方言即广府语系，是岭南古老的语种，它的形成，上溯可到秦统一岭南时期，当时大批"中县人"定居于以番禺为郡治的南海郡，与越族杂处，在语言上很自然地产生了同化现象，到了西汉初期便已基本成型。广府民系的粤语方言主要包括珠江三角洲以及整个粤西地区。客家方言是岭南三大方言中最接近北方方言的语言。研究者们认为这种方言与中州（河南）的古汉语最为接近，而多数客家人的祖籍也的确是河南的。但严格说来客家方言是由中原古汉语衍化而来的。由于客家人来到岭南后，几乎是在各自独立封闭的环境下生存和繁衍的，所以他们的语言本身的变化不太大。也就是说它受到周围不同方言的影响较少，不像中原汉语方言和广府民系粤语方言那样受到外来方言的影响较大，因此可以说，客家方言保留了较多的中原古汉语方言的特色。福佬民系的潮汕方言严格说来属于闽南方言体系，潮汕地区在先秦时代隶属闽越，与福建山水相连，民情风俗几乎一脉相承，语言因而也是相差无几的。①

首先，从岭南方言的分布和类型上，我们可以看到，岭南地区语言文化呈现多元性、封闭性等特点。语系多元，方言俚语繁杂，对文化交流和社会发展无疑起了一定的阻碍作用。所谓"东晋、南宋，衣冠望族向南而趋，占籍各郡。于是言语不同省会，音柔而直，歌声清婉可听。唯东新各邑，平韵多作去声。韶南、连州，地连楚豫，言语大略相通，其声重以急。惠之近广者，其音轻以柔。唯齐与灰、庚与阳四韵，音同莫辨。兴宁、长乐，音近于韶，谓我为哎。广人呼为哎子。东至潮，语同闽，有音无字，与广人语多不通。肇、高、雷、廉，土音略与省会相合，而舌本强。广州呼人曰个，畜曰只。而诸郡相反。琼岛孤悬海外，音与潮同，杂以闽人，间有与廉州相

---

① 《粤古方言形成问题》，载《广东社会科学》1990年第2期。

似，类广西梧州音者，各西江黎语云"①。在三大方言语系中，广府语系明显地具有开放性、融合性和创新转换性。因为粤语方言的形成本身就是在不断吸收、融合、创新中获得的。其次，我们从岭南方言语系中也可以看出，岭南方言在发音、用词、造字上都与本地的地理自然环境条件和历史社会条件有关，其词其义其意都在不同程度上反映了这种关系的基本特征。②

（六）宗教信仰

"宗教是和人类基本的，即生物的，需要有内在的，虽为间接的联系。好像巫术一样，它的祸根是在于人类的预测和想象，当人类一脱离兽性，它便开始萌芽。只有在这里，关于个人及社会的完整——更大的问题才会出现，而那些直接的、应付实际急需的临机举动，反无多大相干。只要人们一旦不仅和他们的同代人，而和他们的前人与后裔开始作共同活动，许多关于人类命运与人类在宇宙中的地位的忧虑、预测和其他各问题便都发生了。"③也就是说，宗教与人们对自然的恐惧和生死的忧虑，以及对终极目标的关怀有着密切的因果关系。岭南地区由于气候和地理自然条件的特别，开发较迟，生产力、生产关系与中原地区相比在水平上都要落后一些。人们对自然的异常现象缺乏足够的理解认识能力，以至于面对恶劣的生存环境，不免生发出种种想象，于是产生了种种禁忌和宗教信仰。又由于岭南文化是一种杂交的多元文化，受中原汉文化和印度佛教文化、阿拉伯伊斯兰教文化和西方天主教基督教文化的影响较大，因此，在宗教信仰上，也毫不例外地受到这些文化的影响。中国本来就是一个泛神教的国家，一个人可以同时相信不同的神灵。但中国人的信仰大都是出于现实生活的考虑，或者是实用主义或功利主义式的崇拜，对人生的终极关怀似乎还没有太多的兴趣。在中国，与其说人们有宗教信仰，还不如说仅仅有崇拜祖宗和先贤的意识。这种现象在岭南文化中亦有类似之处，尽管基督教、伊斯兰教和佛教很早就传入岭南，但岭南人更多的仍然是信道教、拜祖宗。正如马林诺夫斯基所指出的："人类永生的信仰乃是祖宗崇拜、家内祭祀、丧葬仪式，以及灵物二元论的基础。"④ 在宗教信仰上，岭南人似乎是虔诚积极的，但更多的是表现为迷信和禁忌、祖宗崇拜。在岭南，大致有几种信仰：一是人们对"鬼神"的敬畏与迷信；二是对祖宗先贤的崇拜；三是对自然物和动物的崇拜；四是对上

---

① 胡朴安编：《中华全国风俗志》，中州古籍出版社1990年版，第246页。
② 蒋祖缘、方志钦主编：《简明广东史》，广东人民出版社1987年版，第173～175页。
③ ［英］马林诺夫斯基：《文化论》，费孝通等译，中国民间文艺出版社1987年版，第75页。
④ ［英］马林诺夫斯基：《文化论》，费孝通等译，中国民间文艺出版社1987年版，第77页。

帝的信仰，这几个方面，主要的还是对与他们生活、生存、安全和发展有关的神灵祖先的崇拜，可以说，岭南人的崇拜态度是现实的和功利的。

（七）文学艺术

无论是学术还是艺术，岭南地区都有其自身的特色和内在规定性。

就学术思想和学术成果而言，岭南在这方面似乎远不及中原其他文化区域那样深邃和富有建树，影响也没有中原地区大。即使是不太多的人在学术上有所造诣和有一定成就，也大多是偏重于研究历史、社会和自然，而在哲学、伦理学、文学等方面的探讨似乎很不充分。尽管惠能创立了禅宗，但在宗教义理的阐发上显得有些单薄。岭南学术思想的一个最大特点就是缺乏形而上的哲理性的抽象思辨和理论概括，而在具体问题的研究与阐述上往往用力过多。所以，有人说岭南文化是一种实用性的极其直观的感性文化。

就艺术文化来讲，岭南文学艺术在内容上主要包括诗歌、文学、民谣、绘画、建筑、音乐、戏剧等。在艺术的表现形式上，又往往是极其直截了当、大大方方和自然的，没有太多的讲究，只注重表意抒情。由于岭南地区有着较为优越的生存环境，人们对自身生存意义的思考和体验就不像中原地区的人们那样执着和深刻，他们也没有像中原地区那样受传统文化约束太深的苦恼，在开放和不断交流融合的文化氛围里，岭南文学艺术具有明显的浪漫、清新、明快、超脱的风格。他们锐意创新，具有超前性和忧患意识，但由于追求新，往往显得浮泛而不深刻。他们往往是开风气之先，而不太注意作更深层次的艺术追求与探索。这种情况在近代似乎更突出明显。"诗界革命"和"小说界革命"的口号由黄遵宪、梁启超率先提出，但他们却没有在"革命"上作过多的努力。广东历代诗人很多，却缺少政论家、散文大家和著名的小说家，这大概与广东优越的生存环境有关。人们对生活的感受往往是积极、愉快和满足的，不像北方人对生活艰辛体验得那么深刻，他们对人生和现实缺乏严峻和危机意识。诚然，近代广东人有强烈的爱国主义精神、忧患意识和积极的政治参与意识，在文学艺术中也表现出这方面的坦率激进，然而，他们常常是就事论事、以物说物、借物抒情表意。从艺术的表现手法和表现形式上看，岭南艺术与北方艺术相比缺乏多样性和艺术审美特性。[①]

四、岭南文化的特征

像其他区域文化一样，岭南文化有其丰富的内涵和外在表征，我们仅从

---

① 参见陈永正主编《岭南文学史》，广东高等教育出版社1993年版。

结构和形成过程上来考察岭南文化显然还很不足够，还必须从具体到一般、从局部到整体地去体认岭南文化的基本特征。

对岭南文化基本特征的认识，人们大多只重近代，而忽视对岭南文化古代特征进行辨析，似乎岭南文化在近代的表征就是岭南文化的全部。诚然，这样的看法不无道理，因为岭南文化到了近代才显示出其优越性，同时，岭南近代文化是岭南古文化发展的必然结果，是文化的集大成者。我们对岭南文化总体特征的认识就必须既是历史的，又是现实的；既是抽象的，又是具体的；既是共时性的，又是历时性的。关于岭南近代文化的总体特征，不少学者作了十分精辟的分析和概括，但仍然见仁见智。

有人指出：岭南近代文化有四大特点：①与爱国救亡斗争相结合，其核心是民主与科学。②是中西文化冲突融合的产物。岭南古代文化主要是古南越族文化与中原南来的汉文化进行融合后形成的以汉文化为主体的文化，到近代就不同了，它形成多元性的半殖民地半封建文化。③具有速变性、开创性和对内地进行辐射的领先地位。岭南近代文化发展变化之快为全国所不及，因而它的开创性和对内地进行辐射的领先地位也是明显的。岭南近代文化的发展有许多全国之最：首次编著英美专史、比较系统地介绍资产阶级民主制度的学者是南海的梁廷枏；第一个资本主义方案的提出者是花县的洪仁玕；第一个具有比较系统的改良主义思想的实业家是中山的郑观应；"史学革命"和资产阶级史学理论的首创者是新会的梁启超；率先引进外国军事技术，仿造火轮船和制造水雷的是番禺的梁仕成；我国第一架照相机的制造者是南海的邹伯奇；第一个著名的铁路工程师是南海的詹天佑；第一个进行个人画展、首创"岭南画派"的画家是番禺的高剑父；第一个留美大学生和首次率留学生赴美的人是珠海的容闳。④多样性和奇异性。既有古南越族的遗风、汉文化的封建传统，又有资产阶级文化、外来文化，还有独特的华侨文化和福佬、客家、广府三大民系文化，等等。奇异性是指在岭南近代文化中，还保留着古色古香的神秘的色彩，如父系氏族、母系氏族文化的残余，原始的民主选举制，图腾崇拜，叔权制，别具风韵的饮食文化，形形色色的婚姻习俗，等等。①

有人则认为岭南近代文化具有"实""新""活""变"四个特征。"实"就是明快活泼，反应迅速、灵敏。岭南文派、诗派、画派，广东音乐，建筑和货品，等等，都散发出一种灵巧、新鲜的气息。"变"就是变化、发展，与时俱进，在中西文化的碰撞、交流和融汇中，不断扬弃、变

---

① 载《广东社会科学》1991年第5期。

革、重构，显示出一种进取的态势。①

尽管这些不同的观点已从不同的侧面勾勒出岭南近代文化的基本特征，但缺少历史的、逻辑的思考。有个别学者就看到了个中不足，认为研究岭南近代文化的特点需要进行纵向和横向两个方面的比较。纵向就是与古代文化相比较，从中可以看出岭南近代文化具有鲜明的时代内容和时代特征；横向则是与中国近代其他区域文化，特别是内陆文化相比较。两种比较中，后者更能充分显示岭南这一特定区域文化的特点。从横向比较来看，岭南近代文化与内陆近代文化在基本内涵上有不少相同之处：对中国传统文化都有继承、批判和发展，两者有相似的时代背景，在内容发展上都经历了从经世致用思潮到太平天国思潮、洋务思潮、维新思潮和革命思潮等几个主要阶段。因此，它们之间的区别主要不在基本内容，而在表现形式；主要不是时代性，而是区域性。这样，岭南近代文化的特点可以概括为五点：一是岭南近代文化的代表人物既集中又突出，二是岭南近代文化在各个阶段的发展上都处于领先地位，三是岭南近代文化中西学的痕迹更广更深，四是岭南近代文化思潮的演变与中国近代政治风云的变幻紧密相连，五是在岭南近代文化中华侨文化、港澳文化占有重要地位。②

显然，单就对岭南近代文化特征的研究，在方法思路和观点上就众说纷纭，各有千秋。不过从他们对岭南近代文化的研讨和结论之中，我们多少可以寻绎出岭南文化的整体特征的底蕴。

（一）开放融通性

岭南文化本身就是由许多不同特质的文化融汇而成的。开放融通性是其重要的文化机制。在岭南文化里面，我们既可以看到汉文化那高大的躯干，又可以洞见古南越文化深沉的背影；既可以体察到印度文化和阿拉伯文化无形的魔力，又能分辨出近代西方文化留下的痕迹。岭南文化的形成过程本身就是一种交融、一种综合、一种凝练。在岭南，既有"商贾辐辏，海船云集""阛阓殷厚，……百货充盈"的繁华市井，也有给岭南文化涂上神秘色彩的由洋人创办的大大小小的教堂和佛家参禅打坐、善男信女烧香许愿的灵光佛寺；既有彼此难以沟通的却并存的三大语系，又有来自不同地区、不同文化区域的错综复杂的移民村落；既有古代母系氏族制的遗风，又有现代西方化的时代风尚。相同的、异质的、矛盾的东西都可以在此共生共存，相安无事。岭南人那种只管对有益的东西尽量引用吸收，而不管是张三李四的内

---

① 载《广东社会科学》1991年第5期。
② 载《广东社会科学》1991年第5期。

外无别的一切为我所用的学习原则,那种敢于吐故纳新和敢于否定过去的我而设计新的自我、积极交往、大胆任事的精神,不正是岭南文化融通性和开放性的一种外在表现吗?

(二) 动态发展性

从历史发展的纵向系列上看,岭南文化的生成就是一个变动不居、动态发展的运动过程。岭南文化的发迹史给了我们一种多变、活跃,不断地吐故纳新、不断地自我否定的深刻印象。它不像其他区域文化那样固守着某一传统、某一习俗、某一观念,也不像其他少数区域文化那样给人一种静止不变、呆板僵化的感觉,而是愿意随时在时代大风大浪中一展自己的风采,愿意按照时代的需要塑造自我的新形象,在不断塑造、不断展示、不断竞争、不断开拓和不断吸收中求得发展进步。动态发展性是岭南文化的内在机制,正因为有了这一机制,岭南文化才富有活力,才不至于老成持重,不至于僵化,而总是以崭新的姿态展现在世人的面前。动态发展性,意味着岭南文化结构是不断地被建构着的,它本身就没有固定的、万古不变的模式,而是在传承和变异中保存和发展的。动态发展性更意味着岭南文化发展速度快,尤其在近代,这种倾向就更显突出了。动态发展固然使岭南文化始终保持着青春活力,始终朝气蓬勃、昂首向前,但总显得浮泛而不深刻,善变而难以捉摸,给人的感觉往往是惊心动魄、赏心悦目、眼花缭乱,而又昙花一现、稍纵即逝。

(三) 新异实用性

岭南文化的动态发展性这一文化机制,自然生发出新异性。求新求异而又不失实用性,也许是岭南文化的一个重要特征。所谓新,就是像前面所讲的"勇于接受新事物,创造新文化,表现出一种先驱文化的特质"。所谓异,就是新而有所不同,新而出奇,新而出类拔萃,新而独辟蹊径,新而有特色。不像其他少数区域文化那样新却不令人惊奇,新而不使人羡慕,新而使人不敢苟同,或者趋时附众,或者新而后千篇一律,一窝蜂地赶时髦。岭南文化常常在全国区域文化中标新立异,一枝独秀,给人以鲜明而又神秘的个性印象。岭南的饮食文化,岭南的民俗文化,岭南的经济文化,等等,都常常给人意料不到的快慰和收获。新奇怪异并不意味着空泛、虚幻和不切实际,事实上,岭南文化是一种极其典型的实用主义文化,这不仅表现在岭南地区人的衣食住行方面极为注意其实用价值,而且还充分体现在他们的思想观念、价值判断、审美趣味和行动方式上特别注意实际和效用这一方面。岭南文化的吸收消化功能首先就表现在实用地而不是伦理道德和观念地去同化顺应一切异质文化。因此,朱谦之先生说:"北方黄河流域即代表解脱的知识；中部扬子江流域可代表教养的知识；南方珠江流域可代表实用的知识，即为科学的文化分布区。"① 岭南文化的实用性，固然为岭南地区的社会发展带来了翻天覆地的变化，从根本上满足了人们的物质文化生活需要，但也同时限制了自身的发展。这是一种太注重和强调实用而缺乏高瞻远瞩、缺乏理论思维和哲理思辨的文化，既没有后劲和竞争能力，又难以长时间支撑和保持长久的魅力。

（四）多元层次性

"一山有四季，十里不同天。"岭南文化从构成上看，就具有明显的多元性和层次性。说它多元性，主要是从文化渊源和成分上去理解的，因为在岭南文化体系中，既有古南越族的遗风和汉文化的封建传统，又有西方近代文化，还有独特的华侨文化和福佬、客家、广府三大民系文化，更有交错分布的少数民族地区次文化。真是活水源头，渊源有自而又殊途同归。

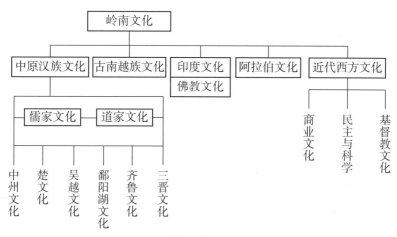

岭南文化渊源

在岭南文化里面，多种文化并存的现象是十分明显的，传统文化、商业文化、港台文化和华侨文化争奇斗艳、百花齐放。所谓层次性，一是发展变化和分布的层次性，即文化发展演进上有先有后、有快有慢，有山区与平原、珠江三角洲与粤北山区之不同的发展分布层次；二是指文化的性质上，有文明与野蛮之分，有保守封闭与激进开放之别，有封建传统与现代潮流之分；三是指文化的内容上，有高低之别，有精英文化与大众文化之分；四是指表现形式上，也有明显不同的层次，既有粗俗的、有直接的，又有委婉

---

① 朱谦之：《文化哲学》，商务印书馆1990年版，第227页。

的、含蓄的，形式多样而呈现出梯级层次性。多元层次性，虽是开放融通的结果，但反过来又强化了开放融通性，它既显示出文化的博大和宽容，又体现出了竞争对抗的力量和均衡。

（五）商业商品性

岭南开放与封闭的地理位置和美丽富饶的自然生态环境，既为这里的人民提供了优越的生产生活条件，又为商业和海外贸易的繁荣与发展创造了良好的环境氛围。隋唐以后，广东商业生产、经营和海外贸易以及文化交流就格外地引人注目。到了明清以至近代，这种繁荣发展的势头更是日渐看涨。手工业、农业的飞速发展，海外贸易的刺激作用，岭南文化中的商业商品性无形地受到尊崇，成为岭南文化最引人注目的特征之一。如果说北方文化更注重生产、分配这两个环节上的安排，那么岭南文化则更着意发挥交换和消费两个环节的功能作用。自古以来，岭南商业文化就很发达，人们的商品意识也十分强烈。重农抑商、崇本抑末的思想观念和经济政策，在岭南固然有一定的影响，但并没有妨碍商业意识的膨胀，"言利"似乎并不让人感到不光彩，人们似乎更注重眼前的生活，对"义利""本末"之类所谓大是大非的问题显然不那么较真。很早以前，岭南人就学会了如何交换、如何经营、如何做生意、如何讨价还价、如何以钱变钱等商业技能和基本知识，所以，在岭南文化区域，我们到处都可以呼吸到商业文化的气息，到处都可以见到商业文化的风采。但是，岭南文化这种商业商品性，又往往使岭南人显得狭隘单调、缺乏远大理想和高雅脱俗的精神气质。

（六）家族本位性

重家族、重伦理，是中国文化的一大传统和特色。构成中国传统社会的两个主要因素就是家族主义和地方主义，也即是两个大团体：同族与同乡。个人扮演的特殊角色不是从个人，而是从团体、同族或同乡的社会价值上表现出来，这种价值也延伸到死去的祖先。中国文化的这种以家族为本位，重伦理、重同乡情谊和崇拜祖宗的特征，在岭南文化体系中表现得更突出。这一方面是由于岭南是一个移民社会，中原许多"名门望族"在战乱和其他情况下被迫迁移至此，而且往往是大批的家族集体式的迁移，他们完整地保留着中原"衣冠望族"的文化意识和封建宗法制度。尤其是客家人，他们的家族观念极其浓厚，他们不忘祖宗盛德恩典，以族谱、家谱、堂联等方式向子孙宣扬本族先人世为望族的荣耀，而且代代相传，乐此不疲。另一方面是由于古南越文化在当时相对落后于汉文化，南下的中原人很难与当地"越人"相沟通。个中原因不是中原人自视清高、有一种文化优越感，就是古南越人在生活方式、思想观念等方面与中原人格格不入，更重要的是，南迁的中原人虽然孤悬岭外，却仍心系中州故园，他们为了与中原故乡保持联系，也需要家族作为一种维系的方式。同时，在岭南这个陌生的地方，他们也需要依靠家族的力量来赢得生存和发展的机会。因此，岭南地区的文化更凸显出以家族为本位这一特征。

以家族为本位的文化特征具体表现在以下几个方面：①在社会生活形式上，以家族、亲族为中心和原则，按血缘关系来组织社会生活。一家一户为一个独立的生产经营单位，或以一个家族为一个大集体，分散经营劳动，族内生活也基本上是原始的共产主义式的生活。在家族和家庭中，族长和家长有绝对的权威。②在社会组织形式上，人们也常常按宗族的组织形式来进行。即使是一些公开性、公众性很强的社会团体或民间秘密的小团体，在形式与管理上也往往带有家族制的遗风。③在宗教信仰上，岭南人主要是祖先崇拜和多神崇拜，以前者为主要形式。祖先崇拜在岭南三大民系中都很普遍，而且形式上也很特殊。他们的祖先崇拜不只表示尊敬祖先和请求保护，也表示家族的内聚力和"慎终追远"的孝思。在一个同姓的村落里，这种对祖先的崇拜仪式就更是隆重。④在思想观念上，岭南人的家族同乡观念也较中原浓烈。在他们的思想和感情倾向上，爱乡与爱国两者相比较，似乎前者更突出，而且他们的辩证法就是爱乡就要爱国，爱国就是为了爱乡，但有时又往往为了"爱乡"而牺牲了"爱国"。

（七）大众参与性

岭南文化是大众化较强的文化。在岭南文化里面，我们可以说人人都是文化的创造者和占有者，因为文化一直处在变动之中，同时又始终处在交流融合、继承发展的过程之中，没有哪一个阶级、哪一个民族、哪一个团体和哪一个人能够对岭南文化的发展变化、基本特征等起绝对控制的作用。不像齐鲁文化那样，文化表现为较明显的精英和精致文化倾向。我们通常讲的文化是人民群众创造的，但我们不能否认杰出人物和阶级、团体等对文化发展的制衡作用。说到荆楚文化，我们会想到屈原、王阳明、曾国藩等人的历史作用；谈到齐鲁文化，我们更容易把它与孔子联系起来；想到三晋文化，大家便不免要提到赵武灵王的胡服骑射；说到吴越文化，人们当然也不会忘记越王勾践卧薪尝胆的故事。诚然，岭南文化的发展与赵佗、冼夫人、惠能、葛洪、朱九江等人的作用与影响有一定的关系，但岭南文化更多的是由无数寂寂无名的人共同创造的，因为岭南文化表现出的更多的是物质文化的富足而不是精神文化方面的充裕，它在各区域文化当中显示出自己特色的也应该是在物质文化的创造发展上。精神文化与物质文化的生成与发展，常常是前者更与个体有关,而后者则大多与大众有着紧密的联系,因而,岭南文化带有较明显的大众参与性。大众参与性还表现在人们对文化的占有与享受的程度上,岭南文化不为少数人所创造,当然亦为大多数人所拥有,人人创造了文化而人人又有权利拥有自己的那一份文化享受。这与齐鲁文化、吴越文化、荆楚文化常常"阳春白雪"曲高和寡不同,岭南文化就像"下里巴人",以通俗或者雅俗共赏的文化样式与内容来吸引人。大众的文化价值取向也反过来影响了岭南文化的发展趋势与基本特征。

(八) 经验直观性

岭南文化不像荆楚文化那么浪漫和富有诗性,也不像齐鲁文化那样稷下饶辩士、邹鲁多圣人,而是注重经验和感性直观。齐文化空灵、功利的色彩,鲁文化理性、肃穆的氛围,与岭南文化刚好形成鲜明对比。岭南文化是经验型和直观感性型的文化。

首先,岭南文化中关于自然社会的知识,大多是经验的积累和总结,而缺乏理性的逻辑思辨和哲理沉思。即使是经验体会,岭南文化表现出来的仍然是一种形象生动的陈述,而不是理论的高度概括。如对在生产生活中获得的对自然和社会的认识,表现出来的却是各种谣谚。诸如"家有竹鸡啼,白蛇化为泥","秋冬食獐,春夏食羊","朝为泡鱼,暮为蒿猪","海水热,谷不结;海水凉,禾登场"①,等等,就说明岭南文化是一种经验型、知识型的文化。人们很少去对自己周围的事物进行分析研究,形成一种理论。

其次,岭南文化的重感性、轻理性特征也很明显。岭南文化展现在人们面前的往往是感性、知识性、经验性,重实践实干和身体力行,而忽视理论推导和思辨逻辑。可以说,岭南人是用心去感受事物而不是用大脑去辨识事物的,岭南文化也是一种直观经验型的文化。"跟着感觉走"似乎就是一种恰到好处的暗示;"请跟我来"亦是那样直接坦诚和热情洒脱。但是正因为岭南文化是感性的、直观的、经验的,所以它所具有的那种冲动和拼搏的精神,使中原地区的人不禁为之侧目。

---

① 胡朴安编:《中华全国风俗志》,中州古籍出版社1990年版,第247～248页。

第三章 透视：岭南文化与岭南人

文化与人，这是永远割不断的姻缘。人创造了文化，文化又反过来约束人、塑造人。

不同的地域文化也塑造着不同的人，北方与南方是两种风格不同的文化。在历史上，岭南人的性格气质、思想观念、行动特征等都与北方其他区域文化的人有很大的不同。了解岭南文化区域中的人，显然有助于我们加深对岭南文化的认识与了解，也有利于我们进一步理解孙中山、认识孙中山。因此，本章将对岭南人的语言文字、文化心理作一次文化性的透视。

一、岭南方言与岭南人

也许，再没有什么像岭南方言那样给人一种持久而深刻的印象。在这个不太辽阔的空间内竟拥有众多的异趣生辉、风格别致、令人兴致盎然的方言俚语，这本身就是一大风景。那些不同口音的人挤在这个狭小的空间内，使这个在古代并不繁荣发达的区域热闹沸腾起来。且不说粤语、客家话和闽南话三大语言民系的争奇斗艳，就是在局部某些地区也常常因方言俚语太多而令人不知所措。据有关资料所载，仅中山市就有多种方言。方言俚语分布密集的现象不仅反映了岭南地区的历史文化特征，而且也严重地影响了岭南人的性格心理。因此，探讨岭南人的方言俚语，无疑有助于加深我们对岭南人的认识和了解。

（一）语言与文化

语言，既是人类表达思想感情的一种工具、沟通彼此的一种手段、自我表现的一种目的，同时也是文化的形式，它本身就是一种文化。有人把语言定义为："语言，人类特有的一种符号系统。当作用于人与人关系的时候，它是表达相互反映的中介；当作用于人和客观世界的关系的时候，它是认知事物的工具；当作用于文化的时候，它是文化信息的载体。"① 有的人又认为："一个民族赖以生存的条件和限制因素必然反映在语言和行为里。……中国人的时间观念体现在语言和生活方式中。他们具有异常丰富的时间表达方式和某种渗透其言语及整个生活的时间概念和时间体系的逻辑。"② 有的人更明确地指出："文化的多样性的根源在于语言的多样性。这种语言的多样性，不仅仅在于词汇和句法，甚或更具'文学'性的话语形式（赞美诗、编年史、史诗、教喻诗、悲剧以及抒情诗）的多样性，它要比这些更为深广。"这就是说，语言不仅是文化的形式或表现工具，而且还是一种象征。

不同文化系统的人，语言活动有不同的特色。在我国，南方和北方在语言表达、语言句法上都有很大的差别。北方人见面便说"您好""吃了没有"；南方人尤其是广东人见面却说"早晨"。北方人夸一样东西或一个人时，总爱说"真好看""真漂亮""真够劲儿""真棒"；而广东人则爱说"真靓""靓仔""好靓啊"等之类的赞美话。北方人告别、分开的时候说"再见""回头见"；而广东人则喜欢说"拜拜"，简单干脆而又略带"洋味"。有人打了个比方，说北方人的语言如同北方的阡陌田野、钟鼎长城，凝重典实，具有一种阳刚之美；南方人的语言如同南方的灵山秀水、红楼斜桥，轻盈活脱，柔细幽婉，具有一种阴柔之美。"杏花春雨江南"和"骏马秋风冀北"，"春风动春心，流月嘱山村。山村多奇采，阳鸟吐清音"和"敕勒川、阴山下，天似穹庐，笼盖四野。天苍苍、野茫茫，风吹草低见牛羊"，就是这种南柔北刚的风格体现。

语言反映了一种文化、一种类型的人，文化和人又常常受语言的限制和影响。马林诺夫斯基指出："说话是一种人体的习惯，是精神文化的一部分，和其他风俗的方式在性质上是相同的。语言的学习是在产生一约制反射作用的体系，而这些已受约制的反射作用有时就成了约制下的刺激；说话，分明的音节，是从小由不分明的口音中养成的。这不分明的口音是婴孩对付他的环境时的天赋。个人慢慢地长大时，语言知识是和技术知识增加时所获得之技术名词相平行发展的。礼貌客套、命令口号、法律措词等社会性的词汇是慢慢地由他加入社会组织及担负了社会责任时逐渐获得的。最后他对于宗教及道德价值的经验增加后，他获得了文化中全部的礼仪及伦理的公式。语言知识的成熟实际就等于他在社会及文化中地位的成熟。于是，语言是文化整体中的一部分，但是它并不是一个工具的体系，而是一套发音的风俗及

---

① 《中国大百科全书·语言文学》，"语言"。
② ［法］路易·加迪等：《文化与时间》，郑乐平、胡建平译，浙江人民出版社1988年版，第31页。

精神文化的一部分。"①

　　语言既然是文化的表现形式和文化本身，它对人的影响显然不可避免。因为人类正是通过语言和语言所创造的人的世界建立了联系，得到了沟通并与之融为一体。如果没有语言，也就无所谓人与人的世界。但语言往往是通过对伦理、法律、习俗、科学、哲学、经济、宗教、艺术等文化的建构而创造了人。所以说语言也是人的世界建立的一个重要因素，正因为有了语言，我们才可以表达自己的思想感情，才可以与他人取得联系，才可以把我们所接触到的万事万物用一种符号和语言表现出来和区别开来。"人所生存的文化世界，首先是由语言而产生的。……只有当我们在生活中运用一定的语言，才能构成人所面对的自己的文化世界。"② 通过语言，人们获得了思想，获得了时空观念，获得了与他人的联系与交往，获得了知识、信仰、理念。一句话，我们的全部文化感受——主观精神和客观精神，全部渗透到语言之中。如同黑格尔所言："语言渗透了成为人的内在的东西，渗透了成为一般观念的东西，即渗透了人使其成为自己的东西的一切。"③ 然后人类可通过语言把它表现出来，从而形成属于人的自己的文化世界。语言的这种作用于人的功能，在著名的哲学家罗素那里得到了充分的肯定。他说，语言的存在为"思想提供了共同的表达方式；这些思想没有语言，恐怕永远没有别人知道。如果没有语言或某种先于语言而近似语言的东西，我们对于环境的知识就会局限于我们自己感官所告诉我们的知识，加上那些我们天生的身体构造赋给我们的推理方法；但是有了语言的帮助，我们就能知道别人所说的话，还能说出在感觉上不属于现在而只存在于记忆中的东西。……如果没有语言，那么可以传达给别人的东西就只有大家共同感觉的那一部分生活，而且这一部分生活也只能传达给那些由于环境条件而能共有这些感觉的人"④。

　　毋庸讳言，语言不仅影响了文化模式的结构与特征，而且还直接限制或制约了使用这种语言的人的思维方式、致思途径、世界观、价值观和审美趣味等。正像萨丕尔－沃尔夫所认为的那样，"语言和文化彼此相联；一种语言决定了一种文化感知世界的方式；语言对人们世界观的形成可能产生影响"，"我们的语言决定的思维世界不仅与我们的文化理想和文化宗旨相对

---

① ［英］马林诺夫斯基：《文化论》，费孝通等译，中国民间文艺出版社1987年版，第6~7页。
② 欧阳光伟：《现代哲学人类学》，辽宁人民出版社1986年版，第100页；转引自高长江《文化语言学》，辽宁教育出版社1992年版，第309页。
③ ［德］黑格尔：《逻辑学》，杨一之译，商务印书馆1982年版，上卷，第8页。
④ ［英］罗素：《人类的知识——其范围与限度》，张金言译，商务印书馆1983年版，第71页。

应,而且它甚至还把我们真正的下意识行为也包括到它的影响范围内,并赋予这些行为以典型的特征"。他说:"人们在经验中所获得的'时间'和'实体'概念并不是绝对相同的,而是取决于这些概念借以发展的那种或那些语言的本性。这些概念与其说取决于一种语法结构范围之内的某种局部体系(例如时间与静词体系),毋宁说取决于分析和表述经验的诸方法,这些方法作为一种特殊的言语方式,记载在语言中,并以典型的语法分类的形式表现出来。所以,这种言语方式可以把一些词汇手段、形态手段、句法手段以及其他在别一种情况下不相适应的手段结合起来,协调成某种各要素的相互一致的结构。"① 语言既然对人的思维和世界观诸方面有如此决定性的影响,那么,我们反过来从对语言的了解中就可以窥视到使用某种语言的人的内心世界。因为,"每种语言的体系不只是思想声音化了的传达工具,更准确地说,它本身就是思想的创造者,是人类个体理性活动的纲领与指南……我们研究自然界是按照我们本族语为我们指出的方向来研究的。从现实世界中分离出来的范畴和形式,我们并没有把它们当作这些现象中的一种显而易见的东西。恰恰相反,呈现在我们面前的世界是千变万化的印象的洪流。这些印象正是由于我们的意识组织起来的,这种组织工作主要是借助于铭刻在我们意识中的语言体系来进行的"②。岭南文化与岭南地方方言之间的内在联系,以及岭南方言对岭南人的各种各样的影响显然可作如是观。因此,从这个角度上看,探究岭南人的文化性格和复杂的内心世界,从了解他们所拥有的语言本身来进行,无疑是一条"通幽"的途径。正如著名的语言学家罗常培所说:"如果有人把客家问题彻底地研究清楚,那末,关于一部分中国民族迁徙的途径和语言演变的历程,我们就可以认识了多一半。"③

(二)岭南方言的形成与分布

文化语言学研究已经显示出历代移民是汉语各南方方言形成的历史渊源,也是汉语方言地理格局的主要成因。汉语南方六大方言(吴、湘、粤、闽、赣、客)的产生,都是由历代北方居民向南方迁徙发其端的。④ 具体到岭南地区方言俚语的形成和分布,往往更驳杂和更混乱,很难一下子摸清它们的来龙去脉。就粤语方言体系的形成过程来看,它既是一种文化交流与融合、创新转变的过程,又是一个相对自我封闭、固守其语言方言特征,不断

---

① [美]沃尔夫:《语言、思想与实在》中译本,第153、154、158页。
② [美]沃尔夫:《语言、思想与实在》中译本,第5页。
③ 罗常培:《临川音系》,科学出版社1958年版,第10页。
④ 周振鹤、游汝杰:《方言与中国文化》,上海人民出版社1986年版,第37页。

强化和扩散其功能作用的过程。粤语的形成就充分地体现了这种变化过程，它是古南越人在毫无顾忌地吸吮汉语北方方言的许多营养丰富的乳汁后才在古南越族方言的基础上形成起来的。战国时期，楚国南疆只到五岭，秦始皇统一天下之后，始南下占有岭南地区。为了防止岭南地区得而复失，秦始皇遂留下50万人戍守岭南三郡，这些戍卒当时使用的北方方言以后便自然而然地成为粤语的先声。在汉朝，随着中原汉人与南越本地居民的频繁接触，彼此之间在语言上无形地打破了各自的畛域，相互取长补短，逐渐形成为南方六大方言之一——汉语粤方言。正如有的学者所指出的那样："粤语就不是秦代出现的古粤语后世独立发展的产物，相反地，粤语在历代都受到北来的汉语的影响，尤其在战乱时期北方人民长驱直下比较容易。所以粤语在形态上不比闽语古老，它有一套完整的文白读音系统，以至于任何现代歌曲都可以用粤音演唱。"[①] 但也必须看到，粤语中也保留了较多的古南越族语言成分。当时北方迁来的移民入乡随俗，大多学习和接受了古南越族的语言，而古南越族人（今壮、侗族人的祖先）也主动地汲取了中原古汉语的语音、词汇，这样濡染浸淫便形成了以壮侗语为主体、融汇了中原古汉语成分的粤语方言。

同样，客家方言和闽南方言的形成也是一个既漫长又复杂的过程。客家方言是聚族南迁的中原人在缺乏与外界沟通的情况下逐渐形成的。长期的分隔和北方方言的不断变化，使他们的语言日益与其母语相分离，在静态中构成了自己的语言体系。可以说，是客家人语言的相对静止造成了他们的方言。从客家方言的固着持久和相对静止性，亦不难想象客家人性格意志等方面的风格和特征。潮汕方言的形成亦与客家方言相同，但在语言、句法等方面更接近其母语闽南话。

大体上说来，现代广东省的方言可以分为三大区：以广州为中心的粤语、以梅县为中心的客家话和以汕头为中心的潮汕话（闽南语的一种），海南话也是闽南话的一种，但与福建本土的闽南话差别较大。这三区的界线虽然没有明确的划分，但从整体上看与历史政区界线的划分基本上是吻合的。如有的学者所指出的那样："其中粤语和客家话分界线的北段和南段跟宋代的政区界线完全吻合。北段即是广州跟英德府和连州的界线，南段即是广州跟惠州的界线。中段新丰、佛冈和龙门宋属广州府，但现在使用客家话，略有出入。粤东闽南话和粤语的分界线跟宋政区界线不能吻合，不过东段的出入仅二县。大埔和丰顺旧属潮州府，今通用客家话。……因此南宋时代客家话和潮州话的分界线当在大埔、丰顺之北，即跟梅州、潮州的政区分界线相

[①] 周振鹤、游汝杰：《方言与中国文化》，上海人民出版社1986年版，第40页。

吻合。至于粤语和客家话中段的出入也是表面现象。"① 从现在方言分布的地理界线上看，广州方言的粤语分布区主要包括珠江三角洲以及整个粤西地区。客家方言主要分布在以梅县为中心的梅州地区，包括兴宁、五华、大埔、蕉岭、平远。另外还有粤北和粤东地区，包括南雄、始兴、连州、河源等地区，也是客家方言分布的地区。在粤西、海南省、珠江三角洲、中山市五桂山镇，也有不少客家人混居其中。据不完全统计，在广东，纯客家人的县市有15个、主客混合的县市有50个，是目前所知全国客家方言分布最密集的地区。相对说来，闽南方言即潮州话分布的地区就狭小得多了，它主要包括潮州方言区和海南方言区，在珠江三角洲等地也有少量讲闽南话的居民。

为了便于人们更清楚地了解岭南三大方言民系的历史演变和分布情况，下面我们以中山方言为例作一说明。

中山地方语言比较复杂，有的乡镇，一乡有数种语言，甚至隔村语系便不同。大致说来，中山市有广府话、闽南话、四邑（台、恩、开、新）话、东莞话，还有口音近似广府话、混合客家话和闽南话音的石岐话等。虽然粗略上看各种方言都有根有源，但因迁入的时间不同和周围环境影响不同等原因，各方言同根同源却彼此很难沟通。如中山三乡话可与福州话相通，隆都话可与泉州、漳州个别县区通行的方言基本相通，但同源于闽南语系的三乡话与隆都话，某些词句有很大差异。三乡说"嫁老公"，其谐音与隆都话"架楼横"相同；三乡话"切葱、炒葱、炒烬葱"与隆都话讲戏剧锣鼓音"嗤撑、查撑、查咚撑"相同。从隆都方言中我们还可以看出它受其他方言如广东方言的影响，如医院、学校、学堂、读书等单词，发音以广府话为基础，没有以闽南语发音；而"吃饭、午餐、晚饭、今天、明日、今晚"等词，则完全用闽南语音。"电影院"用广府音，"戏院"则用闽南音。现今操隆都话的在中山有沙溪、九冲两镇35个行政村约9万人，环城、神湾、板芙等地约15个村子以及石岐城区共约5万人；操以闽南语系为基本方言而有别于隆都话的有张家边、南蓢、三乡等区镇的大部分村庄和石岐城区内部分居民约5万人。以广府语系为方言基础的有小榄、黄圃、东凤、南头、阜沙、民众、浪网、东升、坦背、港口、沙蓢、横栏、海洲等镇村，人口约50万人，但他们彼此仍有语意、语词等方面的区别，如小榄、东升、海洲话基本相同，语音近似佛山城区及其附近乡镇人们所操广府语音，声韵婉转柔和动听，闻之如歌调入耳，且吐字铿锵、快慢有序。不过，音韵之高低、发音之快慢、音调之柔屈，小榄话与海洲话之间又各有不同。所用俗语亦有

---

① 周振鹤、游汝杰：《方言与中国文化》，上海人民出版社1986年版，第98～99页。

差别，如对祖母的尊称，小榄称"亚妈"，海洲称"润妈"；海洲称小孩子为"蚊褛"，小榄称"细佬仔"；海洲称母亲为"亚爹"，小榄称"亚家"；又如"高"字读音，海洲音为"交"，小榄音为"哥"。① 客家话主要分布在张家边、南萌、三乡、环城、神湾、板芙、坦洲等区镇，但由于主客长期混居在一起，客家方言也受到很大影响，许多客家人都能同时操几种方言。一般说中山客家话和中山闽语的人也都能说村话区的石岐粤语，而这种市郊的石岐粤语跟石岐镇内的粤语比较，就明显存在着一些区别。不过，客家方言同时也影响了其他方言，拿石岐镇内粤语和中山市西南郊区（环城区）粤语、东南郊区（南萌圩）粤语比较，可以看出，环城区和南萌圩的粤语和石岐话深受中山客家话与中山闽语的影响。② 不过，客家方言仍保持其原始的基本声韵，语音中极少夹杂其他方言的成分。

中山方言的分布情况虽属特殊，但它是岭南地区方言分布和历史演变的一个缩影，我们从中不难看出：一是岭南地区方言演变的历史与中国历史上的几次移民有着密切的联系，岭南方言形成的历史实际上也是岭南文化形成演变的历史和民族迁移的历史。二是岭南方言一方面驳杂异趣、混居而不相属，另一方面又相互吸收相互影响，这也说明了岭南人性格气质和心理精神上的个性特征：既博大宽容又狭隘偏激，既开放灵活又封闭自持；既好斗争又谦虚好学。三是岭南方言的构成和语音、语词、语法等方面的个性特征，不仅影响了岭南文化，而且直接制约着岭南人的言行。

（三）岭南方言与岭南人文化心理

语言是一种文化现象，也是一种社会现象。各地的方言，是这个地区人们文化心理的积淀。个体从一开始就注定要受其所受文化的规范和制约，其中语言的规范和塑造便是其中之一。特定的文化自然有特定的语言与之相适应。如汉族男人赞美女人时常说："你真好"，汉人对此习以为常，不以为怪；而西方男子赞美女人时常常从对方当时的衣着风度举止发话，如"你今晚真漂亮""你穿这种衣服太美了"。从两种语言行为的比较可以看出：一个是内在的空泛的赞美，一个是外表的具体的赞美，这正反映了两种文化的不同影响。同时，特定的语言也着实反映了特定的文化，并制约着文化和人。我们从人们说话、写作等语言表达中常常能呼吸到某种文化的气息。

从语言的语义上看，它不仅记录了人类对客观世界的理性认识，而且记录了人类附加在这种认识上的各种文化的心理和观念。汉语中"松""柏"

---

① 李通：《中山方言考》，《中山文史》1988年第2辑，第50~52页。
② 参见詹伯慧《语言与方言论集》，广东人民出版社1993年版，第289~291页。

"梅""竹"等词的语义都有异常浓厚的文化色彩,"龙""虎""豹""狼"都附上了汉族人浓郁的爱憎情感。汉语语音上的文化和心理学上的意义也极明显,如在新婚人的床上要放上桂圆、核桃、枣子、栗子、花生,其意就是桂圆和核桃谐"圆"和"合",象征夫妻圆圆满满、百年和好;枣子谐"早"之音,栗子谐"立子"之音,寓意便是"早立子",早生贵子;花生谐的是"花着生"的音,寓意是既生子又生女。夫妻进洞房后,南方人要吃长寿面,北方人要吃饺子,无论是面还是饺子,都要吃生的,窗外还要派一小孩儿问:"生不生?"新娘必须答"生","生"与传宗接代、生育孩子的"生产"联系起来。利用谐音图吉利的语言文化现象在中国是很普遍的。可见,语言本身就不仅反映了一种文化现象,也体现了一种文化心态,反映着一种文化性格特征。中国有许多俗语如"文如其人""闻声见人""打鼓听声、听话听音",就说明语言在个体身上的表现也往往带有个体的文化心理特征。正如有人所言:"广东是汉语方言纷繁复杂、丰富多彩的一个省份,这些方言,可以反映广东人在生产生活方式以及风俗习惯、人伦关系等方面的心理特点。"[①]

从审美角度看,岭南人的文化心理与北方其他地区略有区别。如全省使用人数最多的粤语方言,他们的语言就有明显的审美意向的流露。如在北方人的心目中,"美"与"大"往往联系在一起,高大、广阔、肥硕、健壮、挺拔等拥有巨大的空间和力量的人和物,都被看作美的象征。这种文化心理在广东人这里却不多见。广东人日常口语中很少有"美"字,凡看到或听到自己所喜爱的东西时一般称之为"靓"。"靓"字的一边是"青",另一边是"见",它反映了广东人对青颜色的特殊喜爱。广东山清水秀,跟黄土地、黑土地有着明显的区别,因而其文化心理与这种地理环境不无关系。又如粤语中不少词语带有"水"字,如:货物的成色叫"色水",质地差劣的叫"差水",心意叫"心水",命运叫"命水",机灵叫"灵水",沉静叫"静水",好看叫"威水",煤油叫"火水",等等,正是岭南多雨多河流的一种反映。

在岭南人看来,美在精致,美在自然,所以,小巧、精致、朦胧、新鲜、多样、神秘、娴静、缓和、空灵、柔弱等在他们的心目中就是美好的。这种现象从粤歌中就能窥见一斑。屈大均在《广东新语》中对粤歌的特征作了精辟的论述。他认为粤歌"情深辞艳",其辞必极于艳,情必极其至,使人喜悦悲酸不能已。他指出长调的特色在于"可歌可劝,令人感泣沾襟",短调的长处在于"引物连类,委曲譬喻"。他说,粤歌"皆以比兴为

---

① 《岭南文派:语言问题》,载《广州日报》1992年7月3日。

工，辞纤艳而情深，颇有风人之遗，而采茶歌尤善"。他认为粤歌柔直清亮、自然合韵，并指出："大抵粤音柔而直，颇近吴越，出于唇舌间，不清不浊，当为羽音，歌则清婉浏亮，纡徐有情，听者亦多感动。而风俗好歌，儿女子天机所触，虽未尝目接诗会，亦解白口唱和，自然合韵。"无论是声，是辞，是情，粤歌皆以自然天真为贵。① 粤歌中所体现出的自然审美意识在儿歌中亦有类似的表现，如"月亮弯弯弯上天，牛角弯弯弯两边，镰刀弯弯好割草，犁头弯弯好种田"②。语言中所流露出的审美倾向由此可见一斑。

卡西尔曾强调："我们必须从语言的实际操作，即言语行为方面来考虑语言。在言语行为中我们的全部主观生活和个人生活随处可见。言语的节奏、节拍、重音、强调和旋律不可避免并且准确无误地反映着我们的个人生活，反映着我们的情感，我们的感情和兴趣。如果我们不时刻牢记问题的这一方面，那么我们的分析就不全面。"③ 岭南方言中有许多俗语如成语、惯用语、格言、谚语、歇后语等就带有浓烈的地方文化色彩。因为俗语直接来源于该地方文化，来源于历史传统和风土人情。人们在自己的物质文化和精神文化生活中创造了俗语词汇，又用这些词汇来表达自己的文化观念，从事文化交流、感情交流，用它来巩固文化成果，用它来拥抱人的世界。如广州方言"自梳"一词反映了过去珠江三角洲南海、番禺、顺德等地的女子不结婚的风俗。女子成年，将头发梳成髻子，以示不嫁人，称之为"自梳"。又如"平妻"一词，则是"不落夫家"习俗的反映。女子结婚后即返娘家居住，有的一直不去夫家，出钱给男方另娶，叫作"平妻"，显然也反映了一种婚姻习俗的特点。广州方言称"隔壁"为"隔篱"，说明过去岭南地区的房屋大都是竹木结构，不用砖瓦，也反映了古岭南人的生活起居的物质条件。再如广州讳"蚀"［sit］，因为"蚀"有"蚀本"的意思，不吉利。"蚀""舌"同音，于是改"舌"为"利"，并创文言字"脷"，如：猪舌叫"猪脷"、牛舌叫"牛脷"。广州话还不讲"干"，"干"有"干净""资本尽"的意思。"干""肝"同音，于是改"肝"为"润"，创方言字"膶"，所以鸡肝叫"鸡膶"、鸭肝叫"鸭膶"。此外还讳"凶"，"凶""空"同音，改称"凶"为其反义词"吉"，如空屋叫"吉屋"、空身叫"吉身"。作家杨干华曾说："他们不说'寿终正寝'而说'禾熟当收'，他们不说'利益

---

① 《岭南诗词的地方特色》，载《华南师范大学学报（社会科学版）》1992年4月。
② 广东儿歌：《月亮弯弯弯上天》。
③ ［德］卡西尔：《语言与神话》，于晓等译，生活·读书·新知三联书店1988年版，第170页。

攸关'而说'光鸡打架唊唊到肉',他们不说'田土龟裂'而说'长腰蟹跳不过田裂',他们不说'贫病交加'而说'惨过吕蒙正'。"① 正如广东人喜欢"3""8"这两个数字,"3"同"生",如"生财""生利""生长"等,就是利用"3"的谐音来图吉利。正月初一吃斋、吃生菜等也是一种图吉利的表现。过年时要买橘子、菊花回来摆在室内或门前,同样是追求吉利,这些都反映了岭南人的日常生活心理和文化性格。语言中的这种种现象表明:岭南人一方面畏惧权威、敬畏神灵、相信命运、崇尚迷信;另一方面又不甘屈就于现有的环境,以人为的办法来适应、改造现象,表现出较大的自主性。

岭南方言的形成和各方言的内部结构、语法规律、语词语音特点等,虽然使我们看到岭南文化的博大与丰富多彩和岭南人宽容随和等积极的一面,但同时也反映了岭南文化深层次发展上的欠缺和岭南人各自为政、互不相属、盲目迷信等消极的一面。林林总总的方言俚语,既是文化多元化的象征,又是文化发展和社区沟通与人际联系的障碍;语言的形象生动、朴素自然,既反映了岭南文化的自然化倾向和岭南人直率坦荡的品格,又使岭南人注重直观整体、感性生动的认知方式而缺乏逻辑和深层的理性思辨;情绪化和日常生活化的语言,既说明了岭南文化的"俗化"倾向,又展示了岭南人尽情享受和注重现实人生的内心世界。可以说,岭南方言不仅限制了文化的发展,而且也成了构筑岭南人复杂多变、矛盾统一的文化心理结构的一个重要因素。

二、岭南人的个性心理

关于岭南人的性格,利希霍芬在《中国——亲身旅行和据此所作研究的成果》一书中已给予了我们较形象生动和细致有趣的描述,他说:"在广东,居住和杂居着语言、相貌、肤色、社会地位千差万别的不同种族。广州市及其附近的开化种族,在所有的智能、企业精神、美术情趣方面优于其他所有的中国人。广东人几乎掌握着中国所有的工业,其工业制品数百年前就传到了欧洲,说不定这个种族是当年海洋殖民者中有才能的人种的后裔。当地居民有客家族和土生土长的广东人。客家族有特殊的方言,客家话完整保存着太古的语言形式,除北部和东部的若干地方外,省内大部分地区说客家话。客家族人是劳动人民,从事农耕,在城市和港口从事交通和劳动。省内都市、商市中,没有客家族人,或者说,处于上层的是广东人。广东人对经

---

① 杨干华:《回忆自学的日子》。

营大商业和大交通业有卓越的才能,他们生长在自古形成的氛围中,受其熏陶,形成了一个典型的人种。广东人活跃在其他各省,尤其是沿海诸省的大城市中。他们受过良好的礼节和学校教育,肤色淡黄、有色、体格健壮、肥硕,这种肤色和体格,在客家族中是看不到的。"① 但这仅仅是一个外国人的较为直观的肤浅的印象和看法,多少有些片面和武断。因为,一方面,外国人毕竟不可能深入中国社会实际生活之中,而只是一种浮光掠影式的观察,仅凭一些表象去作判断,显然难免以偏概全;另一方面,岭南人的性格表现也是很复杂的,是一种类的抽象,简单地作出结论显然忽略了许多更关键、更细致具体的环节和内容。因此,要进一步了解岭南人,我们必须作全面深入的考察和心理学的透视。

(一) 岭南人的性格表征

就性格而言,岭南人的性格是一个极为复杂而又显而易见的矛盾统一体,它充满着神秘浪漫和喜剧色彩。具体说来,大概有以下几个方面的表征:

第一,开放的文化心态和外倾的性格。

岭南人无论是对己还是对人,都具有这种心理倾向。他们活跃和热情奔放,易于接受新的东西,注重引进吸收和开发利用。与内地一些地方的人相比,他们更注重外来的经验、认识、技术和新成果,时刻准备迎接新的事物和向更高级台阶冲刺。他们豁达开朗、乐观进取,对自己对人生充满信心,待人处世表现得热情而有分寸、严肃认真而又随和灵活。在生存竞争激烈的环境里,他们学会了"因时而变""适时而行",学会了保护自己而不侵犯他人,学会了宽容和随和,学会了取人之长补己之短,学会了忍耐和等待,学会了适应环境和利用改造环境。生活经验告诉他们,必须善于适应环境,不断地吸收别人的经验,学习他人的长处,鞭策自己和完善自己。他们身上有一种对己对人、对事对物的特殊宽容精神,他们可以与不同文化成分、不同特点、不同语言和风俗的人和睦相处、相安无事。岭南人的开放心态和外倾性格从他们那富于岭南风情的民间歌谣中就可窥见一斑。所谓"粤俗好歌,凡有吉庆,必唱歌以为欢乐","其歌也,辞不必全雅,平仄不必全叶,以俚音土音附贴之","曼节长声,自回自复,不肯一往而尽,辞必极其艳,情必极其至,使人喜悦悲酸而不能已"②,表现了岭南人热情奔放的性格和直抒胸臆的开放心态。

---

① 沙莲香主编:《中国民族性》(一),中国人民大学出版社1989年版,第301页。
② 〔清〕屈大均:《广东新语·粤歌》,康熙三十九年(1700)木天阁原刻本。

第二，急功近利，注重实际的功利价值观。

岭南人在行动上大都注重实际。他们不太喜欢不切实际的幻想，也不太喜欢奢谈主义和大道理。他们感兴趣的是事物本身和行动本身是否具有实用的价值。美国观察家亚瑟·亨·史密斯在他的《中国人气质》一书中就说："广州一位老师看到一名外国女子打网球便问佣人：'她那样跑来跑去付给她多少钱？'假如告诉他'不付钱'，他是不会相信的。"① 显然，在岭南人眼里，没有价值的劳动或事情是不可取的。如果说北方人追求外在的评价与赞赏所引起的心理愉悦这种由外入内的境界，那么，岭南人则更喜欢由外在的物质结构和功能构成的物我合一的境界；如果说北方人对事、对物、对人注重形式和外表，那么，岭南人则更倾向于实在的内容和价值；如果说北方人重视行动计划的完美，那么，岭南人则更重视行动的可能性和现实性，并在行动中不断修改和调整自己的计划。在对待西洋文明和外来文化上，北方大多数人总是先从道义、原则和义理上作审慎选择与吸收，而岭南人则是先大胆地学习、引进、吸收和为我所用。先思考后行动、重经验、讲原则、重道义，是北方人的习性；先行动后思考、重实干、讲效益、重感觉，是岭南人的特点。

第三，开拓创新与坚强柔韧。

岭南人能在蛮荒之地扎下根来并创造出富有特色的文化，显然与他们锲而不舍、坚强不屈、百折不挠和勇于开拓进取的性格分不开。他们敢于拼搏，勇于冒险。坚韧的毅力、持久的恒心与大胆探索、勇于任事、自强不息的精神糅合在一起，使岭南人在恶劣的自然环境中生存下来，并在近代成为向西方学习的先驱。首先信教传教的是广东人②，第一个赴异域留学的是广东人③，漂洋过海到异国谋生的人中，又数广东人最多。近代，凡是与西学有关的事和物，大多是广东人最先尝试的。改革也好，革命也好，广东人敢为天下先；修铁路、办工厂，广东人独步于前；种牛痘、设立西式医院、创办西式学校、发行新闻报纸等，也是广东人首先提倡和积极行动。岭南人的这种开拓创新、积极进取的求新求异与他们性格中的顽强、勇敢、坚定、果断等品质分不开。尽管与中原其他地区相比，岭南地区居民的生活环境条件相对来说要舒适优越得多，但为生存而竞争则比北方显得更为激烈些。匪患威胁、自然灾害、种姓和区域间的冲突和械斗、外来文化的冲击和挑战、气

---

① [美]亚瑟·亨·史密斯：《中国人气质》，张梦阳、王丽娟译，敦煌文艺出版社1995年版，第65页。
② 参见拙作《梁发及早期岭南基督教的传播》，载《学术研究》1993年第1期。
③ 参见李喜所《容闳——中国留学生之父》，河北教育出版社1990年版。

候的炎热潮湿,都足以抵消自然生活环境所激发出来的生活热情和有限的精力。生活的艰辛和社会环境的压力,孕育了岭南人顽强拼搏的精神。生活经验的积累和对人生世道的切身感受,使岭南人学会了自立,学会了拼搏,学会了抗争。这种顽强拼搏、冒风险、敢闯敢干的品格,我们从海外华侨开发东南亚和旧金山等地的历史中就能得到体认。①

第四,感情丰富、喜怒无常、爱憎分明。

岭南人在情绪情感上表现得重情好义,情绪兴奋性较强。有关这方面的记载比比皆是:

> 广东人富于排外性,无论政商学界,乃至劳动苦力之夫,莫不抱此思想。属彼乡人,虽甚恶之,不肯扬其恶;苟非其类,虽所爱好,必欲屏斥以为快。如对外交涉,历来争持之烈,均为他省所不逮。其爱国爱乡之忱,均堪惊叹。
>
> ……
>
> 粤人好大而喜新,急功而易动,故为之长官者,遂不易驾驭。彼等对于官厅,其初至也,一事之合,奉之若天人;其莅久也,一事之失,恨之若仇雠。有能以新学说、新主义相号召者,倡者一而和者千,数日之间,全省为之响应,虽以势力制之,此伏而彼起,莫能遏其炎焰。故有利用之以作奸犯科者,有善导之而创建功业者,皆较他省易于措施。
>
> 粤人性质既刚,其流而为盗贼者,则更进而为犷悍。粤盗之盛甲全国,劫兵轮,抢军械,掳人勒赎之风,视为司空见惯。但以穿窬派论之,此辈常挟利军器于身,弗愿人见,或瞪目视之,彼恐其相识也,无论如何哀求,决不相舍,必欲致其死命而后已。故老于粤中者,遇此等事,只合阖眼假寐,任其肢箧,方能免于难。此亦可见粤人犷悍之一斑矣。②

所有这些,不仅反映了岭南人情绪极不稳定、敏感、冲动等特点,同时也体现了岭南人爱憎分明、坦荡直率、尚侠任性、崇尚自我表现、注重情感表达和喜欢热闹欢庆的场面这一性格特征。

(二) 岭南人的气质特征

相对性格而言,气质则是比较稳定的个性心理特征,它是不依活动目的

---

① 参见杨国标等《美国华侨史》,广东高等教育出版社1989年版;李学民等著《印尼华侨史》,广东高等教育出版社1987年版;黄滋生等《菲律宾华侨史》,广东高等教育出版社1987年版。

② 胡朴安编:《中华全国风俗志》,中州古籍出版社1990年版,第368~369页。

和内容为转移的典型的、稳定的心理活动的动力特性。

气质在不同区域文化中常常也有不同的表现,如北方人豪爽豁达、沉稳持重、朝气蓬勃,言语迅速而有力量;江浙人冷静、敏感、伶俐,语言婉丽轻柔;等等,显然这不仅仅是性格上的区别,而且还暗含着气质上的差异。"行如风,站如松,坐如钟",显然不是南方人的气质表现;柔弱、敏感、内倾等无疑也不是北方人共有的气质类型。其区别的原因如有人所说的:"如果说江南风物可以给人以秀丽的气质,飘逸的才气的话,那么,北国的山川,塞外的旷野,则会给人以雄伟的气魄,深沉的情感,浑厚的才情。"① 至于岭南人的气质特征,则因特殊的地理环境、历史文化、社会条件等的影响,其表征自然与北方有很大差别。就是与情况类似的江浙人的气质相比也有所不同。"一方水土养一方人",也就是说不同地域的人,其文化气质和性格特征诸方面都不同,我们可以从他们处世待人的风格、行动思考的特点、言谈举止的情态、反应的灵敏和动作的强度等方面来把握岭南人的气质特点。

首先,表现为热情持中、精力充沛、生气勃勃而又任性急躁的气质。

岭南人具有旺盛的生命力,精力充沛,不知疲倦,无论男女老少,都显示出那么一股拼劲。他们长年劳作在田地间,穿梭在蕉叶桑林中,漂泊在河港海湾上,奔波在田间弯坳里,甚至夜晚依然活跃在茶楼酒肆、花舫青楼,似乎身上总有使不完的劲、说不出的心理躁动。

岭南人的旺盛精力和洋溢的情绪,使他们热爱生活,也知道如何生活和改善生活。他们在吃、喝、玩、乐方面可以说发挥得淋漓尽致。"广东赌风之盛,花样之繁,全国之冠。如香摊、牌九、骰宝、白鸽票、字花、扑克、十二位、鱼虾蟹、十点半、麻将、纸牌等等。各种赌法,不与这省相似,必与彼省雷同,惟闾姓赌博乃广东独有的'特产',其规模之大,为害之烈,影响之深远,任何一种赌博也莫能望其项背,以致朝廷多次降严禁,可是旋禁旋开,愈禁愈烈"② 所以有"老不入川,少不入广"的说法。老不入川,只缘蜀道难,难于上青天!外省老人进川,极可能客死他乡。少不入广,乃因广东是个花花世界,外省青年到此,沉迷于灯红酒绿之中,流连忘返,耗尽万贯家财,最终也客死他乡。广东人这种由于"精力过剩"所带来的一些不良社会现象可以说是人所共知。反过来,从这些五花八门的吃喝玩乐设施和形式中,我们也不难看出广东人精力充沛、感情外露、寻求感官刺激的典型气质特征。林语堂曾有过很精细的描述,他说:"复南下而至广东,则

---

① 《峻青论创作》,华东师范大学出版社 1991 年版,第 231 页。
② 余松岩:《地火侠魂》,中国青年出版社 1990 年版,第 239 页。

人民又别具一种风格，那种种族意识之浓郁，显而易见，其人民饮食不愧为一男子，工作亦不愧为一男子；富事业精神，少挂虑，豪爽好斗，不顾情面，挥金如土，冒险而进取。又有一种奇俗，盖广东人犹承受着古代食蛇土民之遗传性，故嗜食蛇，由此可见广东人含有古代华南居民'百越'民族之强度混合血胤。"①

另一方面，岭南人精力旺盛和活泼好动的气质，又使他们热衷于开拓、进取和冒险。生活需要热情，但热情更有赖于充沛的精力和旺盛的斗志。列宁就曾指出："没有'人的情感'，就从来没有也不可能有人对真理的追求。"② 用马克思的话来说："激情、热情是强烈追求自己对象的本质力量"③。但是，从整体上看，岭南人也不完全是一味地去尽情宣泄自己的情欲和展示自己的内心世界，岭南各个地区的人在气质上也有不同的表现。广谚就有："东村西俏，南富北贫。外县穷乡，民俗大抵多俭啬，而耐勤苦。依山者多朴，其失也愚。依水者多智，其失也伪。濒海者多阔疏，其失也悍。"④ 说明在岭南地区，居民气质禀赋往往因地理环境不同而天赋各异。

不过，大多数人仍然是墨守传统、循规蹈矩、安分守己的。在番禺，"缙绅尚气节，崇礼让，士耻奔竞，重儒雅"⑤，顺德则"士夫俭啬，有戈戈风。……其俗吝相周而喜争竞"⑥，东莞"士喜豪侠，矜气节，多以功名著声"，从化人"质朴，士不豪华，民勤耕凿，女多纺绩"⑦，花县"其俗朴野，人多犷悍"⑧，乐昌人"性劲直，尚气节"⑨，仁化县"俗尚直率，士朴民淳"⑩，乳源县"农多商少，习于朴鲁，民无告讦之风"⑪，潮州地区"士皆笃于行，延及齐民，至于今号称易治"⑫，肇庆各地大多"俗淳朴有古风。宫室不加雕绘，衣服多布素。士重气谊，好读书，不矜声气"⑬，高州"民尚简俭，易于取足"⑭，等等，无不显示出岭南大多数人注重气节、好礼仪

---

① 林语堂：《吾国与吾民》，宝文堂书店 1988 年版，第 18 页。
② 《列宁全集》第 20 卷，人民出版社 1959 年版，第 255 页。
③ 《马克思恩格斯全集》第 42 卷，人民出版社 1963 年版，第 169 页。
④ 胡朴安著：《中国风俗》（下），九州出版社 2007 年版，第 181 页。
⑤ 胡朴安著：《中国风俗》（下），九州出版社 2007 年版，第 184 页。
⑥ 胡朴安著：《中国风俗》（下），九州出版社 2007 年版，第 184 页。
⑦ 胡朴安著：《中国风俗》（下），九州出版社 2007 年版，第 184 页。
⑧ 胡朴安著：《中国风俗》（下），九州出版社 2007 年版，第 185 页。
⑨ 胡朴安著：《中国风俗》（下），九州出版社 2007 年版，第 186 页。
⑩ 胡朴安著：《中国风俗》（下），九州出版社 2007 年版，第 186 页。
⑪ 胡朴安著：《中国风俗》（下），九州出版社 2007 年版，第 186 页。
⑫ 胡朴安著：《中国风俗》（下），九州出版社 2007 年版，第 190 页。
⑬ 胡朴安著：《中国风俗》（下），九州出版社 2007 年版，第 193 页。
⑭ 胡朴安著：《中国风俗》（下），九州出版社 2007 年版，第 194 页。

而又质朴淳厚的气质特征。尽管他们之中也有一些躁狂之徒，性急犷悍、好斗负气之人，但注重自尊、讲究情面、崇尚礼仪、坚守气节者仍为多数。而且到了近代，在欧风美雨的冲刷和商品经济大潮的冲击下，岭南人表现出来的文化气质则慢慢地转变为热情持中、平和处世、宽以待人、豁达开朗而注重自我节制这种气质倾向。"忍"和"静"的提倡，"忍一时风平浪静，退一步海阔天空"的说教，反映了岭南人待人处事温文尔雅、彬彬有礼、机灵沉着、雍容大度的气质特征。尽管他们之中仍然有那些感情外露、喜形于色、冲动鲁莽、易走极端的人，但从总体上看，他们大多是正统而不保守、灵活而不失谨慎、热情而有分寸的人。

其次，机灵敏感、行为可塑而又缺乏黏着性和厚重性。

气质类型的产生，是多种因素相互作用的结果。按孟德斯鸠的理论，则与气候因素有关。他认为："寒冷的空气使人的血液循环加快，心脏跳动有力，会使人产生较强的勇气，能对自己的优越性有较多的认识，较为直爽，较少猜疑，自信，有较大的胆略和诡计。这种气候还使人身体魁伟但不大活泼，同时人们对快乐的感受性是很低的，爱情在他们的生理方面几乎没有力量让人感觉到。因此在寒冷的气候下邪恶少，品德多，人们极坦诚而忠厚。而在炎热的气候下，人的皮肤组织松弛，神经的末端展开，最软弱的东西最微小的动作也会感受到，因此，他们的想象、趣味、感受性都是很敏锐的。人们的器官娇嫩脆弱，对一切和两性结合有关的东西，有最敏锐的感觉，他们认为爱情是幸福的唯一源泉，是生命。这种炎热的气候使人的体格纤细，脆弱，但由于过分敏感，易于发生无数的纠纷，最强烈的情欲会产生各种犯罪行为，每个人都企图占别人的一切便宜来放纵自己的情欲。至于温和的气候，则处于两者之间。这种气候使人在生理和心理上既不像寒冷使人笨拙，也不像炎热使人活泼，既不使人那样深沉，也不使人极端敏锐；他们对爱情的追求比生活在寒冷气候中的人强烈，但却没有像炎热环境中的人视爱情为生命。同时温和不像寒冷和炎热那样明确单一，气候变化较多，人民的风尚不定，邪恶和德行也一样地无常。"① 岭南地处热带亚热带，气候炎热，湿润多雨，这种炎热多雨的气候对岭南人的生理和心理无疑产生了深刻的影响。

广东人机灵敏感、动作迅速有力的气质特征可以从他们说话的速度、记忆的速度、思考的敏捷性、注意力转移的灵活程度等方面略见端倪。广东人说话"如大珠小珠落玉盘，嘈嘈切切如私语"，音既柔且直，"颇近吴越，

---

① ［法］孟德斯鸠：《论法的精神》（上），张雁深译，商务印书馆1961年版，第227～230页。

大抵出于唇舌，不清不浊，当为羽音。歌则清婉浏亮，纤徐有情，听者感动"。① 他们的语句与语句之间几乎没有太多的停顿，而是像机关枪似地噼哩啪啦，虽然与吴越一带语言发音相似，但却令讲话抑扬顿挫的北方人感到颇为吃力。说话的高速度也说明一个人反应灵活敏捷、思维活跃。广东人接受新事物和对时代脉搏的把握速度之快和准确性之高，更说明他们具有敏感锐利、机动灵活、善于适应环境的气质特征。

但由于太敏感，因而有时显得多疑和超前；由于太灵活机动，因而有时给人一种狡诈油滑和随波逐流的感觉。所以，鲁迅先生曾分析说："北人的优点是厚重，南人的优点是机灵。但厚重之弊也愚，机灵之弊也狡，所以某先生曾经指出缺点道：北方人是'饱食终日，无所用心'；南方人是'群居终日，言不及义'。"② 在近代，岭南人常常是开风气之先，但却很少持之以恒，他们往往是标新立异，却常常注意力不集中，容易发生偏转。与人结交权衡利弊而又绝不会错过机会，吸收新知迅速准确但又缺乏深度和持久性，嗅觉灵敏而与时俱进，表现出好动、敏捷、浮躁、易变等心理特点。

最后，广东人具有较强的形象思维和感性认识能力，重经验轻理论。

重感性、崇真实、重形象、求生动，注重事物的类比推理，而较少上升到逻辑分析的认识阶段，这是岭南人认识事物的特点。岭南人在思维方式上注重实体性、开放性的思维特点，在语言表达上就有较为明显的体现，这一点我们在前面已作了说明。有人在谈到岭南人时曾认为岭南人生存条件的相对优越，使他们对自然力量的体验，远不如环境更恶劣的地区人们的体验那般刻骨铭心。岭南人对自身生存意义的思考和体验也有其特点。"岭南地区的自然环境及其生产方式，使个体在生存的过程中具有较大的独立性。岭南人的乡土家族观念虽然也很强烈，但是，由于其开放性，许多人远离家乡谋生，其乡情更多地转化为一种思乡之情，即使是固守于一隅的宗族，也常常受到外来文化的冲击。由于不同于中原地区那样承载着强大的自然力量和复杂的人群关系的双重重负，岭南人较少有生存的沉重感，随着历史的发展，这种轻重的差异也越来越大，反映在艺术审美情趣上，则是对轻松明快格调的自然的追求。"③

岭南人"追求直观的、感性的、本能的文化形态"这种价值取向和文学的轻松明快、注重喜剧效果的审美风格，以及具有强烈的时代精神和浓郁的现代生活气息的岭南画派的艺术趣味，都带有实用主义的艺术思维和审美

---

① 胡朴安编：《中华全国风俗志》，中州古籍出版社1990年版，第254页。
② 《鲁迅全集》第5卷，人民文学出版社1989年版，第435～436页。
③ 《地域文化与岭南文派》，载《广州日报》1992年。

倾向。就是那粗犷雄浑的高棠歌和缠绵悱恻的咸水歌，以及委婉动人的民谣和语言精练、通俗易懂的民谚，也无不反映出这种注重实用而少理论、注重直观而少抽象、注重感性而少理性的思维认识特征。且听："鸡公仔，尾弯弯，做人新抱实艰难：早早起身都话晏（迟），勒条围裙入下间（厨房）。后门摘个冬瓜仔，问之安人（中山方言：家婆）蒸或煮？安人话蒸，老爷又话煮，蒸蒸煮煮唔中意，拍台拍凳骂竹升（米升，意为指桑骂槐）。三朝打折三条格木棍，四朝跪烂四条石榴裙，投告爹爹嬷嬷都吾信，解开裙带血淋淋"①，尽管如泣如诉，但也生动具体，抒情表意中没有理性的沉思，却将生活的体验感性地摆在人们面前。再听那哭嫁时新娘的诉说："石榴树，挂金瓯，爹妈田地我唔争。爹妈田地留返哥共嫂，爹娘打发赶我行。行到哥前哥眨眼，行到嫂前嫂皱眉。唔曾吃过哥田地，唔曾着过嫂罗衣，头上金钗爹妈打，脚下花鞋自己绣，早知爹妈爱男唔爱女，手板花轿行快些。"② 虽然哭嫁是一种风俗习惯，但新娘临嫁之前向父母兄弟姐妹们一吐心曲的吟唱，也着实反映了她们的敏感多疑、多愁善感和情细思精。

如果说这些歌曲吟唱仅仅体现出岭南人重情尚气和重感性生动形象的话，那么，广东民谚则直接反映了岭南人理性上重经验总结而不大热衷于理性思辨这一思维认识特点。诸如"冬在月头，卖被置牛。冬在月尾，冷死耕田公""东闪雨重重，西闪日头红，南闪长流水，北闪大南风""蓝带贯西东，隔日有台风""奸奸狡狡，朝煎晚炒；忠忠直直，终归乞食""仔系败家精，心系心肝腚，女婿蜜糖埕，新抱系吊颈绳""官字两个口，兵字两只手"③ 等，既明白表达了生活的真实感受，又直截了当地将感受化作一种经验理性传授给后人。在岭南，我们找不到对现实生活和历史文化的哲理沉思和抽象的理论概括，即使要说明某一道理或表明某一认识，也是经验理性和实用理性式的直观、形象、生动、朴素、大方的陈述。

不难看出，岭南文化自身的优势，不仅造就了一代又一代拥有这种优势性格和气质的岭南人，同时也刻下了各种文化消极因素的印痕。在岭南人的性格和气质的分析透视中，我们不难发现，无论是岭南人的文化性格，还是岭南人的文化气质，都充满了矛盾对立、积极与消极、进步与落后、激进与保守、开放与封闭、阴柔与阳刚、热情与冷漠等错综复杂的现象，给岭南人披上了一层神秘的面纱，同时也给人们对岭南文化的整体认识造成了许多难以索解的怪圈。从某种意义上讲，岭南文化是多元的、组合的，而岭南人的

---

① 刘居上：《中山采风录》，《中山文史》总第21辑，1991年版，第59页。
② 刘居上：《中山采风录》，《中山文史》总第21辑，1991年版，第60页。
③ 刘居上：《中山采风录》，《中山文史》总第21辑，1991年版，第76页。

文化个性亦是复杂的、矛盾的、双重的。多元性，应该是岭南人个性的本质特征。正像有人所指出的那样，"岭南人的性格是充满矛盾的。活跃的生命力与老成垂暮的惰性并存；既有冒险开拓、进取、容纳、模仿、创造的气魄与智慧，又有下意识的保守、柔顺、重家族、轻个人、恪守中华民族传统的封建道德伦理准则的愚昧、麻木和奴性。每当封建王朝的压力加强时，岭南人恪守封建宗法规范的忠诚和愚昧，比起中原人往往有过之而无不及；一旦封建王朝软弱无力，或是适逢历史转折的关键时刻，岭南人民传统的潜质，又往往会率先爆发出令人瞠目的力量。多元的文化，既为封建王朝培养了大批理想的治国良材，如张九龄、余靖、崔与之、海瑞、宋湘、梁鼎芬等等，都是政绩卓著、清正廉明、忠心不异的佼佼者；也孕育了无数叛逆不羁的英雄豪杰，如侬智高、张遇贤、洪秀全、黄萧养、康有为、梁启超，以及最后给予两千多年封建社会致命一击，从而结束中国封建帝制的孙中山。这绝不是偶然的历史巧合，而是岭南文化特质作用下的历史必然。"① 对岭南文化和岭南人的认识，常常需要足够的耐心和一定的智慧。

三、岭南人中的典型

单纯地抑或抽象地谈论岭南文化和岭南人，也许给人一种漂浮不定、模棱两可、虚虚实实、空空泛泛的感觉，很难形成一种生动、具体、形象的感性认识。理性认识固然是认识的高级阶段，是认识的一个小小的终点站，但绝不能代替感性的、直观的认识过程和认识特征。因此，具体分析岭南人中的典型人物，有助于我们对岭南人的理解和认识。

岭南，由于独特的自然地理条件和生态环境，以及古南越族文化的折射等因素的存在，以至于历来为人们所注目。离奇浪漫的神话传说，恐怖野蛮的习俗风尚，令人叹为观止的稀世珍奇，错综复杂的移民村落，驳杂异趣的语言民系，以及令人谈虎色变的"瘴疠病毒"，不仅令岭南以外文化区域的人们惊心动魄和心驰神往，同时也使域内居民积淀出复杂矛盾的文化心理结构。岭南特殊的自然环境和社会历史条件，不仅招来了异域社会奇异惊羡的目光，就是岭南人自己也深深地感悟到自身的特点。有道是：物华天宝，人杰地灵。自古至今，风流人物代不乏人，而在近代更是层出不穷。冼夫人精明果敢、正直坦荡、识大体顾大局、爱家乡亦爱民族和注重团结统一的高尚人格；佛教六祖禅宗惠能历尽艰辛而学佛传道的意志与精神以及"明心见性""立地成佛"的思想主张；梁发信教传教始终如一的品质；集诗人、学

---

① 陈乃刚：《岭南文化》，同济大学出版社1990年版，第14页。

者、志士于一身，既有赤胆忠心的英雄侠骨，又有浪漫洒脱的诗人气质，更有博学、精思的儒家学者风度的屈大均；黄萧养、洪秀全、李文茂、陈开等不畏强暴、揭竿而起、替天行道的勇气与雄心；陈启源、张弼士、冯如等人注重实干、敢为天下先的气魄与胆略；何启、胡礼垣、郑观应、梁启超、康有为等人"但开风气不为师"和充满真知灼见的言论主张；陈献章、张穆、黎简、居巢、居廉、高剑父、高奇峰等突破传统、推陈出新、兼容并蓄、去芜存菁的思想和艺术上的追求；还有那些在历史的变革和运动中展示出自己独特个性的无数男儿侠骨、巾帼英雄，所有这些前前后后、大大小小、有名无名的个体，像一连串五颜六色的明珠镶嵌在岭南历史长廊之中，岭南文化因而显得格外绚丽夺目、生气勃勃。再加上广府人敢于冒险、富于开拓创新的精神，客家人刻苦耐劳、恪守家训的品质，潮汕人精明能干、善于经商的性格特点，更使岭南文化丰富多彩、千姿百态，充满着诱人的风情和魅力。不难想象，了解文化和人，如果脱离了文化去谈人或离开个体而讨论抽象的人，我们将会得出什么样的认识和印象。文化与人是亲密的伴侣。同时，作为人来讲，也不应该简单地理解为一种类型或一种模式的人，而应该具体一些、贴近一些去了解生动形象、真实具体的个体，这样，才能从个别中见到一般，才能更准确地把握文化中的人和人的文化这两个方面的问题。

如何在历史人物画廊中选取典型性格、气质的岭南人，作为我们个案研究的对象，显然不是像"乔太守乱点鸳鸯谱"那样简单和随意。但在我们看来，讨论岭南人的性格气质特征，寻找典型个性的人作为观察的对象，也许选择近现代典型人物比在古代历史人物中物色典型个性的人要更富有意义和代表性。因为岭南文化有一个发展过程，即从不成熟到比较成熟到成熟的成长过程，岭南人的个性形成亦是如此。确切地说，岭南人的个性是到了近现代才基本定型的，我们今天所讲的岭南文化与岭南人的个性，实际上就是指具有近现代意义和特色的近代岭南文化和岭南人。在近代，由于广东是中西文化交流的前沿阵地或桥头堡，商品经济与自然经济的相互搏击，进步与落后的具大反差，以及商业文化与娱乐文化等的普及，所以，岭南文化在近代才显示出它的优势和特色，岭南人也在这种文化的哺育下形成了与其他文化区域居民有所不同的文化个性。因此，近现代岭南文化与岭南人便理所当然地成为我们的研究视角。

（一）广府人的文化心理

在岭南三大民系中，最耐人寻味的恐怕要算广府民系的历史和文化了，这不仅因为广府民系的形成过程直接成为岭南文化形成和发展的一个缩影，对它形成过程的具体详尽的描述可以说就是对岭南文化的进化过程的一种最好的阐释，而且更为重要的是，广府民系的人文风貌和精神特质甚至成为岭南人文化心理的基本模型。

首先，广府民系的人的文化心理表现出特别明显的开放性，正像有的学者所指出的那样，广府人"富于冒险和开拓创新精神，比较易于接受外来的新事物，往往把传统文化和外来文化因素融合、消化、吸收；对外族，有较强的同化力；对内，又有一定的凝聚力"①。粤语就是这种文化心理和性格特征的最突出的表现，它不仅传承保留了古南越族语言的基本形式和某些内容，而且成为中原古汉语的载体之一。秦统一岭南后，汉越混居，当时的"中县人"入乡随俗，积极学习古南越族语言，而古南越族人也主动地吸收了中原古汉语的语音和词汇，双方在交流融合的过程中在语言上逐渐趋于一体，形成共同的语言环境，使粤语方言日臻成熟。而且岭南人这种开放和融通的文化心理为他们吸收外来语中的词语来丰富粤语方言提供了良好的心理条件。据专家调查研究，珠江三角洲粤语方言借入英语的语词总数在 200 个以上，②（如下表所示）。

英　语	粤　语	普通话
ball	波	球
card	咭片	卡片
shirt	恤衫	衬衫
tips	贴士	小费、告诫、提示
films	菲林	胶卷
bus	巴士	公共汽车
toost	多士	烤的面包干
jelly	啫喱	果子冻
tyre	车呔	车胎
insure	燕梳	保险
chocolate	朱古力	巧克力
spanner	士巴拿	扳手
postcard	甫士咭	明信片
store	士多	商店

---

① 陈乃刚：《岭南文化》，同济大学出版社 1990 年版，第 190 页。
② 詹伯慧：《语言与方言论集》，广东人民出版社 1993 年版，第 250 页。

这种文化心态和性格特征表现在日常生活中，就是对于西方物质文明和精神文明的毫无顾忌，任意吸收、模仿、学习和改造。如在饮食方面，广州是全国最先开创中西美点、西餐馆、咖啡馆等的商业城市；在穿着打扮和居住环境方面，广府民系的人也是较早的一批学习西方的人群；在娱乐生活方面，西方的夜总会、歌厅舞榭、西洋的管弦乐器和歌剧与本土的粤剧和音乐一起充实、丰富和调节着广府人的生活。在广府民系人的心目中，只要对他们的身心有益，就不问来龙去脉统统受用；只要不妨碍他们生活的安宁温馨，不妨碍社会的进步，不扰乱现存的秩序，他们就不问亲疏远近，一样地承认其合法性，默认它的存在。这种文化心理既为异质文化和异质群体的相互渗透创造了宽松自由的环境，又为自身的发展和活动留下了广阔的空间。广府民系的每一个个体的心灵是自由的，个性是豁达的，而整个群体的文化精神则是开放的。

其次，广府民系的人具有强烈的反叛精神。这种反叛精神表现在：其一是民性强悍，争强好胜，不甘落后；其二是敢于冒险，喜欢出风头，善于创新；其三是不囿于传统，蔑视权威，敢作敢为。许多文献里就有广府民系民性强悍的记录，如在冼夫人的根据地阳江，这里"气习颇殊，好勇轻生，不循礼法"[①]，械斗之事时有所闻。就是在广府文化的核心区——珠江三角洲，民间械斗之事也时有发生。至于那些敢与官府作对、聚众闹事或打家劫舍的人也为数不少，《香山乡土志》中就有关于这方面的记载。[②] 广府人所具有的反叛精神虽有消极落后的一面，但在反抗封建专制统治和外敌入侵的正义斗争中，他们也写下了辉煌的篇章。陈乃刚先生在《岭南文化》一书中对此就格外推崇，他说："这种性格特征，在特定的历史条件下，便会爆发出敢于反对传统，否定现存制度，敢于革新的革命之火。在中国的近代史上，广府人精英继出，首举叛旗，义无反顾，从容赴义，为推翻长达两千多年的封建帝制，建立民主共和的新中国，起到了极其重要的作用。太平天国的领袖洪秀全是广东花县人（洪秀全是客家人，这里有误——著者注）；我国第一个外国留学生，是1854年毕业于美国耶鲁大学的香山南屏镇人容闳；我国第一位早期资产阶级思想家、企业家，是今中山人郑观应。他和稍后的南海人何启、三水人胡礼垣等，是最早提出反对封建帝制，实行君主立宪；反对洋务派'官督商办'，发展民办工商业；反对科举，提倡西学，造就人才，富国强兵的资产阶级革新者。轰动世界的'公车上书'和资产阶级维新运动的发起人，南海人康有为、新会人梁启超等，更是其中的佼佼俊杰。

---

① 道光朝《肇庆府志》卷2。
② 《香山乡土志》卷2。

众所周知的事实是，孙中山成功地领导了推翻封建帝制的伟大革命。"①

最后，广府人具有浓厚的市民意识。珠江三角洲自古以来商业就比较发达，伴随商业的发展，重商言商经商的意识也相应地萌芽成长起来。在珠江三角洲，"无官不贾，且又无贾不官"，官吏经商习以为常，中原人"崇本逐末""重农抑商"的观念在广府人这里成了空洞的说教，并没有人相信它，大多数人的兴趣主要还在于赚钱营利、追求实惠这一方面。早在清朝中期，以广府人为主干的"广东帮商人"就驰名全国。② 珠江三角洲圩市的迅速发展和海外贸易的频繁，以及买办阶层的出现，③ 就足以说明广府人商品意识和价值观念十分强烈。这种热衷于经商、追求锱铢小利的市民意识固然为北方人所不齿，但广府人的精明能干、善于计算、讲求实际、富有经济头脑，为岭南珠江三角洲地区的商业和生产的发展提供了心理动力。当然，毋庸讳言，市民意识本身就充满投机性、市侩性、排他性，因此，也为广府人与外地人之间的进一步交流设置了不少的沟沟坎坎，甚至出现见利忘义、不讲情面的情形，以致在外地人看来，广府人缺少人情味、太势利。但总体上说，广府人的商业才能和冒险创新的精神气质给人们留下了深刻的印象。

(二) 客家人的文化心理

由于客家人在海内外政治、经济、文化等方面均取得了巨大的成就，涌现出一大批政治、经济、文化等方面的精英，所以客家人一直受到国内外学术界的高度重视，并获得普遍的好评，尤其是他们那种独特的人文修养和精神气质，令海内外学人如痴如醉。

首先，客家人极其重视"敬宗睦族"，光前裕后。

有研究者指出："客家是一个最讲木本水源的民系，他们在迁移的时候，往往把上代的骸骨也背着出走，一同迁葬。或在避难迁移兄弟将要分散的时候，也必分抄族谱，以备将来还得敬宗睦族。……在祭祖的时候，也必仍操客语，谓这样才能报答祖宗。"④ 客家人长期接受"孝悌"的思想，忠于家庭和孝顺父母、友爱兄弟，对自己的祖宗始终念念不忘。具体表现在：一是不忘祖宗盛德，以族谱、家谱、堂联等方式，向子孙宣扬本族先人世为

---

① 陈乃刚：《岭南文化》，同济大学出版社1990年版，第192页。
② 蒋祖缘、方志钦主编：《简明广东史》，广东人民出版社1987年版，第340～342页。
③ 蒋祖缘、方志钦主编：《简明广东史》，广东人民出版社1987年版，第417页。据统计，在19世纪60年代，宝顺、琼记、洋行在各口岸有买办41人，其中广东籍的占29人，到19世纪90年代，旗昌、怡和洋行在上海、天津、汉口等12个口岸有买办55人，其中广东籍的占26人。
④ 李关仁：《客家人》，转引自吴泽主编：《客家学研究》第2辑，上海人民出版社1990年版，第21页。

望族的荣耀，以此代代相传，引以为荣。客家人的族谱、家谱，大都具体记录着先辈的家世、官职、显赫地位及南迁过程，好让后代人牢牢记住祖上的功德，并以此勉励和鞭策自己。同时，客家人为表彰祖宗盛德，以示继往开来、不辱祖先名誉，几乎每家每户都在大门楣上大书本族的堂号，每年除夕，总是按时在大门两侧贴出堂联。如梅县王氏，堂号为"三槐堂"，堂联为"三槐世德，两晋家声"[①]。二是客家人始终保持着乡音。"宁卖祖宗田，莫忘祖宗言"就很能说明客家人敬祖和不忘传统的心态。他们即使与广府民系和福佬民系的人混居在一起，也较少改变其方言俚语，与广府民系人的积极学习，取人之长、补己之短的精神形成鲜明的对比。[②] 三是客家人把光宗耀祖、发扬家声看得比自身都重要，或者说把自己的事业和成功与自己的祖宗、父老乡亲自觉或不自觉地联系在一起，"光宗耀祖、发扬家声"成了客家人创业立业的潜在动力。客家人无论是在国内还是在国外，总是念念不忘自己的家和祖先，总是不忘服务乡梓、造福乡梓。四是由爱乡而爱国。有学者就指出："客家人的'追远'，不仅只是追溯到自己的一家一姓，而且是追本溯源地一直上溯到民族的祖先——黄帝、炎帝，念念不忘自己是炎黄子孙。正是基于他们对祖先如此的感情，激发了他们为国家民族效命疆场。"[③] 客家人爱乡爱国，在民族大是大非面前表现出大义凛然、刚正不阿和威武不屈的气节，所以人称客家人很有骨气。[④] 宋代的文天祥，明代的袁崇焕，清代的黄遵宪、洪秀全、杨秀清、韦昌辉、石达开、温生才、丘逢甲、罗福星等人的爱乡爱国精神和一身正气就充分地证明了这一点。但是，客家人没有广府人那么开放，缺乏与外部交流的积极性，因而显得过于保守。

其次，客家人的文化性格表现为自信自强、克勤克俭。

客家人的先祖为了逃避战乱或寻求安定的生存生活环境，多次迁徙，最后只好在无人居住的荒山僻岭安家落户。广东有句俗话说："逢山必有客，无客不住山"，就是客家人居住和分布情况的真实写照。家住荒山僻岭，固然少了生存的威胁、多了几分生活的安宁，但相对于山下平原地区，尤其是珠江三角洲和潮汕平原的居民来说，他们的生活条件要艰苦得多。为了生存和发展的需要，客家人养成了一种筚路蓝缕、勇于开拓的创业精神。外国学

---

① 陈乃刚：《岭南文化》，同济大学出版社1990年版，第198页。
② 司徒尚纪：《广东文化地理》，广东人民出版社1993年版，第187～188页。
③ 黄清根：《客家人与中法战争》，见吴泽主编《客家学研究》第2辑，上海人民出版社1990年版，第21页。
④ 黄清根：《客家人与中法战争》，见吴泽主编《客家学研究》第2辑，上海人民出版社1990年版，第18～19页。

者对客家人的这种精神给予了高度的评价和充分的肯定。一位日本学者指出:"由于历史上曾经遭受过很大的苦难,所以客家人的性格较为成熟,他们富有耐心和克服困难的精神力量,善处逆境;他们大多能吃苦耐劳,有团结的愿望,适合集团生活;他们深谋远虑,厌恶诉诸感情的行动,具有进出海外和异族共同生活的适应能力。"① 客家人自己也有"扎起毛辫做赢人"和"勤劳耕作,有食有着"的说法。客家青年大都走出家门,四处谋生,不少人甚至不惜卖身为奴,到海外谋求生路,而客家妇女则操持家务,耕种劳作,具有一种无私奉献的美德。吃苦耐劳、克勤克俭是中国人的一种美德,但客家人在这方面表现得更为突出,他们能吃苦,但不蛮干,在提倡节俭的同时也不忘积极开源,既充满自信又能客观务实。正因为客家人具备这种品质,所以他们无论是在国内还是在国外,在他们所从事的工作中都干得非常出色。

最后,客家人崇尚读书,尊师重教。

"耕读传家"是中国人的一种文化传统,但在岭南三大民系中唯独客家人读书成风。在宋朝,梅州等地"人无植产,恃以为生者,读书一事耳"②。梅县还流行一首儿歌:"蟾蜍罗,背驼驼;不读书,无老婆。"毫不夸张地说,客家人完全把读书看作成家立业、光宗耀祖的唯一途径。乾隆《嘉应州志》也说:"士善读书,多舌耕,虽穷困至老,不肯辍业。近代应童子试者至万有余人。前制府改设州治,疏称文风极盛,盖其验也。"③ 的确,在封建社会,尤其是隋唐以后的中国,"学而优则仕"已成为人们发迹的公理,"布衣出将相,茅屋出公卿"的现象为这种观念提供了最好的例证,所以每一个家庭都希望送子读书,参加科举考试博取功名利禄。客家人因身居大山,缺乏其他可以发迹或改变现状的途径,最重要的办法就是读书进学、考试入仕。在广东,客家人最提倡读书,他们读书也最刻苦认真,故历来客家人才辈出。④ 客家人最密集的梅县因此享有"文化之乡"的美誉。⑤

(三) 潮汕人的文化心理

潮汕人有时也被称为福佬人,他们由于在海内外商业上的惊人业绩而驰名于世,也由于潮州独具风韵的饮食文化(如工夫茶、潮州菜)以及畅销世界各地的瓷器和刺绣而格外引人注目。因此,历来有句俗语:"到广不到

---

① [日] 坂元宇一郎:《面相与中国人》,李奇、赵瑾编译,学林出版社1989年版,第22~23页。
② 司徒尚纪:《广东文化地理》,广东人民出版社1993年版,第400页。
③ 司徒尚纪:《广东文化地理》,广东人民出版社1993年版,第401页。
④ 司徒尚纪:《广东文化地理》,广东人民出版社1993年版,第399~403页。
⑤ 陈乃刚:《岭南文化》,同济大学出版社1990年版,第199~200页。

潮，枉走此一遭。"潮汕文化如此艳丽动人，那么创造这些文化的潮汕人在文化互动中表现出的又是一种什么样的文化心态呢？

有人认为：潮汕人的文化心态，从共性来说，可以概括为务实精明。务实是核心，精明是表现形式，目的在于求得生存和发展。务实，是面对现实，从实际出发，实事求是地把握人生。一方面要造就人才，另一方面要建设社会。这是潮汕人文化心态的核心、最本质的特征，也是潮汕人价值取向的基本导向、思维的基本模式。从个人来说，潮汕人一向面对现实，不尚空谈，而是正确估计自己在现实中的位置，所面临的环境条件的利弊，考虑适应环境的对策，寻求发展的机会，强调办实事，学真本领，做个有道德、能办事、对社会有用的人。处于逆境时，潮汕人随遇而安，不气馁，不寄望于不切实际的空谈和幻想，不奢望别人帮忙。潮汕人虽提倡团结互助，但不强求于人，勉为其难，关键还是靠"自己骨头肉"。一抓住机遇就拼命发展自己，并设法帮助别人，共同发展，促进社会进步。潮汕人的务实观念及理性精神，虽然其主旨在于实用和应用，但绝不能将之与实用主义等同起来。而精明，则是潮汕人在潮汕这个具体环境中长期锻炼造就出来的素质。从思维方法到办事作风，以至于种田和日常生活的饮食、工艺品，处处表现出精明的特点，因而有些人认为，潮汕人的特点，可以概括为一个"精"字。务实理性通过精明能干的形式表现出来，形成了潮汕人文化心态的突出优点。比较突出的有四条，即家乡观念强，有凝聚力；精明能干，善于经商；刻苦耐劳，勇于开拓；注重人际关系，热忱待人。[①]

也有的人认为潮汕人最明显的文化性格是善于经商，颇有经济头脑，并且富有创业精神和开拓意识。其总的特征是人民勤劳俭朴，刻苦自励，精于商务，文风较盛。[②]

以上两种看法是对潮汕人文化心理研究的最有代表性的结论，虽然两种见解有粗有细，侧重点或视角稍有区别，但共同点是很明显的，即都认为潮汕人善于经商，刻苦自励，具有开拓意识和创业精神。应该说这是合乎实际的。但我们认为，潮汕人文化性格中最大的特点是精明、务实和家乡观念强。潮汕人不管走到哪里，总是离不开老乡，只要是讲潮汕话的，自然就粘在一块儿了，彼此格外亲热和信任。诚然，中国人都有一种所谓的乡土情结，乡土观念比较强，但很少有像潮汕人那样思乡、爱乡、回乡的欲念那么强烈的。世人都说："潮州帮特别团结，有凝聚力"，尤其是走出潮汕的人们，到国内或海外各地，遇到讲潮州话的人就倍感亲切。所谓"老乡见老

[①] 杜松年：《潮汕人的文化心态》，载《南方经济》1994年第2期。
[②] 李权时主编：《岭南文化》，广东人民出版社1993年版，第67页。

乡，双眼泪汪汪"，对于潮汕人来说真是一点不假。潮汕人的家乡观念强，不仅表现为遇到乡亲特别亲热，而且也表现为特别关心和支持家乡建设。虽然潮汕人在家乡也常常内讧，虽然兄弟之间闹纠纷、族氏之间搞械斗的现象也存在，但一走出潮汕，他们就彼此和和睦睦，非常团结。这恰好与其他地方的中国人在家客客气气，出外则互相攻击、彼此拆台形成鲜明的对比，这也许与潮汕地方狭小、人口稠密、生存竞争激烈有关吧。①

除了家乡观念强烈外，潮汕人务实精明的性格很值得称道，其务实精明表现在：

第一，踏实勤奋。潮汕人无论是读书经商，还是从政从武，都能兢兢业业，埋头苦干，不耍滑头，不投机取巧，一步一个脚印，给人以稳重可靠的感觉。

第二，做事诉诸理性，待人讲究信用，尤其是在生意场上，他们比较恪守商业信用，靠信誉取胜。较少感情用事，凡事都经过周密的思考，在有确切把握的前提下才肯付诸行动。因此，他们一旦出击，很少有不命中目标的。所以潮汕人给人以精明能干的感觉是很自然的。

第三，潮汕人的精明还表现在特别注重人际关系，他们深知人际关系是生存发展的一个不可缺少的条件，所以潮汕人对人都很有礼貌，也特别热情，从事商务活动的潮汕人更讲究人际关系，"生意不成人情在"，他们把人情和由人情结下的关系看得特别重要，这与广府人那种明显的功利性的人际关系有一定的区别，因此潮汕人的眼界相比之下似乎要开阔一些。当然，潮汕人的文化心理中也有不少消极的内容，如封建迷信思想浓厚，小市民意识也比较严重。② 但总体上说，他们的文化性格是很有吸引力的。

（四）梁启超的个性心理

在近代史上，无论是在政治风浪和社会变革中，还是在学术思想文化阵营里，梁启超都算得上一个颇有影响的历史人物。这位以其充满激情的如椽巨笔赢得了巨大声誉的启蒙思想家，也以其思想"流质易变"而著称于世，他的"保守性与进取性常交战于胸中"的思想矛盾，使其成为集中国现代化变革的先驱者和文化保守主义运动的肇基人于一身的复杂人物。虽然在他的个性心理中有着深厚的时代气息和个人秉性的基调，但也打上了岭南近代文化深沉的烙印。从他身上，我们不难发现：他那优点和缺点都很突出的性格表现与大多数同时代岭南人的性格特征又是何等的相似！

正像有人指出的那样，梁启超一生无论是行文还是做事，都显示出性格

---

① 杜松年：《潮汕人的文化心态》，载《南方经济》1994年第2期。
② 杜松年：《潮汕人的文化心态》，载《南方经济》1994年第2期。

的双重性。"他是近代史上一个非常有趣的人物,有远大的政治抱负,强烈的时代使命感和社会责任感",忧国忧民,成了他一生中始终活跃奔腾的主旋律。"他学识渊博,聪明过人,极其敏感;而且才气纵横,锋芒毕露,热情洋溢,富于活力",表现出极强的进取心。戊戌变法失败后,他曾写诗言志:"志未酬,志未酬,问君之志几时酬?志亦无尽量,酬亦无尽时。世界进步靡有止期,吾之希望亦靡有止期……登高山复有高山,出瀛海更有瀛海。任龙腾虎跃以度此百年兮,所成就其能有几许!……吁嗟乎,男儿志兮天下事,但有进兮不有止,言志已酬便无志。"① 其胜不骄、败不馁,积极进取,充满自信的性格于呼号之中表现得淋漓尽致。难得的是,对自己的性格诸方面的特征,梁启超自己有过极其客观的表白:"启超夙不喜桐城派古文,幼年为文,学晚汉魏晋,颇尚矜炼,至是自解放,务为平易畅达,时杂以俚语韵语及外国语法,纵笔所至不检束,学者竞效之,号新文体。老辈则痛恨,诋为野狐。然其文条理清晰,笔锋常带情感,对于读者,则有一种魔力焉。启超既日倡革命排满共和之论,而其师康有为深不谓然,屡责备之,继以婉劝,两年间函札数万言。启超亦不慊于当时革命家之所为,惩羹而吹齑,持论稍变矣。然其保守性与进取性常交战于胸中,随感情而发,所执往往前后相矛盾,尝自言曰'不惜以今日之我,难昔日之我'。世多以此为诟病,而其言论之效力亦往往相消,盖生性之弱点然矣。"② 虽是论己,但亦算中肯客观。除此之外,梁启超还是一个勇敢、自信、直率、豁达的人。③ 他一生曾与许多人唇枪舌剑、激烈争论,打过不少笔墨官司,如与汪康年、康有为、章太炎、孙中山等,但从不记私仇,就是对维新派的政敌李鸿章,他也努力做到持平公论。④ 正如其所言:"第一意见,辄欲淋漓尽致以发挥之,使无余蕴,则亦受性然也。"因而"反抗于舆论之最高潮,其必受多数之唾骂,此真意中事"也在所不惜。"要之,鄙人之言其心中所怀抱而不能一毫有所自隐蔽(非直不欲实不能也)。此其一贯也。"⑤ "要而论之,李鸿章有才气而无学识之人也,有阅历而无血性之人也。彼非无鞠躬尽瘁死而后已之心,后彼弥逢偷安以待死者也。彼于未死之前,当责任而不辞,然未尝有立百年大计以遗后人之志。谚所谓做一日和尚撞一日钟。中国朝野上下之

---

① 方志钦、刘斯奋编注:《梁启超诗文选》,广东人民出版社1983年版,第550页。
② 《清代学术概论》,见《梁启超论清学史二种》,复旦大学出版社1985年版,第70页。
③ 参见孟祥才《梁启超传》,李喜所、元青著《梁启超传》两书。
④ 参见马勇编《梁启超中国近代名人传记丛编》,河北人民出版社2005年版,第十二章结论,第160~173页。
⑤ 丁文江、赵丰田编:《梁启超年谱长编》,上海人民出版社1983年版,第334页,参见吴廷嘉《戊戌思潮纵横论》,中国人民大学出版社1988年版,第245~248页。

人心，莫不皆然，而李亦其代表人也。虽然，今日举朝二品以上之大员，五十岁以上之达官，无一人能及彼者，此则吾所敢断言也。嗟呼！李鸿章之败绩，既已屡见不一见矣。后此内忧外患之风潮，将有甚于李鸿章时代数倍者，乃今也欲求一如李鸿章其人者，亦渺不可复睹焉。"① 这段话对李鸿章来说，评价是公允的。这种宽容大度、率直豁达的品格无疑也是岭南人品格的一个缩影。梁启超亦是一个重感情、富于人情味的血性男儿，对家人师友都有一片纯情至性，其关于康有为、谭嗣同、夏曾佑、黄遵宪、麦孟华、王国维和夫人李惠仙等人的回忆或有关的悼念文章，可说是字里行间，均含有深情厚谊，细枝末节，无不哀哀动人。如他为怀念爱妻，曾写下了千古名文《祭梁夫人文》，字字含情，句句蓄泪，不妨读其中一小段："我德有阙，君实匡之；我生多难，君扶将之；我有疑事，君榷君商；我有赏心，君写君藏；我有幽忧，君燠俾康；我劳于外，君煦使忘；我唱君和，我揄君扬；今我失君，双影彷徨。"② 但是，梁启超似乎情绪不太稳定，注意力也常常被这事或那物所分散，表现出多变和善变的性格特征。他有时因局势左右摇摆而表现出缺乏坚定的信念和执着的人生追求，或者说他的信念和追求就是因时而变。他自己也说："自认为真理者，则舍己以从；自认为谬误者，则不远而复……此吾生之所长也。若其见理不定，屡变屡迁，此吾生之所短也。"③ 在学术上，"启超务广而荒，每一学稍涉其樊，便加论列，故其所述著，多模糊影响笼统之谈，甚者纯然错误，及其自发现而自谋矫正，则已前后矛盾矣"。"启超与康有为最相反之一点，有为太有成见，启超太无成见。其应事也有然，去治学也亦有然。……启超不然，常自觉其学未成，且忧其不成，数十年日在彷徨求索中。……启超'学问欲'极炽，其所嗜之种类亦繁杂，每治一业，则沉溺焉，集中精力，尽抛其他；历若干时日，移于他业，则又抛其前所治者。以集中精力故，故常有所得；以移时而抛故，故入焉而不深"。④ 这种"只开风气不为师"的治学为人风格，也是近代岭南人共同的性格倾向，这既是岭南人学习接受新知新学的态度表现，也是岭南人灵活、实际、注重效用原则的心理的间接反映。在古代，岭南人就是积极接受、吸纳、模仿各种文化的能手，在近代，他们更是标新立异、锐意创新的文化传人，他们常常是大胆提倡而不囿于传统，开风气之先却很少穷根究底、探本溯源、发扬光大，似乎他们只是开拓、创新、首倡，而传播、深

---

① 马勇编：《梁启超中国近代名人传记丛编》，河北人民出版社 2005 年版，第 173 页。
② 丁文江、赵丰田编：《梁启超年谱长编》，上海人民出版社 1983 年版，第 1022 页。
③ 参见吴廷嘉《戊戌思潮纵横论》，中国人民大学出版社 1988 年版，第 245～248 页。
④ 《梁启超论清学史二种》，复旦大学出版社 1985 年版，第 73 页。

化、扩大等方面的事情应由其他的人去做。岭南人重"用"而不重"理"、重"器"而不重"道"的价值观在梁启超身上亦有一定的影响。梁启超的个性心理的形成与其所处的社会环境和所受的教育不无关系。梁启超自己在《三十自述》里就对此作过相当客观的描述:"余乡人也,于赤县神州,有当秦汉之交,屹然独立群雄之表数十年,用其地,与其人,称蛮夷大长,留英雄之名誉于历史上之一省。于其省也,有当宋元之交,我黄帝子孙与北狄异种血战不胜,君臣殉国,自沈崖山,留悲愤之记念于历史上之一县。是即余之故乡也。乡名熊子,距崖山七里强,当西江入南海交汇之冲,其江口列岛七,而熊子宅其中央,余实中国极南之一岛民也。先世自宋末由福州徙南雄,明末由南雄徙新会,定居焉,数百年栖于山谷。族之伯叔兄弟,且耕且读,不问世事,如桃源中人,顾闻父老口碑所述,吾大王父最富于阴德,力耕所获,一粟一帛,辄以分惠诸族党之无告者。"① 不难看出,梁启超的个性心理形成与岭南式的家庭教育和社会熏陶有着密切的联系。② 正如有人指出的那样:"梁启超生于半耕半读的儒学世家,自幼受中学陶冶长大。这给他打下了深厚的学问根底,又使他难以与旧的文化传统彻底决裂,也就很难对之进行有力的改造。梁启超的祖父重民族气节,热心社会公益事业,启蒙了梁启超最早的爱国精神与社会责任心。但他对梁启超进行的宋明理学的说教,无疑又成为梁启超其后难于挣脱旧道德桎梏的原因之一。"③ 应该说这种分析和概括是比较贴近实际的。虽然梁启超的个性心理与时代条件和精神气候有关,但与岭南地区特殊的文化模式和文化氛围的濡染渗透亦有内在的联系。梁启超既是他那个时代知识分子群中的杰出代表,也是岭南人中的佼佼者。他那带有多血汁气质的性格特征,从某种意义上讲,也是岭南人性格特征的一个真实具体的写照。

(五) 洪秀全的个性心理

如果说梁发信教传教是出于一种理智的选择④,那么,洪秀全信教传教、创立"拜上帝会"直到发动轰轰烈烈的太平天国革命运动,最终的起因却是一种外在的刺激和情感的冲动。

洪秀全也是出生在一个自耕农的家庭,客家人"耕读传家"的思想观念对洪秀全产生过深厚的影响。他三番五次地应考却又每次名落孙山。考场

---

① 《三十自述》,见李华兴、吴嘉勋编《梁启超选集》,上海人民出版社1984年版,第374页。
② 李喜所、元青著:《梁启超传》,第一章,人民出版社1993年版。
③ 吴廷嘉:《戊戌思潮纵横论》,中国人民大学出版社1988年版,第255页。
④ 参见拙作《论梁发及早期基督教在岭南的传播》,载《学术研究》1993年第1期。

的屡试屡败，以及家庭和社会的期待，在洪秀全身上造成了一股强大的压力。外在的压力和内在的心理紧张，使因挫折而沮丧的洪秀全心力交瘁，大病一场，病中神志错乱，步履艰难，卧床40余天。他在病中梦见自己升入天国，在那里脱胎换骨，得到了净化和再生。一位年高德劭、蓄着金色胡须的人交给他几面王旗和一柄剑，要他起誓铲除一切恶魔，以便使世界重新回到纯粹的教义上来。洪秀全陶醉在至高无上的正义和所向无敌的力量的幻想之中，怒不可遏地冥游了宇宙，按照指示降妖斩魔。陪他在梦中搜索妖魔的有时是一位中年人，他认为那是他的兄长。当幻觉消失后，他似乎又恢复了与外面世界的联系，但在性格上却发生了明显的变化。奇怪的是，清醒后的洪秀全还能完完全全记得自己的梦境。软弱无能和自愧无用之感经过他的幻觉明显地变成了相反的方面："相信自己无所不能和圣洁无瑕"。① 显然，洪秀全性格的形成与转变的原因芜杂繁复。仅仅一场大病和一次梦幻就能改变他的性格吗？这显然是一种极其武断的说法。应该说，影响洪秀全性格形成与变化的因素有许多，综合中外学者的理解应是：

（1）新近发生的鸦片战争对他的影响。"如果说中英冲突对他没有影响，那才是不寻常的，因为当时的广东民怨沸腾，对清廷的轻蔑之情随处可见。只在洪秀全故乡的县境之外，就蓬勃兴起过抗英的民兵运动。他的领袖们蔑视满人在外夷面前的软弱无力。"②

（2）梁发所作《劝世良言》的影响。尽管梁发在《劝世良言》中宣传的基督教与中国传统的文化和民间信仰之间有着本质的区别，但洪秀全却从中找到了重新振作起来、寻找新的出路的门径。他把这本书看作上帝对他本人的直接召唤。他现在按照基督教的教义来领悟自己的梦幻：年高德劭、蓄着金黄色胡须的人是天父耶和华；中年人是耶稣；他本人是上帝的次子而被授以神圣的使命，务使世界重新尊崇上帝。③

（3）儒家正统文化教育的影响。洪秀全出生在一个农民家庭，从小就习惯了艰苦朴素的生活，习惯了农业劳动。他一生的大部分时间，是在农村度过的，熟悉农民，对他们的痛苦有深切的体会，了解他们最迫切的要求和愿望。劳动人民那种刚毅朴素的品德也哺育了他，使他在青年时期就培养了刻苦自励、不畏艰难、勇于与旧势力奋战到底的性格。④ 同时，儒家正统文化对他的影响还表现在对他的思想意识和行为方式等方面的影响，这在他后

---

① 费正清主编：《剑桥晚清中国史》（上），中国社会科学出版社1985年版，第291~292页。
② 费正清主编：《剑桥晚清中国史》（上），中国社会科学出版社1985年版，第291页。
③ 费正清主编：《剑桥晚清中国史》（上），中国社会科学出版社1985年版，第292~293页。
④ 田原：《洪秀全传》，湖北人民出版社1982年版，第4页。

来的反清革命生涯中就有较为明显的表现。关于这方面，不少学者已作了比较透彻的分析与评价，在此就不作一一介绍。

（4）岭南近代文化的直接影响。洪秀全生活的年代，正是中国清王朝国运式微的时期，中外接触和交往日益频繁，商品经济正以紧张的韧性向中国的农业自然经济直刺过来，岭南地区正处在中国社会变革的前沿阵地，岭南文化正以前所未有的速度发生着裂变。这种文化变化态势自然对洪秀全产生了深远的影响。可以肯定，岭南文化在特定的时代里以一种特殊复杂的方式铸造了洪秀全的个性。

那么，洪秀全到底是一个什么样的人呢？或者说洪秀全的性格和心理特征是什么？这正是我们要了解的问题。从上面的影响因素分析和他早期生活经历以及一生的言行诸方面来看，洪秀全的性格和心理特征大致表现如下：

（1）从外向型转变为内向型性格。洪秀全在少年时，"性情活泼，对人感情热烈。他读书用功，却没有书呆子的习气，在是非问题上能坚持己见，不轻于随声附和。他喜欢谈论，很诙谐，遇有争执，又能以犀利的言辞把对方驳倒。他对人坦率，诚实，才学和识见也比较高，所以凡是和他接触过的人，对他都很敬佩，乐意同他相处。"[①] 但是，在25岁时经过一场大病后，洪秀全性情却发生了明显的变化，对人沉静庄严，不苟言笑，而且意志坚定，目标明确，注重实干。据载："自1837年得病后，彼之人格完全改变，其态度高尚而庄严。坐时体直容庄，双手置膝，两脚分列而从不交股，辄正襟危坐，不俯不仰，亦不斜倚左右，如是历数小时而无倦容。彼目不斜视，亦不反顾，步履不疾不徐，常现庄严态度，自后寡言鲜笑。"[②] 表现出一种成熟的人格之美。不过，这里我们必须明白，洪秀全性格的重大改变，只是他个人的特殊遭遇和经历体验所致，岭南文化在其中的作用大小是很难估计的。但是，洪秀全性格的这一转变，与岭南人的性格特征又有某种天然的相似，从这个意义上讲，洪秀全仍然是一个典型的岭南人。

（2）待人处世，有"君子风"的精神气质。洪秀全既有一副救世救民、为民请命、超度众生的菩萨心肠；又有对敌坚决、果敢、冷酷、不卑不亢、针锋相对的顽强毅力与精神。与洪秀全曾有过一段交往的罗孝全经过观察，也说他"品行甚端，态度行为雍容，有君子风"[③]。洪秀全很重视人的品行，认为正正派派、"修好炼正"最好，而厌恶那些邪门歪道、损人利己的行为，这在他制定的《天条书》中就可以得到充分的体现。如他特别强调要

---

① 田原：《洪秀全传》，湖北人民出版社1982年版，第9页。
② 《太平天国起义记》，见丛刊本《太平天国》第六册。
③ 罗孝全：《洪秀全革命之真相》，见丛刊本《太平天国》第六册。

"孝顺父母",而反对"奸邪淫乱""偷窃劫抢""杀人害人""讲谎话""起贪心"等。据《太平天国起义记》载:"洪秀全禁吸鸦片,即平常烟草及饮酒均在被禁之列。关于鸦片,颇有一讨,原文曰:烟枪即铳枪,自打自受伤;多少英雄汉,因死在高床!关于饮酒,秀全谓以米蒸酒,是夺去人所必需之粮食,其后复予人以无用而有害之饮料。从前秀全之酒量甚大,其后则为应酬友人只饮三小杯。自入广西后,大概完全禁绝。"① 足见洪秀全是一个为人正派、自我克制的人。

(3)注重实用的理知态度和反叛精神。洪秀全出生在广东花县(今广州市花都区),是客家人的后代。客家人勤劳俭朴、勇敢坚定、开拓进取、注重实用的性格和气质特征,在洪秀全身上得到了一定的体现。同时,从洪秀全身上我们也能窥视到岭南人的某些性格和气质特点。为了宣传拜上帝教,组织人们起来反抗清朝统治,建立理想太平的天国,洪秀全先是不顾传统社会的巨大阻力,砸烂了孔子牌位,破除人们对孔子的迷信,后是四处奔走,求教访友,吸收教徒,发动武装起义,其间历尽了千辛万苦,甚至有生命之虞,但他义无反顾,自始至终都保持着战斗精神,也自始至终坚守自己的信念。这种强烈的反叛精神,既是岭南人共有的心理表现,也成为洪秀全个性心理的重要组成部分。至于他那种灵活运用、大胆改造、"一切为我所用"的接受学习原则和对事物的理智态度,在他对基督教义的利用、吸收、改造的过程中就能窥见一斑。正如大多数学者所认为的那样,洪秀全并不是照搬西方基督教经典,而是根据社会和大众的喜好对此作一番改造,以服务于革命的目的。在对待杨秀清代天父传言和肖朝贵代天兄传言这两件比较敏感而又十分棘手的内部权利、名分的争夺的问题上,洪秀全表现得宽容豁达、灵活善变。他巧妙安排,妥善地解决了这些既矛盾又复杂的问题,既显示了洪秀全超人的智慧和难得的豁达,又从侧面证明了岭南人处事灵活、注重效用的实践理性精神。

洪秀全应是岭南人的杰出代表。尤其是作为一个半知识分子半农民的革命者和反叛者,他的影响可说是超时空的。在洪秀全身上,我们不难看出岭南人、特别是客家人那种既有血性又有韧性的鲜明性格特征。之所以把他作为岭南人的典型代表,不仅在于他是农民,是知识分子,是教士,是反叛者和领导者,是客家人的代表,而且更重要的是他的历史影响,尤其是对孙中山的间接影响。关于这一点,我们在以后的各章中均有较详细的分析和评介,故在此不作过多的介绍和说明。

---

① 见丛刊本《太平天国》第六册,第867页。

第四章 网络：孙中山与岭南文化

对孙中山与儒家文化、传统文化和西方文化之间的关系，人们早就注意到，并进行过有益的探讨。

学者们大都认为，孙中山受儒家文化和西方文化影响较深。如章开沅先生认为，孙中山对于中国的传统文化，有一个从离异到回归的曲折历程。早期主要受中国传统文化的教育，青年时代则主要受西方文化影响，后来他又重新接受传统文化的再教育。他指出："从总体上看，又不宜对这种离异程度估计过高，孙中山一生从事的革命事业终究扎根于本国土壤。作为热爱祖国的海外游子，他对于中国传统文化又日益增长着回归的倾向。"因此，"从离异开始，以回归终结；离异之中经常有回归，回归之中继续有离异。这或许可以作为对于孙中山与中国传统文化的关系的动态概括"。[①] 李侃先生也认为，儒家文化对孙中山的思想意识、社会活动和文化性格都有较深刻的影响，正因为这种影响的存在，才有孙中山对中国固有的文化的热心向往和格外推崇。[②]

但也有人认为孙中山主要是受西方文化的影响，不过持中西文化共同影响说的人似乎多一些。

至于孙中山与岭南文化之间的关系，目前还没有引起太多的人注意。岭南文化与孙中山到底有何关系？或者说孙中山受岭南文化多大的影响？要回答这一问题，就必须考察孙中山学习生活的历史和社会化的过程，以及活动交往的对象，以便从中寻绎出岭南文化与孙中山之间的内在联系。

---

① 章开沅：《辛亥前后史事论丛》，华中师范大学出版社1990年版，第210～211页。
② 参见李侃《近代传统与思想文化》，文化艺术出版社1990年版。

一、生活圈：孙中山与岭南生活方式

（一）生活方式与文化

生活方式是受一定文化影响和制约的，有什么样的文化也就有什么样的生活方式。一个呱呱坠地的婴儿如果生下来就被抛离社会，得不到社会文化的教化，他是不会懂得人世间的幸福美好和充满乐趣的生活的，自然也谈不上什么特别的生活方式。狼孩的故事就足以说明这个问题。文化不仅教会人们生活，而且教会人们应该怎样生活。文化是生活方式的中介和导向，而生活方式又是文化的样式。

首先，一定生态环境下的文化决定着人们生活方式的状况，物质文化的进步更是如此。马克思曾指出，人们的生活方式"既和他们生产什么一致，又和他们怎样生产一致"①。其次，文化状况决定着人们的价值观念和价值取向。人们要怎么生活、不怎么生活，固然和物质条件有关，但更离不开精神的东西，离不开思想、感情、价值观念等社会文化。而一定的风俗、习惯、伦理、道德、宗教、信仰以及哲学、法律、政治观念等社会文化，不仅赋予了人们社会活动的思想和感情，而且造就了人们对人生、对生活特有的价值观念和价值取向。最后，积极、进步的文化可以引导人们建立正确合理的生活方式。落后、保守、消极的乡村文化与繁荣、开放、积极的市井文化，在生活方式方面亦呈现出质与量的差别。传统乡村那种"懒惰的心理、浅薄的思想、靠天吃饭的迷信、隔岸观火的态度"②，就和他们所处的文化有密切的联系。

生活方式无疑是文化的样式，是对文化的一种复写和放大。我们从人们的生活方式中不难发现隐藏在背后的文化模式和文化表征。作为整体系统的生活方式，是由相互联系、相互制约的各个方面的要素构成的——既包括内在方面的要素，又包括外在方面的要素；既包括现实方面的要素，又包括历史方面的要素。生活方式内在方面的要素，是指主体由需要、利益引起的生活活动主观动机和指导它的生活经验。生活方式外在方面的要素，既包括主体的能动活动，又包括一定的客观条件。生活方式的内外两方面的要素是不可分割的有机整体，一方面，人的生活意识必然要外化为生活活动，以实现自己的生活理想、生活目标；另一方面，人的生活活动又总是在一定的生活

---

① 《马克思恩格斯选集》第 1 卷，人民出版社 1995 年版，第 25 页。
② 曹锡仁：《中国文化比较导论》，中国青年出版社 1992 年版，第 346 页。

意识的支配和制约下进行。从变化发展的角度看,生活方式既有其现实方面,又有其历史方面。正像有人所指出的那样:任何社会的生活方式,都必然是以往社会的生活方式的继续,它积淀着历史文明的结晶,承传了以往生活方式凝固化了的习俗。生活方式的历史方面,体现着历史上不同发展阶段的生活方式之间的纵向联系,没有这种联系,便没有人类社会的生活方式;也体现着不同民族在其各自形成和发展的生活环境、生活条件与生活历程中所形成的民族特点,由于这种民族特点是长期凝聚而成的,反映着民族文化的特征,体现着民族的尊严,并且世代相传,因而它具有相当的深刻性和稳固性。也正是生活方式的民族特点,使本民族的生活方式与其他民族的生活方式相区别。就个人生活方式而言,形成个性化了的特定的生活方式,也是社会化的历史过程,是接受传统文化和前人生活方式影响的过程,这一过程是从幼年就开始了的。个人特定的生活方式,必然是不断重复的生活活动方式,因而它具有一定的稳定性,它形成了个性化、定型化了的心理活动结构和生活习惯,从而与他人的生活方式相区别。① 可以说,一个人生活方式的形成和获得的过程,既是一个社会化和个性形成的过程,更是一个文化获得的过程,因为生活方式本身就是文化的一部分。日本学者源了圆说得十分清楚:"文化通过生活于其中的人而显现出其难以捕捉的形象。文化表现那些从中完成自我形成的人们的感受、思考和行为方式,一言以蔽之,即于'生活方式中表现自我'。"②

(二) 岭南生活方式与孙中山

岭南地区得天独厚的生态环境无疑为岭南人的生活方式提供了良好的物质生活条件。与黄土高原和华北平原乃至江南水乡相比,岭南的地理位置和生态环境要优越得多,自然环境对人的生存生活所产生的威胁也要微弱得多。那无边无际、变化无穷的大海,那连绵起伏、层峦叠嶂的五岭山脉,那山珍海味、长林丰草,不仅给了岭南人美好的生活理想,而且也丰富了岭南人的日常生活。

关于岭南人的生活状况,胡朴安在《中华全国风俗志》中有较详细的介绍:"粤省与外人通商最早,又最盛,地又殷富,故其生活程度,冠于各省。而省城地方,则殆与欧美相仿佛,较上海且倍之。房屋一项,自马路通行后,普通每幢每月,亦在百金以上,惟大抵为三层楼居多。若繁盛市场,

---

① 王玉波、王辉:《生活方式》,人民出版社1987年版,第10页。
② [日]源了圆:《日本文化与日本人性格的形成》,郭连友、漆红译,北京出版社1992年版,第6页。

如长堤西关一带，则更昂矣。寻常日用之需，食米则每元自十斤至十二三斤，蔬菜之价与上海差等，肉食亦然。大抵食猪者多，食牛羊肉者少。然每日宰牛之数，常至二三百头左右。绸缎一项，大都来自苏杭，除先施、大新两大公司外，未见上等货色，而取价奇昂。若生产之生丝织品，则廉而耐久，常供中下社会之需，上等社会所弗屑也。土布之产出，种类亦多，足敷一省之用而有余。粤人自奉颇厚，虽编氓之户，食必有肉，米必上白，亦他省所罕见。其佣为人男女仆人者，每月工饭亦在五元左右，盖非此不能自生活也。此外舆夫则每名十三四元，车夫亦在十元以上，街车街舆，价亦甚贵，大抵必倍于上海也。此为省城生活程度之概况。香港则与之相等，而澳门、汕头次之，各小商埠又次之。若夫消耗事业之发达，尤有骇人听闻者。"①

不过，如其所言，整个岭南地区人们的生活状况并非千篇一律和丰衣足食。"都城之俗，大抵尚夕。而其东近质，其西过华，其南多贸易之场，而北则荒凉"②，就说明岭南地区南北贫富有悬殊，东西生活有差异，即使是南部较发达的珠江三角洲地区，大多数农家的生活还是比较清苦的。就拿孙中山的家乡——翠亨村来说，尽管这里毗邻港澳，得风气之先，"乡之人多游贾于四方，通商之后，颇多富饶"，但也是相对而言。事实上，在孙中山童年时代，翠亨村民的生活状况也没有多大改善，现今我们从"翠亨村民居"展览可以看到，即使是较富的人家，在当时与大多数穷人家也没有太大的差别。

孙中山的祖祖辈辈都是靠耕田糊口度日的。他父亲年轻时曾到澳门去学裁缝，还当过鞋匠，30多岁才回家娶妻成亲，细耕度日。③孙中山的两个叔叔也由于在家乡无法生活下去而不得不漂洋过海，冒着九死一生的危险，去人生地不熟的异域——美国加利福尼亚州当采金的苦力，希望藉此能够维持生计。但天公不作美，他们"一个死在附近海上的洋面上，一个死在加州产金的地方"④。像这种情况在当时出洋谋生的人流之中屡见不鲜。谋生看来是很不容易的，人们大都在生死的边缘挣扎。孙中山的家庭环境不仅没有因为叔叔们出洋打工和其父母哥姐们的艰辛劳作得到改善，相反地，叔叔们的不幸遭遇给他们这个家庭罩上了一层贫穷的阴影。孙中山出生时，当时一家八口，佃得土名龙田的二亩半地来耕种及租些祖尝山地耕垦。达成公晚

---

① 胡朴安编：《中华全国风俗志》，中州古籍出版社1990年版，第370～371页。
② 胡朴安编：《中华全国风俗志》，中州古籍出版社1990年版，第254页。
③ 李伯新：《孙中山与翠亨村》，载《"孙中山与亚洲"国际学术讨论会论文集》，中山大学出版社1994年版，第1102～1103页。
④ 《足本中山全书》，中国印刷局1927年版，附集，传记，第5页。

上还给村中打更，赚些零钱，来维持一家的生活。孙中山5岁时，他的大哥得友人的帮助，远涉重洋到檀香山牧场当雇工。6岁的孙中山则随着他的四姐到槟榔山打柴，拾取猪菜。每年还要替人牧牛几个月，换回牛主用牛给孙家犁翻二亩半田地的工价。有空时就帮家中做零活，在日常劳动中，他的身体锻炼得很是坚实。① 后来宋庆龄在回忆时也不无感慨地说："孙中山很穷，到15岁时才有鞋子穿。他住在多山的地区，在那里，小孩子赤足行路是件很苦的事。在他和他的兄弟没有成人以前，他的家住在一间茅屋里，几乎仅仅不致挨饿。他幼年……没有米饭吃，因为米饭太贵了。他的主要食物是白薯。"②

孙中山家境的改善还是在他大哥孙眉在檀香山垦荒耕种发迹之后。但即使在家境有了改善的情况下，孙家也没有放弃传统的生活方式与生活经验，节俭朴素、耕读传家的生活方式一如既往。因为华侨们的发迹大都是靠拼命地劳动和出奇的节俭，所以他们始终不改乡土本色。③ 孙中山的父亲后来虽然不做更夫，还偶尔雇请帮工，但从根本上讲，其饮食起居和生活观念都仍然保持着岭南传统的乡风习俗，仍然按照习惯了的生活方式过着乡村社会安逸、尚礼、重义、节俭、朴素的生活。因为，一方面，当时翠亨村及周围地区的人们在日常生活意识上并没有发生多大的变化，虽然周围不时传来一些有关海外和广州城镇的新的生活信息，但他们毕竟生活上很难一下子得到改善。过惯了苦日子的人们即使偶尔想改善一下自己的生活条件，但由于变动不仅需要足够的代价，而且还需要适当的机会和合适的环境，所以很难从根本上变换他们的生活方式。另一方面，孙家祖祖辈辈都是在泥土上滚爬、靠种田为生的，他们习惯了祖宗传下来的一整套生活的规则和行动的信条。即使现在他们手里宽裕了一些，也仅仅是在饮食质量、居住环境等方面作一些调整和改善。至于生活的规范、生活的模式、人生追求的目标等，都不可能一下子转换得了，而且他们主观上是根本就不曾想到这一方面的。即使有了那么一点改变生活方式的想法，也会因害怕违反群体规范、成为众矢之的而无可奈何地放弃。所以，翠亨村民和孙家的男女老少，从根本上讲都依然生活在传统的乡土社会之中。

---

① 陆天祥：《孙中山先生在翠亨》，见尚明轩、王学庄、陈崧编：《孙中山生平事业追忆录》，人民出版社1986年版，第7页。

② 宋庆龄：《我对孙中山的回忆》，见尚明轩、王学庄、陈崧编：《孙中山生平事业追忆录》，人民出版社1986年版，第513页。

③ 参见［美］麦礼谦《从华侨到华人——二十世纪美国华人社会发展史》，三联书店（香港）有限公司1992年版，第一、二、三章。李胜生《加拿大的华人与华人社会》，三联书店（香港）有限公司1992年版。

一位颇有影响的中山籍作家刘居上先生曾对翠亨村当时的民居生活情景①有过一段颇为精彩详细的描述：小宅内外的一切都表明主人家的人生哲学与处世之道：这是一户恪守祖宗遗训的殷实庄户人家——从大门西侧的"国恩家庆，人寿年丰"的对联，大门上的"神荼""郁垒"，乃至进门左侧供奉的"门官土地"，靠板障摆设的长条台上的"堂上历代祖先神位"与神主牌、香炉、灯盏、元宝蜡烛、陶制的供果，左右两侧墙上的太公太婆画像，正梁对下的结婚"字架"……都向人们透露着他们的敬始慎终、安分守己、不敢逾规矩半步以祈求福祉的典型的封建时代的小民心态；另一方面，他们又保持着勤劳俭朴的农家本色，在后院的农具棚里，我们可以看到锄、铲、锹、杈、禾枪、担挑、耙勾、连枷、芒刀、镰刀、蓑衣、竹帽、秧板、秧盆、皮挞（下田用的鞋）、谷箩、粪箕、犁、耙、水车、水斗等农具，都保养得极好，使用起来得心应手；他们安分守己，敬神鬼，畏妖祟，害怕从小康的状况中落，所以卧室的床头挂着"排钱剑"（一种用古钱编制的剑状饰物，用以辟邪）；却又时刻希望在"天恩祖德"的眷顾下，让儿孙进学中举，进而为官作宦、飞黄腾达。所以书房中除了骰子、玻珠、陀螺、铁圈、狮头、弹弓、风筝等儿童玩具外，书桌上赫然整齐地摆上了《三字经》等启蒙读物，以及文房四宝、算盘，还有孩子不用心读书时用以打掌心的戒尺、维持"家规"尊严的藤条。② 尽管这不是对岭南地区生活方式的全部概述和复制，但至少可以反映当时孙中山生活时代的社会人文风貌。从某种意义上也可以说，翠亨民居既是孙中山生活的那个时代的社会人文风貌的历史标本，又是当时岭南文化的一个真实的缩影。

孙中山就是在这样一种环境里度过了他的天真烂漫的童年和青少年时期。他最初接触的就是翠亨村及周围村民的那种饮食方式，获取生活资料的途径和方法，衣着服饰的款式，乡土味极浓的日常生活用品，日常起居习惯和生活用语，以及与此相关的生活态度、生活观念、生活习惯、生活心理等精神方面的文化。正如马克思所言："人们自己创造自己的历史，但是他们并不是随心所欲地创造，并不是在自己选定的条件下创造，而是在直接碰到的、既定的、从过去承继下来的条件下创造。"③ 孙中山也毫不例外地自觉或不自觉地接受着先辈们习养而成的、代代相传的各种生活习俗和生活方式等。

---

① 这里所说的民居主要是"翠亨民居"展现的过去居民生活景观。"翠亨民居"在一定程度上反映了孙中山那个时代村民的生活情况。

② 刘居上：《中山采风录》，《中山文史》总第21辑，1991年版，第56～57页。

③ 《马克思恩格斯选集》第1卷，人民出版社1995年版，第603页。

尽管孙中山后来去了檀香山、香港、澳门和世界各地，但他一生之中最关键的岁月依然是在岭南文化圈内度过的。在文化地理上，港澳地区本来就与广东各地是一体化的。即使在檀香山，依然是中国南方文化味极浓的华侨社会，华侨们的生活习俗和生活方式与家乡无多大差异，因为大多数华侨不仅"人在曹营心在汉"，而且他们生活的样式始终保持着乡土本色。① 如华侨们大都是靠劳动、勤俭致富的，他们不仅节俭朴素，而且在饮食、衣着、居住等方面不改家乡本色。他们既迷信又保守。所以，在海外的生活经历虽然可以使孙中山增长不少见识，思想观念、思维方式和行为方式上也略有变化，但日常生活方式通过长时期的习以为常的反复动作已经内化为人的心理机能，形成一种思维定式和心理定式，而且最重要的是，这种生活方式是首先影响孙中山的外在文化因素。孙中山性格和个性心理形成的关键时期——童年和青少年时期，主要是在这种既定的现成的生活方式规定下成长和社会化的，作为个性心理形成的关键时期所接受的生活方式自然很难从孙中山身上一下子被抹杀掉。事实上，在孙中山的一生当中，我们不难发现岭南文化影响的痕迹，岭南人的生活方式早已成为孙中山生活方式中的一个重要组成部分。

首先，他一出生就受到既定的乡村习俗的影响，取了大家都喜欢用的"帝"字为乳名。据孙中山自己称，"帝象"之名是他的母亲取的。他说："因我母向日奉关帝像，生平信佛，取号'帝象'者，望我将来像关帝耳。"② 而吴相湘则认为是他的父亲依旧俗取的一个吉利的名字，"达成公因依村俗以'帝象'为他的乳名，用意在祈求村庙的'北帝'护佑这新生婴儿健康长寿——孙先生的塾师名郑帝根，同塾学侣有名杨帝贺。可见应用'帝'字命名是当地风俗。"按吴的解释，这种习俗"可能是地居海隅，天高皇帝远，文纲比较松弛"的缘故，人们才敢用"帝"字来命名以示与皇帝对抗。③ 有人则认为"帝象"此名之由来，是因为当时粤俗妇女多信神，其母杨氏因村庙中有北方真武玄天上帝（简称"北帝"）而起的，孙中山长大问事时，常令中山恭拜此神，并称为"谊男"。④ 可见，用"帝"字取名是有颇多义意的。

在中国，人们对取名字是颇有讲究的，拥有一个好听的名字固然已很好，但若有很深远的喻义或带有吉利倾向的，则更是锦上添花。一般中国人

---

① 余英时：《美国华侨与中国文化》，见《钱穆与中国文化》，上海远东出版社1994年版，第266～277页。
② 陈锡祺主编：《孙中山年谱长编》（上），中华书局1991年版，第116页。
③ 吴相湘：《孙逸仙先生传》（上），台湾远东图书公司1982年版，第16页。
④ 李凡：《孙中山全传》，北京出版社1991年版，第4页。

对取名字特别重视，有的喜欢引经据典，有的请来算命先生算一算看命中缺少金、木、水、火、土五种元素中的哪一种，然后再作一些补充或补救措施，以便使五行之中样样达到平衡。像孙中山的同乡们喜欢用"帝"这个颇具神秘且略带权威性的字来命名，显然不仅仅是一种对朝廷的反抗，更重要的是一种类比或联想式的推理或暗喻，由此足以表露岭南人尤其是翠亨村民所具有的反抗意识和对美好前程倾心向往的情怀。当时翠亨村民流传着一首动人的山歌："土民黄草冈，大海作明堂。鳌鱼游北海，旗鼓镇南方。金星塞水口，燕石在中央。谁人葬得着，黄金大斗量。"① 虽然是随口而和、似是赞美本地风光的山歌，但它充分表露了大多数贫苦村民都企盼改善自己的境遇，在别无出路的情况下，便寄托于风水迷信的心理特征。

当时翠亨村民也像大多数中国人一样迷信风水堪舆之学，做房子选地盘、迁祖坟找"龙穴"、婚丧嫁娶、商店开业、出门办事都得选个黄道吉日。孙中山的祖父和父亲就格外地迷恋"风水"，不惜耗财费时，请人寻觅吉壤，迁葬祖先。一钟姓风水先生，原是太平天国的谋臣策士，南京失陷后，避乱于孙家，孙中山的祖父格外优待这位先生。据说这位钟先生指点了"牛眠龙穴"，位皇帝田，土名皇帝殿，山形拱峙，又称"将军捧印"，是块难得的风水宝地，由此地葬坟，其子孙后代必发达昌盛。敬贤公因此不惜售田以购得这块"宝地"。孙中山的父亲亦效法敬贤公，终年奉养一位来自嘉应州的风水先生，不仅耗尽了资财，而且劳神费力。乃至家道中落，自己年已三十还未娶亲。②

在这样一种氛围之中生活的孙中山，难免触景生情，受其影响得到某种带神谕性的暗示。尽管孙中山后来厌弃了父辈和乡民们的迷信活动，甚至与陆皓东一起毁掉了北帝庙金花娘娘的塑像，表示了对鬼神迷信的一种反感和嘲笑，但后来他还是积极地皈依了基督教。③ 诚然，基督教与中国的风水迷信和祖先崇拜有着很大甚至是本质的差别，但基督教神谕性的说教和庄严肃穆的仪式，以及牧师们虔诚的神情，毕竟给基督教罩上了神秘的面纱。孙中山虽然不是一个虔诚的有十足派头的基督教徒，但他的内心深处对神秘力量的敬畏和将信将疑的态度是显而易见的。甚至到生命的最后一刻，他还喃喃有声地表示他是一个基督徒。俗话说，"人之将死，其言也善；鸟之将死，其鸣也哀"，孙中山在弥留之际仍然不忘自己的教徒身份与天职，可以想象

---

① 吴相湘：《孙逸仙先生传》（上），台湾远东图书公司1982年版，第27页。

② 李伯新：《孙中山与翠亨村》，见《"孙中山与亚洲"国际学术讨论会论文集》，中山大学出版社1994年版。

③ 李志刚：《孙中山与基督教》，见《"孙中山与亚洲"国际学术讨论会论文集》，中山大学出版社1994年版。

出他的内心底蕴如何。另外，孙中山在南京时与胡汉民、郭汉章等去紫金山打猎，就曾半开玩笑半认真地说："你们看这里有山有水，气象雄伟，较之明孝陵，有过之无不及。明孝陵太低矮了！哪里比得上这里的地势好呢？当年洪武皇帝为什么不葬在这里呢？此处前有照，后有靠，风水特好，真是一方好大的墓地。我死后葬在这里，那就好极了。"① 诚然，在孙中山那个时代，稍有一些文化知识的人都很注意堪舆之学，孙中山生活在这种环境里，受影响自然难免。中国人对生的执着和对死的坦然，是有着深刻的心理根源和社会根源的。风水迷信，既是一种文化现象，又是一种生活态度和生活意识。正像有人所指出的那样："积淀在风水现象中的文化遗存是多么丰富，不仅埋藏着祖灵崇拜，更埋藏着生殖崇拜——它们分别和人类超我意识、自我意识和原我意识密切耦合。"②

对风水的迷信达到疯狂的程度在北方也极普遍，在岭南似乎格外强烈。当时岭南人就十分看重风水迷信之术，郑观应曾撰文提倡禁止，今天读来颇可玩味："查西人所居屋宇，不设神位，不燃香烛，阴神鬼魅无所依凭，且四壁窗户通风消煞，其阴茔概不选择，贫富相同。如我国仿照西法，一律改良，查有不遵者，将其家产一半充公，务使财不虚縻，人归实学。行之数十年，自然风水不见重矣。若非一律改良，甲有而乙无，必然甲胜于乙，相形见绌，势终难灭。余非宗西教，亦非不讲风水，因病世人为风水所迷，只知利己，不顾大局，复为庸师所害，求福得祸，破产之身。故欲除积弊，除已葬者不计外，愿朝廷仿照东西洋各国章程，由地方绅士自治会会同地方官履勘每村、每镇、每县，论人数之多寡，给地几处，委人经理，所有死者，尽葬于所限之地方，无论贫富贵贱，不准分别，以归一律，微特风水之患可息，并可省无限争讼虚费也。"③ 孙中山的这位同乡显然是有感而发，绝不是放言空论，他之所以提出革除这一陋习，不是说他不信和不讲风水，而是欲从实利出发，从国家整体利益来考虑。我们没法知道这位改良主义者内心深处是否还相信风水，但可以肯定的是他不能摆脱这种风习的影响。孙中山在戎马倥偬中仍然有一股雅兴为自己选择墓地，寻找一方安身之所，则显然说明他对"风水"这东西尚不能忘情。这种对死后的关怀，无疑受到了早期社会氛围的影响。

其次，相较风水迷信和宗教信仰而言，也许童年的生活对孙中山更富有感染力和影响力。尽管翠亨村民当时的生活环境并不太好，但对于孩子们来

---

① 梁华平等编：《孙中山先生的足迹》，湖北文史资料总第35辑1991年版，第120~121页。
② 高友谦：《中国风水》，中国华侨出版公司1992年版，第58页。
③ 夏东元编：《郑观应全集》，上海人民出版社1982年版，第1187~1188页。

说，这些都是大人们的事，与他们无关。"天真浪漫少年时"的孙中山管不了那么多生活的琐碎，也无须问及柴、米、油、盐、酱、醋、茶之类的事情，他感兴趣的是大自然，是他们周围那许许多多的新鲜事物，热衷于那些小孩子们乐此不疲的各种游戏和自制的玩具，倾心于在月光如水、星光闪烁的夏日之夜躺在凉床上听老人们似乎讲也讲不完的古老神话和动人的故事。对他来说，门前的大榕树，水碧沙明的兰溪，高高的金槟榔山，蓝蓝的天空，青青的草地，芬芳的花朵，翩翩的蝴蝶，高翔的飞鸟，就是他们的世界，就是他们的生活。"孙先生幼年，和一般儿童一样喜欢听故事，祖母黄太夫人又擅长讲说。孙先生受她的影响甚深。有时，他和邻居儿童放风筝、踢毽子、跳田鸡、劈甘蔗、或斗智、或角力，玩得津津有趣。他很想得到一些羽毛美丽善鸣小鸟，却始终没有如愿"①。他"常爬上参天高的大树取鸟蛋，用石头掷击小鸟，乡人见他倔强好动，给他取一个绰号叫'石头仔'"②。他的姐姐对他的活泼好动的天性就有更深刻的印象，她说："总理少即聪颖，惟以达成公家计不丰，故至十岁，始正式入乡塾读书。……总理自小任事勤敏，自塾回家，必帮助农作，如打禾之类，皆所擅长。又喜泅水，入水如蛙，村中儿童，皆不能及。"③他"幼时即喜与人打仗，见群儿被人欺凌，则打抱不平，必奋勇以打，即打不赢，亦不稍退。村童衣服，每为扯破，母亲必代为补好，并严责总理"④。他甚至与村里的伙伴们大胆地去观看三合会员们习武练操。

当时珠江三角洲是反清秘密会社三合会特别活跃的地区，翠亨村附近一带乡村如石门坑、信福隆、峨嵋、大象埔、山门等都设有三合会的武馆。孙中山与同村好友杨帝贺、孙梅生等到邻村观看三合会练武，回来后自然免不了仿效，认认真真地舞弄拳棒、比起武来。这些虽然是不知天高地厚、不懂人情世态的孩子们的童真稚气，但他们是以孩子独有的生活方式和娱乐方式，接受着家庭、村社既有的生活方式和文化模式，感悟着五味的人生。在他们的嬉戏娱乐之中，他们也不自觉地得到启发或暗示，人生的某些观念、思想和个性心理也在这难忘的童年生活中孕育和滋长起来。

日本学者源了圆先生曾说："游戏关系到人类生活的各个方面。有时游戏还能使那些从事单调劳动的人能够从中获得自我解放，使自己能够专心致志。有时它还是提高文化修养的场所，社会连带的场所，志趣相同者比试高

---

① 吴相湘：《孙逸仙先生传》（上），台湾远东图书公司1982年版，第16页；《国父年谱》增订本上册，第4～11页。
② 陈锡祺主编：《孙中山年谱长编》（上），中华书局1991年版，第16页。
③ 罗香林：《国父家世源流考》，台湾商务印书馆1954年版，第38页。
④ 罗香林：《国父家世源流考》，台湾商务印书馆1954年版，第38页。

低的竞争场所"。"游戏对儿童来说就是其生活本身,儿童在游戏中长大成人"。"总之孩子通过游戏能够学会如何很好地发挥自己的能力,培养运动神经,丰富想象力,陶冶情操,增强体力,遵守规章,懂得指挥和服从的关系,学会与人配合,在竞争中培养获胜的斗志和耐力,同时还能培养自己的才干,增强思考能力、判断能力、决断能力等,从而成为一个成熟的人。对孩子来说,游戏在其整个人格形成中是不可或缺的精神食粮。长大成人后,有意义的游戏世界自然会以与儿时不同的层次和形式伴随着他们"。① 如赛跑、爬树、攻阵游戏、踢毽子、游泳等可以锻炼身体;翻花线、劈甘蔗、量棒等可以培养灵巧,增强智力方面的判断和决断力;捉迷藏、转圈圈、打仗等可以养成集体观念和组织观念;而放风筝之类的活动则陶冶了孩子们的美感。可以说,孙中山性格、个性心理中的许多方面都保留有早期生活遗留下来的文化基因。

再次,孙中山因出生在贫农家庭,从小就为穷困的生活所迫而参加各种劳动。孙中山3岁时,比他大12岁的大哥孙眉就到离翠亨村3里多路的南蓢墟地主程名桂家当长工,不到两年,又随舅父杨文纳远涉重洋到檀香山的农牧场当雇工,临走时因川资不足只得押出学成公遗孀租给达成公的两亩田地换得旅费。直至1880年孙眉在檀香山有了较丰厚的收入,孙家的经济收入还是很低的。孙中山6岁时已经和姐姐孙妙茜上山割草、拾柴或到塘边给猪捞饲料。随着年龄的增长,他也逐渐下田插秧、除草、挑水、打禾、牵牛到山埔放牧,有时还随外祖父杨胜辉驾船出海取蚝。② 尽管这一时期孙中山参加了多少生产劳动和帮助做了多少家务零活,我们无法具体化和量化,但可以肯定的是,这段时期,孙家的生活是靠全家老少勤俭节约、共同努力来维持的,孙中山因此从小就养成了热爱劳动、吃苦耐劳、忍辱负重、自强不息的习性。这种生活环境和谋生的方式,无疑给予了这个天真少年以特定的心理影响。

正因为如此,即使是家里生活条件得到大大改善、不用再为生计奔波时,孙中山仍然喜欢参与村社的一些生产活动和集体性活动,甚至在思想观念上也始终离不开"农民""农村"和"土地"等问题。当他17岁从檀香山回到翠亨村时,他对乡民为生活所累和乡政建设之落后以及官僚们对农民的压榨就曾表示极为不满,他说:"你们的衙门给你们干什么事呢?""这天子的朝廷这样的腐败,你们不要和他的官有所交涉"。"你们知道,道路桥

---

① [日]源了圆:《日本文化与日本人性格的形成》,郭连友、漆红译,北京出版社1992年版,第168~170页。
② 《孙中山史料专辑》,《广东文史资料》第25辑,广东人民出版社1979年版,第282页。

梁由你们自己建造，学校由你们自己维持，比让满清人来替你们建造，替你们维持，费要省得多哩！""你们每村应该利用这些市场，那么每个村庄与别个村庄的交接可以得到益处"。"你们为什么不觉醒起来！记忆着，人们只有靠着结合的力量，才能够改善他们的地位呢"。① 而且他还亲在当地零零碎碎地从事过教育、防盗、街灯、清道、防病之类的改良乡政的社会活动。为了提高农业生产力，改善人们的生活条件，在大学时代，孙中山不仅从书本上了解选种、施肥、土壤改良等农业知识，而且还注重实地考察和试验。他认为"坐而言者，未必可起而行"，而关键就在行动。因此他在研究西方农学著作的同时，还注重调查、试验、拜访老农，以此获取新知。为了在翠亨故乡发展蚕桑，他曾在香山试种桑树，后又劝农民改种罂粟②，以增加农民的经济收入，改善农民的生活。为发动广州起义，孙中山还曾在广州成立了"农学会"，"极言中国非研究农学，振兴农业决不足以致富强之理"。尽管这只是为了掩人耳目所用的权宜之计，但亦能从中说明农业问题在孙中山心目中拥有重要的位置。③ 对农民问题和农业问题的重视与热心，既是生活体验的一种理性表现，又是迫切希望拯救农民、改善农民生活现状的一种深厚同情心之折射。孙中山就常常说些"我如果没出生在贫农家庭，我或不会关心这个重大问题（土地问题）""我幼时的境遇刺激我"之类颇有感触的话。其实，孙中山这位农家子弟在生产劳动和贫苦的童年生活里所受到的影响远不止这些，他一生艰苦朴素，即使在做了总理和大元帅等高级职务时也仍然保持节俭的农民本色。

最后，孙中山在日常生活方式和语言表达形式以及语言上也一直保留着较多的岭南文化成分，即使是在流亡各国和戎马倥偬之中，其生活习惯和语言风格等均没有多大的改变。语言是人与他人交往的媒介，是感情表达的工具，尤其是日常生活用语和方言俚语等，更是人最初接触和学习、传达信息、交流思想感情的手段，它是人涉世的前提，也是认识生活的必要条件之一。尽管孙中山的英语说得很流利，但他始终不能讲纯正的"官话"④，在他的普通话中夹杂着一些乡音俚语。不能说普通话，显然不仅仅是一种环境条件限制和主观上的原因，而且还有广东方言的影响。俗话说，"天不怕地

---

① 《足本中山全书》，附集，传记，中国印刷局1927年版，第30～31页。
② 孙中山为了增加农民收入，主张种罂粟，这纯是从农村实际出发提出来的，并不能认为他提倡吸食鸦片，事实上他自始至终都反对鸦片输入和吸食鸦片。
③ 参见拙作《孙中山与农民》，载《江汉论坛》1992年第6期；《孙中山农民问题观》，载《孙中山研究论文集》，中山大学出版社1993年版。
④ 黄季陆：《追忆中山先生的音容》，见尚明轩、王学庄、陈崧编：《孙中山生平事业追忆录》，人民出版社1986年版，第850页。

不怕，最怕广东人讲普通话"，不能用熟练的普通话来表达自己的思想感情，不是某一个人的缺点，而是岭南人共有的不足，这也许与岭南方言发音有关。那么，孙中山"乡音无改鬓毛衰"的现象也就不足为奇了。孙中山平居多操广州方言或普通话，对英语非必要时不轻易出口，演讲时亦然，而且常向人们解释说："中文胜于英文，以其象形易于记忆，英文用串字拼音，罕用时每易误排。"① 语言本身就是思维的外壳，它制约着人的思维和心理活动。一个人自觉也好不自觉也好，不可能从根本上摆脱语言对思维方面的影响。因为"人类并不是孤立地生活在客观世界上，也不是像人们通常理解的那样孤立地生活在社会活动的世界上，相反，他们完全受以成为表达他们的社会之媒介的特定语言所支配"②。而且"一个特定社会的成员——当然，他使用自己变化所特有的语言和其他规范的行为来整理他所经验到的现实——只有当现实以他的代码形式呈现于他面前时他才能真正把握它。这种看法不是说现实本身是相对的，而是说现实是由不同文化的参与者以不同的方式划分和归类的"③。难以改变的乡音和语言表达形式，也从侧面印证了岭南文化对孙中山的深刻影响。

　　再从孙中山的生活方式上看，亦不难发现其乡土风格。岭南人在饮食习惯和饮食结构上是有别于其他地区的。粤菜系列及其特征就能反映出岭南人的饮食结构和习惯，粤菜的第一个特色是用料广、选料严，而以海鲜及野味为上馔。如禽类，除了普通的三鸟外，还常以鸽子、鹧鸪、鹌鹑、禾花雀等入馔；海鲜最推崇石斑、鲳鱼、鲜带子、明虾、膏蟹、海龟、鳗鱼等；野味最欣赏娃娃鱼、山瑞、甲鱼、山斑鱼、穿山甲、果子狸、龟、蛇等。粤菜的第二个特色是口味偏清、鲜、爽、滑，做法以蒸、炒、溜居多。这与气候有一定关系，岭南炎热的时间长，口感需要清爽；也是长期惯食海鲜和其他珍稀动物，锻炼出追求原味的传统嗜好。浓香型及油气重的菜，如开煲狗肉、炖扣肉、炸生蚝、红焖白鳝（海鳗）、红炖猪肝等，岭南人多在冬令时吃。粤菜的第三个特色是配菜丰富。既有冬菇、草菇、竹笋、白木耳、云耳、黄花菜之类的配菜，又有菠萝、荔枝、梅子、椰子、香蕉、凤栗、剑花、夜香花等为良好的佐料。粤菜的第四个特色是粥品、点心特别丰富。由于岭南炎热的时间长，流汗消耗大，需要及时补充水分及易被吸收的养料，因此，各

---

① 张永福：《孙先生起居注》，载《我怎样认识国父孙先生》，第192～195页，吴相湘：《孙逸仙先生传》（下），台湾远东图书公司1982年版，第1780页。
② ［英］特伦斯·霍克斯：《结构主义和符号学》，瞿铁鹏译，上海译文出版社1987年版，第23～24页。
③ ［英］特伦斯·霍克斯：《结构主义和符号学》，瞿铁鹏译，上海译文出版社1987年版，第23～24页。

类肉粥是较理想又较方便的食品。① 总体来看，岭南人特别注重饮食的结构、质量和实际效用，即使是平民百姓家庭的生活，也比内地人家庭的生活丰富多彩。岭南人知道如何根据自然气候条件和身体变化来调节饮食结构。一般说来，岭南人生活比较讲究，不像北方人那样暴饮暴食、酗酒和粗茶淡饭，以及拼命地吸烟饮茶。岭南人对什么都是蜻蜓点水式地品尝一下。潮州的工夫茶尽管味道浓烈、滚烫且略带苦味，但杯小，每次都是品一品，不像北方人的大碗茶那样痛痛快快地灌下去。孙中山生活在岭南文化区，其生活习惯基本上没有多大的改变，他在日常起居和饮食结构上仍保有家乡风格。有如毛泽东一生总离不开湖南的辣菜一样，孙中山总是习惯饭前喝广东人最喜欢的例汤，饭后又少不了广式水果。② "他从不抽烟，从不喝酒。他既不饮茶，也不用咖啡。但他是一位贪爱水果的食客。……他非常注意饮食。他喜爱吃鱼和蔬菜，对肉类并不感兴趣。大清早，在开始一天的工作之前，他总是喝一碗热气腾腾的、滚烫的禽类汤汁"③。熟悉孙中山的人也指出："孙先生性俭朴，旧鞋每须贴补，好着白帆布鞋，每日必须白粉一次。惟制衣服以耐用布衣为主，对剪裁工作甚有讲究。试衣后，必细心嘱缝工如何加摺，如何加领，如何加袋，一一不厌其详。慎饮食，喜用筷不用刀叉。食颇摘味，喜蔬菜，稍鱼肉。不喜辛酸苦辣香料，对烟酒绝不沾唇。不好糕饼食，独嗜生果，所最嗜者为香蕉与菠萝两种，……山竹、驴龟两物亦常赞为佳果，先生有不时不食之义，无小食零碎食之习。"④ 孙中山也格外喜欢吃广东人喜欢吃的"猪血粥和牛肉饭"。⑤ 孙中山并不太喜欢饮茶，这大概是个人的嗜好问题，但他对茶却有特殊的感情和独到的认识，在他留下来的书翰墨迹中就有多处特别提到"茶"。《建国方略》第一章有"我中国近代文明进化，事事皆落人之后，唯饮茶一道之进步，至今尚为文明各国所不及"的内容，并指出："中国常人所饮为清茶，所食者为淡饭，而加以蔬菜、豆腐，此等之食料，为今日卫生家们所考得为最有益于养生者也"。"茶为文明国所既知已用之一种饮料——就茶言之，是最合卫生、最优美之人类饮料"。认为："印度茶含有丹宁酸太多，日本茶无中国茶所具之香味。最良之茶，唯可自产茶之母国即中国得之。"一语道破了茶的特点。同时指出茶

---

① 林乃桑：《中国饮食文化》，上海出版社1989年版，第132页；张磊编：《广东饮食文化汇览》，暨南大学出版社1993年版。
② 李联海、马庆忠：《一代天骄——孙中山传记》（下），重庆出版社1986年版，第161页。
③ 吴相湘：《孙逸仙先生传》（下），台湾远东图书公司1982年版，第1780页；［美］韦慕廷：《孙中山——壮志未酬的爱国者》，杨慎之译，中山大学出版社1986年版，第40页。
④ 张永福：《孙先生起居注》，载《孙中山生平事业追忆录》，人民出版社1986年版。
⑤ 《孙中山史料专辑》，《广东文史资料》第25辑，广东人民出版社1979年版，第287页。

的功用有很多，他说："如此就饮料一项说，中国人发明茶叶，至今为世界之一大需要，文明各国皆争用之。以茶代酒，更可免了酒患，有益人类不少。"中国的穷人常有一句俗话，"天天开门七件事，柴、米、油、盐、酱、醋、茶"。可见，孙中山对茶情有独钟。① 广东人爱茶，但与北方人的爱茶略有不同，而且广东人心目中的茶有更丰富的内容。孙中山虽不喝茶，但对茶却有至深的认识，这也足以说明其所受的影响。从这个意义上看，岭南人的生活方式不仅直接影响了孙中山的生活习惯，而且还间接地影响了孙中山的生活准则、生活观念和生活心理。许多人在回忆孙中山生平事业时，都注意到了孙中山节俭、简单、朴素、大方等方面的生活特点以及良好的生活习惯。② 孙中山长期流亡世界各地，居无定所，却仍然保持家乡的某些生活习惯和生活规则，这固然与他的医学知识有关，但岭南文化在他身上的影响亦不能等闲视之。

二、学习圈：孙中山与岭南教育传统

人的成长过程，既是一个接受教育和再教育的过程，又是一个不断地进行自我教育、自我训练的过程。

就教育而言，它主要是向个体传递知识、思想、道德、风俗、艺术、语言、文字以及每一世代的认知图式和各种规范、准则和信条。这种文化传递绝不是生物水平上的遗传，而是社会文化的积淀，是对社会文化世代连续性过程的同化与顺应而引起的义化潜移。恩格斯就曾指出："由于它承认了获得性遗传，它便把经验的主体从个体扩大到类；每一个体都必须亲自去体验，这不再是必要的了；它的个体的经验，在某种程度上可以由它的历代祖先的经验的结果所代替。如果在我们中间，例如数学公理对每个八岁的小孩都似乎是不言而喻的，都无须用经验来证明，那么这只是'积累起来的遗传'的结果。"③ 从某种意义上讲，一个人之所以能够从无知到有知，从无礼到有礼，从不成熟到成熟，从家庭走向社会，从单个人到社会中人，并被社会所接受、所赞许和认同，其功主要就在教育。同时，教育的过程也是个体学习和适应的过程。个体由于个性心理和所处的特定情境不同，常常在接受教育、学习调适的过程中表现出不同的态度和不同的特点。因此，我们在

---

① 《孙中山酷爱茶》，载《团结报》1992年12月26日第四版。
② 参见李联海、马庆忠《一代天骄——孙中山传记》（上），重庆出版社1986年版，第284～285页。
③ 《马克思恩格斯选集》第3卷，人民出版社1972年版，第564～565页。

研究岭南教育对孙中山的影响这一问题时，必须注意以下几个方面的情况：

一是岭南教育与中国传统教育之间的区别与联系。岭南的文化教育与中国传统教育的方式、内容、目的等都有一定的差别，但岭南教育又是中国传统教育体系中的一个组成部分，它本身没有脱离传统教育的轨道。

二是关于"教育"的理解和定义。教育的含义有广义和狭义之分。广义的教育既包括学校里对学生知识、思想、观念方面的传递，技术、能力、情操等方面的培养和训练，也包括家庭、社会、他人、群体对个体的个性形成、自我意识培养和社会化过程所起的教化与影响作用，因此，广义的教育可以被看作个体学习和社会化的过程。狭义的教育主要是指正规的学校教育。这里的"教育"，主要是指广义的教育。

三是个体接受教育的程度与形式，以及个体接受教育过程中所受的文化环境方面的影响。从某种意义上讲，个体接受教育的过程也是接受所在家庭、社会、区域的文化模式的过程。从个人与文化的关系看，个人有时是受到文化的熏染，有时是"习惯"地接受了那一部分文化，有时是在矛盾中以适合自己的方式自觉地吸收，有时又是在不情愿中遵从，有时则采取反抗的行动，等等。而大多数人是按照自己的个性获取自己所从属的文化中的某些方面的。所以，个人虽同属一个文化圈，但他所选择的文化世界，是他独自的世界。个性使这种情况成为可能，而他所选择所消化的文化世界又加强了他的个性。同时，一个文化圈，在容许属于自己圈中的人们的个性差异的同时，又在不知不觉中将某种共同的社会性格灌注给他们，从而使群体成员具有某种共同的个性特点。就家庭影响来讲，在特定的家风里成长的家庭成员，具有与受别的家风熏染的人所不同的共性。在考察孙中山与岭南教育这个问题时，既要注意地区性小传统教育与全国范围内的大传统教育对孙中山的不同影响，又要充分考虑到家庭、社会对孙中山进行的文化示范与文化教化这一方面的作用。一个社区的文化往往是通过家庭、社会和学校这三种途径的教育与熏染而灌输给个人的，因此，我们在本节考察岭南教育与孙中山的关系问题，无疑地有利于我们判定孙中山的文化归属和文化性格。

（一）家庭教育

家庭，是人生的第一驿站，不管是伟大的人还是卑劣的人，也不管是聪明的人还是愚钝的人，都要在这一站憩息一段时间。

一般说来，家庭是由父母、祖父母、兄弟、姐妹等社会成员构成的特定形式的集团，它处在特定时代、特定的文化背景当中，属于一定的社会阶层。儿童出生后，长期生活在家庭之中，家庭所处的经济地位和政治地位，父母的教育观点和教育水平、教育态度和教育方式方法，家庭成员之间的关系，儿童在家庭中扮演的角色，他们所处的地位，等等，对儿童个性的形成都有非常大的影响。从这个意义上讲，家庭就是制造人格的工厂，一方面，家庭把基因素质传递给后代；另一方面，家庭是人生活的第一个环境，是最早向儿童传播社会经验的场所。

但是，不同文化圈内的不同的家庭教育，无论是形式方法，还是性质内容，都会有不同的表现。如在美国文化圈内的家庭里，孩子成了家庭生活的中心，他们的活动和需要受到支持和保护，父母们有意识地培养孩子的自由和独立意识。而在旧中国文化圈内，情形恰好相反，孩子不可能成为家庭生活的中心，虽然他们在家庭里常常能满足自己的物欲或使家人感到快乐、舒畅和幸福美满，但他们常常受到约束。他们常常受到长者们的训斥和教导，被要求必须懂礼守规矩，学会忍让和合群，做到谦虚谨慎。在中国，父母倾向于高度关注儿童冲动的控制。儿童的探索、冒险和有危险的活动往往受到阻拦。传统的着重点放在服从、行为正当、道德训练和接受社会义务，同不注重独立性、自恃性和创造性形成对比。① 个性从小就受到极大的约束，在家庭里，儿童也很少有发言的机会，意见得不到尊重。就是在同一文化圈内的家庭，也由于各家的经济状况、社会地位、父母的文化程度等不同，表现在对子女的教育上也各有差异。中国早有"穷人的孩子早当家"之说，就是因为穷人的孩子从小就承受着家庭生活的负担，他们较早地随父母参加劳动，较早地独立谋生，因而也较早地走向社会。由于穷，所以对人生有着深刻的体验和感悟，心理较早地成熟，即所谓的"少年老成"。

孙中山出生在一个典型的小农家庭，祖辈都是农民，到了父亲这一辈家境依然贫困。他的父亲孙达成早年到澳门当鞋匠，30多岁才回乡娶了农民的女儿为妻。孙中山兄弟姐妹四人，他排行第三，在孙中山之前还有一个哥哥和一个姐姐早年夭折。家中还有祖母黄氏，一共七口人。在那个时候，孙中山的家庭生活应该说是艰苦的。一方面，为了一家生计，孙中山的父母长年奔波于生计，对子女的教育只能依赖黄太夫人的管教；另一方面，他们只能在日常生活的间隙通过言传身教来对子女进行教育。他们本身虽然没有太多的文化，也没有受过学校的正规教育，但在他们的脑海里有的却是生活的经验、人生的阅历，传统的伦理道德观念，鬼神迷信、等级尊卑、人情大于法律的意识和乡土观念，他们身上既有中国农民那种善良、忠厚、勤劳、朴实、合群、守法的优良品质，但亦不免带有功利、狭隘、守成、迷信、思安等消极因素。他们忍辱负重、息事宁人的谦和品质，他们安土重迁、恋乡恋

---

① [美] M. H. 邦德主编：《中国人的心理》，张世富等译，云南人民出版社1990年版，第38页。

土的情怀，他们知足常乐、小富而安的思想，他们追求名利、望子成龙的心理，常常不知不觉地感染了下一代。不用说，他们给予子女的是万变不离其宗的文化传统。他们无法像教书先生那样解答孩子们天真的提问，在他们心目中，能把孩子们抚养成人就达到了他们的目的，子女们尊老爱幼、循规蹈矩、安分守己和勤俭刻苦，就是好孩子。当他们的孩子咿呀学语时，他们便不自觉或有意识地将自己和社会所认定的观念、规范、准则一点一滴地向孩子们灌输。不过，岭南人务实和灵活的性格在他们身上也有明显的表现，当时他们见到长子孙眉在外谋生有了名利的时候，大脑这部快要生锈的机器也开始转动起来，物质生活的改善和外面世界的神秘的诱惑，使他们不再认为耕田种地、死守着家乡那巴掌块大的地方就是人生的追求和最终的目的，文化知识和勇气胆量在他们这里开始得到确认，因此送子读书不仅成为一种需要，而且成为一种动力。美好、幸福、富足的生活给了人类不少的希望和诱惑，但岭南人的生活态度是现实的，对子女们的需求也常常为生活的这种态度所左右。

孙中山出生之前，孙家连续发生了不幸的事故，本来人丁兴旺的孙家一下子失去了四位亲人。这个悲惨的现实使孙达成夫妇和孙家老少的心灵蒙上了一层可怕的阴影。孙中山出生时与种种神秘迹象有着某种今天看来是牵强的联系，[①] 但这种看似牵强的神秘联系显然给孙家带来了欢乐和希望。尤其是孙达成晚年（53岁）得子，更是非比寻常。对于孙达成夫妇和黄太夫人来说，孙中山的诞生，无疑地燃起了他们内心深处的希望之火，这种心理作用，使孙中山从出生起就在这个家庭受到格外的恩宠。在中国传统家庭，虽然有"爷奶喜爱头生子，父母最疼断肠儿"的说法，但长子毕竟是父母们的得力帮手，尤其是穷人家的孩子，长子往往最先步入生活的包围圈，最早品味人生的酸甜苦辣，不仅要为父母们分忧解愁、承担家务，而且还要体贴照顾弟妹，因此他们往往具备着忍辱负重、无私奉献的品德。而幼小的孩子，如兄弟姐妹中最小的一位，因为得到多重的爱护和加倍的关心，可能任性得多，生活也轻松得多，孙中山就处于这种地位。祖辈父辈的关怀与抚爱，兄姐们的爱护与照顾，使年幼的孙中山无疑地感到了莫大的幸福和心理上的满足。宽松和谐的气氛，常常使孙中山忘记了清贫生活的缺憾，并孕育了他争强好胜、积极进取的个性，热情浪漫、敏感灵活和富于同情心的博大胸怀，激发了探索创新的欲望。

老祖母——黄太夫人，这位饱经风霜的老人，在这个家庭里，或许没有

---

① 参见李联海、马庆忠《一代天骄——孙中山传记》（上），重庆出版社1986年版，第2～3页。

其他人比她更疼爱小帝象了。她不仅有着善良朴实的胸怀，而且也有不少哄逗小孩的经验。在小帝象看来，祖母是什么都知道的，如数家珍的童话故事，朴实动人的儿歌，成为小帝象生活中的一部分。那"月光光，照池塘。年卅晚，吃槟榔。槟榔香，吃子羌。子羌辣……"式的儿歌，那关于鬼神之类虚幻美丽的故事，给了孙中山不少惊奇、快乐和甜蜜的回忆。尽管孙中山3岁时尚不知生与死的意义和故事、儿歌里面的道理，但祖母逝世时他还是悲痛了好一阵子。如果说在祖母这里得到的是宽容、抚爱和放任式的关怀，那么，父母的严格、认真、谆谆教诲就使孙中山感到了生活的艰辛、人生的严峻、处世为人的不易和传统的约束。除了祖母之外，对孙中山的关怀爱抚要算孙中山的母亲杨氏了。杨氏虽然书读得极少，却是一个极为通达而又对子女要求甚严的农家妇女。"总理自小反对赌博，十三岁时，群儿集祠堂为'牌九之戏'，其中有杨帝卓者，年十七矣，总理拉其辫子，劝其勿赌。帝卓以拉辫子必败者运，深致不满，俄而大败，遂擒住总理，拉辫子以头击壁，至剧痛气绝不省人事。后众人以药涂之，一时许始苏。母亲乃携之回家。母亲教子甚严，遇总理和他家儿童无理殴打，必唤反鞭责，是番以曲在帝卓，故为被责。"① 不难看出，孙中山的母亲是一个善良、宽厚、通情达理、开朗乐观、精明能干而又对子女教育甚严的农家妇女，在家庭里，她不失其权威性和影响力，子女们无疑都依随在她的周围。她的言传身教，对孙中山是颇有感染力的。岭南妇女似乎是精明能干、持家过日子的好手，又是贤妻良母式的妇女。母亲对事对物的直观认识，对是非曲直的道德判断，处世待人的客观态度，做人的原则方式和敬神畏鬼的观念意识，等等，孙中山都耳濡目染，并逐渐潜移默化为自己思想观念的一部分。

孙中山的父亲，则是一位脾气很好、待人热情、思想有些守旧的农民。有人记述："达成公面修而颧高，两眼睇人，炯炯有神，眉发甚长，御粗布服，有时足登履，时在门前榕树下石凳憩坐，吸旱烟，状若沉思。常为乡友讲述故事。待朋友甚诚挚，家虽不丰，曾养其友某启至十八年之久。"② 孙妙茜则认为"达成公为人最和平忠厚，且公正廉明，故为村人所敬仰。唯以家业甚稀，故尝终岁勤劳，略不得息。"③ 很显然，老实厚道而又十分迷信、守旧的达成公在这个家庭里注定没有太大的影响力，对孙中山的影响也不是太大。他在孩子们的心目中是一个很好的父亲，但孩子们由于不必担心来自他这方面的惩罚和批评而常常忽视他的作用。

---

① 罗香林：《国父家世源流考》，台湾商务印书馆1954年版，第38页。
② 罗香林：《国父家世源流考》，台湾商务印书馆1954年版，第38页。
③ 罗香林：《国父家世源流考》，台湾商务印书馆1954年版，第38页。

不过，在这个家庭里，大哥孙眉也许更具有权威性和影响力。他在海外出色的经营和惊人的成绩，不仅使他在乡亲们中树立了威信，就是在这个家庭，他也较早地参与了家政。长兄当父、长嫂当母的传统，使孙眉天经地义地成了孙中山的引路人和保护者。孙眉对这个同胞小弟始终不失爱怜之情，虽然他很少与孙中山在一起生活，出洋谋生时孙中山还只有4岁，兄弟二人年龄上相差很大，但孙眉以长兄的身份时刻影响着孙中山。不用说，既富有金钱，又见多识广、精明能干、热情慷慨的哥哥，对少年孙中山来说不啻是一个英雄，而孙眉所拥有的那个"世界"对孙中山来说则更像一个谜。这位富有而又有见识的大哥，不仅给了孙中山不少神奇、温馨、浪漫的幽梦，而且也着实改变了他的一生。尽管这位家长式的大哥是一个很开通豁达的人，但在他身上传统的成分毕竟尘埃难拭，一方面，他慷慨解囊，乐善好施，送孙中山上学念书，希望他将来有所作为；另一方面，他又固执地要求孙中山按照他所指定的传统方向走下去。一方面，他眼界开阔，办事认真灵活，沐浴过欧风美雨，开放坦荡；另一方面，他又敬神祀鬼，因循守旧。因此，当孙中山的言行日益表现出忤逆中国传统、要求受洗加入基督教时，孙眉就不能不略施兄长的威严了。兄弟二人在思想观念上首次交锋，互不相让。孙眉的种种办法都无济于事，不能改变孙中山的初衷。孙中山不无遗憾地说："我使大哥失望了，我十分抱歉。我抱歉自己不能在中国古人所走的路上尽我的责任。如果我的良心允许，我也愿意按照中国的老办法做事。但是，我不能遵守已经败坏了的习惯。"① 尽管孙中山并没有按照孙眉的意图迈向既定社会人生的门槛，但严慈的大哥毕竟使孙中山悟出了许多做人的道理，获得了求知求学的机会。他们兄弟二人也自始至终风雨同舟，患难与共。

至于姐姐孙妙茜，孙中山自幼就与她朝夕相处。作为姐姐，孙妙茜对孙中山的爱护亦出于人之常情。我们从后来孙妙茜忆述孙中山早年经历时的话语中就能感触到那颗真挚、纯朴、怜爱的跳动之心。她说："帝象出身贫苦，我的父亲仅租得祖尝的2.6亩田耕种。我与帝象自小就要去干除草、采野猪菜、排水、打柴等工作"。"别看帝象年纪小，男孩不惯割芒草。有一次我和他到金槟榔山割芒草，他一到山上就乱跑，去采摘野山果食。我当时心里很着急，暗想：看你那担芒草几时才割完。我急急地去割，过了好些时间，他才开始割，我割了一半有多，没有想到他已经割完，很快就捆好了。那时，他见到我还未割完，马上又帮我割，他做工夫就是这样勤快敏捷

---

① 马庆忠、李联海：《孙中山和他的亲友》，花城出版社1988年版，第48页。

的"。① 孙中山对这位大姐也十分敬重、颇有感情。当他看到姐姐因缠足感到痛苦不堪、终日以泪洗面时，就深表同情地向母亲求情，他说："为什么姐姐的脚好好的，要用布把它包扎起来呢？你看姐姐痛得这么厉害，不扎可以吗？"② 这件事无疑地使孙中山改变了对妇女的看法，几十年后他出任临时大总统时就曾颁布过"禁止缠足"之类的法令，尽管颁布"禁止缠足"法令与早年姐姐缠足痛苦情状之间没有直接联系，但早年的记忆毕竟起了一定的暗示作用。

（二）学校教育

也许，再没有比学校更集中、更深入、更系统地向孩子们灌输各种知识、经验、理论和方法的地方了。如果说在传统的中国家庭里，孩子们学会了尊老爱幼、穿衣吃饭、待人接物、克勤克俭、热爱劳动等基本生活常识，那么，在正规的学校里，孩子们诵习四书五经、《幼学琼林》《龙文鞭影》《三字经》，学会了吟诗论道、子曰诗云、之乎者也，懂得了"书中自有黄金屋，书中自有千钟粟，书中自有颜如玉"和"学而优则仕"，知道了读书学习的价值和人生追求的意义。如果说家庭是一个人生活的摇篮，在摇篮里幼儿领受着父母、爷奶和叔伯姑姐们的关怀和爱护，得到了生活生命的安全保障，茁壮成长，那么学校则为孩子们应付将来的各种生活方面的挑战、求得生存和发展提供了足够的也是必要的赛前准备条件和训练。

正规学校教育，大概起于商周，私立学校教育也就是从孔子开始的。孔子删定"诗""书"、招收弟子门徒开始私人讲学，学校便逐渐地被统治者视为有用的工具。到了隋唐，统治者们更觉得必须创办官立学校，使地方办学走上符合统治者治国方针的正轨，学校摇身一变也就成为为封建统治者输送所谓治国安民人才的基地。正如唐太宗李世民所言："天下英雄尽入吾彀中。"可以说中国封建时代的学校，无论是教学内容、教学方法还是教学目的，都深受王朝政治和孔孟儒学的影响。学童们从小就诵习《三字经》《千字文》《幼学琼林》《龙文鞭影》《昭明文选》和《千家诗》，稍大一点就背诵注解四书五经，学作诗填词和撰八股文，他们掌握的除了天文地理、历史经典和诸子语类的肤浅知识外，似乎就是满脑子的功名意识。考科举，既成了知识分子奋斗的目标，也是家庭家族社会追求和向往的对象。在中国，每个人不论出身贫寒还是富贵，都可以通过十年面壁苦读经书，考取科举，登堂入室。所谓"朝为田舍郎，暮登天子堂"，所谓"满朝皆紫贵，尽是读书

---

① 尚明轩、王学庄、陈崧编：《孙中山生平事业追忆录》，人民出版社1986年版，第14页。
② 尚明轩、王学庄、陈崧编：《孙中山生平事业追忆录》，人民出版社1986年版，第17页。

人"，所谓"书中自有黄金屋，书中自有千钟粟，书中自有颜如玉""一人得道，鸡犬升天"，都说明了人们对读书进学而为仕宦人家的倾心向往。所以，即使是黎民百姓，也总想通过培养子女读书参加科举考试求取功名利禄。在封建社会，送子读书，希望他们能金榜题名、荣宗耀祖，几乎是千百万人的共同心态。①

尽管在宋代就有人指出岭南人"自免役法行，天下无复有乡差为吏之州，独海南（当时南海）四郡不行焉。闻仕于海南者曰：海南免为乡差，实募人为吏。彼受募者已世其业，民间所谓役为便，愿输钱而不可得。夫权利之心，人皆有之。地迩京师，则人以功名为权利。去朝廷远，人绝荣望，惟知利之为权利耳"②，当今有不少学者认为岭南人重利而轻仕，"较为淡入仕为吏"③。在孙中山生活的时代，欧风美雨早已吹拂着南国大地，出洋谋生发家致富、经商学艺、寻求富足等较为实际的谋生之路已经向岭南人展示了广阔的前景，但读书进学、考取功名、学而优则仕的思想观念依然统治着岭南人的灵魂，这些较注重实际追求功利的岭南人，依然脱不去儒家正统观念包裹的外衣，送子女上学或请"先生"到家里来授课，各种各样的教育孩子的方式都依然具有活力。在大多数岭南人的心目中，通过参加科举考试、加官晋爵毕竟是摆脱贫困和提高家庭家族社会地位的正当途径，所以，直到孙中山出生的时候，参加科举考试者在岭南仍然大有人在。在孙中山之前就有洪秀全诸人曾追随科举、博取功名，在孙中山开始举起反清革命旗帜之时，仍然有不少的岭南人对登科入仕抱着极大的希望。尽管当时入洋学堂读书，当买办、做商人、出洋谋生和参军等都不失为谋生的手段和门径，但社会本来就是复杂的，人们的心理则更是千姿百态、五彩缤纷，人们各自根据自己祖上的教训和现实生活的环境与自身条件来选择生存发展之路。当时的岭南正处在传统与现代并存的文化氛围，人们的内心世界在这种亦中亦西、亦土亦洋的充满限制和诱惑的环境里也显得犹豫矛盾起来。

孙中山的父母按惯例也希望送子上学读书，将来能加官晋爵、光宗耀祖，但是家庭生活条件毕竟不能为孙中山的兄弟姐妹们提供足够的学费，所以孙中山的大哥大姐就难得有接受正规学校教育的机会。④孙中山虽有家庭的宠儿，但还是到了 10 岁才享有读书的权利。孙中山的家庭，似乎由于生计艰辛窘迫，对科举考试没有太多的兴趣。对他们而言，送子读书与其说是

---

① 金诤：《科举制度与中国文化》，上海人民出版社 1991 年版。
② 〔宋〕周去非：《岭外代答·法制门·南海役法》条。
③ 冯达文：《古代岭南思想文化的若干特点》，载《开放时代》1993 年第 1 期。
④ 吴相湘：《孙逸仙先生传》（上），台湾远东图书公司 1982 年版，第 13～18 页。

为了子孙能读书考取功名、光宗耀祖,提高家庭家族在社会中的地位和赢得尊重与权利,还不如说是为了履行家长的义务和遵守传统、支撑门面而采取的一种消极的方法。所以,当孙中山挑灯夜读、诵习课文时,父母就显得有些吝啬和不支持了。关于这一点,吴相湘先生在《孙逸仙先生传》中就有很生动的记述:孙先生很好学,每晚燃油灯读书,达成公只准用灯草一根。"一灯如豆",光度不足,孙中山就加一根灯草。太夫人看见了,就责备他:"为什么这样耗费灯油?难道你还想去中举!"孙中山只得利用月光明亮时苦读。① 苦日子和生活的艰辛使父母无法理解孙中山对知识的渴求,也没有太多的精力和欲望驱使他们培养子女读书识字,以便将来飞黄腾达。

但是,年幼的孙中山不可能察觉到父母内心深处的矛盾和布满皱纹的面庞上的阴郁,学堂的气氛毕竟充满着诱惑。在村塾里,孙中山接触的是《三字经》《千字文》《幼学琼林》,以及四书五经等规定的课文。尽管这些课文中不乏引人入胜、令孩子们着迷的精彩片段和生动活泼的内容,但传统的教学方法和刻板并略带格言式的诸子教导,窒息了孩子们天真好奇的心灵和浪漫的情怀。尤其是对于一个生性好学的少年来说,孙中山是没有办法适应这种古板呆滞的教学方式的。有一天,在读《大学》时,王塾师照惯例领读了两遍,便叫学生们背诵,学生们没有理解课文的内容,就像和尚念经一样地背诵起来。孙中山对此是不满意的,他向老师提出了"大学之道在明明德"之类的疑难问题,并要求老师改变教学方法,多对课文作一些解释。他说:"我到学堂里来,是要先生教我读书的,而我现在不懂我读的书,先生应启发我们,把书中的意思讲明白。"② 按道理,"师者,传道授业解惑也",为人之师必须做到这一点,但当时社会上真正能做到这些的人并不多。孙中山的这位塾师显然没有做到这一点,孙中山不满意老师的教学方法自然有他的理由。后来,孙中山对这种教学制度和内容作过批判,他说:"中国政体专制已久,士人束发受书后,所诵习者,不外四书五经及其笺注之文字,然其中有不合于奉令承教一味服从之义者,则注意删节,或曲为解脱,以养成其盲从之性。"③

批判与不满是一回事,但学习、了解、掌握和运用传统教育内容又是另外一回事。事实上,孙中山对中国传统文化中的经典和道德人生的说教还是很有感情的。在私塾里他只待了两年,学到的子曰诗云、之乎者也等方面的东西并不算多,随后便进了外国人办的学校,在意奥兰尼书院,他接受的几

---

① 吴相湘:《孙逸仙先生传》(上),台湾远东图书公司1982年版,第16~17页。
② 《中山丛书》(四)传记,中国印刷局1927年版,第8页。
③ 《孙中山选集》(上),人民出版社1962年版,第23页。

乎全是"外国货"，即使是在香港利群书院等校学习，他也没有经过专门的中国传统文化知识方面的学习和训练。所以，严格说来，孙中山接受的是西式教育，领略的是西方历史文化和各种自然知识。

然而，孙中山却不像一般的青少年，他的求知欲、好奇心和远大的抱负，使他不会贸然抛弃传统的文化知识，何况在当时，拥有良好的中国传统文化修养仍然是一种荣誉，也是社会普遍认同和赞誉的，孙中山更不可能对传统文化知识的学习无动于衷。据孙中山的同窗学友唐雄追述："孙公在檀读英文时，而中文根底颇深，西文课余有暇，常不喜与同学游戏，自坐一隅，辄读古文，吟哦不绝，有时笔之于纸，文成毁之，不知所书为何。且为人沉默寡言，不苟言笑，好读史乘，对于华盛顿、林肯诸伟人勋业，尤深景仰，因为喜欢读西方传记，故英文进步甚速。"① "当时杜南（广东顺德人）正应驻粤美国领事邀请居留檀香山，教授当地美国政府人员学习华文粤语，因于课余另设夜学，以便华侨子弟习读中文。先生报名参加，过从甚密，国学基础因已长进。"② 陈少白也说孙中山在檀香山就读"晚上回家，温习功课后，他还是勤读中国书"③。在香港求学期间，孙中山还曾延请国文教师陈仲尧教授中国经史。同学之中有人对此曾作过有趣的忆述："总理在博济习医时，宿舍中藏有自置之廿四史全部。同学每嘲笑其迂腐及虚伪，以为其购置此书不事攻读，只供陈设之用而已。一日，我抽其一本，考问以内容，不料总理应付如流，果真每本都读过。"④ 同学关景良追忆说："总理在院习医科五年，专心致志于学业，勤恳非常，彼于日间习读医学，夜则研究中文，时见其中夜起床燃灯诵读。"⑤ 孙中山自己也称："于中学则独好三代两汉之文，于西学则雅癖达文之道，故格致政事亦常浏览。"⑥

功夫不负有心人，孙中山对"中学"的补课努力显然没有付诸东流。今天，我们从《孙中山文集》的字里行间就能嗅到中西文化的清香。那"一椽得所，五桂安居""兴创自我，利归于农""满堂花醉三千客，一剑霜寒四十州""平生慷慨班都护，万里间关马伏波""丹心一点祭余肉，白骨三年死后香""环翠楼中虬髯客，涌金门外岳飞魂""爱国爱民，玉树其兰佳子弟；春风春雨，朱楼画栋好家居"和"邓师爷厨房演说，陈和叔冷巷

---

① 陈锡祺主编：《孙中山年谱长编》（上），中华书局1991年版，第28页。
② 陈锡祺主编：《孙中山年谱长编》（上），中华书局1991年版，第29页。
③ 陈少白：《兴中会革命史要》，见《中国近代史资料丛刊·辛亥革命》第1册，上海人民出版社1957年版。
④ 李联海、马庆忠：《一代天骄——孙中山传记》（上），重庆出版社1986年版，第55页。
⑤ 简又文：《国民革命文献丛录》，见《广东文物》中册，第430页。
⑥ 《复翟理斯函》，见《孙中山全集》，中华书局2012年版。

失鞋"之类的对联挽联,那"苍梧偏东,桂林偏北,惟此地前列平原,后横峻岭。左黔右郁,会交二十四江河,灵气集中枢,人挺英才灭设险;乳泉有亭,吏隐有洞,最妙处茶称老树,柳记半青。文阁慈岩,掩映一十八罗汉,游踪来绝顶,眼底层塔足凌云""常恨随陆无武,绛灌无文,纵九等论文到古人,此才不易;试问夷惠谁贤,彭殇谁寿,只十载同盟有今日,后死何堪""萃子姓于家乡,木有本,水有源,五世箕裘传莞岭;妥先灵于寝宙,宗念功,祖念俎豆贡香山"之类的趣联颂联,还有"吉光片羽珍同壁,潇洒追秦七。好诗读到谢先生,别有一番天籁任纵横。五陵结客赊豪兴,挥金为革命。凭君纽带作桥梁,输送侨胞热慨而慷"和"阶前双凤戾天飞,览撰年华届古稀。治国安民儿辈事,居仁由义我公微。五槐花照瑶觥谦,窦桂香凝采舞衣。所欲从心皆絜矩,兰孙绕膝庆祥晖"① 这样酣畅的诗词,更有那洋洋洒洒的《上李鸿章书》《建国方略》和许许多多的演讲、电文、函件,无不显示孙中山深厚练达的文学功底和中国文化修养。1918 年,孙中山与胡汉民、朱执信等人谈话时,也曾论及我国的古典诗歌。他说:"中国诗之美,逾越各国,如三百篇以逮唐宋名家,有一韵数句,可演为彼方数千百言而不尽者。或以格律为束缚,不知能者以是益见工巧,至于涂式无意味,自非好诗。然如'床前明月光'之绝唱,谓妙手偶得则可,惟决非寻常人能道也。今倡为至粗率浅俚之诗,不复求二千余年吾国之粹美,或者人人能诗,而中国已无诗矣!"② 虽然这并不是孙中山对中国古诗词的总的看法,但至少可以肯定他对古诗词有较多的兴趣和独到的见解。而这些关于中国古文化的诸多言论和实践,也说明"冰冻三尺,非一日之寒",孙中山的中文补课,应该说是颇有成效的。

值得注意的是,孙中山的中国历史文化修养与他自身有意识的学习密不可分。在接触传统文化的过程中,主体的自觉性和积极性弥补了学校教育的缺陷和不足。尽管孙中山在中国旧学校停留的时间只有短短的两三年,而大部分时间是在西式学校里度过的,从客观上讲,由于学校教学体制和教学内容、教学方法等的规定,一切"西化"的可能性都是存在的。但是,从主观上看,孙中山始终钟情于"中学",尤其是那个时代西学还没有在中国形成气候,社会普遍对"中学"有共同的认知和价值追求,孙中山更不可能孤注一掷地把前途押在西学上,有可能的是他只是借西学作为入世的媒介。所以,正如我们所知道的那样,孙中山没有忘情于国学和传统历史文化,学习期间也常常研习古文经书,了解中国历史文化,这样,西式学校就成了孙

---

① 《传神妙笔足千秋》,《中山文史》第十期。
② 载《团结报》1992 年 4 月 29 日。

中山研习中西文化的天然场所，孙中山在这里学到了百科全书式的文化知识，认识到科学研究的作用和意义，也掌握了思维的方式方法，为以后人生历程中的冲刺做好了理论知识和心理等方面的准备。

（三）社会教育

个体虽然在其幼年和青少年时期可以通过家庭教育和学校教育获得生活、生产劳动和社会交往等方面的知识和技能，从而形成对社会、群体、个人的初步印象和人生价值追求的基本认识。但是个体要想参与社会生活，被社会普遍确认为是"成熟了的人"或"成人"，并能主宰自己的生活和事业发展方向，则必须有一个社会知识、经验、价值观念等方面的积累和学习过程，而这一积累和学习过程从社会学和心理学的角度上看，也就是一个个体社会化的过程或社会文化习得的过程。

个体的社会化，是个体在特定的人类社会物质文化生活中，通过与社会环境的相互作用，由自然人转变为社会人的过程。个体通过社会化，习得人类生活的基本知识和劳动技能，获得自身的生活目标和价值观，认识自己的地位和角色，掌握一定的社会行为规范，从而逐渐成为一名合格的社会成员。个体的社会化，既是社会转化个体的过程，也是个体内化的过程，即社会影响个体，个体接受社会影响，并使之内部化。个体社会化的形式是多种多样的，既有有形的，也有无形的；既有自觉进行的，也有无意中进行的；既可能通过面对面地进行，也可能通过书信及其他途径进行。从个体社会化的途径来看，个体的社会化一般是通过社会教化和个体内化实现的，两者相辅相成。社会教化是社会通过社会化的执行者实施社会化的过程，它与广义的教育同类。社会化的执行者，既可能是家庭、学校，也可能是社会组织、社会制度和社会文化等。家庭和学校的社会教化作用我们在上面已经谈到，这里我们就社会教化对孙中山的作用、影响作一些分析说明。

依据社会化理论，我们可以将社会教育过程看成"一个社会成员主动或被动要求去知悉、区辨、学习采用某种文化产品，而使之成为典型的行为模式的过程"[①]。从人际关系的角度看，社会化是社会中的优势分子，企图把一套他们认为正确、合理，而应该顺从的观念、信仰、态度、价值或行为模式，加诸劣势分子身上并要求他们实践的过程。从个人学习过程的角度看，社会化则是一种包含无意识—意识化—潜意识化的烙印过程，也是对社会行为规范和知识技能进行观察学习、认知加工、角色扮演、主观认同、自我奖赏，从而将其内化为自己的行为规范和思想意识的过程。因此，我们在

---

① 张达文、高质慧：《台湾学者论中国文化》，黑龙江教育出版社1989年版，第130页。

考察社会对孙中山的教育过程时，要注意区分社会教化的两种途径所起的不同的教化作用。

如果说西式学院里所学到的东西及所受的影响主要是在孙中山的观念知识和思想方法方面的话，那么，岭南社会则主要是从性格上、为人处世和深层心理上铸塑着孙中山这个人。西式教育和西医职业，固然使孙中山更多地摆脱传统观念的束缚，形成观察和实验并重的近代科学态度和实事求是的思想方法，但由于民族、语言、风俗、习惯等方面的差异，孙中山所接触的主要还是带有浓厚岭南文化色彩的华人社会和深受岭南文化影响的人群。

岭南文化中的开放性、实用性、商业性、包容性等特点，以及岭南人所具有的热情向上、大胆进取、勇于任事、强烈的反抗意识，在孙中山这里都能找到相同或类似的因子。因为"任何群体的绝大多数个人都按照文化的形式塑造而成。换句话说，绝大多数个人都可按照他们生于其中的社会的造型力量来塑造。在一个幻觉有很高价值的社会（如印第安人社会）中，人们就会有超常的体验。……不管文化已经将什么类型的行为制度化了，离轨者仍然只是少数，而文化在可塑的绝大多数人身上将一种我们认为是异常的特质，……似乎并不比将诸如获得财富的渴望这样的习惯行为模式塑造成正常特性来得更为困难"①。杜尔克姆也认为："社会事实最显著的特征就是它对人们行为、思想性格心理的外在强制作用，对个人发生着一种状如空气的压力，同样，在合乎常规的情况下，人们也不会感受到宗教信仰、道德规范和法律习俗的强制作用，因为按照这类集体表象行事是人所心愿，并且是合乎人们的利益的。再者，经过社会化这一社会教育过程，道德、宗教和法律等等集体表象的外在强制作用已经内化为个人的道德观和宗教信仰等自觉观念，因而个人可能完全是自觉自愿地按照道德规范等行事的。但这时集体表象的外在压力仍然客观存在，只不过是被我们的自觉观念所抵消了，正像室内空气的压力抵消了室外空气的压力一样。"② 孙中山正是自觉和不自觉地接受着岭南文化对他的渗透与浸染。尽管孙中山在早期曾有过与传统文化决裂的举动和过激言论，但他仍然自觉地、有选择地接受着社会影响，并把社会要求和行为规范以及文化习俗等内化为自己的意识，从而建立起独特的自我。从个体社会化过程这个角度看，孙中山的社会化过程大体上是在岭南地区或岭南文化影响下的社区社团中进行的。一方面，"在香港的那些年，在一位导师的帮助下，孙中山研究了中国的古典经籍，阅读了各朝的历史。就

---

① 傅铿：《文化：人类的镜子——西方文化理论导引》，上海人民出版社1990年版，第43页。
② 傅铿：《文化：人类的镜子——西方文化理论导引》，上海人民出版社1990年版，第105～106页。

这样，在 27 岁的时候，孙中山已经掌握了良好的中国教育，掌握了范围广泛但又混乱枝蔓的西方教育，还掌握了一门现代化的职业"①；另一方面，在他所接触和认识的人们的影响下，孙中山的性格和品质中注入的更多的是岭南文化成分。

从社会教化这一方面看：首先，岭南社会教化不仅通过各种形式的教育和社会舆论的力量，使孙中山逐渐形成一种信念、习惯、传统，并用它们来约束自身的言行，调整他与社会、与他人、与群体之间的关系。人们常说，"做人要讲道德""要对得起自己的良心"，这种发自内心深处的按道德规范行事的义务感和自觉感，就是道德社会化的结果。在中国乡村，农民们彼此间的交往都讲究"情"和"义"，在他们之间没有什么法律和具体的条例可以遵循，而是按照儒家的"三纲五常"的思想观念来行事。因为社会范围是从"己"推人的，而推的过程里有着各种路线，最基本的是亲属、亲子和同胞，相配的道德要素是孝和悌。"孝悌也者，其为仁之本欤"，向另一路线推是朋友，相配的是忠信。"为人谋而不忠乎，与朋友交而不信乎？"孔子也曾总结说："弟子入则孝，出则悌，谨而信，泛爱众，而亲仁"②。孙中山最初的生活区基本上是传统中国社会中的一个代表。在当时的翠亨村和整个广东及海外华侨中，孝、悌、忠、信、仁、义、礼、智、信等是社会普遍认可并坚守的道德行为规范，长幼有序，尊老爱幼，主持公道，伸张正义，等等，已经成为人们生活行动的准则。因此，孙中山从一开始就接受了这种既定的文化遗产，自觉或不自觉地接受和内化了这种精神文化成果，从而形成自己思想观念的一部分。孙中山很小时就颇有正义感，他常为人打抱不平，他的姐姐对此曾有过十分生动的回忆。孙中山自己常说："宁愿天下人负我，不愿我负天下人。天下可以欺伪成功，我宁愿以不欺伪失败。"③同时，孙中山还是一个很讲孝行和举事行义侠之道的人。邓慕韩称孙中山"待人接物，肝胆相照，疏才尚义，终身无私积，所谓以天下为公者，岂虚语耶"④。俭德、孝行、义侠，可谓孙中山的道德情操和为人处世的准则，也是中国乡村社会中普遍崇奉的品德。

其次，岭南社会教化使孙中山较早地确认自己的社会角色。社会教化的目的在于培养合格的社会成员，形成社会角色。每个人在社会生活中都有自己的特定位置，担当一定的社会角色。角色是一整套权利、义务和行为规范

---

① ［美］韦慕廷：《孙中山——壮志未酬的爱国者》，杨慎之译，中山大学出版社 1986 年版，第 13 页。
② 费孝通：《乡土中国》，生活·读书·新知三联书店 1986 年版，第 32 页。
③ 尚明轩、王学庄、陈崧编：《孙中山生平事业追忆录》，人民出版社 1986 年版，第 680 页。
④ 李凡：《孙中山全传》，北京出版社 1991 年版，第 7 页。

的体系。社会教化就是通过教授基本生活技能与教导社会行为规范，为个体胜任各种角色创造必要的条件。一个人一生中有着不同的社会角色，但作为一个社会成员，对于他来说最重要的是基本角色，因为有了这些基本角色，他才有可能被社会所承认和认同。孙中山一生中扮演了不同的角色，但他的最基本的社会角色还是在岭南社会中形成的。太平天国老人冯观爽讲述的太平天国起义和洪秀全的故事，以及乡民和伙伴们对孙中山的期许，对孙中山的角色扮演就有深刻的影响。冯观爽老人的故事深深地吸引了孙中山，孙中山每次听完后大发感慨："洪秀全灭了满清就好了。"而且冯观爽还暗示说："你长得很像洪秀全，你长大后也当洪秀全吧。"于是孩子们都管孙中山叫"洪秀全"。孙中山也深以为然，一有空就带着伙伴们玩"打仗"的游戏。各家的孩子若是到了晚上还不回来，大人们就说："是不是又跟'洪秀全'（打仗）玩去了？"① 显然，太平天国老人所讲的故事和他们对孙中山的期许，使孙中山心理上受到暗示和鼓舞。他很早就开始表现出反抗精神和反清倾向，以反清为己任，充当"洪秀全第二"的角色，与太平天国老人、伙伴和乡邻们的影响分不开。② 孙中山后来也明确地表示："革命思想之成熟固予长大后事，然革命之最初动机，则予在幼年时代与乡关宿老谈话时已起。宿老者谁？太平天国军中残败之老英雄是也。"③

再从个体内化这个角度看，社会教化又是个体社会化的外部动因，个体必须接受社会影响，并把外部现实或客观现实转变为内部现实或主观现实。从社会心理学的角度分析，个体的社会化是一个内化的过程。个体内化是一个不断发展的过程，随着年龄的增长、知识经验的增多、心理发展水平的提高，社会化的外在强化的方式逐渐为内在强化所取代。个体对社会的认识以及过去的经验等内在因素决定性地影响个体的行为。一般说来，观察学习、知识加工、角色扮演、主观认同和自我奖赏是个体内化的主要方式。④

就孙中山而言，社会教化固然对他有着规范、塑造和诱导等方面的影响，但外因必须通过内因才起作用。在进行社会化的过程中，主体的自觉性使这一过程显得更富有生气和绚丽多彩。对"洪秀全"的学习模仿和角色扮演，以及对乡土社会的认知体验与主观认同，使孙中山"少年老成"，较早地开始思考人间许多不平的事情和探索社会人生的奥秘。为什么姐姐非得缠足？难道洪天王死了就没有人再起来反抗？为什么那些官吏要这样勒索重

---

① 尚明轩、王学庄、陈崧编：《孙中山生平事业追忆录》，人民出版社1986年版，第680页。
② 李凡：《孙中山全传》，第一章，北京出版社1991年版。
③ 胡去非：《总理事略》，商务印书馆1937年版，第5页。
④ 参见全国八院校合编《社会心理学教程》，兰州大学出版社1986年版，第91页。

税，使人家不得不用"白契"这种权宜的方法呢？为什么这些官吏不依据经书上合乎道德的办法去做呢？为什么天子允许这样不公平的法律呢？像这种不公平的事，有没有补救的办法呢？为什么华侨们苦苦挣来的钱在自己的国家得不到法律的保护？外国人做的东西为什么中国人不能做呢？人死了为什么一定要土葬而不进行海葬呢？乡民们为什么一定要信神祀鬼怪而不相信自己呢？为什么清廷皇帝自命天子，而我们只是天子脚下的虫蚁呢？……孙中山常常触景生情，他那敏感的神经常使他思绪万端。孙中山后来也表示："吾受幼时境遇之刺激，颇感到实际上及学理上有讲求此问题（土地问题）亦未可知。吾自达到运用脑力思索之年龄时，为我脑海中第一疑问题者则为我自己之境遇，以为吾将终老于是境乎，抑若何而后可脱离此境也。"①

的确，青少年时代的经历和耳闻目睹的林林总总的社会现象，不仅孕育了孙中山同情友爱、匡扶正义、救困扶贫，"达则兼济天下，穷则独善其身"，不坠青云之志的儒侠情怀，而且也直接成为孙中山进行社会改革和反抗清廷专制统治思想产生的酵母。在中国，"不为良相，当为良医"一向就是士大夫们所欣赏的建功立业、名传千古的入世之媒。孙中山这位农家子弟，我们很难说那时他就奢望"良相"这个席位，但说他有"良医"的理想毕竟有了足够的证据。孙中山所说，"借医术为入世之媒"和后来放弃"医人"生涯而从事"医国"事业，都与早期社会教化有着直接的联系。

三、交游圈：孙中山与岭南人的联系

人的社会化过程，实际上也是个体在社会交往活动中，接受他人的教育、领会他人的意图、迎合他人的心理，使自己大众化的受动过程。社会公认的习惯风俗、伦理道德、法律礼仪、典章制度、行为规范、价值观念、审美趣味、思想意识甚至思维方式等，都可能借助群体和他人通过某种通道传送给单个的人，个体也在与他人交往中受到不同程度的感染和暗示从而模仿、顺从，使自己成为集体或社会群体中的一员。考察孙中山的早期社会化过程和社会化的特点，就不能不注意到这一方面的情况。

人是一个易受他人和群体影响的高级智能动物，尽管他们本身具有极强的能动性和独立性，但从作为一个社会中人一开始，就注定了受周围的人的影响的历史命运。他人对事对物对人对己的态度、情感和意志行为，都可能是他认识事物、抒发情感、展示意志的模本。他人的喜怒哀乐、爱恶怨恨也许就是自己的内心体验。他人的言谈举止也许正是自己的言行的写真。俗语

---

① 《与宫崎寅藏的谈话》，见《孙中山全集》第1卷，第583页。

说：“欲知其人，但观其友。”孟子曾说：“与好人同居，如入芝兰之室，久而不闻其香；与恶人同居，如入鲍鱼之肆，久而不闻其臭""近朱者赤，近墨者黑"，显然就暗示了人受他人影响这种现象的存在。跟什么人就学什么道，这是必然的，"出淤泥而不染"者在历史上毕竟并不多见。马克思说："一个人的发展取决于和他直接或间接进行交往的其他一切人的发展；彼此发生关系的个人的世世代代是相互联系的，后代的肉体存在是由他们的前代决定的，后代继承着前代积累起来的生产力和交往形式，这就决定了他们这一代的相互关系。"① 显然，马克思比我们看得更透彻更深远一些，因为在他看来，个体的发展不仅取决于他所交往的一切人的发展，而且还与他们的先辈和先辈们创造的文化遗产有密切的联系。先辈们创造的文化遗产尤其是精神文化遗产世代相传，影响着后人，即所谓的死人拖着活人，活人受死人控制着。鲁迅先生曾风趣地说："试到中央公园去，大概总可以遇见祖母带着她孙女儿在玩的。这位祖母的模样，预示着那娃儿的将来，所以倘有谁要预知令夫人后日的丰姿，也只要看丈母。不同是当然要有些不同的，但总归相去不远，我们查帐（指历史——笔者注）的用处就在此。"②

诚然，单个的人受死去的人的影响我们没有必要讲得太多，毕竟这是一个老大不小的问题，人们谈论得也实在太多了。在这里我们感兴趣的主要是孙中山交往和接触的群伦，因为，一方面，我们可以从孙中山接触的这些人中了解到孙中山受其影响的层面和程度；另一方面，我们也可以从对这些人的了解与认识中更进一步地深化对孙中山的认识。

（一）交往关系的价值取向

孙中山一生有许多共患难的知己、志同道合的同志、礼尚往来的故旧、精明强干的助手、冲锋陷阵的战友，"他和他抛诸身后的所有事物保持着联系：广东的农村、海外华侨、香港和澳门、地下秘密会党、英国和美国，基督教传教士，以及日本的浪人会社和政治上的反对派"③，所有这些，构成了孙中山从事革命活动所不可缺少的错综复杂的人际关系网络，使孙中山有足够的力量和舞台去实施他的远大的救国救民理想。可以说，没有来自各方面的支持和鼓励，孙中山不可能在反清斗争和民主革命中如鱼得水，更不可能将他的主义和主张付诸实施。同时，这些与孙中山交往的人群，从孙中山

---

① 《马克思恩格斯全集》第 3 卷，中央编译局 2002 年版，第 515 页。
② 《这个和那个》，见鲁迅《华盖集》，译林出版社 2013 年版。
③ [美] 韦慕廷：《孙中山——壮志未酬的爱国者》，杨慎之译，中山大学出版社 1986 年版，第 9 页。

这里也不断地受到启发和鼓舞,从而更积极地支持、理解和参与孙中山所奋斗的事业。这些在思想言论和革命行动上大力支持孙中山的群伦围绕在孙中山的身边,形成众星捧月之势,孙中山的名字才如此引人注目,其奋斗的事业才如此如日中天。不过,孙中山事业的成功固然与大众的支持和参与有关,但孙中山人际交往的价值取向的自身特征又常常影响了孙中山事业成功的水平。检视孙中山的交往之道和他的人际关系网络的构成与演变,显然很有启发意义。

孙中山人际交往关系的价值取向之一,表现为地缘价值取向。

孙中山一生固然有千千万万的追随者和同情者、支持者和拥护者,他在活动过程中,为了他的革命斗争的实际需要常常变换着交往的对象,但在其一生中关系最密切、相处最愉快、共事时间最长的同志、朋友、助手当中,以广东籍人士为最多。① 注重老乡关系和利用广东老乡关系来从事革命实践活动,似乎是孙中山革命活动和人际交往的一个较明显的特征。求学期间,孙中山不仅结交了陈少白、尤列、杨鹤龄、郑士良、陆皓东、杨心如、魏友琴、程璧光、程奎光等同乡、同学好友,还与何启、郑观应、郑藻如、胡礼垣等广东籍或香山同乡、前辈名人建立了一定的联系。兴中会时期,孙中山虽然与外界有了较多的联系,交往对象也有所扩大,同志朋友当中也有一些外省籍贯的,但从总体上看,广东人在孙中山的社交圈子里仍然是人头攒动,占有绝对优势。兴中会成立时的会员几乎都是广东同乡。据有人分析,在预定的军事政变(1895年广州起义)前夕,在这个组织(兴中会)中注册的会员只有153名。② 这些人中,在夏威夷入会的有112名,在横滨入会的1名,在香港入会的11名,在广东地区入会的29名。他们全是广东人,其中差不多有半数(73名)是孙中山的同乡,只有两个人除外,即老家原在福建的杨衢云和一个在广东当兵的湖南人。友谊和乡谊显然是比思想更重要地把这些人团结在一起的因素,特别是在夏威夷。③ 即使是经过了1900年的义和团运动和1903年的中国社会大动荡,孙中山周游各国之后,兴中会在同盟会成立前,总会员约268人,其中广东籍257人,而香山籍就有

---

① 参见拙作《论孙中山的乡土观念》一文,载《中山大学学报(哲学社会科学版)》1994年第1期。

② 参见吴伦霓霞《兴中会前期(1894—1900)孙中山革命运动与香港关系》一文的人物表,见《孙中山和他的时代——孙中山研究国际学术讨论会文集》中册,中华书局1989年版,第905~906页。

③ [美]史扶邻:《孙中山与中国革命的起源》,丘权政、符致兴译,中国社会科学出版社1981年版,第47页。

98 人，这里面还不包括籍贯不详者。① 难怪有学者说："结果，兴中会给人一种印象，它不像一个建立在广泛的政治运动基础之上的、具有长远计划的组织，而是像一个为了眼前目标而临时凑合起来的地区性的密谋集团。"② 上书李鸿章，孙中山借助郑观应等老乡的有力支持；广州起义，他对同乡士绅刘学询就过分倚重；海外流浪，身处清政府爪牙监视和缉捕的环境中，他所想接触的还是广东同乡。在日本、东南亚和美洲等地区，孙中山仍然是在老乡圈子里寻找支持者和同情者。

从同盟会成立到第一次国共合作，孙中山交往的对象虽然越来越复杂多变，但大致说来仍以广东籍人员为主，尤其是在他组织的历次政治团体的核心层次中，广东同乡占了绝对的优势，孙中山也一直信任和争取他们。同盟会时期，孙中山的人际关系网络显得较兴中会时期复杂一些，兴中会成员中，除孙中山为总理外，同盟会干部中只有职务不太重要、影响不太大的冯自由，兴中会员加入同盟会的不过十几人。但正如人们所熟知的那样，这时，广东尤其是广州的革命化的知识分子如胡汉民、汪精卫、朱执信、廖仲恺夫妇、古应芬、胡毅生等补充了孙中山所领导队伍的力量，也成了孙中山的亲信和得力助手。在辛亥革命以后，孙中山的人际关系如一团乱麻，很难理清头绪。在他的交往圈中，既有"新派人物"，又有"旧学之人"；既有激进的革命者和社会改革者，又有保守的中和派和清朝遗老旧臣；既有孤悬海外心系神州的世界各地的华侨，也有关心中国革命和建设、支持或同情中国革命、支持孙中山主张的国际友人；既有党内同志，又有党外人士。对于孙中山来说，广交朋友、团结多数、争取更多的人服务和同情他的事业是革命和建设过程中所不可缺少的因素，但是在实际行动和社会交往过程中，孙中山感情的天平常常不自觉地倾向于同乡邻里这一边。尽管广东老乡们有一些人不能理解孙中山革命和建设的苦衷，对他颇有微词，有的公然背叛了他，甚至要取他的性命，但大多数广东人仍以有孙中山这样一位英雄和伟人而自豪，并积极追随和拥护他。孙中山也总是对老乡有着格外的宽容和亲情，他信任他们，理解他们，更需要他们。事实上，在孙中山晚年，紧随其左右、始终支持他的仍然是他的广东同乡，如廖仲恺夫妇、胡汉民、汪精卫、朱执信、吴铁城、陈炯明、邓泽如、冯自由、邓荫南、宋庆龄等人，在辛亥革命后历次大的政治活动中，他们大都成了孙中山领导核心中的中坚力

---

① 冯自由：《革命逸史》四集，中华书局1987年版，第24～26页。
② ［美］史扶邻：《孙中山与中国革命的起源》，丘权政、符致兴译，中国社会科学出版社1981年版，第47页。

量和骨干分子。① 与这些广东老乡的频繁交往，既增加了乡情亲谊和革命与建设的力量，又加重了孙中山性格、思想和行动中岭南文化的厚度。地缘价值取向的人际关系无疑是孙中山人际交往的一大特色。

孙中山人际交往关系的价值取向之二，表现为革命和建设的现实价值取向。

孙中山是一个务实的人，从他的人际交往上也能看出这一点。他一生中结交了不少海内外各种各样的人物，但是对于矢志革命和建设的孙中山来说，交朋结友、呼朋引伴、招贤纳才，都是为了有利于革命反清和改革中国社会不良现象，显示出较强烈的实用主义和现实主义倾向，这种倾向正是孙中山不断地变换交往对象和扩大交往范围的重要原因之一。早期与陈少白、尤列、杨鹤龄等人的交往，就是因为他们的言论与自己志趣相投。孙中山到晚年还对其时人与事、言与行记忆犹新。他说："每于学课余暇，皆致力于革命之鼓吹，常往来于香港、澳门之间，大放厥词，无所忌讳。时闻而附和者，在香港只陈少白、尤少纨、杨鹤龄三人，而上海归客，则陆皓东而已。若其他之交游，闻吾言者，不以为大逆不道而避之，则以为中风疯狂相视也。吾与陆、尤、杨三人常住香港，昕夕往还所谈者莫不为革命之言论，所怀者莫不为革命之思想，所研究者莫不为革命之问题。四人相依甚密。非谈革命，则无以为欢，数年如一日。故港、澳之戚友交游，皆呼予等为'四大寇'。"② 那时因"曲高和寡"，孙中山很难找到同道，不过郑士良、杨衢云等还是被吸引了过来，加入了孙中山这些"坐而论道"正准备"起而行"的行列。

孙中山"借医术为入世之媒"，通过行医与各阶层人士接触，甚至与官绅们保持经常往来。他知道，要推翻清朝政府，绝不是几个人所能完成的，必须"物色有志学生，结为团体，以任国事"。为了物色同志，孙中山可谓煞费苦心。广东水师广丙军舰管带程璧光患有胃病，找孙中山医治，孙中山见他是位海军人才，估计以后必有大用，而且又是同志程奎光的哥哥，便想方设法结识他。孙中山对程璧光说，你的病需要每天早晨到野外散步，呼吸新鲜空气，方可治愈。之后孙中山常陪程璧光到郊外散步，借谈天说地、批评时政，与程璧光结为朋友。类似这样，他又陆续结识了左斗山、魏友琴、王质甫、程耀宸等同志，初步形成了一个志同道合的带有明显"反满"倾向的人际关系网络。至于像何启、胡礼垣、郑观应、王韬、刘学询等官绅和社会名流，孙中山虽然没有与他们保持亲密的关系，但至少他们都在不同程

---

① 赵矢元主编：《孙中山和他的助手》，黑龙江人民出版社1987年版。
② 《孙中山选集》上卷，人民出版社1982年版，第169页。

度上影响甚至支持了孙中山的事业。

招贤纳士、吸收同志、不断地为革命队伍输送新的力量,无疑是孙中山交往的目的。① 广州起义和惠州起义失败后,孙中山就意识到革命事业的完成需要更多的海内外人士的支持,需要寻找新的力量作为革命的奥援。伦敦蒙难脱险后,他致信友人说:"伦敦脱险后,则暂留欧洲,以实行考察其政治风俗、并结交其朝野贤豪。"② 在英国,孙中山不仅与康德黎、孟森等人再叙情谊,而且结识了英国朝野人士,如道格拉斯、戴维德、李提摩太、摩根等,接触过俄国政治流亡者,如伏库浮斯基、克雷格斯等,并与日本学人南方熊楠结下了深情厚谊。这些人都在不同程度上宣传、支持孙中山的主张,摩根甚至积极地参加了孙中山组织的许多次革命活动。在日本,孙中山不仅适时地向当地广东籍华侨们宣传反清主张,争取了他们中部分人的同情与支持,③ 而且还认识了不少日本朝野人士。孙中山曾回忆说:"抵日本后,其民党领袖犬养毅遣宫崎寅藏、平山周二人来横滨欢迎,乃引至东京相会。一见如故,抵掌谈天下大事,甚痛快也。时日本民党初握政权,大隈为外相,犬养为之运筹,能左右之。后由犬养介绍,曾一见大隈、大石、尾崎等。此为予与日本政界人物交际之始也。随而识副岛种臣及其在野之志士如头山满、平冈、秋山、中野、铃木等,后又识安川、犬塚、久原等。各志士之对于中国革命事业,先后多有资助,尤以久原、犬塚为最。其为革命奔走始终不懈者,则有山田兄弟、宫崎兄弟、菊池、萱野等。其为革命尽力者,则有副岛、寺尾两博士。"④

尽管这些日本朝野人士支持和帮助孙中山的革命事业有不同的动机与目的,但他们受孙中山思想言论、性格和人品等的感染而动了"恻隐之心",为孙中山的事业出谋划策和提供多方面的支持,亦是很明显的。宫崎滔天与孙中山第一次见面,本有些许陈见,但听了孙中山言简意赅、句句贯义理、语语挟风雷、热情洋溢和充满自信的谈话后,即释前嫌,感叹地说:"孙逸仙实在接近真纯的境地。他的思想何其高尚!他的见识何其卓越!他的抱负何其远大!而他的情感又何其恳切!在我国人士中,像他这样的人究竟能有几人?他实在是东洋的珍宝。"⑤ 为了使自己的事业和亲身经历能为世人理

---

① [美]史扶邻:《孙中山与中国革命的起源》,丘权政、符致兴译,中国社会科学出版社1981年版,第十二章"建立同盟会"。
② 《孙中山全集》第6卷,中华书局1985年版,第232页。
③ 李联海、马庆忠:《一代天骄——孙中山传记》(上),重庆出版社1986年版,第111页。
④ 《孙中山全集》第6卷,中华书局1985年版,第232~233页。
⑤ [日]宫崎滔天:《三十三年之梦》,佚名初译,林启彦改译、注释,花城出版社、生活·读书·新知三联书店香港分店联合出版1981年版,第124页。

解，赢得更多人士的支持，孙中山很有远见地拜访了日本作家池亨吉，对自己的理想、主张和所从事的事业原原本本地作了介绍，希望他能亲身参加中国当时正在进行的革命活动，然后写成书公布于世。他对池亨吉说："当年的洪秀全起义，曾得了一个大逆不道的长发贼的污名。但后来，幸好有一位英国人伶俐，以他非凡的侠骨，将目睹的事实著成珍贵无比的诗书，如实地将洪秀全他们的人格、理想阐明；反过来，又将镇压他们的戈登将军及英国政府的野蛮行径给以痛斥。任何人读了他的《太平天国革命史》，都无不怆然泪下。洪秀全等豪杰，实赖这本书为他们辩护，才摆脱了逆贼的污名，作为庄重的革命者而为后世所悼念。我期望您现在能以日本的伶俐自任，更期望您将世人所有误解的地方，为我们革命志士阐明，并广泛宣传他们值得赞颂的地方。"① "精诚所至，金石为开"。这种为了革命的事业而不惜花费精力、时间和热情去多方面地争取、联络人才的精神，不知感动和激发了多少有志之士和血肉之躯。海内外无数关心中国革命和建设的智者、仁者、勇者也为这位忠诚的爱国者所信奉的主义和方针不惜牺牲自己的一切。孙中山正是有了他们的理解、同情和支持，才能从困境中站起来，不断地奋勇前行。

毋庸讳言，孙中山这种在人际关系方面略带实用主义的革命和建设价值取向，也因为环境和具体条件等方面的因素的限制，影响了孙中山的事业和奋斗。革命务实的人际关系价值取向，使孙中山有时为了达到目的而不择手段，有时放弃了原则，模糊了阶级界线，分不清敌友，有时甚至对同志间的相互误解不能冰释，不但没有达到有利于革命的目的，反而常因轻信对方而被人利用，使革命中途受挫。广州起义时想利用刘学询的关系，惠州起义时又相信李鸿章、刘学询等人的真诚，伦敦蒙难也是因为轻信了老乡邓廷铿的谎言，南北议和又因害怕内乱和功败垂成而不惜对袁世凯妥协退让，并轻易地将政权移交给袁世凯。为了应付国内的政治斗争的困境，他有时不惜与外国政府周旋，甚至转让利权；为了反对一个军阀又主动地去与另一个军阀联系；为了坚持己见，实施自己的计划，常常不顾同志们的意见和情绪，一意孤行。理智与激情都达到极点的时候，就没有理智可言。革命务实、注重实用的人际交往价值取向，固然使孙中山适时地抓住了机会，捕捉了战机、赢得了解决具体问题的财力、物力、人力等方面的支持，但这种人际关系价值取向又最终困扰着孙中山，影响了孙中山的事业和理想的实现。

（二）关系效应

人际交往过程既生动具体又丰富繁杂，因为交往者既是交往主体又是客

---

① 李联海、马庆忠：《一代天骄——孙中山传记》（上），重庆出版社1986年版，第238页。

体。虽然孙中山主动自觉、有意识地根据目的选择交往的对象、影响交往对象,但是又常常被他人所选择牵引。尽管交往者按自己的意愿编织着自己的人际关系网,从而使其服务于自己的目的,有利于自己的行动,然而正是这一网络影响、限制或改变了主体的思想、行动。从这个意义上讲,人际交往是一个互动的过程,谁影响谁、谁牵制谁和谁改变谁,都很难作出绝对的判定。我们这里仅就孙中山在交往过程中所受到的影响这一层进行分析,以便能进一步了解孙中山与岭南文化之间的关系。

一个人的成长与他周围的以及他交往的人总有一定的联系,孙中山之所以成为一位改变中国现状的杰出人物,同样离不开与他交往的人。正如一位当代西方政治家所说:领袖人物是一团热情的火,但如果没有助手,在他身后只能留下灰烬。关于这一点我们从孙中山生平事迹中就能找到足够的证据。

还不太开放的乡村文化和较为闭塞的交通,决定了童年孙中山的视野和交际圈。他熟悉的是左邻右舍的乡亲戚友、同学、伙伴,偶尔也能从出洋打工谋生、返回家乡的亲友们那里探听一些零星散乱的关于外国的新闻,但稍纵即逝。

在檀香山和港澳求学期间,孙中山的眼界开阔了许多,认识的人也变得复杂起来,可是新朋旧友之中真正谈得来的寥寥无几。"四大寇"和抗风轩里常聚的朋友们无疑给了孙中山莫大的鼓舞和启发。如果说与"四大寇"中的三位朋友相交激发了孙中山反清革命的热情的话,那么与郑士良、陆皓东等的交往则使孙中山从"言论的时期"到"行动的年代"的转变成为可能。正如有人所指出的那样:"一个在医校新结识的人,他的同学郑士良和他一样具有强烈的反满情绪,这个人注定要在孙中山的政治活动中扮演重要的角色。郑士良是广东客家人,对当地的绿林和遍布华南的会党三合会很感兴趣。……他和孙中山成了忠实的朋友。就是通过郑士良,孙中山才认识到会党中蕴藏着反满的潜力。"[①] 孙中山自己称:"当予肄业于广州博济医学校也,于同学中物识有郑士良号弼匝者,其为人豪侠尚义,广交游,所结纳皆江湖之士,同学中无有类之者。予一见则奇之,稍与相习,则与之谈革命。士良一闻而悦服,并告以彼曾投入会党,如他日有事,彼可为我,致会党以听指挥云。"[②] 并明确指出:"于是赖以得知中国向来秘密结社者之内容,大得为予实行参考之资料。然予由谈论时代入于实行时代之动机,则受郑君所

---

① [美]史扶邻:《孙中山与中国革命的起源》,丘权政、符致兴译,中国社会科学出版社1981年版,第17页。

② 《孙中山全集》第6卷,中华书局1985年版,第229页。

赐者甚多也。"①

在求学和行医期间，与郑观应、何启、郑藻如、伍廷芳、区凤墀等人的交往，使孙中山的思想境界和认识水平都得到了极大的提高。何启博士是个精通西学的人，又是一个主张改革的爱国忧时之士，在香港社会是很有影响力的人物，他对孙中山的影响是很特别的。陈锡祺教授对此有过较精辟的论述，他说："何启是西医书院的创办人，学校的名誉秘书，并任法医学和生理学教师。孙中山进入西医书院时，正是何启为改革大声疾呼的时候。西医书院规模不大，师生之间易于交往，孙中山既有志于改造中国，醉心西学，关心时势，景慕何启，那是很自然的事。事实上何启对孙中山也发生了影响，他关于主权在民的论说，对孙中山民主革命思想的形成，起了一定的启蒙作用。在何启影响下，孙中山在大学时已喜欢写文章，发表改革和救国的言论。孙中山早年上书的一些改革主张，就和何启的某些主张颇为近似。何启后来对孙中山的革命活动抱同情和支持的态度，与大学时代的这段交往也有关系。"②

如果说何启作为西医书院的创办人和教师，以及香港的"华人领袖"，其地位之高，使孙中山不可能与他深交的话，那么年长孙中山24岁、当过洋买办的郑观应与孙中山的交往就密切得多。一来郑观应与孙中山是同乡，又有同乡好友陆皓东的介绍，交往自然频繁。二来郑观应与孙中山都有西学的根底，郑做过买办、熟谙洋务，对西学有一些切身的体会与了解，孙中山则在西式学校里浸润许多年，对西学有了足够的认识；同时，他们都具有爱国思想和感时忧国的心情。对于郑观应来讲，孙中山无疑是同乡后进，提携和奖掖后进是他应尽的义务，而且孙中山也是颇有作为的青年，所以郑观应乐于与他交往，并不时地给予帮助和指导。1894年孙中山北上天津上书李鸿章，郑观应就曾热情地写信给李身边的盛宣怀，为孙中山作介绍。从他致盛宣怀的信中可以看出他的那份心情："敝邑有孙逸仙者，少年英俊，曩在香港考取英国医士，留心西学，有志农桑生植之要求，欲游历法国讲求养蚕之法，及游西北省履勘荒旷之区，招人开垦，免致华工受困于外洋，其志不可谓不高，其说亦颇切近，而非若狂士之大言欺世者比。兹欲北游津门，上书傅相，一白其胸中之素蕴，弟特以尺函为其介，俾叩谒台端。"并称："孙逸仙医生拟自备斧资，先游泰西各国，学习农务，艺成而后返中国，与同志集资设书院教人，并拟游历新疆、琼州、台湾，招人开垦，嘱弟恳我公代求傅相，转请总署给予游历泰西各国护照一纸，俾到外国向该国外部发给

---

① 《孙中山全集》第1卷，中华书局1981年版，第584页。
② 陈锡祺：《孙中山与辛亥革命论集》（增订本），中山大学出版社1992年版，第57页。

游学执照，以利遄行。"① 字里行间不难看出郑观应对这位同乡后进的关怀、赏识和期望之情。孙中山在与这位平易近人的前辈的交往和讨论过程中获益匪浅。郑观应的知遇之恩对孙中山来说不啻是一帖大补剂，他当时关心改良农业、培养人才等思想的形成与郑观应的影响就分不开。

至于与同乡郑藻如的关系，或许由于年龄、地位、思想诸方面的原因而使孙中山敬而远之，但郑藻如退职在家乡香山"兴蚕桑之利，除鸦片之害"的言行和过去对华侨利益的保护，都可能使孙中山心向往之。②《上郑藻如书》从侧面既反映了孙中山对郑的了解与敬重，也说明孙中山只能借"上书"来心交神交。不过，同乡前辈的业绩和名望以及言论对孙中山肯定有着特殊的潜在影响。

孙中山在青年时代与何启、郑观应等的交往，可谓受惠良多。陈锡祺先生曾有高见，他说："何启、郑观应等早期改良派的代表人物，主张政治上效法西方，进行根本改革，主张向西方国家学习先进的科学技术，使中国摆脱贫穷落后状态，这对青年时代的孙中山是起了积极影响的。何启等人所介绍和发挥的一些西方资产阶级政治理论，无疑对孙中山起了一定的启蒙作用，有助于孙中山日后民主革命思想的形成。当然，何启、郑观应等又是思想和经历都比较复杂的人物，孙中山青年时代向一些洋务派人物上书，希望通过这些人物实行改革，虽然这是他自己的一种主观愿望，但其中也有何启、郑观应等人影响的因素。何启后来对孙中山的革命运动表示支持，但所出的主意又带有浓厚的向帝国主义妥协及改良的色彩，如在1900年准备接受港英当局帮助，与李鸿章合作图谋广东独立，很大程度是何启活动的结果。尽管这种计划并不能代表孙中山的思想，但孙中山对这个计划是同意的，这与孙、何原来的交往也有关系。所以不能否认，孙中山在大学时代与改良主义者的交往，也是有消极的一面的。"③

兴中会和同盟会时期，孙中山在这两段时期的交往活动反映了他开拓进取的强烈愿望。他在与各方面人物的交往中开阔了视野，增进了学识，孕育了思想，陶冶了情操，壮大了革命力量，最终跳出了祖祖辈辈无法跳出的窠臼，成了新时代的弄潮儿。而且通过社交活动，孙中山开始树立了团结多数人才干事业的思想，懂得了如何团结一切可以团结的力量、动员一切可以动员的人参加到革命和建设的行列中来的重要性。例如，通过郑士良认识和了解了三合会等民间秘密组织的性质特征，学会了如何发动、改造和利用他们

---

① 陈锡祺主编：《孙中山年谱长编》（上），中华书局1991年版，第72页。
② 参见颜清皇《出国华工与清朝官员》，中国友谊出版公司1990年版。
③ 陈锡祺：《孙中山与辛亥革命论集》（增订本），中山大学出版社1992年版，第59~60页。

参加反清革命活动；借助黄兴、宋教仁、胡汉民、汪精卫、廖仲恺等青年学生的各种关系，孙中山开始注重对知识分子的发动、宣传和组织工作，使一大批爱国知识分子云集在三民主义大旗之下；利用自己哥哥的华侨身份和同乡名分，孙中山成功地争取和说服了海外侨胞们出钱出力、攘助革命和建设；灵活而不失原则地争取了东西方一些对中国革命抱不同动机的国家和人民的程度不等的支持和帮助。在外交和革命的具体行动上，孙中山可谓胸怀博大，海纳百川。在他的交际圈中既有宣传鼓动的干将，如汪精卫、胡汉民、朱执信、陈天华、邹容、章太炎等，又有百折不挠、务实进取、富有组织领导才能的人，如黄兴、宋教仁、廖仲恺等，又有冲锋陷阵、一往无前、视死如归的战士，如史坚如、林觉民、方声洞等；既有慷慨解囊、捐资革命的海外侨胞，如孙眉、张静江、宋耀如、杨著昆等，又有一大批无名的英雄和志士间接或直接地支持着他。所以孙中山说："慷慨解囊捐资革命者，华侨之功，宣传鼓动，学界之力，冲锋陷阵，军人之功。"可以说，学者、军人、学生、商人、会党、华侨、政府官员等，构成了孙中山的人际关系网络。

不过，在这段时期，孙中山交往密切、十分信任的人当中，仍然以广东籍人士为最。尽管他与以黄兴为首的华兴会，以陶成章、章太炎为首的光复会和其他分支组织的同志共事多年，但彼此之间常常弹出不太和谐的音符，同盟会内几次倒孙风潮和孙中山从东京出走南洋等事件，都可以说明同志们还因各种原因而彼此间难以协调一致和和睦共处。孙中山主观上并没有太多的封建地域观念，但他与各方面人士交往的体验使他无形地感到"同乡"这种关系的分量。所以，广东同乡中的一些人，自然地成为孙中山最得力、最亲密的助手。吴稚晖就说："学生无先生不醒，先生无胡汪不盛。"1906年，萍醴浏起义失败被捕的权道涵在供词中也说孙中山的心腹之人只是广东人。除了汪、胡二人外，广东籍的其他人士和海外广东籍侨胞们，也给予孙中山各方面的支持和帮助。相对于其他地区的人来说，广东人对孙中山的热情显而易见。孙中山也非常注重这种同乡关系，乡土观念尽管在孙中山的思想和情感上已经开始淡化，但并不是说孙中山没有丝毫的乡土观念。① 孙中山在这一时期由于各方面条件的局限，他所能选择和信任的也只能是同学同乡中的中坚分子。

辛亥革命胜利后一直到孙中山去世这段时间里，孙中山交往的人员变得更复杂了，孙中山交际圈中新旧人物更替也特别明显。在这 10 多年中，孙

---

① 参见拙作《论孙中山的乡土观念》一文，载《中山大学学报（哲学社会科学版）》"孙中山研究专辑" 1994 年第 1 期。

中山经历了不知多少风风雨雨、分分合合的场面，但由于种种原因，孙中山没能很好地团结更多的人来坚持革命、实施三民主义和他的建国方略。老朋友黄兴因孙中山意气用事、不听劝告走向极端而远走美国。旧时追随孙中山的一些朋友和战友们在二次革命后的多次政治风潮之后，变节的、唱反调的、不合作的或自立门户的不乏其人。孙中山宴席上的坐客不太多了，他最信得过的广东籍同乡中也有人对他失去了往日的热情。汪精卫去了南洋，朱执信一度负气脱离了孙中山的怀抱。胡汉民、廖仲恺等人虽然还是跟随孙中山，但仍有保留意见。尽管陈其美、居正、张静江、戴季陶等在当时与孙中山保持了情谊，成了孙中山一时的助手，可是在孙中山心目中，总没有与广东籍同乡们相处得自然融洽、没有太多的沟通障碍。所以，待胡汉民、汪精卫、廖仲恺、朱执信、陈炯明等人回来后，孙中山又情不自禁地把他们视为自己的心腹和左右手。这种关系一直持续到孙中山去世。所以谭人凤曾不平地说："其用人也，光复以前，视为心腹者，仅胡汉民、汪精卫、黄克强三人，既失败而后，藉为手足者，又仅陈英士、居觉生、田梓琴、廖仲恺辈，而不能广揽人才；其办党也，又以个人为单位，……"① 研究孙中山与其助手关系的赵矢元教授也颇有体会地说：助手们看孙中山，他具有别人很难具备的特点：第一，他是伟大的革命先行者，是公认的"革命之初祖"、"实行革命之北辰"；第二，他为救中国改造中国，贡献了思想、理论、纲领、策略，从思想上武装了不止一代人；第三，他是一团热情的火，意志坚强，百折不挠，充满乐观自信的品格；第四，他"顺乎世界之潮流，适乎人群之需要"，不断探索前进，助手们有"山顶"与"山腰"之感是有道理的。②

但是，在人际关系中，孙中山并不是完全的受惠者，他常常受到所交往的人这样或那样的牵制和影响。过多地与同学同乡进行交往，整天都用同种方言进行交谈，吃的、穿的、喝的、行动、言论等方面自然受其影响和熏染，岭南文化也自然而然地被孙中山所接受，并纳入了自己的思维和行动之中。也由于广东同乡对孙中山的热情支持，使孙中山从实际活动中体验到同乡那层特殊关系的重要性。所以，无论是在早期革命活动还是在晚期革命活动，无论是在国内还是在国外，孙中山常常把同乡这种关系作为交游寻友的媒介。这样的结果会是怎样呢？事实上是使他自始至终都没有摆脱岭南人和岭南文化的影响。一般地，人们过多地相信孙中山的西化倾向，以为孙中山是一个超越时代、超越地域、超越历史的杰出人物，可

---

① 《石叟牌词》，参见《谭人凤集》，湖南人民出版社 1985 年版，第 352 页。
② 参见赵矢元主编《孙中山和他的助手》，黑龙江人民出版社 1987 年版，第 11～12 页。

是孙中山毕竟是从翠亨村这个狭小的落后农村成长起来的，一生之中所接触、认识和交往的人也大多是同乡同学，耳濡目染、感受最多最深的也必然是岭南文化。因此，从人际交往角度可以看出，孙中山的社交圈子虽然随着革命的需要而不断扩大，但真正相知相识、值得信任的还是广东同乡。"亲不亲，家乡人；美不美，家乡水""老乡见老乡，双眼泪汪汪"，这一传统中国人重乡情乡谊的乡土观念，在孙中山的身上也没有彻底淡漠和消失。这种心理倾向影响了他的人际关系的建立。反过来，他所建立的人际关系网又使他始终不能摆脱岭南文化的影响。

四、活动圈：孙中山与岭南文化圈

孙中山是一个很特别的人，他不仅对同学同乡有着某种深情厚爱，在社交场合处处体现了这种心理倾向，而且在活动和革命实践的过程中，他也与其他人一样对本乡本土和受岭南文化影响明显的地区有着特殊的感情。他一生周游多地，在檀香山、日本、香港、澳门、东南亚和美国等地生活学习和居住过，可是他最钟情的地区仍然是海外粤人聚居区和广东地区。孙中山对生活舞台和革命活动场地的选择，多少反映了他的乡土情结，具体考察这一点也许很有趣和引人深思。

关于孙中山生活活动的地区，人们向来就特别注重时空方面的观察分析。有人撰文称：孙中山"作为中国革命的领袖，除了生与死，他只有1878年以前的少儿时代、1911—1913年和1916—1925年相对稳定地生活于中国大陆。即使不计入历次旅途中漂洋过海耗费的漫漫时光，他竟也有31年，即一半以上的生命是在异国他乡度过的，其间包括至关重要的青少年教育时期、革命思想形成期和三民主义理论成熟期。以地域分，亚洲21年零10个月（其中香港8年零9个月，澳门5个月，日本7年零10个月，南洋3年零10个月），美洲9年零1个月（其中檀香山7年，美国大陆近2年，加拿大3个月），欧洲1年零10个月（到过英、法、德、比等国），先后在14个国家和地区旅行、活动和生活过，这一经历对孙中山的思想、感情和行动产生了深刻影响。尽管其思想、性格的形成发展直接间接地与他对中国国情的感受了解以及传统文化的浸淫影响有着密切关系，但毕竟只有晚年的转变才发生于大陆本土"[①]。这种分析和看法表面看来不无道理，但问题是孙中山在这些地区接触的社会和人群是属于哪一种文化圈。我们知道，在海

[①] 桑兵：《试论孙中山的国际观与亚洲观》，载《孙中山研究论丛》（2），《中山大学学报（哲学社会科学版）》，第89页。

外，无论是日本、檀香山、美国大陆、加拿大还是南洋等地，孙中山的活动地点都是华侨聚居区，而华侨主要是广东籍。

在海外流亡的岁月，孙中山每到一地，就很自然地寻找当地华侨尤其是同乡，希望得到他们的支持和帮助。如在日本，孙中山就首先注意对当地华侨进行宣传鼓动。冯自由在谈到横滨兴中会成立时讲："横滨华侨在甲午（1894）年冬12月，孙总理自檀岛返香港过境时已发生关系。盖总理于船泊横滨期间，曾在舟中向归国侨胞演讲逐满救国，为该埠售物行商陈清所闻，陈以报告侨商冯镜如、冯紫珊、谭有发等，镜如为横滨文经印刷店主人，生平行侠好义热心爱国愤清政不纲，……三人皆以笃信新学见称，闻陈清言船上有高谈反清复汉之异人，奇之，亟派陈重登该轮邀请总理登陆商谈国事。总理谓此船开行在即，不便登陆，授陈以兴中会章程及讨满檄文一大束，令转交冯等照章设立分会，且谓广州不日起义，陈若有意参加，可到香港投效等语。……（乙未九月广州之役）……是役既败，总理偕陈少白、郑士良二人亡命至横滨，首访镜如于山下町五十三番地文经印刷店，文经为经营外国文具及印刷事业之老商号，冯氏开设三十余年，在侨商中藉藉有名。既相见，欢若平生，即请总理三人下榻于店中二楼，并邀紫珊、谭有发、梁达卿、黎炳桓（焕墀）、赵明乐、赵峄琴、温遇贵等十余人在文经二楼会商组织兴中会事。半月后，……继续加入者有温芬（炳臣）、郑晓初、陈才、陈和、黄焯文、黎简卿、陈桂云、冯懋龙（后易名自由）等十余人，以懋龙年龄为最少，时仅十四岁耳。"①

在越南，孙中山亦是如此。冯自由在《革命逸史》中写道："壬寅年（民国前十年）秋冬间，总理因与越南总督韬美有约，遂借参观是年大博览会之机会，遄赴河内访之。……总理居河内数月……有广东新宁人黄隆生者，在河内保罗巴脱街二十号开设隆生洋服店多年，……隆生热心爱国，喜读香港《中国日报》，逢人必骂满洲政府种种腐败。一日总理入其店购取饰物，偶与攀谈，欢若平生。旋知为革命党首领孙某，则大为倾倒，坚守订盟，且次第介绍同志杨寿、彭罗铮、曾克齐、甄璧、甄吉延、张奂池等入党，是为越南创立兴中会之嚆矢。"② 在南洋其他地方，孙中山也主要在广东籍华侨当中活动。③ 在美洲，孙中山主要依靠同乡们的支持与赞助，才得以与保皇派一决雌雄，争取了大批华侨在人力和物力等方面的支持。即使在

---

① 冯自由：《革命逸史》四集，中华书局1987年版，第14～15页。
② 冯自由：《革命逸史》四集，中华书局1987年版，第17～18页。
③ 参见亿智源、胡波《孙中山与南洋华侨》，见《岭南文史》1992年第1期或《"孙中山与亚洲"国际学术讨论会文集》，中山大学出版社1994年版。

西欧，孙中山也不忘寻找老乡，以便开展革命活动。

因此，具体情况要具体分析，不能单从时间上来衡量孙中山是受哪种文化影响较深的人。事实上，孙中山是一个受多种文化影响的边际文化人，他不属于任何一种文化，但又属于任何一种文化，在他身上，欧美近代文化、日本文化和儒家文化以及岭南文化等影响的痕迹都能找到。

至于广东地区，更不用说，它是岭南文化孕育生成的摇篮。即使是港澳两地，在近代欧风美雨的洗礼下稍有西化的倾向，然而岭南文化影响仍遍及这些地区的每一个角落。经济学家郑德良说：香港是中国清政府在无法抵御来自西方殖民主义资本主义严重挑战的特殊历史条件下，从古代中国沿袭下来的亚细亚社会中分离出来的一个小型的华人社会。这里背靠中国内地而又不受内地中央皇朝的直接统治。从文化的传统角度来看，首先，香港是直接从儒家文化母体中分离出来的一个附属地区。从这点来看，儒家文化在香港扩散的历史同在日本和东南亚地区扩散都有很大的不同。其次，我们还看到，儒家文化在香港是伴随着内地移民的逐步增加和九龙、新界地区的扩张而逐渐繁衍的。再次，在香港早期历史上由于种种原因，一批流入香港的内地知识分子，包括过境上京应试的儒生文士和一些早期接受西方文化教育的知识分子，如伍廷芳、黄胜、王韬等人，在沟通中西文化方面发挥了重要作用。因此，香港沦于殖民统治之下后，一批直接来自伦敦的高官要员，和一批来自中国内地和东南亚地区的港府官员中，逐渐出现了一批熟悉华人社会的专门人才，有的更与华人妇女成婚，华洋之间的文化沟通随着商务和社会事物的日渐增多而渐渐趋于融合，形成香港别具一格的香港华人文化。[①] 显然，郑德良已经指出了香港华人文化与内地文化之间的内在联系和区别，但严格说来，港澳文化应理解为主要是岭南文化，因为香港华人社会在语言、习俗、民风、生活方式乃至思维方式、价值观念上与岭南人没有多大的差别。事实上，香港只是岭南地区的一部分，那里仍然是岭南人的社会。在孙中山生活的年代，港澳地区的文化氛围无疑是岭南文化式的。所以，从这点上看，孙中山与岭南文化有着密切的联系。

就孙中山主观认识上讲，他对广东地区作为革命基地和突破口曾给予了高度重视。

还在1900年惠州起义时，孙中山就有以南方广东作为根据地和突破口的意向。日本外交文书中就有记载："目前，北京风云不稳，乃应十分注意的时机。若清国政府丧失实力，其时即我应站出来的大好时机，深感今日之

---

① 郑德良：《香港经济发展与文化——并论对内地的影响》，中山大学出版社1989年版，第18～19页。

状况最值得注意……我们最终的目的是计划与中国南方人民割中华帝国之一部,建立一共和国的政权。"① 孙中山在与新加坡的英国官员谈话时也说:"我们打算推翻北京政府。首先,在华南建立一个独立政府。我们的行动不会引起大乱,而没有这个行动,中国将无改造之道。"② 在给犬养毅的信中孙中山更明确地说:"清朝虽颓,犹俨然一帝国;北地虽糜烂,而南部尚金汤无缺……广州即得,则长江以南为吾人囊中之物也。"③ 因此,重南弃北的战略决策随之出台。

兴中会成立时,孙中山拟定了广东作为发动武装起义的突破口,希望占得广东一隅然后北上推翻清政府,统一中国。他在1897年与宫崎寅藏笔谈时说:"盖以弟意所知者,今日有志者到处皆是,惟不敢言矣。是以吾辈不忧无同志,只恐不能发一起点而矣。有一起点,即如置一星之火于枯木之山矣,不必虑其不焚也。"④ 并认为:"盖起事之地不拘形势,总宜速于聚众,得利于接济,决于进取。临海则进取接济均以广东为有利。惟于聚众毫无把握。盖万事仍以聚众为上着。他处形势虽好,接济虽便,而心不能舍广东者,乃因吾人所在之地也。"⑤ 在与黄兴第一次会面谈到选择起义地点时,孙中山主张从广东开始干,强调了在广东发端的诸多有利条件,黄兴就有些不耐烦地说:"你不要光讲自己的老家好不好。"⑥

1905年8月,在回答程潜如何选择革命基地的提问时,孙中山明确地表明了自己的态度。他计谟在胸,不假思索地说:"革命必须依敌我形势的变化来决定,……至于选择革命基地,则北京、武汉、南京、广州四地,或为政治中心,或为经济中心,或为交通枢纽,各有特点,而皆为战略所必争。……至于广州,则远在岭外,僻外边缘,只因其地得风气之先,人心倾向革命,攻占较易;并且港澳密迩于我更为有利。以上四处,各有千秋,只看哪里条件成熟,即可在哪里下手;不过从现时情况看来,仍以攻取广州,较易为力。"⑦ 如果没有对广东的全面认识与了解,孙中山不会对广东作为革命突破口怀有如此充分的信心。

在谈到中国的统一大半是从北而南、绝少是从南而北的历史现象时,孙

---

① 《孙中山研究论丛》(9),《中山大学学报(哲学社会科学版)》1992年,第107页。
② 《孙中山研究论丛》(9),《中山大学学报(哲学社会科学版)》1992年,第107页。
③ 《孙中山研究论丛》(9),《中山大学学报(哲学社会科学版)》1992年,第107页。
④ 《孙中山全集》第1卷,中华书局1981年版,第183页。
⑤ [日]宫崎滔天:《三十三年之梦》,佚名初译,林启彦改译、注释,花城出版社、生活·读书·新知三联书店香港分店联合出版1981年版,第274页。
⑥ 《孙中山史料专辑》,《广东文史资料》第25辑,广东人民出版社1979年版,第317页。
⑦ 陈旭麓、郝盛潮主编,王耿雄等编:《孙中山集外集》,上海人民出版社1990年版,第137页。

中山就有不同的看法，他说："这大半由于北方生活比南方困难，北人到了南方，便留恋着不愿走，北人也就愿意向南方进行。南人则适得其反，到了北方，感着生活的不安，尤其是不能耐冬天的冷，所以不能在北方久住。不过北方统一南方容易，物质上的原因，还不及心理上的原因的成份多。因为有这点物质上的原因，南人便很少敢向北方去，去的越少，越觉得南人打不到北方。其实，就最近洪杨时代，他们的兵也曾到过天津……谁说南人绝对到不了北方呢？这无非是心理作用罢了！"① 表面上，孙中山是在分析南人和北人的各自特点与气候环境作用等的关系，以及回答北人为什么比南人更容易完成国家统一大业的提问，但实际上也是孙中山对自身和广东人的潜能的积极肯定和充分自信。孙中山甚至还认为"革命事业，非粤无由策源"，把革命的希望寄托在广东和广东人身上。

在孙中山的思想意识里，似乎革命地点的选择除了广东就没有更合适的了。尽管他也曾提出只要形势于我有利，不论何地都可作为起义的突破口，但真正行动起来时，他又不知不觉地选择了广东。在广东组织的一次又一次的武装起义，或中途夭折，或功亏一篑，孙中山本可以从中总结经验、吸取教训，可他对自己的这种选择很少作过深刻的反省。相反，对武昌起义的一举成功，他却另有解释，他说："按武昌之成功，乃成于意外，其主因则在瑞澂不逃，则张彪断不走，而彼之统驭必不失，程序也不乱也。……乃此小部分以机关破坏而自危，决冒险以图功，成败在所不计，初不意一击而中也，此殆天心助汉而亡胡者欤！"② 言谈评价之中，不难看出孙中山对自己起义地点的选择，以及历次起义失败的原因的某种肯定和辩护。

就孙中山的实际行动上看，他组织的 10 次武装起义，有七八次是在广东境内发动的。当时有不少人对他这种注重在广东发展的倾向表示了不满，"孙总理只重视广东，对长江各省毫不注意。华侨捐献的基金也全部为广东方面而使用，对其他地区的活动一分钱也不给。至今，我们仍须研究其他办法"③。辛亥革命胜利后，孙中山成为名副其实的革命元勋、民国的缔造者和全国乃至世界人民崇拜或称道的英雄，其思维空间、生活空间、交往的范围、施展革命与建设才略的舞台等，都相应地扩大了。但革命胜利如昙花一现，国内政治斗争错综复杂，以及各地方军阀之间的军事冲突等严酷的现实，使孙中山再一次陷入了困境。在辛亥革命后的 10 多

---

① 陈旭麓、郝盛潮主编，王耿雄等编：《孙中山集外集》，上海人民出版社 1990 年版，第 306～307 页。
② 《孙中山选集》，人民出版社 1981 年版，第 208 页。
③ 《邹永成回忆录》，《近代史资料》1956 年第 3 期，知识产权出版社 2006 年版。

年中，孙中山又多次把广东作为他反对袁世凯、反对军阀、主张统一建国、实施三民主义的思想和"联俄、联共、扶助农工"的阵地。民国初年，孙中山曾想依靠胡汉民、廖仲恺等人在广东实行"定地价税、涨价归公"的平均地权主张，并希望把广东建成模范省。他在1912年4月《通告粤中父老昆弟书》中表示："鄙人抱三民主义，此次辞职归来，实有无穷之希望于吾粤。思以我粤为一模范省，诚以我粤之地位之财力，与夫商情之洽固，民智之开通，使移其嚣张躁妄之陋习，好勇斗狠之浇风，萃其心思才力于一途，以振兴实业，谋国富强，不出数年，知必有效……凡我同志，务宜万众一心，维持粤局，即所以保安全局，使他日民国史上，我粤得大光荣，此则鄙人所昕夕期之而馨香以祝者也。"① 这种把广东作为他的三民主义的试验基地的意识，在以后的13年中一直很强烈。1923年2月在广东各界名士欢宴会上，孙中山再一次表示："民国十二年来，革命均起于粤"。"广东富豪不少，遇乱多远避港澳，视港澳为桃源洞，以其吏治良，盗贼少，法律有保障也，余亦希望广东将来成为一桃源洞，政治改良，凡政治范围内诸大端，如教育、实业、交通等，亦从而振起之。然此非一日之事，一年之事，须群策群力，负此责任做去，自不难成为一繁华安乐之广东"。② 显而易见的是，孙中山的意图还是想使广东成为一模范省，然后推行全国。可是这也很难说在孙中山的潜意识里绝对没有一点乡土观念的成分。

注重广东，把广东始终作为革命根据地和武装起义的突破口，这一动机和行动的原因是复杂的，很难绝对化，但至少有一点是可以肯定的，即孙中山急于求成和注重实际。在孙中山看来，广东有许多有利的条件：

（1）在广东便于找到起义的基本队伍。三合会习武练操和太平天国英雄们反清斗争的事迹，在孙中山童年时代就留下了深刻的印象。③ 在学生时代，又通过郑士良等与会党有了一定的联系和进一步的了解，认识到"内地之人，其闻革命排满之言，则不以为怪者，只有会党中人耳"④，"在广地，一月之内必可集山林骠悍之徒三四十万"⑤。

（2）广东省地处清政府统治的边陲。优越的地理环境条件，既利于接济，又进可攻退可保。广东海外侨胞可以在财力、物力甚至是人力上给予支

---

① 《孙中山全集》第2卷，中华书局1982年版，第352页。
② 《孙中山全集》第7卷，中华书局1985年版，第150～151页。
③ 《孙中山年谱》，中华书局1980年版，第12页。
④ 杜元载主编：《革命文献》第67辑，台北中国国民党中央委员会党史委会1974年版，第7页。
⑤ 《孙中山全集》第1卷，中华书局1981年版，第183页。

持，这是很重要的有利条件。因为按孙中山的理解，革命需要钱，没有足够的经费是无法开展革命活动的；同时，革命还需要外交，没有外交上的支持，许多事情就难办了，这两个条件，广东都有其优势。

（3）孙中山青少年时代一直在广东学习生活，对广东地区的风俗习惯、方言俚语、人情风物、山川地理、社会心理状态，以及思想观念等均有较深入的了解，对岭南文化和岭南人也有一种特殊的感情，因此在思想观念、行为方式、语言规范等方面容易形成认同。主观上，孙中山早就把自己归入岭南人或广东人这个大的群体之中。1895年广州之役失败后，宫崎滔天建议以江苏北部海州为起义地点，孙中山却以为"在海州，则进取、接济利于广东矣，惟聚人则弟于此毫无把握，盖万端仍以聚人为第一着，故别处虽有形势，虽便接济，吾心仍不能舍广东省，则以吾人之所在也"①。

（4）在革命活动过程中，孙中山也逐渐认识到广东和广东人当中有着巨大的革命潜力。在广东和广东同乡的圈子里，孙中山似乎能游刃有余、如鱼得水，容易沟通和被信任。在不可能大张旗鼓闹革命的年代里，也只能在这似乎狭窄的地区和文化圈内活动容易有所成效，华侨同胞和广东同乡们的热情和支持已经证明了这一点。在当时特殊的历史条件和社会环境下，选择其他地区作为革命活动基地和武装起义的突破口，不是没有可能。同盟会重要人物宋教仁曾提出三种军事战略：上策为中央革命，即联络北方军队，以东三省为后援，一举而占北京，然后号令全国，"此策之最善者也"。中策在长江流域各省同时大举，设立政府，然后北伐，"此策之次者也"。下策在边隅之地，设秘密机关，于外国领地，进据边隅，以为根据，然后徐图进取之策。其地则或东三省，或云南，或两广，"此策之又次者也"。余为："上策运动稍难，下策已行之失败，且足引起干涉，酿分裂之祸，故决采用中策。实行中策之准备，于上海立总机关，并为同盟会中部总机关"。② 宋教仁的分析是颇有道理的，但在实际上是很难行得通的。同时他也带有地方主义的色彩。不过，宋教仁比孙中山较浪漫一些，孙中山在这方面就颇有几分广东人的务实进取精神。

注重广东，一方面反映了孙中山注重实际、扬长避短的灵活实用的思想方法和行动原则；另一方面也说明了孙中山思想和性格中带有浓厚的地区文化色彩。正是在心理上、感情表达和文化规范上与岭南文化有着紧密的联系和一致性，所以才在革命实践过程中自觉地进行角色认同和情感归依。若没

---

① 《孙中山全集》第1卷，中华书局1981年版，第183页。
② 徐血儿：《宋先生教仁传略》，见《宋渔父》第一集，民立报馆1913年版，第3页，又见《邹永成回忆录》第93页。

有岭南文化基因和对岭南文化深刻的认识,孙中山是不可能有深层心理上的文化依恋和角色认同的。同时,由于长时期与岭南人打交道和在岭南文化区域或海外岭南人聚居的社区活动,年深日久,孙中山身上的岭南文化成分因此也日益增多和显得分外鲜明。

第五章　潜影：岭南文化与孙中山的个性心理

一、同时代人眼中的孙中山

人的个性永远是难以索解的谜。

但人们从来就没有放弃对它的探索和猜测。且不说各相邻学科对个性所作的种种研究结论，单就心理学科而言，对个性的定义就众说纷纭。① 具体到某一个人，其性格和个性则依然是令人难以捉摸的，因为我们对每一个具体的人总是感到很难用一种语言准确地说出他的个性特征，也很难确定某一个具体的人的个性是内倾还是外倾，是多血质还是胆汁质，以及他的内心活动状态与内容。关于人的个性，林语堂在研究了苏东坡后曾发过意味深长的感慨，他说："鲜明的个性永远是一个谜。世上有一个苏东坡，却不可能有第二个。个性的定义只能满足下定义的专家。由一个多才多艺、多彩多姿人物的生平和性格中挑出一组读者喜欢的特性，这倒不难。我可以说苏东坡是一个不可救药的乐天派，一个伟大的人道主义者，一个百姓的朋友，一个大文豪，大书法家，创新的画家，造酒试验家，一个工程师，一个憎恨清教徒主义的人，一位瑜伽修行者，佛教徒，巨儒政治家，一个皇帝的秘书，酒仙，厚道的法官，一位在政治上专唱反调的人，一个月夜徘徊者，一个诗人，一个小丑。但是这还不足以道出苏东坡的全部。一提到苏东坡，中国人总是亲切而温暖地会心一笑，这个结论也许最能表现他的特征。"②

个性是复杂的系统，它的每一个部分都可能使我们陷入困惑。个性中的性格这一心理内容就常常使人如入迷宫，叹其神秘莫测、变化万千。尤其是伟人的性格，更使人感到扑朔迷离。拿破仑的傲慢，林肯的谦和，丘吉尔的豪爽，斯大林的冷漠，固然是他们性格特征的写照，但绝不是他们性格特征

---

① 高玉祥在《个性心理学》中就简单列举了近10种关于"个性"的定义，北京师范大学出版社1989年版。

② 林语堂：《苏东坡传》，宋碧云译，台北远景出版事业公司1970年版，第1～2页。

的全部。

伟人孙中山的个性同样是一个不易解开的谜。他那鲜明的性格,浪漫的气质,敏捷的思维,坚韧的毅力,深邃的思想,广博的学识,幽默的谈吐,博大的胸怀,坦诚的面容,友善的笑意,迷人的魅力,为世人所敬佩和赞叹,并深深地吸引了不少同时代的追随者,但他性格中的复杂性和矛盾性,又常常令他的追随者和后来的研究者们感到有些茫然无绪。了解孙中山个性的人说他具有吸引人的魅力和大无畏的勇气,有忠贞不贰和不屈不挠的意志;不了解孙中山个性的人,则指责他有太多的虚荣心和攫取权力的欲望,以及常常感情用事。不管是理解、赞扬孙中山,还是批评、指责孙中山,都说明孙中山的个性心理是一个多元的有机体。因此,孙中山的个性也就很自然地成为人们十分关注的问题。

在当时就有很多人曾尝试性地对孙中山的个性禀赋作过虽不算全面深刻,但却生动有趣、耐人寻味的描述。

宫崎滔天,这位可以算得上孙中山密友的日本大陆浪人,在初次见到孙中山时,对孙中山的"举止动作的轻忽,略失庄重之处,则不免感到有些失望"①,但彼此交谈之后,他便马上感到由衷的欣喜。宫崎滔天对孙中山个性认识的这种喜剧性的转变,在留学生当中也曾同样地发生过。

不过,鲜明的个性给人的印象总是分外鲜明的。既是孙中山的老师,又是救命恩人,更是挚友的康德黎博士,对孙中山的个性自然有着不同寻常的体认。他曾这样欣慰地表示:"我从来也不曾结识像孙中山这样的人,如果有人问我,要我把我所认识的最完善的人物举出名姓来,我将毫不迟疑地回答说:孙中山!在我们家里,他是最受欢迎的客人。孩子们和服务员们一样,对他表达了一种深切的关怀。他的柔和的脾气,他的温文有礼,他对于别人的设身处地的考虑和尊敬,他的饶有兴味的谈吐,以及他的亲切仁慈的风度,使人难以言传地为之倾倒,并且使我想到,他是一个与众不同的人物,一个执着于工作的献身者。"②

顾维钧60年后仍能清晰地回忆起1909年在哥伦比亚与孙中山会晤的情景:"我立刻为他的诚挚谦逊、和蔼可亲而深受感动。他是自古迄今迥异于其他领袖的人物。……当他和你交谈的时候,你立刻就会意识到,你是和他处于平等地位的。他平等待人,一如他是你们中间的一员。他滔滔不绝地说

---

① [日]宫崎滔天:《三十三年之梦》,佚名初译,林启彦改译、注释,花城出版社、生活·读书·新知三联书店香港分店联合出版1981年版,第121页。

② [美]韦慕廷:《孙中山——壮志未酬的爱国者》,杨慎之译,中山大学出版社1986年版,第4～5页。

话，也会发问：'对于我们的计划，你有什么想法？'等等。但是，他说这些话的时候，并不表示任何姿态。他从不摆架子，装腔作势。我揣想，这就是他团结吸引其他同志的伟大品格之一。……在我们的整个生活中，我从未见到过像他这样的一个人物：一个如此伟大的领袖，竟然如此平易近人！"

"他确实是一个非常和蔼可亲的人，一个非常讲究民主的人，同时又是一个热情奔放的人。当他阐释自己的军事战略的时候，他总是流露出蕴量极大的热情，孙中山是具有这样一种性格的人：虽然他不能使所有的人追随他的党，但是，他能顺乎自然地激发人们的感情，赢得友朋同志来追随他的事业"。①

如果说康德黎博士对孙中山个性的认识尚存在由不同文化所带来的隔膜，顾维钧也只是凭几十年后的记忆和日积月累的情感来说明孙中山的个性，尚缺乏更多的依据的话，那么，与孙中山相识 15 年并担任 8 年秘书工作的李禄超先生的话则具有更大的说服力。李禄超先生是这样评价孙中山的：

> 孙博士轻言细语，恬静而友善；他有民主风度，坦白正直，真挚诚恳。在谈话的时候，他经常面带愉悦的微笑。从来没有见到他处于盛怒和剧烈的激动之中。他气量宽宏，富于同情心，是一个容易交结相处的人。他很少"说笑话"，但他欣赏妙语如珠的谈吐，常用轻微的一笑来表示赞同。但是，不管怎么样，没有任何一则喧腾欢闹的滑稽笑谈能够从他那儿引发出高声大笑来的。
>
> 在公开场合讲话，他总是一个口才敏捷、能言善辩的演说家。他有着鼓舞听众的才具，而且能够一口气不停顿地讲上几个小时。他的词藻不像汪精卫那样色彩斑烂富丽，那样移人感情，夺人心魄。他的演词是益人心智、启人灵感的，是振奋人心的。这种语言的特质是，它为一般民众所喜闻乐见，最易为广大群众所理解欣赏。……我还得补充一点，在他的演说词中，从来不使用强烈的、辱骂性的恶言秽语，在政治问题上，他从来不劝告听众采取暴力手段。他更不使用喧腾嚣闹的口号来开始其演说，有如现时在绝大多数政治性集会和游行示威中所普遍习用的那样。在他的演说词中，很少使用诸如"帝国主义""资本主义""对群众的剥削"和"阶级斗争"之类的套语。
>
> 孙博士是一个梦想家。他梦想乌托邦，梦想建立一个健全的、秩序

---

① [美] 韦慕廷：《孙中山——壮志未酬的爱国者》，杨慎之译，中山大学出版社 1986 年版，第 3~4 页。

井然的政府，一个对人民施行仁政的政府。由于他有着这样崇高的理想而又极难变为现实的梦，所以，他被广东人取了一个"孙大炮"的绰号，意即，空想的和不现实的人。由于他的守旧性的和有节制性的观点，所以，他仅仅被共产党人目为"革命家"，而不是一个如同极端主义者和激进分子们所拥有的那种"彻底的革命家"的光荣称号。①

南洋华侨张永福与孙中山过从甚密，孙中山给他的印象是：

> 孙先生性恬静，平居沉默寡言，不呻吟，不吁嗟，胜不露喜，败不言戚。凡事均抱乐观态度，喜读书，读书时或以手捧或披桌上，读后仍置回原处。买新书即外加纸裹皮，书籍分类庋置，绝不紊乱。读报先读专电，然后顺序读下，不乱掀纸张，读报后仍依旧叠折，不随手乱掷。同时若有多份报纸，读后亦然。……先生起居有节，晨六、七时即离床，帐褥被枕亲自整理，秩序井然，绝不假手于厮役僮隶。雅善整洁，内衣服日必一换，早餐前必整衣纳履。南洋虽暑热，亦不随俗脱去外衣，非至夜深不换着睡衣。睡衣为日本式，睡时仍然内着小衣，不似洋学生穿日本衣，不着亵衣动即露丑，履必加袜，非在楼房不跣足，不着拖鞋行走，举步安详；绝无轻佻匆促之气。……先生性俭朴，旧鞋每须贴补，好着白帆布鞋，鞋面日必刷白垩一次。……口绝不出恶言，凡其最怒之时，诮其佣人陈和曰大泡和而已，然亦罕见。②

与孙中山有过较多交往的菲律宾人马里安诺·庞斯回忆说："我说过孙中山在我家里常会见一些朝鲜流亡者，他们之间建立了亲密的友谊。从那时起这位学识渊博、胸怀宽广的中国人就成了他们严谨、忠实、无私的顾问。"③ 他认为孙中山是一个朴素、谦和的人，"他个人生活中，崇高品质是谦和、朴实和严正的"④。他说："孙中山先生是一个冷静、沉着的演说家。他在讲演中从不激动，从不煽动人们的狂热情绪，从不挑起人们的愤恨。他

---

① [美]韦慕廷：《孙中山——壮志未酬的爱国者》，杨慎之译，中山大学出版社1986年版，第5～6页。
② 尚明轩、王学庄、陈崧编：《孙中山生平事业追忆录》，人民出版社1986年版，第820～823页。
③ [菲]马里安诺·庞斯：《孙中山——中华民国的缔造者》，马尼拉菲中华文化基金会1965年版，第41～42页。
④ [菲]马里安诺·庞斯：《孙中山——中华民国的缔造者》，马尼拉菲中华文化基金会1965年版，第41～42页。

语调平静，全神贯注。他措词十分生动，充满说服力，表现出了最纯洁的令人信服的诚挚，即使说到那些折磨着中国人民的罪恶与苦难，并用严厉的言词谴责这些罪恶时，他的语调依然那么平静、温和。他的这种讲演风格比那些煽动情绪或煽动仇恨的演说更能使人陷入深思。他是在以理服人的学院或学术团体中讲演，而不是到煽动人们情绪的俱乐部去，来到那里的人们不能不被那生动的场面所感染。他用马来人式的黝黑面孔和毫不斜视的眼睛去感染他的同胞，把他的思想注入他们的心田。"① 不过，庞斯也承认孙中山给他的第一个印象曾是一个空想家。他写道："我必须承认首次听到孙中山畅谈他要实现彻底根活中国的庞大计划时，我感到他是一个空想家，一个空想社会主义者。但通过我们日常接触，孙先生向我解释其计划的详情细节，如何使他们国家目前的条件适应那些计划，如何使他的计划得以实施，我认识到孙中山绝不是一个空想家，他是个实际的观察家，有敏锐观察力的实干家。他所做的一切都出自于对生养他的祖国的深深的爱。……"孙中山一生救国救民救世，在立德、立功、立言三方面都有自己的建树，时人就认为孙中山先生有三不朽："凡有生命者必死。孙先生是有生命者，则孙先生之死，初无足异。但常人之死，言不足以为法，德不足以为表，功业不足以为人景慕，与草木同腐耳。孙先生之形体固亦犹人，而其精神则超常人而特异。盖先生抱爱国爱民之热忱，具百折不回之节操。不淫于富贵，不移于贫贱，不屈于威武。以一身为改革政治而奋斗者垂四十年，一息尚存，未尝稍懈。其德行实有大过人者，其行事更饶有魄力。四千年之君主专政而先生能廓清之，三百年之满洲帝统而先生能推倒之，国内无数军阀与世界之帝国主义者而先生能抵抗之。既缔造共和，复能拥护共和。其功业亦罕与匹俦也。至其言论之感人，著作之等身，莫不为精神之所寄，可为治国方案者。古之所谓三不朽者，先生可以当之而无愧。则先生之形体虽逝，而精神当历久而弥光。国人若能奉行先生之主义，以竟先生之功，则先生当含笑于九原矣。"②

有的人甚至以"吾人当效孙中山先生奋斗之精神"为号召："吾民革命的领袖，世界弱小民族的解放者之孙中山先生竟舍吾人而逝矣。耗噩传来，为之痛悼太息者，无虑亿兆人。其感人至深，又过于美之威尔逊、俄之列宁，呜呼盛矣。孙中山先生从事革命奔走国事，垂四十年。手创民国，功成不居。后以群奸窃国，大厦贴危，乃起而积极奋斗。若癸丑以往倒袁之役，

---

① ［菲］马里安诺·庞斯：《孙中山——中华民国的缔造者》，马尼拉菲中华文化基金会1965年版，第39页。
② ［美］方李邦琴主编：《孙中山与〈少年中国〉——从美国当年的报纸看辛亥革命》，北京大学出版社2012年版，第194～195页。

丙辰以往护法之役，皆以孙中山先生为其中心。当自曹吴倒败，先生乃倡国民会议，以解决国是，海内外同声响应。其有待于先生提携者实多，乃竟于此时撒手长去。呜呼伤哉！斯岂惟吾党丧一领袖，国民革命缺一导师，而世界被压迫民族亦失一救星也。虽然，吾人徒事悲痛无益也。必须师法夫先生不朽之精神，行其行而志其志。则孙先生虽死，而无量数之孙先生将继之而生，斯则孙中山死而不死矣。孙先生不朽之精神为何？一曰主义之信仰也。主义者因某时某地而构成之救国方案也。主义有绝对的条件焉，曰信仰。吾人之行为前后所以不致冲突者，曰惟有主义之信仰。孙先生因应吾国之时代与环境之需要乃创为三民主义。盖深信三民主义可以救中国，故不惜冒万难历万苦，凄凄惶惶，以谋实现。历四十年如一日，绝无畏缩怀疑，故卒能感化人，令无数之人亦随而信仰之。至今虽因种种故障，其主义未得完全实现，然可决其将来必能实行。吾国人多缺乏主义之信仰，故其行为非循一线的而进，前后每每相反。不惜以今日之我与昔日之我挑战，直可谓之绝无主义。此等人只能受民众之笑骂，不能起民众之敬仰。孙先生则大有异于是，故能成一伟大人物，为民众所敬服。此吾人所当效者一也。

二曰奋斗到底也。孙中山先生半生为革命奋斗，无一日间断，其所历之险阻艰辛亦多矣，然未尝稍挫其志。失败多一次，其奋斗之精神必增加一次。常人所不能堪者，先生则履险如夷焉。直至此次北上，筹谋解决国是，婴病逝世而后止。此种奋斗到底之精神，举世无其匹。此吾人当效者二也。

三曰伟大的人格也。凡为民众领袖的人物，得群众之信仰、拥护自己之主张者，首当有伟大的人格。俄之列宁，完全以人格感化俄人。故其所揭橥之主义，亦得民众之帮助而实现。孙先生是人格，方诸列宁有过之无不及。约略举之，可得以下数种。一、舍己为人。二、淡泊名利。三、自奉简约。四、自律谨严。五、处事必忠。孙先生因有此种伟大人格，故反对党纵欲施其倾轧构陷之伎俩，都无从下手。而其在社会上之地位，亦愈久而弥坚。此吾人所当效者三也。

四曰进取创造也。孙先生进取创造之精神为最不可及。彼虽在于极忙冗之时，亦必抽闲看书，故其智识渊博，创造力宏。其年虽老，而其思想与精神则极新。尝见数十年前之新思想新改革家，今忽变为极保守之旧人物者，则以其年老不能继续进取创造之精神故也。亦有少年而思想精神如老年者，则以其无进取创造之精神故也。又安得以孙中山之精神为之洗礼哉？此吾人所当效者四也。"①

---

① ［美］方李邦琴主编：《孙中山与〈少年中国〉——从美国当年的报纸看辛亥革命》，北京大学出版社2012年版，第199～200页。

另外，有许多学者对孙中山的伟大表示怀疑，对孙中山的个性也不以为然。如美国学者莱·沙曼女士（Abbie Lyon Sharman）认为孙中山的智力有限，他是一个既非深邃也非有创见的思想家，甚至认为孙中山是一个"手腕愚拙，判断不周，配合差错，对人的看法混乱"的人。她觉得孙中山的性格可怜，因为"内心洋化"，但她所举的例子不过是"心直口快"，不像一般中国人那样"拐着弯"讲话。并认为孙中山是一个个人中心主义者，自高自大，渴求别人的敬仰，以为只有他自己才能担负起革命的历史任务。不过，沙曼女士觉得孙中山一生富有戏剧性，他所代表的是一个热情和混乱的时代，过分自信而又考虑不周的时代。值得称颂的只有他救中国的中心思想。①

诸如此类有关孙中山个性心理品质的描述实在太多，我们不便一一列出和作过多的评价，因为作为具有鲜明个性的伟人孙中山，我们很难仅凭这些观察、评价、看法等来肯定或否定他的伟人人格和性格心理优劣。但是，这并不等于说我们不充分考虑孙中山同时代人或外国学人的所见所闻、亲身感受和研究心得。事实上，正是这些与孙中山有过交往的同时代人的看法和观察评价，对于我们研究孙中山的个性心理不啻是一条很有用的线索。

二、学者眼中的孙中山

其实，孙中山的个性很早就引起了中外学者的兴趣，许多研究孙中山的人最后都不得不充分地考虑孙中山的个性心理这一特殊现象，因为事实表明，不了解孙中山的个性心理，很多历史问题就难以得到圆满的答案。

国外一些学者在解释与孙中山有关的人和事的时候，常常不自觉地将孙中山的个性心理研究纳入研究思考的范围。

如美国学者史扶邻教授认为孙中山的革命活动和革命言论，在很大程度上可以用他的个性心理来解释。孙中山是中国的一位民族英雄，也是举世公认的二十世纪最重要的政治人物之一。"我称孙中山为'勉为其难的革命家'，是从积极意义上使用这个字眼的，意谓孙中山不愿意充当革命者通常需要做的残酷无情的角色。换言之，孙中山宁愿谈判而不从事杀伐，求和解而不想旷日持久的斗争。当谈到一个献身革命并实际上曾多次发动武装起义和军事征讨的人物时，上述说法似乎是矛盾的。但是，我认为孙中山不愿采用暴力手段而寻求达其目标的别的方法，体现了他的博爱精神。""孙中山

---

① 中国孙中山研究学会：《孙中山和他的时代——孙中山研究国际学术讨论会文集》上册，中华书局1989年版，第862页。

所做的许多妥协，是内外环境使然，虽然孙中山在策略上多变，但他的立场坚定不移。他从不动摇地为中国的统一和现代化而努力奋斗，俾使这个国家跻身于世界强国之林。他从未放弃这种希望：建立一个基于社会正义的民主社会，而这种社会将成为其他国家的榜样。正因此憧憬，及为它的实现所进行的坚持不懈和英勇无畏的努力，才使孙中山在历史上产生深远的影响。"①他说："他的临时凑合的策略，可以首先解释为是对那些前所未有的政治问题，对那些由于外国侵略及国内腐朽制度所产生的危机的实事求是的反映；这些都要求紧急的解决办法。但更重要的是孙中山的行为的人类和社会学意义。他见机行事的独特方式，既反映了他的社会背景和所受的教育，也反映了他的性格。他是非常乐观的，相信自己所做的都不错，而且具有行动的胆量，这是革命精神必不可少的组成部分。他因此才能跟上中国历史的步伐。同时代比他更有才干的人在争取权力的斗争中遭到失败后便一蹶不振，而孙中山总是失败了再来，准备适应新的局面。"② 显然，史扶邻是比较重视对孙中山的个性作必要的剖析的学者，但似乎仅仅偏重于对孙中山的政治性格作一些现象学上的分析说明，缺少比较客观全面的整体研究。

相对史扶邻来说，纳撒尼尔·佩佛先生则主要是把孙中山作为一个无可否认的完整无缺的人物来加以描写的："不管孙中山的严重失误怎么样，也不管他的自我吹嘘如何带有盲目性，从广阔的意义上讲，他的爱国主义精神，他为自己同胞求得康乐富裕的献身精神，是不应该受到指责和挑剔的。中国人可能对孙中山本人和他在政治上的无能表示厌倦情绪，但是，他们从来没有把孙中山纳入官僚一类。他们把他作为一个人来尊崇礼拜的。……孙中山有着谁也否认不了的吸引人的魅力。""我还没有见过任何一个人：他与孙中山面对面地呆在一起，而能够不受到孙中山的感染。……直到他运用一种低沉不变的音调，伴随着倾泻而出的词汇向你谈话的时候，他是没有什么东西可以打动你的。就这样，他的泰然宁静，他的可敬品格，他的高昂热情，特别是，他的绝对忠实，就把它们永远地铭刻在你的记忆之中了。""使孙中山赢得名誉声望并在年轻的岁月中把自己载入史册的原因，恰恰在于他的与众不同之处：个人的力量，高尚的品德，在一切时代和环境中标志着举世知名人物的伟大素质。……他是亚洲伟大人物之一，也许是这一世代

---

① ［美］史扶邻：《孙中山：勉为其难的革命家》，丘权政等译，陈昌光校，中国华侨出版社1996年版，中译本序（一），第27～28页。

② ［美］史扶邻：《孙中山与中国革命的起源》，丘权政、符致兴译，中国社会科学出版社1981年版，第2页。

的最伟大的中国人。"①

而韦慕廷教授则认为："有关孙博士的政治活动的记载给予人们的印象是，他是这样一个人：他本人的想象力和他的改造中国的雄心，大大地超越了他所生活着的社会和他所能集中起来的力量的具体实现。在他的主观愿望和屡次挫败他的客观形势之间的矛盾，产生了有关一个人的个性构造问题，而这种个性构造，驱使着孙中山去追求一种难以实现的目标。"②并指出，"在1895年起义之时，孙中山个性的两个侧面就表现得特别明显了。第一个就是他的胆量。在广州城内至少有二十天的时间来组织这次起义，在此期间，他在极大的危险面前暴露了自己。事实上，在预定起义的前几天，已经有人向官府告发了孙中山，但是很幸运，总督并没有把他看得过分严重。如果当时的事情被全部揭露出来，说不定孙中山就将被捕、受刑、杀头！显示出来的他的个性方面的第二点，就是他的领袖权欲。这种权欲，在和杨衢云的竞争中，是表现得十分明显的。"③

在法国汉学家白吉尔的笔下，孙中山被描述为昏庸的政客、慷慨而又糊涂的机会主义者，更不是个伟大的理论家。但她同时也承认孙中山的确怀抱救国思想，最倚仗的才能是"跨界"沟通。终其一生，他为革命全球奔波，诉诸三合会、教会、学生、商人、西方列强、共产国际等的支持，能悠游与动员这些利益与思想大相径庭的群体。

"他所到之处，总会发现移居海外的华商、负笈他国的学生、流亡在外的知识分子。他所属的国度即今日我们所泛称的'大中华'。这类互联的华侨移居社群，透过多重的连带关系——宗族、宗教、语言、经济——仍与母国保持联系；这些超越任何地域和国家单位的连带，使得孙逸仙对儒家文化某些面向的忠诚恒久不灭，但同时又激励他转而追求现代性。他从此在地球的两端奔波，在庞大的海外华人网络里从一个连接穿梭到另一个连接，使他能探索世界却又不至于与中国文明断绝。他因而是以一个世界主义旁观者的批判视角观察祖国的政治与社会，但又非彻底超然；他以局外人的姿态臧否中国，但又如人子般地爱她。

"孙逸仙怀抱理想兼程奔波于全球。他赋予自己的使命，或者上天分派给他这个利己的基督徒的任务，都是同一件事，便是救国。为了成就这一远

---

① [美]韦慕廷：《孙中山——壮志未酬的爱国者》，杨慎之译，中山大学出版社1986年版，第6~7页。
② [美]韦慕廷：《孙中山——壮志未酬的爱国者》，杨慎之译，中山大学出版社1986年版，第8页。
③ [美]韦慕廷：《孙中山——壮志未酬的爱国者》，杨慎之译，中山大学出版社1986年版，第15页。

大抱负，他奉献出生命、力量以及禀赋；而这样的禀赋有的是天性使然，有的则是后天教育养成：他的禀赋不是表现在作为理论家、组织者、军事将领（尽管他确实曾兼有这些角色），而是作为一个沟通者。

"他庞大的地理移动也培育了他心灵与性格的多才多艺。他能跨越文化藩篱，就如同轻而易举超脱地理鸿沟一般，他在各式各样的社会里如鱼得水，怡然自得地与三教九流的人物社交。不过，如是的通权达变和八面玲珑，也为他招来见风使舵、甚至口是心非的讥评。大体而言，孙逸仙唯一能依凭的力量就是他的舌粲莲花，他深知为了教人信服，必须和往来之人使用相同的语言。他能像在秘密会党的分舵一般，在教会团体里运作自如；他能像在学生的文化社团一般，在商会里得心应手；他在香港、河内、新加坡，跟在东京、伦敦、三藩市都一样活跃。

"他无处无地不在萃取、传播他的观念，不厌其烦地在各色各样公开场合阐释他的动机。他总是寻寻觅觅合作伙伴、同盟，而在中国军阀、美国银行家、法国军官、日本官僚身上试试运气。想当然耳，这种求助各方、飘忽不定以及但凭机会找门路的作风，不免会给人如坠云雾的感觉。孙逸仙最原创性的观念，源自西方人眼中的第二流的思想家，如亨利·乔治、摩里斯·威廉，而他招募的友人，都是所属社会所排挤的机会主义者、中介人、局外人、理想主义者、极端主义者。

"然而，这难道不是在两种或者甚至两种以上文化之间采取行动，并在其间建立沟通桥梁之人的共同特色？知识或权利的秀异分子并非文化媒介或'跨界者'（孙逸仙本人就是最好的范本）的招募对象，受青睐的反而是那些有志难伸、靠着信念和宽宏大度自学成才、熟悉多种文化但却一个也不精通的人。孙逸仙对传统典籍的熟悉程度恐怕比不上一个官微地位的满清官吏，不过，1896至1897年旅居伦敦期间，孙逸仙知道该如何以中国改革为名赢得英国舆论界的同情，知道该如何"推销中国"（诚然有人可能会借用广告词会这么说）。他对民族主义、民主主义、社会主义的观点，不比同时代的知识分子犀利，然而，广州、上海、北京的居民确是通过孙逸仙，才得以认识西方世界的意识形态与制度。追寻孙逸仙走过的道路，形同重建这类跨界的历史。"[①]

因此，她认为："真实的孙逸仙不是被歌功颂德的那个冰冷形象，而是在其冒险犯难和字里行间、成功和挫折之间所显现的血肉之躯，是一个属于当代世界的人物：一个沟通者、某种媒体天才，生来就该使用喷射客机、传

---

① ［美］韦慕廷：《孙中山——壮志未酬的爱国者》，杨慎之译，中山大学出版社1986年版，第16~18页。

真机和电视，即使当时的他必须屈就于蒸汽船、电报和报纸。孙逸仙并未在他所处时代的历史烙下自己的印记。十七世纪末的法国至今仍被视为'路易十四的法国'，在这层意义上，二十世纪初的中国，尚且称不上是'孙逸仙的中国'，因为孙逸仙自己就是所处历史脉络的产物，他所体现的是中国正迈向现代化。"① 对于孙中山这样一位如此复杂而又矛盾的人物，放大到近代中国的经济、社会脉络来看，白吉尔认为，孙中山正是海洋中国的产物，他的发迹，代表的是沿海中国势力的崛起。

国内也有不少研究者对孙中山的个性心理作过专门研究，但似乎比国外学者更看重孙中山的政治性格。②

如桑兵教授认为孙中山的政治性格的重要特征就是信仰的理想主义与策略的实用主义的矛盾统一。"孙中山一生的政治姿态始终处于变化、调节、适应的过程之中，但他的政治性格却没有发生实质性的变易，从踏上革命道路一直到晚年的转变，我们可以找到信仰的理想主义与策略的实用主义对立统一的种种表现。从理想主义考察，一方面，可以成为信仰支柱和政治实践的精神动力，另一方面，对有可能脱离现实在自我精神世界的追求中走向空幻；从实用主义考察，一方面，意味着根据客观实际的发展变化采取灵活多变的对策，另一方面，又可能导致无原则的投机妥协，甚至流于手段无足轻重，目的就是一切的极端。分别寓于政治性格不同方面的理想主义和实用主义的两重性，产生了这一对矛盾运动的向心力和离心力，使之在互相联系、互相依存的同时，潜伏着离异的趋势。信仰坚定和灵活务实奠定了孙中山个性的凝集特质，而空幻和投机则显示了性格分裂的可能性。如果仅仅是理想主义，他将在信仰与空幻之间摇摆；如果仅仅是实用主义，又只会在灵活务实和投机取巧之间波动。由此可见，孙中山的政治性格存在着顺向发展与异向甚至逆向发展两种可能，而后者又表现为理想与实用两个极端。有时某一个倾向可能会膨胀到导致破坏其政治性格完整性的危险程度。但孙中山毕竟既非纯粹的理想主义者，也不是单一的实用主义者，这两种貌似格格不入的机制在他身上保持着相对的和谐，成为其政治性格中缺一不可的对立两极。"并且，他特别强调孙中山政治性格中两种要素对立统一的不可分性，指出理想主义引导着实用主义的方向，制约着实用主义的规模和程度；实用主义则探索着通往理想世界的千途万径，形成跨越理想与现实之间鸿沟的桥

---

① ［美］韦慕廷：《孙中山——壮志未酬的爱国者》，杨慎之译，中山大学出版社1986年版，第15页。
② 台湾有不少学者对孙中山的政治性格作过研究，如最近拜读了邱捷教授寄来的台湾学者华中兴先生的大作《中山先生政治人格的解析》，就从心理学的角度探讨了孙中山的政治人格的构成、形成过程，以及与孙中山的实践活动之间的关系，颇具创意和启发。

梁。任何一方因过度发展而打破统一，都会导致对本来意义上的孙中山的否定。① 应该说，这样分析评价孙中山的政治性格是相当中肯恰当的，也是极为深刻的，因为这样概括反映了孙中山政治性格的二重性，可以作为解释孙中山政治活动中的许多看来是彼此矛盾和极不协调的问题。

与桑兵教授的看法略有不同，马敏教授在《论孙中山伟人品质》一文中认为，孙中山的政治品质具有激进实践倾向和带有某种浓厚的伦理道德色彩两大特征，并进一步指出：孙中山的心理品质除了具有恢宏气度、过人胆略、顽强意志、强烈使命感、深厚同情心和旺盛求知欲等综合性特征外，还带有自身明显的弱点和缺陷。与他恢宏气度的气质特征相伴随的，是某种不切实际、耽于幻想的理想主义。此外，同孙中山的自信和顽强相并存的，则是偶尔流露出来的过分自信和偏激固执。马敏教授认为，孙中山心理品质中的主要优缺点的相反相成、截然并存，从纯心理学角度解释，是强型胆汁质气质的二重性：肯定规定性的热情、积极、刚强和否定规定性的急躁、偏颇、固执两极并存转化、辩证统一使然。所以，他强调，尽管孙中山的心理品质中存在某些微瑕，但孙中山的心理品质在各元素彼此渗透、制约的总体结构上都表现出极大的完整性和优越性，具有充满活力和冲击力、创新精神强、顽强持久性强、承受力和灵活性大等整体特征，是一种高度近代化的心理品质结构。他的气魄和胆识，使之能于独擅胜场改良主义思潮中，首先揭橥三民主义政治纲领，另辟一条直截了当的革命新径；他不存芥蒂于心，但以天下为怀的豪爽大度的个人气质，为他晚年毅然实行三大政策、走"以俄为师"的道路提供了主观的心理方面的依据；他的坚强意志和韧性，对于从事长期而严酷的革命斗争是不可或缺的；而他旺盛的求知欲和敏锐的观察、判断力又在一定程度上弥补了他思想的缺乏深度。可贵之处就在于，马敏先生认为孙中山的政治品质和心理品质是相互联系的，前者通常受制于后者。他指出："孙中山激进实践品格主要建立在他恢宏气度、过人胆略、奋斗牺牲精神和顽强意志力等综合性心理素质上；而他'君子政治'的追求，显然又主要以深厚同情心和对人类互助天性的笃信为其内在依据。正如他政治上的无畏顽强以性格的勇敢倔强为指归一样，他心地的纯真善良又在某种程度上决定了他政治品格的'善良'。"②

也有人认为，孙中山是19世纪末20世纪初中国知识分子走向世界向西

---

① 桑兵：《信仰的理想主义与策略的实用主义——论孙中山的政治性格特征》，见《孙中山和他的时代——孙中山研究国际学术讨论会文集》中册，中华书局1989年版，第1380页。

② 马敏：《论孙中山伟人品质》，见《孙中山和他的时代——孙中山研究国际学术讨论会文集》中册，中华书局1989年版，第1403～1414页。

方寻找真理的那一派人物中的杰出代表。他眼光远大,立场坚定,对理想有执着的追求,长期的斗争生活,培养了他不怕挫折、乐观自信的性格,但又过于自信和固执己见。①

还有人在研究孙中山的谋略时,对孙中山的个性作了这样的概括:"孙中山作为中国民主革命的先行者,以十分孤微的力量投入战斗,而又富于理想主义色彩,不愿迁就现实,坚韧不拔,千方百计地开拓前进的道路,从而使孙中山的谋略,具有前无古人的特色","孙中山的谋略的最显著特点,是不怕冒重大的风险,敢于开拓和进取。一项新的事业,要开拓,要进取,就不能不冒风险,冒险本身并不是坏事。……孙中山本人就极富冒险精神,他的谋略也就极富冒险性。他往往认准了目标就不顾条件,不计成败地去进行"。②

另外,也有人就孙中山的意志品质作了比较系统的考察,试图从深层次来了解孙中山的内心世界。如贺跃夫先生认为决定孙中山最终走上革命道路的心理因素主要是由他青少年时代的经历和所受的教育相互作用而形成的对现实的认识、情绪与情感以及个性等,并指出:"追求共和革命救中国的崇高目标使孙中山在辛亥革命时期的反清斗争中表现出巨大的意志力,他把革命视为'神圣之事业,天赋之人权',对之倾注了全部热情。这不仅表现在他继续向西方学习、探索救国救民真理,制订和完善革命纲领——三民主义,联络各方革命志士,组织革命团体兴中会及同盟会,发动和领导反清武装斗争等方面,而且更体现在斗争中屡败屡战,毫不气馁、锲而不舍的顽强毅力上。孙中山这种对革命事业锲而不舍的顽强精神和对现实的积极、乐观的态度,无疑是来自他坚定的革命斗志。这种意志力既激励他克服困难,坚定不移地为既定的目标而奋斗,也能抑制失败时的悲观、愤怒的情绪。"③

显然,这些观点既耐人寻味、启人心智,又开拓了我们的研究思路。不过,从总体上看,他们对孙中山个性心理的揭示还不能令人满意,尚有许多内涵和更为本质的东西需要进一步发掘和提炼。

三、孙中山的个性心理

对于关心孙中山的事业和他的时代的人来说,孙中山的名字是响亮的;

---

① 中国孙中山研究学会:《孙中山和他的时代——孙中山研究国际学术讨论会文集》中册,中华书局1989年版,第1944页。
② 朱宗震:《孙中山在民国初年的决策研究》,四川人民出版社1991年版,第269页。
③ 贺跃夫:《革命、建设、救国——略论孙中山的意志》,见《孙中山研究》第2辑,广东人民出版社1989年版,第265~276页。

但对于当今中国大多数人来说,"孙中山"这个名字似乎比较陌生,就是对历史稍有了解的小部分中国人来说,孙中山在他们心目中的印象也是十分模糊的。

其实,这并不奇怪。一来孙中山早已做了古人,他的事业和他的历史也差不多随他而去,消失在大多数中国人的记忆里;二来孙中山与我们生活的终究不是同一个时代,他距离我们太远。纷繁复杂、斑驳陆离、变幻莫测的世俗生活使追求快餐文化和大众娱乐文化的中国人应接不暇,哪有闲情逸致和平静如水的心情去作历史的回忆和玩味过去的风景。再说,舆论宣传还不太重视,改革开放后,我们对孙中山作过一些宣传,但大都涂上了浓浓的政治油彩,结果孙中山在国人头脑中的印象更显得模糊浮泛。

"孙中山是怎样的一个人呢?"

好奇心和对历史有着特殊兴趣的人或许有了勾画孙中山肖像的愿望和尝试。

要勾画出孙中山的肖像并不太难,存留下来的大量孙中山生前的照片使这种尝试成为可能。孙中山青年时代的照片显示了他的容貌:"瘦弱的骨骼和洁净的衣着,似乎是自炫于人的修剪得整整齐齐的八字胡须;他的黑发精致地向左边分开,涂着发油,向后卷起一个轻微的波浪,他的眼部肤色多少有些黧黑。但,正是他的'赏心悦目的容貌'和'矮小的身材'打动了一位记者,当孙中山在差不多要满30岁的1896年从驻伦敦的中国大使馆获得戏剧性的释放的时候,这位记者正巧在场,拍下了这张珍贵的照片。"①

1912年的孙中山担任中华民国临时大总统时所拍的照片显示出孙中山的形象是:"坦率的面容,友善的笑意,目光炯炯有神。在集体摄影中的孙中山总是坐在前排的中心位置,挺身直立,显得精神威严,被他的追随者和同事好友们凑拥着"。孙中山的美国友人林百克先生在《孙逸仙传》中对孙中山曾有过生动的描述:"中山状貌魁梧,英武如军人,额耸而阔,鼻准丰隆,颧平、眼陷,肩膀敏活,四肢灵便,幼时在田间习于操作,故肌肉强健有力。他的容貌英伟,而望之霭若春风。他的眼光清澈照人,无微不烛,凝眸注视时最有吸引力,火灼灼地摄人如狮。见他的人都觉他眉宇间威棱逼人,就是说:这是一个你可以信托的人。"② 俄国记者斯达杨诺维奇和A. 霍多罗夫在《和孙中山的一次谈话》中也这样记载:"孙中山博士体格健壮,身材匀称,……他举止文雅,镇定自若,使人觉得他是一个坚强的人,是一

---

① [美]韦慕廷:《孙中山——壮志未酬的爱国者》,杨慎之译,中山大学出版社1986年版,第2~3页。

② 尚明轩、王学庄、陈崧编:《孙中山生平事业追忆录》,人民出版社1986年版,第848页。

位对自己的一言一行都很自信的人。孙中山个子不高,容貌整洁,圆脸庞,身穿着一件很普通的灰色短上衣。"① 事实上,晚年的孙中山开始有些发胖,稍后的照片显示,他的后脑部分脱落的头发笼罩着一张慈祥和蔼但又饱经忧患的脸庞,在那依然充满自信的表情里隐隐约约地呈现出一种叫人捉摸不定的忧郁和焦虑。可以说,迟暮之年的孙中山的外表与青少年时的风貌明显不同,但孙中山的那种典型的个性心理特征却依然如故。

从面相上看,孙中山似乎更像他的母亲。宽阔饱满的额头,保持头部稳定的宽大的双耳,浓眉下面炯炯有神而又显得秀美的双眼,高隆的鼻子和稚童般的圆圆的下巴,厚薄得恰到好处的嘴唇与微微上翘的嘴角,黑发下略显圆形的面庞,以及呈现出来的高傲和顽强的神情。俗话说,像母亲有福气,男生女相将来也必有所作为。这类说法正确与否我们姑且不论,但我们可以肯定的是,孙中山受其母亲的影响比受其父亲的影响要大得多,其母亲的个性无疑地或多或少地"遗传"给了孙中山。② 关于这一点我们在前面已作了比较多的分析说明。

要真正了解孙中山的个性心理,毫无疑问必须借助现代心理学的有关理论和方法。正确的理论和科学的方法有利于我们透过现象看本质。依据个性心理学的理论和方法,我们试图进一步揭示出孙中山个性心理的内在奥秘,解开孙中山的个性之谜。

(一) 外向型性格

凡是与孙中山有过接触和交往的人,都认为孙中山是一个乐观自信、热情洋溢、好学不倦、博闻强记、兴趣广泛、敏捷灵活、宽厚仁慈的人。黄季陆先生曾谈到他第一次见到孙中山时的印象:"在未见到总统以前,我总认为这位推翻满清,创建民国的大英雄,必定是像我在小说中所熟悉的那种'八面威风'的人物。……及至见面以后,第一个觉得他穿的是洋服,很神气,因为在民国二年时的四川,是很少看见人穿洋服的。第二是觉得他十分和气,使我不感到拘束和畏惧。第三是当复生大哥为我介绍,称赞我 12 岁就参加革命,是辛亥革命四川保路运动小学生保路同志会会长时,总理笑了。他用手在我的头上轻轻的拍了两下,并说:你从此要好好用功求学,学成之后再来革命;没有学问不能对革命有大的贡献。"③ 同盟会会员吴敬恒也谈到他对孙中山的印象:"1905 年总理四十岁,他春天从法、比、德到英

---

① 尚明轩:《孙中山传》,北京出版社 1981 年版,第 243 页。
② 华中兴:《中山先生政治人格的解析》,台湾正中书局 1992 年版,第 40~45 页。
③ 尚明轩、王学庄、陈崧编:《孙中山生平事业追忆录》,人民出版社 1986 年版,第 841 页。

国,其时我在伦敦,他打听到了我的寓址,特别来看我。是一个很诚恳、平易近情的绅士。然而止觉是伟大,不能形容的伟大称为自然伟大,最为适当。……与总理同时的一个李鸿章,在各国亦颇受伟大的称誉。然而那种贵人气的伟大,在地毯上唾痰,在旅馆里骂西崽,总理是没有那种恶习惯。又或者有道学气,严气正性,不可响迹,保持伟大的身分。与总理先后的,又有一个曾国藩,他的学修,不能不算伟大,但好像他做了我们的两江总督,提倡勤俭,一时换不及衣冠,把灰布袍子,卖到比宁绸袍子还贵。总理又不注意那种矫枉过正,又或者有英雄气。总理一生,当然革命了十来次,十三岁即想做洪秀全,然而并没有暗鸣叱咤,像洪、杨那种万岁、九千岁的气概。又或者有横议气。古代公孙衍张仪,也有人称过他们为大丈夫。总理一生,苦口婆心,见人即滔滔滑滑待查的指示他的主义,然而只朴实的舒其所见,绝不肯用手段,见一人说一样话,故康有为自命长素,以为比孔子还长,然而为了作用,便立起孔教会。保中国不保大清,又为了作用,立起保皇党。所以他自以为议论伟大,终究止成了一个反覆的政客。总理却成了真实不二价的党魁。世俗亦以为伟大者,或者能摆出名士气。总理一身研究的学问,够做一个大名士气。然而他的好学,止像周公孔子祖述尧舜,宪章文武,来集治国的大成。不像梁启超谈学派,讲家数,有志维新,却终究做了一个考据先生。故总理品格的伟大,纯出于自然。也绝不必四十不动心,说大人则藐之,下一番矜张工夫。他往来欧美,无论何国的王公贵人,高人学士,都一见而心折,待之如最诚实之绅士。他也绝不拘什么夜礼服、白帖子等繁重仪式,而周旋亦自然中节。"①

这些虽是人们后来对孙中山所作所为的一种追忆和评述,言语之中免不了带有一定的感情,但从中也能说明孙中山其人其事的确有许多值得回味追忆的地方。孙中山本人也许有不少过人之处值得人们折服和崇拜。翻开有关孙中山的历史记述和有关论著,展读《孙中山全集》和《孙中山集外集》,以及《孙中山集外集补编》,追寻孙中山的革命和生活足迹,睹物思人,更觉以上诸人所言不虚。细细思量,倍感孙中山其人可亲可敬。其之所以能"鼓动风潮,造成时势",登高一呼而从者众,不是凭权力的强制,而是靠人格的感召。哲人伏尔泰曾说:"造就政治家的,决不是超凡出众的洞察力,而是他们的性格。"尼克松也曾指出:"对一个人来说,真正重要的不是他的背景、肤色、种族,或是他的宗教信仰,而是他的性格。"孙中山之所以能够成就伟业,造成时势,显然不仅仅因为他的思想主张,还更因为他

---

① 尚明轩、王学庄、陈崧编:《孙中山生平事业追忆录》,人民出版社1986年版,第707~708页。

的性格。

从性格的特质方面看，性格就是魅力。从性格的功能作用上看，性格就是命运。从性格的生成来看，性格又是环境的产儿。就孙中山而言，其性格的形成与岭南文化圈内的天文、地理和人文三种因素的共同作用密不可分。那么，孙中山的性格又在哪些方面受到了岭南文化的影响呢？其性格中又有多少岭南文化的成分？孙中山的性格又有什么特点特征呢？问题的回答需要我们在分析总结归纳孙中山的性格特征的同时，将岭南文化与孙中山生平历史统一起来。当我们将"人与文化"的镜头对准孙中山生平历史和岭南文化这个聚焦点时，孙中山的性格特征也就清晰明亮起来。

首先，孙中山始终具备乐观自信和充满激情的性格特征。

真正说来，乐观自信和充满激情，是岭南人共有的性格特征。古代岭南人我们姑且不论，近代史上的岭南人性格上的这一特征就格外鲜明。岭南人对任何事似乎都有一股热情和浓厚兴趣。西洋人打进来后，出于激情和义愤，他们起来抗争过、捍卫过、战斗过，却很少考虑这种捍卫、抗争和战斗是否能达到预期的目的。洪秀全、洪仁玕、冯云山和太平天国的将士们那种中国农民式的宗教信仰是那样的狂热；容闳、何启、胡礼垣、郑观应等所倡导的新政和遗留下来的惊世骇俗的《盛世危言》是那样的情理交融；康有为、梁启超对维新变法和君主立宪的追求是那样的一往情深。孙中山亦是如此，自从选择了医国的事业，他便把反清、革命、推翻帝制，建立独立自主、繁荣富强的民主共和国作为自己人生奋斗的目标。辛亥革命前，为了宣传革命反清救国的思想主张，组织和发动武装起义，建立资产阶级民主共和国，孙中山付出了巨大的代价，投入了全部精力和热情。辛亥革命后，为了维护约法，捍卫国家独立自主和中国的现代化，他同样又用心筹划建国方略，殚精竭虑地四处奔走呼号，既热情洋溢又充满自信。尽管他屡起屡伏，屡战屡败，壮志难酬，但他仍然生龙活虎地保持着对于革命和建设的信心。难得的是，他对自己的政治主张和从事的事业始终乐观自信，从不怀疑自己所做的一切，也从不因频繁的失败而情绪低落。"说到底，孙中山对于革命的主要贡献在于他的革命乐观主义。甚至在例如黄兴、胡汉民和汪精卫这样坚定刚强的人有时也难免为革命的机运而悲观沮丧的时候，孙中山却继续拼命地干下去，用许诺资金来提高战士们的信心和勇气，用胜利指日可期的谈话和答应投资机会来激发海外华侨。……如果说，孙中山无限的革命乐观主义未能使他的追随者们对1911—1912年决定性的战斗作好思想准备，那么，无论如何，这种乐观主义给了他们最后推翻清王朝的迭次武装起义以活力。

在辛亥革命爆发之时,他被公认为是'无庸置疑的主要的发动者'"①。尽管这样评价孙中山在辛亥革命中的作用有失偏颇,但孙中山的乐观自信和充满激情的性格特征在其一生当中的确是不可缺少的行为驱动力。

孙中山这种乐观自信而又充满激情的性格在他的谈话和演讲中表现得更是淋漓尽致。林百克曾对孙中山的演讲场面作过十分精彩的记述:

> 有一次中山演说,环聚而听者无数,中国人外国人都有,在一个大厅里面,声音恐怕很不容易传达到四处罢。
>
> 中山说了几句开场话之后,向前面走几步,听众掌声雷动。他静默移时,再前进一步,掌声又起,夹杂一片欢呼声。他等了一等,将手举起,听众肃然,寂静无声。中山仍举手静默,屹立不动,乃开始演说。
>
> 他演说时差不多换了一个样子,骤然响朗的声音,中人如有电力。他的话句句是真实的,个个字是迅疾、准确、锋利,像一支机关枪,只听得,嗒嗒嗒的声音;高、下、疾、徐,如合音节;演词平稳如流水,煞尾清楚,戛然而止,他依旧静立在讲厅回声的中间,而他的话已深入听众脑筋里了。
>
> 欢呼和鼓掌声又起,但是中山如立海岸上看海里的波浪。他再举手,喧闹的大众又静下来;他又雄辩滔滔讲了一回;于是一停顿,呼声又起。此时中山一口气差不多说五百个字。
>
> 中山在讲坛上受人欢迎,演说词很快的传到各处,各处都有同样的欢声。他到一处就有他的演说,在危险的时机是唤醒人们的清响的钟声。在困难的境遇是指示人们正路的导灯,长时期同恶势力奋斗,热烈的欢呼之回声传遍大地,多么可惊,多么伟大呵!②

黄季陆先生平生聆听过多次孙中山的演讲,他也认为:

> 总理讲话的声音并不大,却很清晰明朗,坐在讲堂较远的人,也能听得十分清楚。他好似一个极有素养的音乐家,咬字和发音好似从丹田发出,声浪异乎寻常的均匀悦耳。他的态度雍容,时露微笑;姿势在活泼中显出庄严;演说到重要的地方特别加重语调,把字句重复一番,显出非常有力,使听讲的人随着他所讲的重点,进入更深的境界。他的讲

---

① [美]史扶邻:《孙中山之谜》,转引自《孙中山——壮志未酬的爱国者》,第19~20页。
② 尚明轩、王学庄、陈崧编:《孙中山生平事业追忆录》,人民出版社1986年版,第849~850页。

话亲切而诚恳,使你并无一点受他煽动的感觉,一切诉之于理智,使你从理智中不能不为他所感动。他讲演时,有时直立在讲桌中间,身体笔直,足跟站得很稳;有时移立在讲桌的两侧,用手势来补助他的说明,又使你感觉到轻松;听众的视线,随着他身体的移动而转动着。有时他用一浅近而平凡的譬喻或故事来说出一番高深的道理,使每一个听讲的人留下很深的回味!他的讲辞是一篇有感情、有理智、有内容、有条理和有结论的美丽文章。他的国语发音虽然仍带有一些广东话的鼻音,却是可以使你清清楚楚地明白他所讲的内容是无比的动人。①

当年侨居美国的青年王宠惠有过一段逼真的回忆:

> 孙逸仙是一个具有感染魅力而且口齿流利的演说家。他能使听众聚精会神地在一次讲演会里连续听好几个钟头。听众的人数或多至几百人几千人;或寥寥可数。他在更深夜静的时候,仍然精神奋发,和少数革命同志在煤油灯下,在狭小的洗衣作坊后面的房间里,谈论中国军事上的失败情况,以及外交上丧失权益的屈辱,然后阐发他的使中国人民自己起来治理国家大政的方略。他总是风尘仆仆,穿着朴素地出现在人们面前,为了革命运动事业,他总是热心诚挚,永不灰心丧气。②

演讲是一门难度很高的艺术,也是人格的一种折射。擅长演讲的人总是将演说的内容连同自己的身心一起情绪化地传递给听众。孙中山的演讲虽然没有同乡汪精卫的讲演那样极富感情和煽动性,但在以理服人的同时,也无意识地采取了以情动人的方式。所以,孙中山所给予你的是亲切的言辞,是理智的启发,你一时可能有不了解他的地方,但时间久了,经历增多了,你终会领悟到他所言之不虚与见识之远大。

其实,孙中山的那种天生的富有激情和热情奔放的性格,在其革命活动中也得到了明显的体现。激情使孙中山在革命和建设过程中始终保持旺盛的斗志和生气勃勃。热情奔放则使孙中山作为一个普通人更容易被大众所接纳和认同,也更使孙中山的革命积极性和创造性得到充分发挥。但是,热情和激情又常常使孙中山失去辨别真假的能力,轻易地上当受骗。1895年,孙中山为了发动广州起义,事先在香港结识了三合会的头目,并询问他们有多少会员可以参加起事,两个三合会头目随口说出了一个很可观的数字,孙中

---

① 尚明轩、王学庄、陈崧编:《孙中山生平事业追忆录》,人民出版社1986年版,第850页。
② 李联海:《孙中山轶事》,广东人民出版社1985年版,第112页。

山又喜又疑，因为要按人数付饷的心理不踏实，便问一个头目："怎样能证明你有这么多人？"这个头目拍着胸膛说："请先生点名，然后发饷。"孙中山又问另一个头目，得到的回答同样干脆。孙中山又问："在香港，怎么可以让我点名呢？"两个头目说："可以约定钟点在茶楼饮茶，先生在前，我们在后，凡起立的是同志，不起立的便不是我们的人。那时，先生便可以点数。"于是孙中山按他们约好的时间前往茶楼，由他们带领着与茶客见面。茶客看见头目呼拥着来人，便纷纷起立凝视。孙中山默默点数，起立者果然如所报的人数。再到其他几个茶楼，情况也是一样。孙中山喜出望外，就按头目所报的人数发了饷，可是，起事的时候，所到的人却远没有这么多。后来才知道是一个骗局。① 诸如此类上当受骗的事，孙中山经历过不少，尽管他自己后来意识到了这一点，但在实际活动过程中这种事却时有发生，这显然与其性格有着某种内在的联系。

其次，孙中山具备宽宏大度、富有同情心、开放性与包容性并存的性格特征。

长时期的人口流动和文化交流，使岭南人对周围的人和事都抱有一种忍让、宽容、理解、同情、接纳和认同的态度。孙中山也毫不例外地承继了岭南人这一性格特征。诚然，这一性格特征并不是岭南人独有的品质，其他文化区域的人也同样具备，只是岭南人在这方面显得格外引人注目。孙中山从小生活在岭南，后来虽流亡海外，但他主要是在属于岭南文化圈的华侨社会活动，接触的仍然是岭南文化，在生活和交往中，耳濡目染，自然也就受到一定的影响。

孙中山的卫士张猛曾回忆说：

> 孙中山先生是一个度量大、待人宽厚，能使人改恶从善、心服口服的革命思想家，明知是来骗他的人，但他相信十人中有一人不骗他的，这就是革命的力量，可以依靠。我是当他的副官，代他接见过不少宾客，其中有求差事的，或要求给钱生活的，孙先生总是要使来求的人无不满而去。但有些专搞民军的人想来骗钱，开口便说有多少部队，多少枪械，要求跟孙中山先生效忠革命，要多少钱开拔费才能把队伍开到广东来听命任用，从几多万元减到几多千元，再减到几多百元，甚至最后只要几十元给来往传讯息的人作费用便算。我们每次都告知孙先生这个人是假的，要来骗钱的，孙中山先生总是说："岂有不知他是骗的？但他只敢来骗一次，不敢再来骗二次。古人说十室之邑，要有忠信，十人

---

① 李联海：《孙中山轶事》，广东人民出版社1985年版，第66页。

中有一人不骗就成功了。这种来骗的人，骗得到手便说你好，骗不到手就说你坏，好的是一句，坏的也是一句，来骗多少没关系，得他说句好的，就当给他一点宣传费，帮我们讲好话，帮敌人讲坏话，岂不是有利于我们吗？"孙中山先生持革命的远见待人，值得我们学习。又如沈鸿英三次叛变，三次认错，孙中山先生不但没有杀他，只要他认错，孙中山先生又起用他了。①

岭南人有一个特点，就是从不拒人于千里之外，凡是来找他求他的人，不管是否达到来访的目的，离去时都会感到高兴，因为他们受到主人很友好热情的礼遇。孙中山曾经说过："宁愿天下人负我，不愿我负天下人。天下可以欺伪成功，我宁愿以不欺伪失败。"他一生也是抱着这一宗旨待人处世的，所谓"不念旧恶，怨自用希"，真是完完全全的不折不扣、能够奉行到底的谦谦君子，与心狠手辣、奸诈阴险、铁面无情的曹操就形同天壤。曹操那"宁可我负天下人，决不许天下人负我"的心胸与孙中山信奉的原则更是大相径庭。就是与孙中山同时代的章太炎、宋教仁、陶成章、居正等人，其待人处世的方式和特点与孙中山也有很大的区别。这里固然有个体的差异，但文化影响上的不同也是重要因素之一。

政治家不可能没有对手或政敌。孙中山一生团结和争取了许许多多的有用之人，同时也不可避免地招惹了不少是非，树立了不少"敌人"。但是，对于那些曾经要抓他、反他、杀他、骗他、骂他、笑他的人，孙中山统统淡然处之，很少意气用事、大打出手、寻求报复。有的甚至后来有求于孙中山，孙中山仍然给了那些人以适当的满足。邓廷铿，这位曾经在英国伦敦诱骗孙中山进入清政府驻英大使馆而使之被绑架的广东人，在中华民国成立后，来南京求见孙中山，孙中山仍然以礼待之。丘逢甲，这位平时对孙中山极不信任、以为孙中山是不能办大事的老官僚，孙中山也仍是积极与之交谈，主动与之交往，从而改变了丘的态度，争取了丘的支持。就是背叛他的陈炯明，孙中山也曾表示只要陈炯明悔过自新，仍然可以不计前嫌。又有一次，一个以前反对他的北方小官僚大概潦倒不堪，竟来广州想见孙中山找点小差事，当时就有人主张将其拘禁起来，孙中山却说："他已景况堪怜，不接见他就是了，何必将之治罪？"还有一次，程天斗在粤筹备设立广东银行。在外国印好钞票，运到广东时陈炯明已叛变，未能发行，钞票存储在沙面，其后事定回粤搬回，少去一箱，有人告发程事先已偷运于香港发行，孙

---

① 张猛：《孙中山先生的革命言行》，见尚明轩、王学庄、陈崧编《孙中山生平事业追忆录》，人民出版社1986年版，第437～438页。

中山即扣留查办，组织军事法庭，派胡汉民为审判长审理此案，但程拒不承认，孙中山特地关照不可用刑逼供，他说："给他硬饼干吃，不准饮水，他就难受了。"① 孙中山的宽容大度和仁慈善良由此可见一斑。

宽容大度和仁慈心善是一种美德，也是一种性格特征，政治家为了达到某种政治目的有时表现出这样一种品德，尤其是在中国，德行和操守往往是评价人的标准，政治家良好的道德情操和行为品质就更显得必不可少。古往今来就有许许多多的豪杰英雄常常是道德和品行方面的榜样才受人尊重和景仰。但也有不少野心家为了欺骗舆论、愚弄公众，常常煞有介事地披上道德和善良的外衣，把自己粉饰成替天行道、为民请命、劫富济贫、乐善好施的正人君子。孙中山却不同，他宽容大度和仁慈心善的品质纯然是一种自然的流露、随意的挥洒，绝没有一丝一毫装腔作势或乔装打扮的虚伪和做作。西式教育固然使孙中山形成了一种开明豁达、务实求真、率直大胆、民主自由的性格特点，但岭南文化孕育化生出来的那种开放、包容、谦让、随和、仁慈、友善的人文精神，对孙中山的这种性格形成不能说没有丝毫的影响。毛泽东同志说："孙先生是一个谦虚的人。我听过他多次讲演，感到他有一种宏伟的气魄。从他注意研究中国历史情况和当前社会情况方面，又从他注意研究包括苏联在内的外国情况方面，知道他是很虚心的。"② 正如有的研究者所指出的："显然主要不是由某种外表体征所造成的印象，而是一种经由言谈举止传神达意的内在气质。它首先同一种开放型、立体型思维方式相联系。孙中山眼界开阔，思路宽广，当别人只注意局部的时候，他往往能看到全体；当别人只忙于应付现实时，他却能回溯历史，展望未来。"③

心胸宽广，常常与深厚的同情心是一对孪生兄弟。宋庆龄在《我对孙中山的回忆》一文中谈到："孙中山好几次告诉我说，就在这早年还是贫农家里的贫儿的时候，他变成为一个革命的人。他下了决心，认为中国农民的生活不该长此这样困苦下去。中国的儿童应该有鞋穿，有米饭吃。就为这个理想，他献出了他四十年的生命。"④ 应该说孙中山的同情心不仅包括对劳动人民悲惨境遇的真诚同情和深切关怀，希望"亟拯斯民于水火"，同时包括更广义的"普及于人人"的"兼爱"或"博爱"。对千千万万劳苦大众的同情和关怀，以及对世界被压迫被奴役的国家和人民的支持和帮助，都说

---

① 尚明轩、王学庄、陈崧编：《孙中山生平事业追忆录》，人民出版社1986年版，第831～832页。
② 《毛泽东选集》第5卷，人民出版社1944年版，第312页。
③ 中国孙中山研究学会：《孙中山和他的时代——孙中山研究国际学术讨论会文集》中册，中华书局1989年版，第1409～1410页。
④ 尚明轩、王学庄、陈崧编：《孙中山生平事业追忆录》，人民出版社1986年版，第513页。

明孙中山具有深厚、广袤而又纯朴的同情心和爱心。

孙中山对劳苦人民的同情和关怀,绝非一种装模作样的表演和敷衍视听的自我溢美之词,许多事例足以证明这一点。一次,孙中山驱车去黄花岗凭吊七十二烈士,下车后,一个30岁的麻风病人突然跪下向他行乞,卫士们喝令他走开,但孙中山却说:"不要吆喝他,你是人,他也是人;他患了麻风病,无法谋生,十分凄惨的。"孙中山让卫士给他些钱,甚至还主动给病人把脉诊治,送他去了麻风病院治疗。① 在攻打陈炯明盘踞的惠州城时,炮火轰塌烧毁了不少民居,孙中山从望远镜里见到此种情形后感到十分难过,对身边的官兵说:"这样打法,打死了老百姓,炸毁了他们的房屋,只会激发他们对我们憎恨,致使他们帮助敌人来攻打我们。……你们千万不要再开炮乱打了。要想办法发动各村乡民组织十字会,由政府拨款购买粮食及建筑材料,来救济和帮助受害的老百姓,这样,才可以挽回人心,也是爱民的策略。"② 诸如此类的体恤民情疾苦和救死扶伤、"老吾老以及人之老,幼吾幼以及人之幼"的事例实在太多,在这里不便一一列出。

这种出自真情的表现是孙中山本性的一种流露。传统的观点以为每个属虎的人都很仁慈,是诚实、柔情和慷慨的人,这在孙中山身上似乎得到了佐证。康德黎博士曾指出:"和字面真实意义相符的博爱,这就是孙中山突出的品格。口是心非,为非作歹,对于孙中山的品格来说,确实是冰炭不容的。在他的每一言行中,一种对于周围人们寒暖饥饱的亲切关怀是显而易见的,在现代人当中所梦想不到的大公无私的程度:一个活生生的崇高道德的榜样。……他的成功的秘密在于无私:他只是为了祖国的富强而不断追求探索,并非为了一己的飞黄腾达。……当祖国的利益将有所保障的时候,他准备和渴求引退。"③ 宽宏大度和仁慈心善又与开放和包容密不可分,或者说宽宏大度和仁慈心善本身就具有开放和包容的机能。没有开放与包容的心理条件,宽宏大度和仁慈心善最后也只能是一句空话或纯粹是一种骗人的假象。可以说,没有开放和包容的心灵,就不可能有"团结一切可以团结的人"的信心,就不可能有集百家之长补己之短的热情,就不可能有接受新知识新观念新事物的勇气,只能是排除异己、党同伐异、苛求于人和自以为是,或者是偏激固执、抱残守缺、冷酷残忍和绝对权威主义。孙中山之所以在生前和死后仍然成为中国人民乃至世界人民心目中的杰出人物而倍受推崇

---

① 李联海:《孙中山轶事》,广东人民出版社1985年版,第254页。
② 李联海:《孙中山轶事》,广东人民出版社1985年版,第278~279页。
③ [美]韦慕廷:《孙中山——壮志未酬的爱国者》,杨慎之译,中山大学出版社1986年版,第4页。

和景仰，其中固然与他本人的主义和他的理想及其从事的工作有关，但不能否认，他的宽宏大度和仁慈心善的高尚品质和开放包容的性格特点所散发出的迷人气息也有着特殊的吸引力和感召力。

再次，旺盛的求知欲和实用主义理性是孙中山外向型性格的又一特征。

孙中山曾经说："我一生的嗜好，除了革命之外，只有好读书，我一天不读书，便不能生活。"① 几乎所有与孙中山有过交往的人，都称赞孙中山好学不倦的精神。黄季陆曾在《国父的读书生活》一文中有过很精当的评述："凡是知道中山先生的人，都晓得读书几乎是他闲空时间一种嗜好，是他一种读书癖，勿论在平时，或在紧张的时期都是如此。他一生最为同志称道的有两件事：一是每遭革命失败的时候，别人或是沮丧叹气，或是乞灵于诗词小说，以作消遣，暂时安顿心予；而他往往在这时期，取专门巨著而细读之，从容一如平时，一点无沮丧悲观的形象。胡汉民先生每每谈及此事，认为是他平生所见的第一人。胡先生为人极富自信，据他自己所说，在他遭遇革命挫败，或遇拂意事的时候，也只能以诗词小说或弈棋自遣，远不如孙中山先生从容镇定阅读专门巨著而引以为乐。二是中山先生每遇挫败或拂意的事而为他人所不能忍受者，他皆能处之泰然。"② 曾经追随孙中山的陈劭先在回忆中也说："中山先生除革命工作以外，唯一的嗜好便是读书。我记得在头山满宅谒见他时，他住的只是几间很小的日本式房子，书房里图书很多，特别是英文的报刊。他回国以后，无论是在兵马倥偬之中，艰困危难之际，也经常手不释卷。由于他好学深思，广泛地接触到世界的先进思想，所以在他的同代人中间，始终比别人更明了世界大势，见解更高更远。"③

孙中山好读书，好买书，在当时革命党人内部是出了名的，其酷爱读书几乎到了痴迷的地步。为了买到好书、新书，孙中山常常弄到衣食住行难保的程度。一次在英国伦敦，曹亚伯看到孙中山旅费不足，便集了40英镑送他，结果孙中山却将钱买了一大捆书。④ 还有一次，孙中山、宋庆龄和卫士马相一起外出，他走进一间旧书店，选购了一大堆线装书，因书重步行吃力，想雇一马车却身无分文。⑤ 爱买书是孙中山的癖好，好读书更是孙中山的一大乐趣。孙中山给人的印象总是手不释卷，聚精会神地看书学习。在他一生之中可谓一日不离书，即使是在指挥作战的时候仍然读书不辍。他曾对

---

① 黄昌毂：《孙中山先生之生活》，转引自马敏《论孙中山伟人品质》一文。
② 尚明轩、王学庄、陈崧编：《孙中山生平事业追忆录》，人民出版社1986年版，第838~839页。
③ 尚明轩、王学庄、陈崧编：《孙中山生平事业追忆录》，人民出版社1986年版，第204页。
④ 尚明轩、王学庄、陈崧编：《孙中山生平事业追忆录》，人民出版社1986年版，第703页。
⑤ 尚明轩、王学庄、陈崧编：《孙中山生平事业追忆录》，人民出版社1986年版，第121页。

人说:"我数十年来因革命居无定所,到处奔波,书读完后,或是送与友人,或是遗失,读过多少书,已不能尽记了。但在革命失败时,每年所花的书费,至少四五千元;革命工作繁忙的时候,每年买书则只是二三千元而已。"① 我们从上海孙中山故居藏书目录中就可以发现,仅在1918—1924年这段时间内,孙中山就留下了1932种共计5230册图书。包括中、英、法、德、俄、日等六国文字,其中,中文编目的有389种,1528册;日文编目的有15种,58册;其余均为欧文(包括英、法、德)、俄文书籍,有389种,3143册。在这些图书中,社会科学书刊是重点,包括:百科全书、年鉴类28种;政治(含法律、军事)类484种;经济(含铁路)类247种;社会学类203种;哲学(含心理学、宗教学)类54种;科技(含医学、体育)类109种;天文、地理(含地图)类55种;历史类116种;文学(含传记)类170种,期刊62种。这是孙中山和宋庆龄的共同藏书,至少可以肯定孙中山在此时买了和读了不少的书籍。②

读书买书,是求知欲望得到满足的一种途径,也是求知欲的一种外在表现。一个具有旺盛求知欲的人,其性格至少应是外向型的。正如有的学者所言:"不能纯然从个人兴趣爱好上理解孙中山的求知欲,而必须看到这是近代先进人士从封闭、狭隘的中世纪跨进广阔多变的近代社会空间后,感到亟需调整、补充知识结构的普遍心理趋向。只不过它在孙中山身上又表现得尤为强烈突出罢了。"③ 旺盛的求知欲与其说是发乎自然,起于孙中山的天性,毋宁说是孙中山为了自我价值实现和指导革命与建设的具体实践而表现出来的一种求知和探索的心理冲动。所以,孙中山的求知欲从一开始就带有明显的目的性和实用性。很多资料都反映了孙中山的这一性格特点。即孙中山自立志从事革命后,便主要围绕社会改革的大目标采撷新知,读书求知也就带有明显的倾向性。如他只注重学习政治、哲学、历史、军事、经济和天文地理等方面的知识,而对小说、诗词之类则相对忽略。给人的印象是他除了读书和革命,似乎就没有其他的爱好。

戴季陶常说孙中山博览群书而有其特别独到的观点。他说:"我们读书是弯着腰去接近书,中山先生则是挺着胸膛在读书,合于他的需要的便吸取之,不合于他的需要的便等闲视之。我们役于书,而他则是役使着书。"④ 随侍孙中山较久的人都知道他虽然对中西典籍、报章杂志都无不喜欢阅读,

---

① 李联海:《孙中山轶事》,广东人民出版社1985年版,第244页。
② 《团结报》1993年6月16日,第二版。
③ 马敏:《论孙中山伟人品质》,见《孙中山和他的时代——孙中山研究国际学术讨论会文集》中册,中华书局1989年版,第1412页。
④ 尚明轩、王学庄、陈崧编:《孙中山生平事业追忆录》,人民出版社1986年版,第839页。

但从未见过他阅读小说杂部及其他无关学术的书。有人就指出:"总理毕生可谓不读无益之书者,凡中西典籍以及报章杂志,无不博读,然从未见总理一读小说杂部,及其他无关学术之书,故博而能精,无泛滥丛杂之弊。"①还有人认为:"自他三十岁在广州第一次革命失败,受了满清的通缉,当然东奔西走,辗转筹划,一面又要把他的主义研究得有条有理,本来亦没有工夫腾出来消遣与闲谈。所以总理诗也知道,棋也知道,从来亦不肯花去有用的精神,用来做诗下棋。他的书法,特别的凝炼,人家都说乾清宫有正大光明四字的匾额,相传是福临的手迹,是有天生真主的气度。总理的字,出笔相类,还比他朴伟。然而,他又不喜欢临摹什么碑帖。被人央求不已,也破工夫替人写赠联帖,这算是他顶闲杂的应酬。其余客人终日满座,无非问他募得几多部下,现有多少利器,或那里的要塞,有无通道,何处粮食足够支持多少时间,财政是怎样计划,民困是怎样救济;读教育的,问他学校的情形;讲政治的,问他政治的组织。他不是故意算留心,实在是自然的需要,这种他自己说的,专一四十年,在求中国之自由平等。这可以算他的精神的一丝一厘,都专一用在中国之自由平等之上,自然不会浪用他一丝一厘的精神,供做别用,他是毫不勉强,他只是自然。"②

这些时人所见所闻,固然带有一些溢美之词和感情成分,但也的确反映了一个事实,即孙中山所学所钻研的东西都是为了圆满他的主义,实现他的革命理想,服务于他的奋斗追求的目标。实用或有益于革命和他的主义,是孙中山求知、学习、吸收一切知识和经验的首要原则,所以他的求知欲带有明确的目的性和实用性。浏览中国的古史经籍是为了从中吸取经验教训,寻找传统文化的精神养料,学习待人处世的道理,提高自己的儒家文化修养;研读各国政治、经济和文化、科技等方面的著作,是为了博采东西方各国之长,而补己之短,也是为了建构自己的思想体系,更是为了寻找革命和建设的理论依据,丰富自己的智识,跟上时代的步伐。他曾对张道藩等即将去国外留学的年轻人语重心长地说:"我希望你们到外国去不要以读死书求得一点知识为满足。你们应该除了专门科目以外,随时随地留心考察各国的人情、风俗习惯、社会状况,以及政治实情等等。这些活的智识于你们学成归国之后,对国家社会会有很大贡献的。"③ 带着问题和目的去读书学习,不读无用之书,不做无用之事,做到学有所思、学有所用,无疑是孙中山的一

---

① 尚明轩、王学庄、陈崧编:《孙中山生平事业追忆录》,人民出版社1986年版,第697页。
② 尚明轩、王学庄、陈崧编:《孙中山生平事业追忆录》,人民出版社1986年版,第710~711页。
③ 尚明轩、王学庄、陈崧编:《孙中山生平事业追忆录》,人民出版社1986年版,第785页。

个最明显的性格特点。

其实,为了有用而读书,带着实用主义理性去求知,也是岭南人甚至是中国人的共同特点,所不同的只是岭南人在这方面表现得更为突出。岭南人的传统是重实用和讲实际,强调的是"用"字,对抽象的概念和逻辑推理的知识并不是十分注重。在他们看来,这些都是空洞的,不能生金生银生粮油和给自己迅速带来实际的利益,以及解决目前所面临的问题,所以岭南人很少把读书看作人生奋斗的唯一目标。他们更乐于从事一些与谋生密切相关的实际工作,即使有人送子读书,也仅仅是让子女具备做人、处世、谋生的基本知识和技能,太高的要求对于他们来说毋宁说是一种奢望。一些读书人也往往是只求大意而不求甚解,只求结果而不问原因,这样做的好处在于不空谈误事,不易受制于书,而能够学以致用、经邦治国、活学活用;但也容易盲目偏激、浅尝辄止,于智识的提高有害无益。孙中山虽然受西方文化的熏陶较深,好学深思,但岭南人的读书态度和读书学习的原则对孙中山的影响也确实不小。为了实用而求知,既是岭南人和孙中山的优点,也是他们的不足之处。

复次,孙中山性格特征中具有顺应时势与务实的风格。

有不少人认为,孙中山一生最大的特点就是顺应时势,并总是走在时代的前列,不断地更新观念改变自己。的确,在近现代史上很少有人像孙中山那样能在思想、观念、学识和行动上与时俱进、常领风骚。康有为、梁启超算是能超越时代的了,但后来又做了复古倒退的"旗手";章太炎、严复也曾大倡进化论和革命论,但后来也做了国粹派的中流砥柱;陈独秀、胡适等文化革命的闯将,后来也思想落后,被历史所淘汰。对此,鲁迅先生曾有过一段十分精彩的文字:"广东举人多得很,为什么康有为独独那么有名呢,因为他是公车上书的头儿,戊戌政变的主角,趋时;留英学生也不希罕,严复的姓名还没有消失,就在他先前认真的译过好几部鬼子书,趋时;清末,治朴学的不止太炎先生一个人,而他的名声,远在孙诒让之上者,其实是为了他提倡种族革命,趋时,而且还'造反'。后来'时'也'趋'了过来,他们就成为活的纯正的先贤。但是,晦气也夹屁股跟到,康有为永定为复辟的祖师,袁皇帝要严复劝进,孙传芳大帅也来请太炎先生投壶了。原是拉车前进的好身手,腿肚大,臂膊也粗,这回还是请他拉,拉还是拉,然而是拉车屁股向后,这里只好用古文,'呜呼哀哉,尚飨'了。"[①] 孙中山就不同,他一生时时在求索,时时在进步。从"医人"生涯到"医国"事业的转变,从早期的改良进到"反满"推翻帝制实行民主革命,从旧三民主义体系的

---

① 《鲁迅全集》第5卷,人民文学出版社1989年版,第535~536页。

形成到联俄、联共、扶助农工的新三民主义的提出，从单纯依靠会党华侨进行武装起义到发动新军、团结组织知识分子和鼓励农民参加民主革命，孙中山的思想言论和行动方式都有很大的改变，而这种改变与时代的大潮涨落基本上是合拍的。胡适对孙中山的持之以恒的勤奋好学的精神极为敬佩，他曾回忆说："民国八年初，我去访中山先生，他的寓室内书架上装的都是那几年新出版的西洋书籍，他的朋友，可以证明他的书籍不是摆架子的，是真读的。中山先生所以能至死保留他的领袖资格，正因为他终身不忘读书，到老不废修养。其余那许多革命伟人，享有盛名之后便丢了书本子，学识的修养就停止了，领袖的资格也放弃了。"① 正因为孙中山不断自我更新，与时俱进，所以他才得以成为时代的骄子、历史的巨人。

许多对孙中山的思想主张和行动目的并不太了解的、与孙中山同时代的人，常常对于他的"不切实际的夸夸其谈的计划"以及他的"极大的个人虚荣心理"啧有烦言。② 在那时的北方，孙中山充其量是被人们当作一个不务实的理想主义者来看待的。其实这并不奇怪，中国人向来就有急功近利、注重效用、强调实惠和立竿见影的习惯，那种"今朝有酒今朝醉，明日愁来明日愁"的得过且过、缺乏人生终极关怀的短期行为，在中国社会已是根深蒂固。所以，孙中山那些建设国家的宏伟规划很难被当时中国的大多数人所接受，在他们看来，这些庞大的发展计划既不适合中国的国情，又没有太多的现实意义，在国难当头、民不聊生的动荡年代，与其描绘未来的蓝图，还不如致力于解决眼前的实际问题。出于这样一种心理，孙中山受到冷落和嘲讽也就不足为奇了。

但事实上，这是当时人们的一种偏见，也是对孙中山的一种误解，甚至可以说是很不公正的看法。孙中山一生最可贵的就是他能言能行，理论与实践同时并举。我们知道，任何革命运动需要具备三大要素，即组织（立党）、宣传、起义。孙中山对此就有明确的认识，他说："求天下之仁人志士，同趋于一主义之下，共同致力，于是有立党。求举国之人民共喻此主义，以身体而力行之，于是有宣传。求此主义之实现，必先破坏而后建设，于是有起义。"并指出推动这三项工作还需要思想、武力和经验。③ 考察孙中山一生的历史就会发现，在这三方面孙中山都曾努力地去行动过，组建兴中会和同盟会，改组国民党，可以说是组织工作上的实现；民族主义、民权主义和民生主义以及"联俄、联共、扶助农工"的三大政策，是其主义的

---

① 黄艾仁：《胡适与中国名人》，江苏教育出版社 1993 年版，第 17 页。
② 参见胡汉民《中山先生的海外革命活动》一文，见《孙中山生平事业追忆录》，第 179 页。
③ 吴相湘：《孙逸仙先生传》（上），台湾远东图书公司 1982 年版，第 513 页。

完成；办报、注重舆论、讲演等是使其主义扩大影响、掌握群众的一种努力；而利用会党，争取华侨，团结知识分子，策动新军，兴办军事学校，发动武装起义，东征西讨和两次北伐，等等，则是武力之实现。想尽一切办法集资筹款，孙中山几乎耗尽了心血，所有这些都说明孙中山是一个注重实干的人。

倒是曾对孙中山的著述颇有微词的胡适先生对孙中山被误解给予了一定的同情和理解。胡适在1919年7月20日的《每周评论》发表评论说："中山先生是一个实行家。凡是真实行家都有远见的计划，分开进行的程序，然后一步一步的做去。没有计划的政客，混了一天算一天，嘴里说专尚实际，不务空谈，其实算不得实行家，只可说是胡混。中山先生一生所受的最大冤枉就是人都说他是'理想家'，不是实行家。其实没有理想计划的人决不能做真正实行家。"[①] 并指出："大多数政客都是胡混的，一听见十年二十年的计划，就蒙着耳朵逃走，说'我们是不尚空谈的'。中山先生一生就吃了这个亏，不是吃他的理想的亏，是吃大家把他的理想认作空谈的亏，他的'革命方略'大半不曾实行，全是为了这个原故。"[②]

最后，孙中山还具有幽默风趣与坦率真诚的性格特征。

在大多数人的心目中，孙中山似乎是一个刻板、严肃、不苟言笑、很难接近的人，其实不然。黄季陆在《孙中山先生的健谈和好学》一文中谈到自己与孙中山接触的亲身感受："……先生说话，无论演讲和对谈，都是亲切、诚恳之至，且能雅俗共赏，有时也颇富于幽默感。记得先生曾经告诉我一个幼年的故事，事虽平常，他却说得非常有趣。先生的哥哥德彰先生，是香山的畜牧大王，家里自然有很多的马匹。但这些马多是用来驮物的，并不惯于被骑。先生小时曾去过檀岛看他的哥哥，有一天，见着马夫牵着马来，他便天真的扒上无鞍的马背上去了。这马既是不惯被骑，立刻就受惊而乱跳起来。先生这时自然是非常危险，却又无法下来，便只有用力将马抱着，口里不断的'一、二、三、四……'的数着，用机械的动作来缓和紧张的场面。先生说：'当我数到七八下的时候，我便不知道了！'我听了这话，莫名其妙，为什么数到七八下就会不知道了呢？他说：'当我能够知道事的时候，我已经躺在医院的床上了。'原来先生不久即从马背上被抛下地，跌昏了，失去知觉，一直到医院里施诊后才醒转过来。这个故事本来是极其平常的。可是因为先生善于辞令的缘故，却把它说得娓娓动听。"[③]

[①] 黄艾仁：《胡适与中国名人》，江苏教育出版社1993年版，第18～19页。
[②] 吴相湘：《孙逸仙先生传》（下），台湾远东图书公司1982年版，第1753页。
[③] 尚明轩、王学庄、陈崧编：《孙中山生平事业追忆录》，人民出版社1986年版，第702页。

孙中山的幽默风趣还给许多同盟会员和国民党内的同志留下了深刻的印象。吴敬恒深有感触地说:"孙先生是平凡的伟大,也就是说他和平凡人一样有感情,也好风趣,一乐以忘趣;何况孙先生受英国人教育,得英人'幽默'的启发,也就是中国传统的诙谐。太史公所谓'谈言微中亦可以解纷'。孙先生革命,失败次数多,不能不有感伤,而其确信'失败是进步之母',即基于他有读新书嗜好,可有新知以补旧失,自然可继续前进。有诙谐或幽默,在失败气氛中也可以忘忧。孙先生可说很知养生之道,这是习医的心得。"①

其实,幽默也是岭南人和北方中国人的一大特点,不过中国人尤其是岭南人的幽默主要不是表现在言语上,而是见之于行动之中。孙中山的幽默自然也不完全是习医的心得和英国人的影响。

关于幽默,古今哲人智者均有相当精辟的论述。有人认为幽默是智慧创造的,是以奇巧方式曲折含蓄地表达思想情感从而引人产生轻松有趣的笑的艺术。② 有的认为幽默又是善意的玩笑,是和蔼可亲的欢笑,是一种喜剧感。③ 林语堂认为,"一般的说,幽默家比较接近事实,而理论家则比较注重观念,当一个人跟观念本身发生关系时,他的思想会变得非常复杂"④。可以说,幽默风趣在大多数情况下是学不来的,它需要足够的智慧和机巧,而智慧与机巧常常与个人的先天禀赋和后天的学习与生活经历有关。孙中山虽算不上绝顶的幽默,但他注重事实则是千真万确的。观念的抽象和枯燥的东西对他来说,似乎并不一定非要用深奥的文字来表述,重要的是将抽象的观念化作浅显的生动有趣的语言文字表达出来。孙中山正是这样努力去做的,那"邓师爷厨房演说,陈和叔冷巷失鞋"的故事和"我是个猴子"的幽默,也许对孙中山这段趣事稍有所知的人都会于此心领神会、拍案叫好吧。⑤

幽默还要有坦率真诚的品质,才能化敌为友,才能化干戈为玉帛,才能启人心智、令人畅快。孙中山一向为人光明磊落,对人坦诚相待、率直爽快,不拐弯抹角、遮遮掩掩、吞吞吐吐,倒是像北方中国人那样堂堂正正、潇潇洒洒地展示自己的胸怀。宫崎寅藏讲过一件耐人寻味的事:有一天,犬养毅问孙中山:"你最喜欢的是什么?"孙中山毫不犹豫地答说:"Revolution

---

① 吴相湘:《孙逸仙先生传》(下),台湾远东图书公司1982年版,第1780~1781页。
② 方成:《幽默·讽刺·漫画》,生活·读书·新知三联书店1984年版,第57页。
③ 《喜剧美学研究》,第一辑(上),内部铅印本,第19页。
④ 林语堂:《生活的艺术》,中国戏剧出版社1992年版,第80页。
⑤ 参见吴相湘《孙逸仙先生传》(下),台湾远东图书公司1982年版,第1780页;李联海:《孙中山轶事》,广东人民出版社1985年版,第248~249页。

（革命）。"犬养毅又问："你喜欢革命，这是谁都知道的，除此以外，你最喜欢什么？"孙中山边看犬养毅夫人，边笑而不答。犬养毅再催问："答答看罢。"孙中山答说："Women（女人）。"犬养毅拍手说："很好！"并问："再其次呢？""Book（书）。""这是很老实的说法，我以为你最喜欢的看书，结果你却把喜欢女人排在看书前面。这是很有意思的。不过喜欢女人的并不只是你！"犬养毅哈哈大笑，并佩服孙中山说："你这样忍耐对于女人的爱好而拼命看书，实在了不起。"① 作为一个革命家和领袖人物，能够这样毫不掩饰、毫不回避地将自己对女人的兴趣爱好，大大方方、坦坦荡荡地讲出来，恐怕历史上也没有几个人像孙中山这样，由此也就不难看出孙中山的真诚坦率。

不过真诚坦率南北有别。南方人，尤其是岭南人的真诚坦率是务实、客观、自信、合作、开放的一种表现，北方人的真诚坦率更多的则是气质的一种自然流露。岭南人真诚坦率令人放心、安稳，使你感到他的精明；北方人真诚坦率则使人有一种溢于言表的喜悦和难以抑制的激动。孙中山的真诚坦率给人的感觉显然是前一种。

（二）多血质与胆汁质合二为一的气质

性格和气质在某些方面的特征基本上是一致的，但并不能因此说性格和气质是可以等同的，事实上性格与气质的发生和发展并不总是同步的。实验和观察表明，初生婴儿最先发展起来的心理特点只是与神经系统特征直接相联系的一些气质特征，性格则是随着儿童自我意识发生发展而发生发展的。由于气质较多地受生物因素制约，因此，它变化较难、较慢；而性格是后天形成的，由生活实践决定，它也具有稳定的特点，但比起气质来，它的变化较易较快。气质在一定程度上影响和决定了人的性格形成和发展。所以，研究孙中山的个性，我们不能不了解他的气质特征。

从心理学上看，孙中山的气质又是如何呢？有的学者认为："孙中山心理品质中主要优缺点相反相成，截然并存，从纯心理学角度解释，是强型胆汁质气质的二重性：肯定规定性的热情、积极、刚强和否定规定性的躁急、偏颇、固执两极并存转化，辩证统一使然。"② 这样的分析虽不无道理，但仍然有所忽略：一是每个人的气质不可能是绝对的胆汁质、多血质、粘液质和抑郁质这四种气质类型中的一种，它总是混合交叉出现的。因为一个人的

---

① 转引自李敖：《孙中山研究》，台北李敖出版社1987年版，第285~286页。
② 马敏：《论孙中山伟人品质》，见《孙中山和他的时代——孙中山研究国际学术讨论会文集》中册，中华书局1989年版，第1413页。

气质是由先天的因素决定的，但在特殊的情况下又是可以改变的，生活环境和教育状况以及年龄阅历等，都会使人的气质走向混合，趋于交叉。在日常生活中，我们会发现：少年期兴奋强而抑制弱，在活动中表现出好动、敏捷、热情、积极、急躁、轻浮等特点；壮年期兴奋与抑制平衡，在活动中的表现是坚毅、机智、活泼、深刻；老年期则兴奋弱而抑制强，表现为沉着、安静、坚定、冷淡、迟缓。所以，对人的气质不能简单地归为某一类，也不能静止不变地去看待。二是有许多研究资料表明，孙中山除了偶尔暴跳如雷、急躁冒进和偏激固执外，更多的时候显示了平易近人、和蔼可亲、冷静沉着、灵活敏捷、坚强刚毅这一气质特点。若仅仅把这两种气质特点归结为一种气质类型中的两个方面或说是气质的二重性，则似乎忽视了气质内在的规定性。要进一步了解孙中山的气质特征，就必须具体分析，综合考察，可以发现，孙中山的气质特征有如下表现。

1. 过人胆略与轻率莽撞

孙中山的过人胆略和轻率莽撞的气质，在他一生中似乎都是一个明显的特点。还在少年时代，孙中山就表现出了他大胆、勇敢、无畏的气质特点。清兵凶神般冲到翠亨村封屋围捕犯人，人人闻风丧胆，孙中山却若无其事；威严的教书先生虽然令孩子们唯唯诺诺，却阻挡不了孙中山好奇大胆的质问；威风凛凛的"关帝"和"北极帝君"塑像，以及"金花娘娘"泥塑，被人们奉为神明，不可侵犯，然而孙中山却毁之、嘲笑之；当人们只能对封建官僚的胡作非为和暴殄天物表示不满时，孙中山却振振有词地放言高论造反革命……可以肯定，孙中山的那种天不怕地不怕的胆略与先天因素有关。① 待到他立志从事医国事业的时候，他的过人胆略就更得到了锤炼和强化。广州起义失败后孙中山受到通缉，但他却不慌不忙、从从容容地脱离了险境；10多年的海外流浪生活，以及武装起义的一次接一次失败，组建新的民主共和国，与袁世凯和大大小小的军阀长时期的抗争和搏斗，还有与各资本主义国家的交锋和周旋，事事处处都显示了他那过人的胆识和惊人的气魄。对关余事件的处理就是一个极为典型的事例。由于清政府腐败无能，关税不能自立，受外国人控制，关税除了用作赔款，剩下来的关税（即关余）也要中国政府向外国的海关税务司伸手来取。孙中山成立南方革命政府时，这笔关余自应为南方革命政府收用。但当时粤籍海关税务司（英人）百般刁难，不肯将关余交出，各国战舰集中于白鹅潭示威，大炮指向孙中山的大

---

① 没有太多的证据可以说明孙中山的父亲或祖辈的"天不怕地不怕，敢想敢干，与人抗争"的性格气质特点，但孙中山一早所表现出的斗争精神和胆略，与岭南地区尤其是珠三角地区的反抗强权的斗争精神以及好勇斗狠的民风民俗应有一定关系。

本营，气势逼人。但孙中山毫不畏惧，义正词严地提出抗议，并亲自出马去粤海关，一方面强令他们交出关余百余万元，另一方面又致电要外国军舰迅速退出白鹅潭，既解决了大部分军费和行政费，又打击了帝国主义的嚣张气焰，孙中山的大无畏的斗争精神和敢于抗争的胆略由此可见一斑。①

但是，大胆和勇敢，一旦离开了智识和谋略，也就表现为轻率莽撞和盲目冒进。年轻时的孙中山给人的印象就是一个"无法无天""胆大妄为"的轻狂少年，所以当时他就有诸如"石头仔""洪秀全第二""孙悟空"之类的绰号。兴中会会员谢缵泰在他的日记中有一段这样的记载："孙逸仙看来是一个轻率的莽汉，他会为建立'个人'的声望而不惜冒生命的危险，他提出的都是易招物议的事物，他以为自己没有什么干不了的——事事一帆风顺——大炮！"（1895年5月5日）"孙念念不忘'革命'，而且有时全神贯注，以致一言一行都显得奇奇怪怪！他早晚会发疯的。我也是一个认为不能把领导运动这个重大责任信托给他的人……"（1895年6月23日）这里虽然有谢缵泰对孙中山的成见，但也说明了孙中山的某些性格气质特点。上书李鸿章，在伦敦大胆地走进使馆区，不切实际地接二连三向华侨筹款和发动武装起义，以及让位于袁世凯，相信军阀们的许诺和伪善，都与孙中山盲目、冒进、轻率莽撞的性格气质有关。在这一点上，他又与岭南人好勇斗狠的性格特点相一致。

孙中山一生所言所行，从性格气质的积极方面看，是不畏艰险、勇于任事、不怕牺牲、敢于斗争、积极进取、勇于开拓，想尽快地实现自由平等，及早实现中国的现代化；从性格气质的消极方面看，是轻率莽撞、急躁冒进、偏激固执、盲目自信。在理想与现实之间差距太大或在应激的情况下，孙中山气质性格的这一消极部分就显露出来，左右着孙中山的行动和言语。

性急，可能是孙中山最大的毛病。吴铁城在回忆录中说孙中山有一次因滇桂军阀在广州鱼肉市民，气得"欲以首碰壁"②。平心而论，孙中山一生所遭遇的惨痛经历，尤其是晚年时被自己的左右手之一——陈炯明背信弃义、欲置自己于死地这一变故，更使他痛心疾首、躁狂心急。他自己感慨万千地说："此番粤变，功败垂成，深可太息。其尤痛著，则陈炯明以誓共生死之人，而竟出于枭獍之为，使人类伦理减灭耳"，"陈逆叛乱，乃伦常之变，痛曷可言"，"成功之毁，固深足惜，纲纪之坏，尤所痛心"。人心难测，世事险恶，愤懑和失落感使孙中山不能平静下来。他那种气质上的暴躁

---

① 尚明轩：《孙中山传》，北京出版社1981年版，第296～298页。
② 吴铁城：《忆述总理言行二三事》，见尚明轩、王学庄、陈崧编《孙中山生平事业追忆录》，人民出版社1986年版，第831页。

激进的特点使他多年修炼的自制乐观情绪黯然失色,气质的本质又得到了还原。对性急的毛病,孙中山自己也似有所悟,他在与人谈话时曾说:"我现在病了,但是我性太急,就使不病,恐怕于善后会议,也不能有多大补助。"① 从医学上讲,孙中山晚年得肝病而早逝,与他的暴躁脾气和性急有着因果关系。

2. 顽强意志与强烈使命感

意志虽然是一种心理过程,但它与人的气质性格有着密切的关系。一个人的气质性格决定了他的意志行为表现,所以个体间的意志行为存在着极大的差异。任何成就伟业的人,都必然有他自己的独特的意志特征。孙中山也不例外,他的顽强意志不仅使他在长达40年的革命生涯中留下了许许多多的动人故事,同时也激励了自己和振奋了人心,造成了时势,鼓动了风潮,在一定程度上改变了历史。

意志和毅力,是孙中山战胜困难、取得革命成功的奥秘。孙中山在总结自己革命经历时说:"文奔走国事三十余年,毕生学力尽萃于斯;精诚无间,百折不回,满清之威力所不能屈,穷途之困苦所不能挠。吾志所向,一往无前,愈挫愈奋,再接再励;用能鼓动风潮,造成时势。"② 中国有句古话:无志之人常立志,有志之人立长志。孙中山的可贵之处就在于他一旦确立了自己奋斗的目标,便义无反顾地去追求。青年时代的孙中山虽曾在改良主义立场上徘徊犹豫了好一阵,但他上书李鸿章、试图依靠李鸿章的开明来实现救国、振兴中华的方案流产后,便迅速在改良与革命两者之间作出了自己的人生选择,踏上了武装反抗清朝统治的革命道路,从此再也没有动摇过或怀疑过自己当初的这种选择。

选择革命,对于年轻的孙中山来说,就意味着要面临艰辛痛苦和巨大牺牲。在当时即使是对清政府表示不满也不敢公开发泄的环境下,畅言革命和组织武装起义就更不能被多数人认同。孙中山在这样一种环境下还居然言反和闹革命,就必须具有承受由此而来的一切于己不利的后果的意志和心理素质。在近40年中,孙中山忍受了背井离乡、颠沛流离的痛苦,经受了多次失败和挫折的打击,但他却从不灰心丧气、悲观失望,而是愈挫愈奋、愈战愈勇、愈斗愈强,恰到好处地将失败和挫折的经历与感受转化为继续革命和不断进取的动力。

一些与孙中山同时代的革命者和革命的同情者,对孙中山的顽强意志都有很深的印象。张难先说:"首先,令我最难忘记的是孙中山一生坚韧不

---

① 转引自万平近编:《林语堂论中西文化》,上海社会科学院出版社1989年版,第1页。
② 《孙中山全集》第6卷,中华书局1985年版,第157页。

拔、勇往直前、热烈追求真理的革命精神。"① 吴玉章也说："中山先生那种忍辱负重、坚持革命的精神，使他在屡次革命失败时不灰心、不气馁，相反地常常引古话所说'失败者是成功之母'作为教训，不屈不挠，再接再厉。"② 叶恭绰曾这样认为："先生是一个意志坚强、不屈不挠的人，其反对军阀和帝国主义的主张是永远一贯的。曹锟、吴佩孚下台后，段祺瑞派抬头，先生希望国内和平统一，以一致应付帝国主义，因此不惜亲自扶病北上，与段派协商，以开国民会议为轴心，导致全国统一对外的战线，而不知事有大谬不然者，段派执政后，首先不赞成先生废除不平等条约的主张，且发出外崇国信的通电，给先生以当头一棒。又因奉天张作霖到津迎接先生，备致尊崇，复生疑忌，遂致先生到京，段未与之一面。先生的无比热诚，遭此挫折或者可说先生的信人太过，然先生因未尝不知段派与他思想主张的不同，第本其大无畏的精神，仍拳拳于一试，以冀达于万一，其事固可歌可泣。"③

一些研究者也一致认为孙中山具有顽强的意志。韦慕廷的研究感受是："另外一个印象是孙中山的执着顽强的决心。1894 年，攻读医科刚刚毕业的中国学生，就把自己置身于反对统治其国家 250 年的清王朝的斗争。孙中山不顾可怕的挫折和屡次的失利，在这场斗争中坚持了 17 年之久。在 1913—1924 年之间，他投入了反对袁世凯和每一个继起的北京政府的斗争，在偏远的南方，他组织了三次地区性的敌对政权。人们对于一种虚无飘渺、似乎不可能实现的目标，能够这样全心全意地为之奋斗，这是需要惊人的自信和热忱的，而且还需要对自己事业的正确性深信不疑，孙中山的确具有这种品质。"④

顽强的意志来源于强烈的使命感。孙中山最喜欢讲的两句话是"天命无常"和"有志竟成"。前者强调人的命运并非派定，而在于主观争取创造；后者意指只要不懈奋斗，终能如愿以偿。两题合解，即为要有所作为的人生使命感。与众不同的是，孙中山的人生使命感又同更高层次的历史使命

---

① 张难先：《我对孙中山先生的回忆》，见尚明轩、王学庄、陈崧编《孙中山生平事业追忆录》，人民出版社 1986 年版，第 374 页。
② 吴玉章：《对中山先生的一段回忆》，见尚明轩、王学庄、陈崧编《孙中山生平事业追忆录》，人民出版社 1986 年版，第 267 页。
③ 叶恭绰：《我追随中山先生的回忆》，见尚明轩、王学庄、陈崧编《孙中山生平事业追忆录》，人民出版社 1986 年版，第 245～246 页。
④ ［美］韦慕廷：《孙中山——壮志未酬的爱国者》，杨慎之译，中山大学出版社 1986 年版，第 298～299 页。

感相结合，从而具有"替天行道"、以天下为己任的意味。① 强烈的使命感，是孙中山那个时代的人乃至整个中国知识阶层共有的一种心理现象。在国难当头的年代，知识阶层所固有的那种"修身、齐家、治国、平天下"的责任感和使命感表现得更加强烈。稍早一点的龚自珍、魏源、林则徐、洪秀全、洪仁玕、王韬、冯桂芬，稍晚一点的何启、胡礼垣、郑观应、康有为、梁启超、严复，以及后来的章太炎、黄兴、宋教仁、陈天华、邹容、胡汉民、汪精卫、廖仲恺、朱执信、陈独秀、鲁迅、胡适，等等，都是爱国的热心士子，他们那种"天生我材必有用""改造中国救中国舍我其谁"和"我不入地狱，谁入地狱"的英雄气概，谱写了许多可歌可泣的动人篇章。与大多数人不同的是，孙中山的强烈使命感不是一时的心血来潮和感情冲动，而是在对历史和现实，以及对自我价值有较清晰的认识之后表现出来的一种理智状态。同时，岭南人那种爱国保家的精神和乡土观念在一定程度上强化了孙中山的使命感和责任感。明清以来，岭南人那种顽强的反抗斗争精神和种种爱国保家的义举，无疑在孙中山的精神世界里树立了醒目的路标。民族先贤们爱国的言行和外国侵略中国的历史，对孙中山来说则更是一种激励和刺激。所以，孙中山比他同时代人在意志、立场上表现得更坚强更坚定。个人的名利对孙中山来说似乎并不重要，重要的是集体的利益、国家民族的前途和自己既定目标的实现，所谓"我不管革命失败有许多次，但总要希望中国的革命成功，所以便不能不总是奋斗"②，就是这种心态的最好表达。

3. 机智灵活与精力充沛

也许，伟人总有与众不同的地方，机智灵活和精力充沛就是伟人胜于常人的地方。常人也许有充沛的精力，但却不一定有机智灵活的心理素质，也不一定能好钢用在刀刃上。所不同的是伟人精力格外充沛，他们仿佛就像西西弗斯那样不知疲倦地反复从山脚下将巨石推到山顶，没有停顿，也没有休息，工作思想的时间多于一般人。历史资料一再显示这一点：凡是在人生中有一番大作为的人，都有相当充沛的精力。

孙中山就是如此，既机智灵活，又精力充沛。有一次孙中山的哥哥叫他送一篮东西到三乡去，孙中山高兴地去了。路上遇见一个陌生人。那人见孙中山是一个小孩，就心怀鬼胎地问他："细佬，细佬，你这样早去那里呀？"孙中山机警地说："去三乡。"那人便说与孙中山正好同路，要求一起走。孙中山想起妈妈说过这里地方僻静，常有卖猪仔的坏人在这里活动，再看这

---

① 马敏：《论孙中山伟人品质》，见《孙中山和他的时代——孙中山研究国际学术讨论会文集》中册，中华书局1989年版，第1411页。
② 《黄其翔对孙中山先生的回忆》，载《光明日报》1956年10月31日。

个人行动鬼祟，心中甚为怀疑，但又不敢得罪那人，怕吃眼前亏，于是孙中山装出欢迎的样子，并说了一些好听的话稳住了对方。后来，孙中山找借口脱身，让那人等他。不久，孙中山引来了一群人，抓住了这个人，盘问后果然证实了此人就是贩卖人口的人。①

伦敦蒙难，固然显示了孙中山轻率鲁莽的性格气质特点，但他的机智灵活、反应迅速、行动快捷的性格气质特点在这一过程中也表现得淋漓尽致。他不仅灵活巧妙地争取了英国人柯尔的同情和康德黎、孟森等人的帮助，而且迅速写成了名噪一时的《伦敦蒙难记》，巧妙地使自己在这次蒙难之后一举成名，使清政府斯文扫地。若不是孙中山敏锐快捷地抓住了这次事件潜藏的成名长志气的机会，也许孙中山很难迅速成为众望所归、举世瞩目的领袖人物。②

机智灵活、反应迅速和行动快捷固然使一个人能够抓住机遇，积极迎接挑战，但若是精力不济、体力不支、身体素质差，成就伟业的可能性就会相对减少。诚然，历史上也有不少伟人终生与疾病为伴或生理上存在某些缺陷，但是至少可以肯定"疾病使他们的行动受到致命的改变，他们也在某种程度上使其同胞承受其病痛的重压及其能力的衰退所产生的结果"③。孙中山的生平历史显示出他是一个精力极其旺盛、富有活力和朝气的强人。与大多数人不同，孙中山很少有对革命前途表示灰心和对所从事的事业表示厌倦的情绪，他始终像一个整装待发的战士，渴望着战斗和冲锋。他一生为了国富民强，不畏艰险，勇于斗争，足迹遍及欧美、东南亚、中国港澳以及中国内地许多省市。④ 他先后组织了兴中会、同盟会、中华革命党，改组了国民党，发动了多次武装起义和反抗军阀的战争，组建了南京临时政府和三次短命的南方政权，创立了新旧三民主义，提出了宏伟的"建国方略"，可谓头绪纷繁、业绩巨大。若没有充沛的精力和良好的身体素质，显然不能承受这么多内在和外在的压力，担当历史重任。精力充沛这一点似乎是岭南人的一大优点，尽管西方地理环境决定论者们曾认为南方炎热气候使人懒散，容易疲倦，但善于适应环境并能自我调节的岭南人似乎是一个例外。他们在东

---

① 杨连逢：《中山先生青少年时代的生活片断》，见《孙中山生平事业追忆录》，第14~16页。

② 参见拙作《孙中山与英国析论》，见贺守仁等编《孙中山研究论文集》，中山大学出版社1993年版。

③ [法]皮埃尔·阿考斯等著：《病夫治国》（续集），郭宏安译，江苏人民出版社2005年版，前言第2页。[俄]叶夫根尼·恰佐夫：《健康与权力——一个克里姆林宫医生的回忆》，纪玉祥译，红旗出版社1993年版。戚文、高洪兴：《大人物的变态心理》，时代文艺出版社1993年版。

④ 梁华平等编著：《孙中山先生的足迹》，见《湖北文史资料》1991年第2辑。

西方观察家们的眼里，显然就是一个生命力极其旺盛、好斗狠显勇的群体。

（三）超常的能力品质

人要顺利地完成任何一种活动，总要有一定的心理和行动方面的条件作保证，没有一定的能力或不具备承担某项任务的能力，再大的抱负和决心都无济于事。对于伟人来说，具有平常人所具有的能力是远远不够的，他必须具备多种能力，能将这些能力在活动中最完整地结合起来，并经常创造性地完成一种或多种活动，表现出天才般的能力品质。

天才般的能力形成固然与遗传因素有关，但更多地取决于教育和实践活动。天才人物的出现总是与社会生活条件和革命实践相联系。恩格斯在分析欧洲文艺复兴时代涌现出来的大量天才人物与历史时代的制约关系时指出："这是一次人类从来没经历过的最伟大的、进步的变革，是一个需要巨人而且产生了巨人——在思维能力、热情和性格方面，在多才多艺和学识渊博方面的巨人的时代。给现代资产阶级统治打下基础的人物，绝不受什么资产阶级的局限，相反的，成为时代特征的冒险精神，或多或少地推动了这些人物。那时，差不多没有一个著名人物不曾作过长途的旅行，不会说四种语言，不在几种专业上放射出光芒。利奥纳多·达芬奇不仅是大画家，而且是大数学家、力学家和工程师，他在物理学的各种不同部门中都有重要的发现。阿尔勃来希特·丢勒是画家、铜板雕刻家、雕塑家、建筑师，此外还发明了一种筑城学体系，这种筑城学体系已经包含了一些在很久以后被蒙塔朗贝尔和近代德国筑城学重又采用的观念。……他们的特征是他们几乎全部在时代运动中，在实际斗争中生活着和活动着。站在这些方面或那些方面进行斗争，一些人用舌和笔，一些人用剑，而一些人则两者并用。因此有了使他们成为完人的那种性格上的完满和坚强。"① 这也就是我们常说的"时势造英雄"。孙中山所具有的非凡才干，无疑也是时代环境和实践活动的产物。岭南地区特殊的历史、社会和文化构成特定的行为情境和心理氛围，给了岭南人（包括孙中山）自由思想的空间，提供了社会实践活动的人生大舞台和发挥其聪明才智的机运。反过来，考察孙中山的能力结构和品质，对于我们了解孙中山和他生活的那个时代的历史文化风貌也具有一定的作用和意义。考察孙中山的能力同样也离不开他赖以存在的基础——岭南文化这个哺育他的"老祖母"。

过去史学界不太注重对历史人物能力品质的揭示，似乎历史人物在能力上天生就有过人之处，用不着加以讨论研究，或者认为人物的能力在历史变

---

① 《马克思恩格斯全集》第20卷，人民出版社1971年版，第361～362页。

革和社会发展中不具备什么特殊的功能，左右不了历史变化发展的趋势，这是传统史学伦理道德价值取向和社会进步的现实价值取向的必然结果。但是历史人物，尤其是杰出的领袖，他的能力对于社会的变革和发展就绝不是一个可有可无的条件。尼克松曾说过很有哲理的话："一位领袖只知道什么是正确的事是不够的，他还必须能够去做正确的事。对作出正确决定缺乏判断力或洞察力而又想当领袖的人，常常因为缺乏远见而导致失败。知道什么是正确的事但又做不到的人，常常是因为软弱无能而导致失败。伟大的领袖既要有远见，又要有能力去做正确的事。"① 也就是说，领袖人物的个人能力对于某个具体的历史事件或某个特殊的时代来说并不是无关紧要的因素。

细心的研究者在接触有关孙中山的史料时就会发现，在能力上，孙中山拥有许多令人着迷的优点。有关他童年的故事就表明孙中山具有认识能力强，记忆力好，机灵、敏感、富于正义感和同情心等心理品质。② 不过，作为领袖人物所应具备的能力素质更多的还是在以后的革命实践和学习生活过程中逐渐获得的。孙中山的能力具体说来，有以下几个方面。

1. 灵敏的政治嗅觉与非凡的洞察力

尼克松曾强调："伟大的领导能力要求有一个伟大的远见，这种远见能激励领袖，又使他有可能去鼓舞全国人民。"③ 孙中山之所以能够成为19世纪末20世纪初中国乃至世界的名人，与他那高度敏感的政治嗅觉、对时势和人心的深刻的洞察力有着内在的联系。当人们还沉浸在改良和维新变法的声浪中，他就意识到了改良在当时的中国很难达到救亡图存、振兴中华的目的，所以在上书李鸿章失败后便迅速转向革命反清。当革命处于低潮、党员同志情绪低落时，孙中山却已经看到了革命时机的到来和成功希望之所在。当人们被眼前的胜利和大好形势迷惑了视线而欢欣鼓舞时，孙中山却已经感到了危机的存在和斗争的来临。1896年12月3日，《德臣西报》刊登了题为《想象中的中国革命》的文章，对孙中山的能力与性格作了初步的估计，文章原意是："孙中山……未必不会成为历史上一个杰出的人物，〔因为〕可以有把握地说，他是个非凡的人，对于中国千百万人民毋庸置疑的悲惨处境，有着极为开明的看法。……他以其极大的才智，努力去驯服在中国反动的密谋中那些总是显得很突出的狂热轻率的人，调和各种相互冲突的利益，不仅在他本国的各党派之间，而且在中国人和外国人，以及在外国列强之

---

① 〔美〕尼克松：《领袖们》，刘湖等译，知识出版社1985年版，第6页。
② 《孙中山史料专辑》，见《广东文史资料》第25辑，广东人民出版社1979年版，第275～290页。
③ 〔美〕尼克松：《领袖们》，知识出版社1985年版，第6页。

间……此外，他还意识到任何一个大的改革运动都必须在很大程度上依赖外国人的帮助。……当整个中国到处弥漫着需要加以克服的排外偏见的时候，……孙博士是唯一把对形势的充分了解和不顾一切的勇气结合起来的人，单凭这种勇气就能使一个国家复兴。……他身材适中，瘦而结实，言谈深刻，态度诚恳，在中国人中是少见的。……在他沉着的外表下藏着一个迟早必然会在中国起巨大影响的人格。如果命运作美的话。"① 很明显，这时作为一个未来的革命领袖的孙中山已经具备了领袖人物应具备的心理素质，其对形势的洞察力已经充分地显示了这一点。

对于形势的深刻的洞察力和判断力，使孙中山似乎充满自信。1911年11月他在与伦敦《滨海杂志》记者的谈话中就踌躇满志地说："迄今为止的发展一切如我所料，只是事机来得稍快一点。"② 因为在这之前的1911年8月，他就对当时国内的形势作了科学的分析，并预言革命会很快成功。他说："吾人不避艰险，出万死一生之计，力行此事二十余年，功夫已算完满，时机亦已成熟。今只听海外同胞的援助，筹集资财，以济军用。倘能人人协力，能集足发难之经费，则可一战成功也。现时各省民心之望革命军起，以救彼等脱离清朝之苛政者，已若大旱之望云霓。而十八省之新军，以多欲倒戈相助。故此时只有财政一难题耳。能解决此难题，则其他有如破竹矣。吾党无论由何省下手，一得立足之地，则各省望风归向矣。今日之事，已无难矣。"③ 后来的形势发展和事态的发生均一如他所料。再如他对袁世凯其人的认识和评价后来也证明了他的预见性是十分准确的。李书城在《辛亥前后黄克强先生的革命活动》一文中说："在议和期间，同盟会内部在让位给袁世凯的问题上是大有分歧的。孙先生和一部分同志，认为袁世凯是一个巨奸大憝，把建立民国的大任托给他是靠不住的。"④ 尽管后来孙中山还是让位于袁世凯，但那也是迫不得已之所为。即使是决定让位于袁，孙中山仍然在内心深处对袁世凯的诚意表示怀疑，因此，他提出了一系列限制袁世凯的方案和防止袁世凯有变的具体措施。

不过，孙中山敏锐的洞察力带有十分明显的直观性、模糊性和神秘性。直观、模糊、神秘的感知方式是岭南人共同的心理特点。与北方人那种写实性、厚重性、稳定性的感知特点略有不同，岭南人更倾向于变动性和情绪化。孙中山注重事实（尽管这种所谓的事实不是十分准确，但毕竟是一种

---

① [美] 史扶邻：《孙中山与中国革命的起源》，丘权政、符致兴译，中国社会科学出版社1981年版，第111～112页。
② 《孙中山全集》第1卷，中华书局1981年版，第557页。
③ 《孙中山全集》第1卷，中华书局1981年版，第534页。
④ 《辛亥革命回忆录》第一辑，文史资料出版社1963年版，第200页。

存在。与北方人心目中的事实有所不同，北方人的"事实"是实实在在的、经过权衡度量的事实），根据事实说话，这是他认知事物的一大特点。但在实际活动过程中，他又不自觉地凭自己主观的感觉行事。他常常讲"天命无常"，说明他对己对事对物的看法具有明显的宗教神秘倾向。有时他的言行又使我们觉得他十分相信经验和看重感觉到的东西，相信感性的东西往往超过了对理性的重视。正因为这样，孙中山常常被现象所迷惑。对袁世凯的态度前后相左，恰恰说明他对事对物对人的本质的认识不是依靠理性的分析和思考，而是凭自己的亲身感受和事物外在的表象。孙中山之所以容易上当受骗，容易被他人说服，容易改变对人对事的看法，大概就是因为他太相信自己的那种感觉能力吧。

2. 善于随机应变与具备雄辩之才

有一个很有趣的故事，读来让人觉得意味深长，故事梗概是：

1897年，孙中山到达日本不久，一天，日人头山满设宴招待他和陈少白，并请了不少客人和东京新桥一带一流的艺妓。晚宴间，孙中山像往常一样，既不喝酒，也不跟艺妓谈笑。当一些轻薄的客人与艺妓调情、嘻哈大笑的时候，孙中山却背靠柱子专心看他的书。头山满请艺妓的本意，是要为孙中山解闷，并借此炫耀自己的风流倜傥。现在他见孙中山对此态度冷漠，便上前去"启发"他："你觉得在座的女人哪一个最漂亮？"孙中山见问，只得合上书本，瞧了一眼，礼貌地说："都很漂亮。"头山满又问："但其中谁最漂亮？"孙中山说："都一样地漂亮。"这时头山满指指自己身旁的艺妓，问："是不是这位最漂亮？"周围的人都沉静下来，想听听孙中山的回答。因为这是一位鼎鼎有名的艺妓，而且和头山满关系特别密切。头山满凝望着孙中山，似乎是期待着他给予肯定的回答。孙中山看看头山满期待的神情和这个女人搔首弄姿的模样，便说："十年前一定比现在更漂亮。"大伙鼓掌欢笑。这艺妓自觉没趣，嘟着嘴说："看他那样子很老实，却会说出这么刻薄的话。"[①]

这个故事既反映了孙中山的幽默和辩才，又说明孙中山是一个特别灵活机智的人。

1906年夏天的一个夜晚，中国同盟会新加坡分会召开成立大会。盟誓仪式刚刚结束，正要议论工作，忽听得园外人声鼎沸。同盟会会员林义顺到园外打听，原来是茶房的人在打车夫。林义顺见义勇为，上前去制止，但无人听他的，遂奋力拼搏，救护车夫，弄得衣襟鲜血斑斑，终于把车夫解救出来。他回到园中，把这事向孙中山作了汇报。孙中山听后称赞他的见义勇为

---

① 李联海：《孙中山轶事》，广东人民出版社1985年版，第125～126页。

精神，并针对当时一些人的迷信思想，高兴地说："见血大吉，我们今天正需要以血祭旗呢。"众人听了，觉得孙中山的话化凶为吉，心里都很高兴。①

二次革命失败后，追随孙中山革命的一些同志，对革命前途感到迷惘，其中有几个自称会推算"八字"的人，很想知道孙中山出生的年、月、日、时，以便推算孙中山什么时候才能否极泰来，打倒袁世凯。他们便委托马逢伯去问孙中山，孙中山问他："你想知道这个干什么？"马逢伯告知原委，孙中山又好气又好笑，他严肃地对马逢伯说："你们年轻人，为什么也这样迷信，竟然相信'八字'这一套。难道我的'八字'不好，你们就不想革命了？你回去可以告诉他们，我的'八字'就是打倒军阀，继续革命！"短短的几句话，把马逢伯说得惭愧地低下了头。以后，他们再也不问孙中山的"八字"了。②

还有一次，孙中山的日本友人问他："我们是同文同种的亚洲国家，为什么贵国人民甘受欧美人的压迫、奴役、掠夺，而对于日本人占了些微便宜时，却大加仇恨呢？"孙中山很幽默地说了一个故事巧妙地作了答复。他说："有一个家庭，兄弟二人同住在一个地区内，弟弟孔武有力，哥哥因病身体稍弱，某晚，有外来的强盗，劫掠了哥哥的家，哥哥大声呼救，弟弟反来乘机打劫，你看像这样的情况，究竟是恨强盗还是会痛恨弟弟呢？"日本人不禁哑然而退。③孙中山敏捷的思维能力和出色的辩才，以及灵机应变的能力，从这些事情之中便可得到证明。

灵活机动的应变能力和巧妙睿智的辩才，使孙中山赢得了较多的革命同情者和广泛的革命支持者。孙中山那迷人的风度，动人的表情，风趣的谈笑，精彩的演讲，灵活的动作，敏捷的反应，睿智的头脑，的确使不少人为之倾倒，并受其影响而走上爱国救国的革命道路。但是，由于太过机动灵活，常常给人一种乖巧易变、把握不定、捉摸不透的感觉，尤其是在具体的策略运用上，孙中山的做法就更给人以这种印象，所以，在人们的心目中，孙中山似乎是一个为了目的而不择手段的人。梁启超在孙中山逝世后说："孙君是一位历史上大人物，这是无论何人不能不公认的事实。我对于他最佩服的：第一，是意志力坚强，经历多少风波，始终未尝挫折。第二，是临事机警，长于应变。尤其是对群众心理，最善观察，最善利用。第三，是操守廉洁，最少他自己本身不肯胡乱用钱，便弄钱也绝不为个人目的。孙君人物的价值，就在这三件。我对孙君所最不满的一件事是，'为目的而不择手

---

① 李联海：《孙中山轶事》，广东人民出版社1985年版，第131页。
② 李联海：《孙中山轶事》，广东人民出版社1985年版，第200～210页。
③ 尚明轩、王学庄、陈崧编：《孙中山生平事业追忆录》，人民出版社1986年版，第260页。

段'。在现在这种社会里头，不会用手段的人，便悖于'适者生存'的原则；孙君不得已而出此，我们也有相当的原谅。但我以为孙君所以成功者在此；其所以失败者，亦未必不在此。我们很可惜的是孙君本来目的没有实现的机会，他便死去了。"① 的确，反应太快，灵活机警，使人们感到孙中山在玩弄权术。在中国人心目中，玩弄权术，翻手为云、覆手为雨的做法是君子贤人所不齿的。所以，孙中山的这一特点既是他成功的因素，又是他失败的机缘。不过，善于应变，不择手段来达到目的，并不是孙中山所独有的，在这方面，有许多岭南人与孙中山有相同之处。梁启超难道不是如此？就是老成的康有为也难免不受这种功利性目的性很强的社会风气的影响。为了目的而不择手段固然容易在道德上受到指责，然而这种做事目的性强、办事效率高、善于因势利导的行为风格也有其积极的一面。

3. 非凡的社会活动能力与适应能力

领导是通过交互作用的过程，创立组织的目标，联系组织内成员间的人际关系，建立组织成员间的结合力，寻求组织所需要的信息，向组织目标推进的一种历程。② "领导"的概念表明，领导者应该具备协调能力和社会交往能力。他要善于与人交往，倾听各方面的意见，善于同各种各样的人打交道，争取更多的支持者和同情者，团结更多的人，使之服务于组织的政治活动。

在社交场合，应该说孙中山是一个引人注目而又颇有收获的政治家。他一生与广东的农村、海外华侨、中国港澳地区、东南亚、地下秘密会党、英国、法国、俄国、美国、基督教传教士以及日本的浪人会社和国内政治上的反对派、军阀、官僚、士绅等，都有着特定的关系，他的成功和失败也直接与这些地区的人、事和物有着密切联系。孙中山一生为了实现自己的革命理想，与许许多多、形形色色的人打过交道。在与各种各样的人的交往过程中，孙中山既赢得了广泛的支持，又使自己在交往中得到了锻炼。

在动员学界和争取华侨这两方面，孙中山几乎是唯一的胜利者。史扶邻指出：学界之所以能成为孙中山的追随者，主要"还不是由于他的学问，而是由于他的公认的活动能力"③，这是比较客观的看法。活动能力也是领导人物必备的素质，只是孙中山的活动能力是在岭南文化圈内得到锻炼和发挥的，他所接触的人、所积累的经验，都与岭南文化和岭南人有着特定的联

---

① 《孙中山评论集》，第93页，转引自唐德刚《论孙文思想发展的阶段性》一文注释，《孙中山和他的时代——孙中山研究国际学术讨论会文集》中册，中华书局1989年版，第1372页。
② 林秉贤：《管理心理学》，群众出版社1990年版，第193页。
③ [美]史扶邻：《孙中山与中国革命的起源》，丘权政、符致兴译，中国社会科学出版社1981年版，第318页。

系。岭南人胜于北方人的交际能力和活动能力在孙中山身上得到了充分的体现。在争取华侨经济上和物质上的援助方面，孙中山虽未曾筹集到足够他的军事冒险实际所需的经费，但他似乎总是能够感动许多华侨，使他有旅费一站一站地走下去，并发动为数不算少的军事行动。① 在社会交往和宣传方面，孙中山的确有许多过人之处，他善于适应环境，及时地调整自己人际交往的对象，扩大人际关系的范围。不管是在什么场合，孙中山都显得自信和轻松自在。他能很好地把握自己社交的分寸，抓住发展各种社会关系的机会，不断地寻找新的合作者和支持者。在波谲云诡的国内外政治事务中，孙中山也不失其革命家的风度，往往都不失时机地拓展社会交往的范围。从社交能力上看，孙中山不愧为一个典型的"外交家"。

史扶邻在分析孙中山与欧洲留学生接近的历史时指出，孙中山具有灵活而又不失风度的社交才能。他说："调和各种不同的，互相排斥的因素。每当孙中山求助于一个特定的集团时，他常常提到其他一些他自认为可以控制的集团的重要性。他努力证明其他的这些集团正在聚集力量，而新的集团参加进来就会马上起决定性的作用。他表示要给每位听众一份他认为即将获得胜利的成果。他对学生谈会党，然后他又对华侨谈会党和学生。有了华侨的钱和知识分子组织者，他就可以在三合会的基础上发动起义，这样也就可以从海外筹措更多的资金。外国人是他力求联络的另一部分人，长期以来他一直在告诉他们，他个人主张在一切进步分子中鼓动反满，其中包括知识分子和军队。当他和外国的联系给知识分子留下深刻印象时，他的圈子就臻于完成了。虽然这个方法中有几分明显的欺骗（孙中山力求尽快地把希望变成现实），然而这也是真的，即没有一个人像他那样坚持不懈的同五花八门的人打交道。"② 这正是孙中山的可贵之处。在当时，知识界与会党、农民间的关系似乎还很不密切，他们不太愿意与他们认为毫无文化教养、毫不懂得"主义""理论"的下层劳动人民和粗鲁的军人武士打交道，以为与他们交往会降低自己的身份。孙中山则不同。岭南人的精明、务实和灵活的性格特点，决定了孙中山不可能放弃对这些人的联络、号召和组织。这样也自然使孙中山成为知识界、会党和军人相互联系、相互交流和相互协作的桥梁。在国际事务上，孙中山又比知识界、国内上中层人士更有权威、更有能力、更有经验地与外国人打交道。所以史扶邻认为"知识分子拥戴他，又主要基

---

① 参见仇智源、胡波《孙中山与南洋华侨》，见《"孙中山与亚洲"国际学术讨论会论文集》，中山大学出版社1994年版。
② ［美］史扶邻：《孙中山与中国革命的起源》，丘权政、符致兴译，中国社会科学出版社1981年版，第305页。

于他的素负盛誉的外交才能"①。

4. 把握人心的本领与宣传的艺术性

孙中山的外交和社会活动才能，还与他能准确及时地抓住时代的主题和大众的心理有关。

与海外华侨打交道，孙中山宣传的是"反满"和建立中华民国，并向他们保证，一个进步的中国新政府将提高其海外儿女的地位，他们可以作为一个中国人而骄傲。孙中山一生似乎从来不曾在海外华侨中间丧失掉自己的魅力，也许与他巧妙的宣传和真诚爱国爱乡的态度有关。在与海外留学生打交道时，他又准确地抓住了年轻的中国人的心理。他的乐观主义，他的诉诸基本的民族感情和他的反对不彻底的温和的解决办法，在年轻人中间无疑引起了强烈的共鸣。在近代史上，作为社会政治活动家，几乎很少有人像孙中山那样能够长时间地引起青年人的共鸣，并成为青年人心中的榜样。梁启超、严复、陈独秀、鲁迅、胡适等人，虽然也曾在年轻人当中激起过波澜，但似乎远没有孙中山那样在政治领域令年轻人激动不已，并成为自己的追随者。他们与孙中山的区别在于，孙中山的理论使年轻人的抱负得到了满足，内心对社会、政治生活的不满得到了发泄的正确途径，因为孙中山恰到好处地向这些热血青年暗示了他们改变中国和世界历史的作用和可能性。在与列强周旋时，孙中山又充分地利用了他们对中国的兴趣和图利的心理，因而得到了外国表面的同情和口头上的某些许诺。从孙中山的言谈和举止上可以肯定他对各国的情况和各国政府的心理是有一定认识和了解的。他在与蒋介石谈论外交时曾说过一段极其深刻的话："美国素重感情，主持人道；法国尊重主权，又尚道义；而英国外交，则专重利害，惟其主张，中正不偏，又能识别是非，主持公理，故其对外态度，尝不失其大国之风，在在令人敬爱。吾国建设，当以英国公正之态度，美国远大之规模，以及法国爱国之精神为模范，以树吾民国千百年永久之计。然而今日中国之外交，以国土邻接，关系密切言之，则莫如苏维埃俄罗斯。至于以国际地位言之，其与吾国利害相同，毫无侵略顾忌，而又能提携互助，策进两国利益者，则德国是也。惜乎国人不明俄、德真相，徒以德国大战失败，为不足齿列，而不知其固有之人才与学问，皆足资助吾国发展实业、建设国家之用也。又以为俄国布尔什维克为可怖，而不一究其事实。吾忆三年前，日本参谋本部员某访余于上海，问余是否赞助俄国之无政府主义者？余答其俄国列宁政府，组织完备，固为其堂堂正正之政府，焉得指其为无政府耶？该员闻此，亦不知其言所自出，

---

① ［美］史扶邻：《孙中山与中国革命的起源》，丘权政、符致兴译，中国社会科学出版社 1981 年版，第 305 页。

乃竟不能复答。今日吾国人士，对俄之恐怖心，固犹如昔。至于今日俄国之新经济政策，早已变更其共产主义，而采用国家资本主义，并弛私有之禁，其事已逾一年，而国人不察，至今尚指其为共产主义，为过激派，其故盖由某国不能发展其侵略主义于东亚，而又与俄国利害冲突，积不相能，故俄国明明有政府，乃强指其为无政府，俄国早已去驰私有之禁，而又宣传其为共产国，为过激派，以彼之恐怖而不相容者，而又忌人缔交亲善，故特布此恐怖之宣传。吾国外交，本非自由，向落人后，而又不能研究其利害与得失之所在，殊可叹也！今后吾国之外交，对于海军国，固当注重，而对于欧亚大陆之俄、德二国，更不能不特别留意，不宜盲从他国，致为人利用也。"①从中不难看出，孙中山对各国政府在外交中的立场和心理是作过一番揣摸和研究的。

由此可以发现，孙中山是一个极其敏感而又善解人意的人，他能抓住华侨的心理、大众的心理、外国人的心理、知识阶层的心理，"投其所好"地进行宣传鼓动，从而引起他们心理上的共鸣。辛亥革命时期，他提出"驱除鞑虏、恢复中华、创立民国、平均地权"的理论，宣传"反满"，迎合大多数中国人的"排满"心理，因而得到了广泛的支持，孤立了敌人，从而取得了革命的成功。反对袁世凯和北洋军阀，孙中山提出了"护国""护法"的口号，在民主的进步的革命的人士之间又产生了共鸣，因而也能找到较多的支持者和拥护者。为了寻找外国的支持，孙中山又提出了"以俄为师"的口号，符合当时的形势和部分人的心理，所以他又成了苏联共产党人和中国共产党人的朋友，政治上获得了新生。

从很多资料中可以看得出，孙中山是一个极富个性的领袖人物。有的学者对孙中山作了比较深入的研究后，就认为"孙中山个性中有一种吸引人的魅力。许多没有特殊理由需要尊敬孙中山的西方记者，都不能不为他的虔诚真挚、言辞的单纯直率以及对自己信念所持的有节制的热情而深受感染。当然，也有诬蔑孙中山的人，那就是一些被他的不现实的计划和自我中心感所摈弃排斥的人们。孙中山对于国人有着强大的吸引力，十分明显，这既归因于他的过人的禀赋素质，又归因于他所坚持的事业。'反满'主义和反帝国主义两者，变成了深得人心的主题。他赢得了各种团体的拥护"②。黑格尔曾说过："我们要从构成各个人的利益和感情的那些共同的因素来观察这

---

① 尚明轩、王学庄、陈崧编：《孙中山生平事业追忆录》，人民出版社1986年版，第604～605页。

② ［美］韦慕廷：《孙中山——壮志未酬的爱国者》，杨慎之译，中山大学出版社1986年版，第299页。

般历史人物。他们之所以为伟大的人物,正因为他们主持了和完成了某种伟大的东西;不仅仅是一个单纯的幻想、一种单纯的意向,而是对症下药适应了时代需要的东西。"[1] 孙中山之所以能成为时代的弄潮儿和近现代史上的伟人,与他善于抓住民众的心理和社会上中层阶级以及西方各国政府的心理有关,从这个意义上看,孙中山又是一个善解民意的社会心理学家。任何伟人和政治家,大都是对民心民情十分了解的。普列汉诺夫曾指出:任何伟大的历史人物同时也是一位名副其实的社会心理学家,他并不直接去破坏现存的经济结构,而是以自己的人格和力量去影响社会心理,让它循着既定的方向前进,一直达到预期的目的。孙中山的成名成功,与他这方面的能力多少存在着一定的联系。

(四)积极的个性倾向和强烈的自我意识

研究孙中山的人常常掩卷深思:是什么力量使孙中山冒险犯难,万死不辞,对革命事业孜孜以求,一往无前?

有人认为,那是因为孙中山有一颗炽热的爱国救国报国之心;有的人认为是因为孙中山有着"天生我材必有用"的"天命无常"的宿命论的驱使;有的人则认为是因为孙中山有着不同寻常的自信心和成功动机;也有的人认为这是孙中山的性格使然。

其实,这都是一种推论或简单的概括。拥有爱国报国救国之心的人在近代可谓层出不穷,但又有多少人能像孙中山那样始终如一地把爱国报国救国视作自己义不容辞、终生追求的事业呢?"天生我材必有用"式的自我暗示和宿命论的思想,能使一个人超越自己的得失存亡和功名利禄吗?不同寻常的自信心又怎能使一个人长期经受得住千难万险的考验和屡遭失败的打击?孙中山却不然,他永远像"一个不知疲倦的海员一样,他热爱大海,在惊涛骇浪之中,不畏惧、不气馁、不屈服,以惊人的毅力,争取把航船驾驶到达彼岸"[2]。要解释孙中山的所言所行,也许还要在个性倾向和自我意识这两个方面作一番探索。

个性倾向性最能反映人的活动的积极性特点,它是决定人对事物的态度和行为的动力系统。人在掌握社会经验和改造世界的活动中,总是通过活动动机、兴趣、理想、信念和世界观等内部世界去实现的。这些内部世界系统使人以不同的态度和不同程度的积极性组织自己的行动,有目的有选择地对

---

[1] [德]黑格尔:《历史哲学》,王造时译,生活·读书·新知三联书店1957年版,第86页。
[2] [美]韦慕廷:《孙中山——壮志未酬的爱国者》,杨慎之译,中山大学出版社1986年版,第432页。

客观现实进行反映。生活在同一社会环境的人们,总是根据个人所处的社会地位和对社会发展客观规律的认识水平,以及他们的理想和信念,有意识地选择某种生活方式和事业追求的目标。"就个别人说,他的行动的一切动力,都一定要通过他的头脑,一定要转变为他的愿望的动机才能使他行动起来"①。

  对于孙中山来说,促使他行动的动机又是什么呢?在我们看来,驱使孙中山行动的动机主要是他的成就动机。孙中山从小就被认为是一个不同寻常的人,关于孙中山出生时的种种带有神秘色彩的传闻更使他身上笼罩着一层神秘的光环。在那个迷信的时代,人们特别相信偶然的因素和某种巧合的事情所具有的神秘的力量,所以孙中山出生后,周围的人们就用一种特别的眼光看他。童年的孙中山从周围人的目光中已经感受到了自身的价值和分量。待到稍稍懂事之时,太平天国遗老所讲述的关于洪秀全反清的故事,以及众人都说孙中山像洪秀全之类的戏言,在一定程度上使孙中山受到某种暗示,激发了他斗争反抗的勇气。父母的期望,乡亲们的评价,儿童嬉戏中的角色扮演,使孙中山逐渐地意识到了自己的"不平凡"。在中国,大多数人不是为了自己的价值而活着,而是为了他人的荣辱而活着,个人在传统社会里总是被动地接受教化和熏陶,自我价值的实现在事实上也是群体价值的实现。孙中山虽然长期生活在国外,但乡亲们、朋友们、华侨同胞们的期望和评价,始终是孙中山自我评价的一杆秤,也是驱使孙中山去自觉地塑造自我的启动器。

  诚然,我们无法进入孙中山的心灵深处,很难准确和完全地了解他一生行动的真正原因,但我们可以肯定的是,在孙中山的内心深处有着一股强烈的使命感、责任感和成就事业的心理冲动力。如果说,早期的经历对孙中山来说还只是成就动机的预演和角色暗示,那么,伦敦蒙难对孙中山来说则是对成就动机的一种强化和成就模式的确立。孙中山在致区凤墀的信中就透露了自己的内心感受:"初六七日内无人知觉,弟身在牢中,自觉必死,无再生之望,穷则呼天,痛痒则呼父母,人之情也。弟此时惟有痛心忏悔,恳切祈祷而已。一连六七日,日夜不绝祈祷,愈祈愈切。至第七日,心中忽觉安慰,全无忧色,不期然而然,自云此祈祷有应。蒙神施恩矣。……幸天心有意,人谋不臧,虽清虏阴谋,终无我何,适足以扬其无道残暴而已。虏朝之名,从兹尽丧矣!……弟遭此大故,如荡子还家,亡羊复获,此皆天父大恩。敬望先生进之以道,常赐教言,俾从神道而入活道,则弟幸甚,苍生幸

---

① 《马克思恩格斯选集》第 4 卷,人民出版社 1974 年版,第 247 页。

甚。"① 显而易见的是，伦敦蒙难获释这件事，在孙中山心灵里留下了深刻的印象，这对他以一个中国民主革命者和政治家的身份走上中国和世界政治舞台，无疑也起了特殊的定向作用，使实现自我这一欲望再一次在孙中山心里点燃。伦敦蒙难使孙中山一举成名，孙中山自此以后也自觉地扮演着革命家、政治家和名人等多种角色向世人讲话，可以说，自此以后孙中山不再代表个人而发表言论，而是站在中国的立场上去积极开展革命活动。在他的期望值里又多了更大的砝码，他不再为自己而活着，而是为整个中国或亚洲而活着。

毫无疑问，大众的评价，团体的压力，社会的期望，是驱使孙中山一往无前的动力，在孙中山身上表现出来的则是强烈的成就动机。孙中山一生似乎一直受到成就动机的支配，多次组织武装起义和几次在广东建立革命政权，虽然有其他方面的原因，但与成就动机的压迫显然有着某种内在的联系。只是孙中山的成就动机已经不是那种"一人得道鸡犬升天"式和光宗耀祖式的成就动机，而是已经超越自身利益得失的高尚动机。

从某种意义上看，孙中山既是一个如同马斯洛所说的"自我实现的人"，更像一个正处于高峰体验中的人。处于高峰体验的人通常感到处于自身力量的顶峰，正最佳和最充分地发挥着自己的潜能。他感到自己比其他任何时候更加聪明，更加敏锐，更加机智，更加强健，更有风度，他这时行动自如，往往刻不容缓，即使是疲于奔命的苦差重负，做起来也轻车熟路、势如破竹。优美的感情和优雅的风度现在浑然一体，伴随着充分发挥作用的得心应手、驾轻就熟，正如水到渠成、瓜熟蒂落。此时，他表现得胸有成竹、明察秋毫，好像完全清楚自己在做什么，毫不迟疑。他的行动不是有气无力、虚张声势，而是精力充沛、命中要害。他比其他任何时候更富有责任心，更富有主动精神和创造力，更加感到自身是自己行动和感知的中心。他更加真切地感到自己就是第一推动者，自己决定着自己的一切，而不是被引动的、被决定的、被支配的无能为力、守株待兔、暮气沉沉的弱者。他感到自己就是自身主宰，自己就是自己命运的主人。他充分体会到自己的"自由意志"。他既感到重任在肩、责无旁贷，又感到信心百倍、无坚不摧。在行动时，他更具有自发性、表达性、纯真性，即正直、天真、诚实、公正、坦率、童真、朴实、无防备、无防御。他在行动时更加自然、放松、不踌躇、简单诚恳、不做作、直截了当，有一种特殊的纯朴。他更加不受控制，自由地奔涌出生命力，即他更加自动地、冲动地、反射般地、"本能地"、

---

① 《孙中山全集》第 1 卷，中华书局 1981 年版，第 45~46 页。

非控制地、自我意识地、无意识地表现自己。① 孙中山总是那样充满自信,武昌起义成功后他乘船回国,在广州与胡汉民、廖仲恺等人的谈话就表明了这一点,他说:"以形势论……至此其谓我何……故今日可先成一圆满之段落,我若不至沪宁,则此一切对内对外大计主张决非他人所能任,子(胡汉民)宜从我即行"也。

孙中山个性倾向的第二种表现是他兴趣的目的性和实用性。孙中山说他有多种兴趣,其中革命、女人和书是最重要的兴趣,但事实上,革命和读书占据了他的整个身心。作为一个人,孙中山也有七情六欲,有爱、有性的要求,然而,他给人的印象始终是一个革命者,是一个战士,是一个嗜书如命的人。在孙中山心里,读书就是为了更好地帮助革命,革命是为了"亟拯斯民于水火,切扶大厦之将倾"。就是读书,孙中山也是有所选择、有所侧重的,在他看来,读书要读有益于进步、有益于增进学识之类的书,要读新书,他说:"读书要多读新出版的名著,这样才能渊博,才能吸收新知,阅读专著也很要紧,这样学问才有系统。"② 读书是为了用,这在孙中山看来是毫无疑问的,他平生所读之书,都是为了有利于构筑他的理论大厦和服务于革命与建设,对于那些他认为于学问和实际无多大用处的书则概不与闻。曾有日本友人在行李中藏有几张春宫图,经常暗自观赏,后来张永福等同盟会几个同志也出于好奇,要求观看,孙中山知道了,对他们进行了批评教育,要求他们取出焚毁。③ 可见,孙中山是十分讲究读书的质量和效用的。

就是对其他方面的兴趣,孙中山的实用态度也是极其明显的。孙中山在别人的眼里似乎是除了革命和读书外再没有什么爱好和兴趣了,他"既不喜阅小说,也不嗜丝竹音乐,不好花卉,不畜禽鹊猫狗,不嗜古玩古磁,珠宝古玉字画及照相机等玩艺,赌具纸牌尤未见有一着手"④,这是极少见的,因为富裕的广东人大都喜欢赌博玩牌和收藏古玩,稍稍贫困的人也喜欢玩牌、种花、养猫和养狗。孙中山对此却几乎毫无兴趣,唯独喜欢下棋,他旅行时,行囊中除了书籍就是象棋和棋盘,但孙中山的棋术不精,比胡汉民稍逊,比其他人稍强。在新加坡时常常与张永福对弈,各有胜负。每天晚上客人走后他便约张永福下象棋,常常深更半夜还激战犹酣,不见疲倦。一天,与张永福下棋已逾半夜,骤然刮风下雨,大雨洒入窗户,孙中山便说:"我们上楼在房内继续工作。"张永福便携油灯上楼,孙中山捧半局棋盘登楼,

---

① [美]马斯洛:《自我实现的人》,许金声、刘锋等译,生活·读书·新知三联书店1987年版,第258～261页。
② 吴相湘:《孙逸仙先生传》(下),台湾远东图书公司1982年版,第1778页。
③ 李联海:《孙中山轶事》,广东人民出版社1985年版,第133页。
④ 吴相湘:《孙逸仙先生传》(下),台湾远东图书公司1982年版,第1780页。

在林时爽、谢心准所睡床前设棋局再战，直到曙鸡初唱才撤棋停战。① 这大概是孙中山最感兴趣的一种娱乐消遣的方式了。不过，孙中山闲暇时候的娱乐活动后来在宋庆龄的影响下稍稍有所改变。有一位很了解孙中山的人说："他在家玩一种小象棋，有时按照他的兴趣放映一场家庭电影。至于户外娱乐，到有趣味的地方去野餐和郊游，孙夫人是很有办法地精心安排的。他最感兴趣的是和孙夫人打户外槌球。我的妻子和我经常应邀观战，并和他们一道喝茶。在打槌球的时候，孙博士总是用力挥动木槌，在他获得第一个机会的时候，就把球送到离孙夫人很远的地方去。碰到这种场合，而且预测到最坏的遭遇，孙夫人总是站在边线地方转身面向我们，突然大笑大嚷：'看住那个布尔什维克！'"②

表面看，孙中山兴趣爱好似乎不太多，缺乏做人和生活的乐趣，给人一种严肃冷峻、紧张局促的感觉，但事实上，孙中山有着广泛的兴趣，只是为了革命和中国的建设事业，他实在没有太多的闲暇时间去舒展自己的身心。对于他来说，乐趣就在革命和工作中。

一般说来，兴趣可以使人善于适应环境，对生活充满热情。因为，一方面，兴趣可以扩展一个人的眼界，丰富人的心理生活内容，并推动人去积极活动，表现出人的个性积极性；另一方面，有多种兴趣可以使人善于应付多变的环境。兴趣在活动中的动力性作用已为古今中外的心理学家和教育家所承认。杜威就把兴趣看成活动的原动力，他说："除非一个对象或一个观念里面有了兴趣，其中便没有鼓励人去做的压力。"③ 皮亚杰也认为兴趣是"能量的调节者"，起发动储存在内心的力量的作用。孙中山以惊人的毅力在近现代历史的惊涛骇浪中搏击了40余年，虽然浮沉不定而又常常有生命之虞，但他仍然精神饱满、斗志昂扬，对胜利充满信心。孙中山行动的原动力恐怕与他的兴趣爱好有关。

四、孙中山的个性与岭南文化

那么，造成孙中山如此个性的原因又是哪一些呢？学者们表示了不同的看法。

一种意见认为，孙中山个性心理的形成是两方面原因造成的，一方面是

---

① 张永福：《孙先生起居注》，见尚明轩、王学庄、陈崧编：《孙中山生平事业追忆录》，人民出版社1986年版，第820页。

② [美] 韦慕廷：《孙中山——壮志未酬的爱国者》，杨慎之译，中山大学出版社1986年版，第40页。

③ 高玉祥：《个性心理学》，北京师范大学出版社1989年版，第89页。

时势造英雄；另一方面是文化因素的影响。他们认为："出生于珠江三角洲的一户贫农家庭，既构成了孙中山人生经历的起点，也是对其心理品质和以后的政治品质施以深刻影响的重要因素之一。"而"较系统、长期的西式教育和西方生活经历，对孙中山伟人品质的形成无疑起了决定性作用""孙中山伟人品质中格外引人注目的人道博爱特色和实践献身精神，很大程度上即应溯源为这两大因素的潜移默化"。①

另一种意见认为，海派文化对孙中山个性的形成起了重要作用。乐正指出：孙中山是在近代海派文化背景中成长起来的，甚至可以说他是这个新的文化群体的典型人物。他的知识、阅历和思想观念的形成，从一开始就是同西学东渐这一新的文化潮流密切相连的，他比当时大多数中国知识分子更早更多地受到了这股新文化潮流的洗礼。这里既包括孙中山在母体文化圈（指他的家庭、家乡的文化环境）中受到的熏染，又包括他学生时代的特殊经历。在这些方面，孙中山与传统士大夫们有很大差别，突出表现了海派文化群体的一些重要特征。②

还有一种意见认为，孙中山对于中国传统文化有一个从离异到回归的曲折历程。持这种观点的主要代表是章开沅先生，他的著名论文《从离异到回归——孙中山与中国传统文化的关系》就对孙中山与传统文化的关系作了深层次的理论分析。他认为孙中山一生虽然曾经受西方文化教育，与传统文化产生了一定离异的倾向，但最终还是回归到传统文化上来。作者并没有直接指出传统文化对孙中山个性心理等方面所产生的影响，我们从此文中不难发现其看法的侧重点。

更有一种意见认为，孙中山的"基本思想，完全渊源于中国正统思想中的中庸之道，先生实是在孔子后，中国道德文化上继往开来的大圣"③。

显然，以上诸说大都强调中西文化对孙中山性格、思想等所起的作用，但是他们较少注意到了传统文化和岭南文化之间的差别，也忽视了华侨文化圈与传统文化、岭南文化之间的联系。孙中山固然受西方文明影响较深，在思想方法、个性心理和行为模式等方面均受到西方文化的影响，但是，孙中山是一个在农民家庭里成长起来的孩子，他早期社会化的过程是在翠亨村完成的，即使去了檀香山、香港，也仍然没有脱离岭南文化和中国传统文化的影响。华侨文化圈严格说来主要是岭南文化圈和中国其他区域文化圈。当时

---

① 中国孙中山研究学会：《孙中山和他的时代——孙中山研究国际学术讨论会文集》中册，中华书局1989年版，第1420~1422页。
② 《孙中山研究》第2辑，广东人民出版社1989年版，第314页。
③ 戴季陶：《孙文主义之哲学的基础》，民智书局1925年版。

檀香山、香港、澳门等地都是广东人的天下,尽管这些地方"海派文化"的趋势比较明显,但从本质上看,岭南文化具有相当的影响力(岭南文化事实上也应是海派文化)。孙中山生活在这样一种文化环境下,难免受其影响和制约。美国人类学家 R. 本尼迪克特曾这样说:"个体生活历史首先是适应他的社区代代相传下来的生活模式和标准。从他出生之时起,他生于其中的风俗就在塑造着他的经验与行为。到他能说话时,他就成了自己文化的大小的创造物,而当他长大成人并能参与这种文化的活动时,其文化的习惯就是他的习惯,其文化的信仰就是他的信仰,其文化的不可能性亦是他的不可能性。"① 马克思也曾指出:"一个人的发展取决于和他直接或间接进行交往的其他一切人的发展;彼此发生联系的个人的世世代代是相互联系的,后代的肉体存在是由他们的前代决定的,后代继承着前代积累起来的生产力和交往形式,这就决定了他们这一代的相互关系。"②

岭南文化对孙中山个性心理的形成与发展起了铺垫和陶铸作用,这从以下的事实当中就可以得到充分的说明。

孙中山的个性心理形成的关键时期——童年和青少年时期,是在翠亨村度过的。这个并不算大的村庄,尽管它毗邻澳门,与香港隔海相望,受到西方近代文明的冲击较早,但中国乡村那种落后贫穷和充满伦理色彩的特点,似乎一点也不少,过去许多人过高地估计了翠亨村和广东珠江三角洲的西化倾向和与传统文化相背离这一特点。事实上,传统是一股很大的力量,它是一个社会的文化遗产,是人类过去所创造的种种制度、信仰、价值观念和行为方式等构成的表意象征;它使代与代之间、一个历史阶段与另一个历史阶段之间保持了某种连续性和同一性,构成了一个社会制造与再创造自己的文化密码,并且给人类生存带来了秩序和意义。③ 可以说,传统是不会轻易被改变的。

有关资料显示:翠亨村虽位于珠江三角洲,却是一个极端落后的中国农村,村中自然经济占着绝对的统治地位,商品化的农业生产极少。地主对农民的剥削同内地并没有两样,甚至还变本加厉。他们为维持其封建压迫和剥削制度,还利用神权对农民进行精神统治。如他们设立翠亨村祖庙——北极殿,大搞迷信活动,每年元宵节还举办规模盛大的"游神"仪式,并用竹制炮筒燃放火药,以祈丰年,名曰"炮会"。他们还有意使这座村庙拥有最高的权威,规定凡是在翠亨定居时间不长的,或属于所谓"下户"姓氏的,

---

① [美] R. 本尼迪克特:《文化模式》,何锡章、黄欢译,华夏出版社1987年版,第2页。
② 《马克思恩格斯全集》第3卷,人民出版社2002年版,第515页。
③ [美] E. 希尔斯:《论传统》,傅铿、吕乐译,上海人民出版社1991年版,序,第3页。

不得加入庙会,而不入庙会就不算"翠亨人"。① 而且翠亨村还保留有奴隶制的残余。陈、钱、梁三姓被称作"下户",给所谓"上户"(即地主家)当奴做婢。当奴婢期间,人身自由完全遭到剥夺。"下户"各姓被禁止加入村庙,不得与外姓通婚,并被冠以侮辱性的称谓——男人称"亚娣",女人称"亚嫂",即使年迈也不得称为"亚伯"或"亚婆"。在地主的压迫下,曾发生过婢女自尽的惨剧。②

孙中山的童年是在地主和农民存在着一定矛盾对立、统治者与被统治者矛盾对立的社会环境中度过的,这使他有机会亲身体验到了整个中国的劳动群体的贫穷痛苦和地主官吏的贪婪凶残。尤其是孙中山的家庭本身就是地位卑微而又极为贫穷的农户,祖孙几代都是以种田为业,贫瘠的土地很难给这个勤劳节俭的家庭以富裕的生活资料。在那个以钱以财产论社会地位的年代,孙中山的家庭无疑成了被人欺凌侮辱的对象。孙达成本来就性情耿直,不贪半点不义之财,从不与人斗气现狠,再加上贫穷,所以更是老实巴交。在村子里,孙达成无疑成了被人歧视的对象。他有一片园地,种上红豆,却被邻村径仔蓢一家姓何的强行占了去。有一次,孙达成挑粪到田里施肥,路过一地主家门前,地主仔杨宝常辱骂他,并呵斥道:"粪味真臭,以后再不准你挑粪经过我家门口!"孙达成不敢置辩一词,默默地走开。又有一次,地主杨启焕的妻子诬称孙达成夫妻偷了她家的一只鸡,气势汹汹扬言要捉人,后来若不是发现鸡是跌落到粪坑里淹死,孙家又势必蒙受不白之冤。③

卑微的家庭背景、贫穷的日常生活和世态炎凉的社会环境所造成的压抑感,曾在孙中山敏感的心灵投下了一团阴影,这团阴影又因珠江三角洲华侨甚多、翠亨村出外谋生的人来来往往和港澳交通便利的人文地理环境而变得格外沉重。孙中山后来自己也很有感触地说:"吾自达到运用脑力思索之年龄时,为我脑海中第一疑问者则为我自己之境遇,以为吾将老死于是境乎,抑若何而后可脱离此境也。"④ 显然,农民家庭出身,使少年孙中山直觉到生来没有凭恃,心理上感到一种莫名其妙的压抑,外在的社会文化环境又使孙中山萌发了通过个人奋斗来改变自己的厄运的内心冲动。良好的家风,对少年孙中山也无疑地起到人格的示范作用。孙中山一生为人正直坦诚,性情豁达大度,富有同情心,与家庭生活背景和社会政治经济文化环境显然有着

---

① 《孙中山史料专辑》,《广东文史资料》第25辑,广东人民出版社1979年版,第276~278页。
② 《孙中山史料专辑》,《广东文史资料》第25辑,广东人民出版社1979年版,第277~278页。
③ 李伯新:《孙中山的亲属和后裔》,《中山文史》第27辑,第1页。
④ 《孙中山全集》第1卷,中华书局1981年版,第583页。

直接的联系。

对孙中山性格形成产生过重大影响的也许是当时翠亨村和广东地区特定的社会氛围。广东人那种强烈的反叛精神和追求独立自由的意志，给孙中山的性格和心理赋予了特定的意义。珠江三角洲向来就有反抗封建统治和外敌入侵的传统，秘密会社的盘根错节，鸦片战争后的反入城斗争，以及太平天国英雄们揭竿而起打击清政府的激进行为，使孙中山从中受到某种暗示和感染。尤其是太平天国老人冯观爽早晚在孙中山住屋门前的大榕树下乘凉时所讲述的太平天国反清的革命斗争故事，使少年孙中山从小就得到极大的暗示，那种对英雄和大人物的崇拜仿效心理加深了孙中山对洪杨诸人的印象、羡慕和景仰。不用说，在孙中山幼小的心灵深处已经埋下了反抗强暴、讨回公平正义的种子。据有关资料记载，孙中山幼年读私塾时，"教师为洪杨中人，尝从容讲演当年。有太平天国败亡后仅存一老军者，亦尝至塾中伴谈，所言尤多感慨。……老军……一遇无事，则与先生详述当年战事，及洪秀全之为人。兴之所至，辄以洪秀全第二勉先生。先生得此徽号，视为无上之荣，亦慨然以洪秀全自居"①。这表明孙中山从小就有了对洪秀全"心向往之"的内心冲动，他一生中那种引人注目的反叛传统和斗争精神，无疑受到早期耳闻目睹的生活经历的影响。

孙中山受太平天国革命运动和洪秀全故事的影响，从后来的思想发展和革命活动实践中就可以得到证明。

首先，孙中山十分敬慕洪秀全从事反清斗争的勇气和胆识，由此有意弘扬太平天国的未竟之事业。如兴中会成立前后，孙中山曾努力"搜索太平天国逸事"，"常常谈起洪秀全，称为反清第一英雄，但可惜他没有成功"②。而在提出旧三民主义时，孙中山明确表示："民生主义，即贫富均等，不能以富者压制贫者是也。但民生主义在前数十年，已有人行之者，其人为何？即洪秀全是也。"③ 其次，尽管孙中山为洪秀全最后走上英雄末路而惋惜，但从洪秀全的活动中，他又认为在中国搞社会政治革命也不是无所作为的。如在同盟会成立前，孙中山为《太平天国战史》一书作序说："岂天未厌胡运欤？汉子孙不有应使然欤？抑当时战略失宜有以致之欤？"言下之意，只要战略得当，"群起亡胡，则大事易举也"。④ 而"社会革命，在外国难，在中国易"⑤ 一类的话，孙中山一生讲过多次。再次，孙中山又十分敬慕洪秀

---

① 胡去非：《总理事略》，商务印书馆1937年版，第5页。
② 陈少白：《兴中会革命史要》。
③ 《孙中山全集》第6卷，中华书局1985年版，第56页。
④ 《孙中山全集》第1卷，中华书局1981年版，第259、329页。
⑤ 《孙中山全集》第1卷，中华书局1981年版，第259、329页。

全在太平天国运动中毋庸置疑和牢不可破的绝对权威和领袖地位，由此也促使他在一段时间里具有强烈的英雄史观和领导意识，所谓"慨然以洪秀全自居"正包含这一层内容。① 最后，孙中山从洪秀全反清斗争失败的历史中总结出许多经验教训，把太平天国运动失败的悲剧作为自己行动的借鉴。他常说："革命的成功与否，就古今中外的历史看起来，一靠武力，一靠外交力，外交力帮助武力好像左手帮助右手一样，……譬如洪秀全革命，由广西打过湖南，以至建都南京，而终不能成功的原因，大半是由于外交失败。"② 不难看出，太平天国运动和英雄洪秀全对孙中山的性格、思想、观念和行动等都产生了重大影响。

青年时代的孙中山虽然先后在檀香山、香港等地学习和生活，脱离了母体文化圈，但实际上檀香山和香港仍是受岭南文化影响的区域。檀香山的华侨社会表面上看是异域文化风情，但事实上那里的华侨大都是广东人，香山人更多。他们虽身在异域，却心系神州，情怀桑梓。③ 不仅在语言上仍然保留着岭南方言的特点，而且还在生活方式、风俗习惯、观念思想、道德伦理等方面仍然保持着岭南文化的特色。他们与广东人一样地迷信神灵、崇拜祖宗，一样地敬老爱幼、尊师重道，一样地讲求实际、追求功利，一样地保持着强烈的反抗精神。孙中山生活在檀香山，耳濡目染的都是与乡风民俗相差无几的文化规范，④ 华侨们那种纯朴的爱乡爱国热情和勤劳节俭的品德无疑感染了孙中山。所以，从根本上说，孙中山并没有脱离岭南文化圈。

至于在香港和澳门求学行医期间，孙中山所接触的则更是岭南文化。因为香港、澳门尽管早已分离出去，处于英、葡殖民统治之下，但这两地并没有被西方文明所完全同化，其文化中的岭南文化成分依然厚重。无论从语言、生活习惯、风俗民情、伦理道德上看，还是从其地理空间和历史文化沿革上看，港澳地区与岭南地区在文化范型上基本上是一致的，岭南文化传统从根本上并没有在这两个地区丧失其活力。千百年的历史地理、文化风俗一体化，形成了统一的传统和共同的文化心理素质，表面上的确与岭南其他地区存在着很大的差别，实际上骨子里已经成为传统的东西依然存在，依然对这两个地区的人施加一定的影响。诚然，这两地西化倾向十分明显，制度

---

① 《遁世与救世——中国文化名著新评》，上海文艺出版社1991年版，第393～394页。
② 《总理全集》第2卷，第286页。
③ 参见叶显恩《中山县移民夏威夷的历史考察》一文，载汤明檖、黄启臣主编《纪念梁方仲教授学术讨论会文集》，中山大学出版社1990年版，第192～214页。
④ 1950年有人撰写美国檀香山观感时说："那里华侨的乡音，社会风俗和特性，包括风采，差不多个个是中山县人。"（《广东华侨》卷2）那么，早在这之前的华侨社会习俗与广东风俗更无差别。

上、经济上甚至思想文化上都与岭南其他地区有着明显的差异，但人们长期形成的文化心态和文化心态的外在行为表现却依然有着强大的生命力。大体上来说，"个人在不同程度上都接受了他们已经形成了的个性，但是，他们并非总是欣然接受这一事实的。如果他们成功地改变了自己，摆脱了他们已有的个性，逃离了使他们具有这种个性的环境，那么，他们靠自己所获得的不仅是过去就存在的东西，而且还有各历史阶段的后果。一般来说，他们进入了一个已绘制成图的地域，这一地域有其确立的规则、要求和需要。他们获得了一个以前不属于他们的过去"①。孙中山在广州、香港求学期间，虽然所学多是近代科学知识，但当时整个广东和香港地区人民民族意识的高涨和"反满"情绪的激昂，也毫不例外地从社会传到大学学堂，敏感、热情、活泼的孙中山自然深受鼓舞。尤其是何启、胡礼垣、郑观应等人的改良救国主张，对于孙中山来说不啻是一剂强烈的兴奋剂，而且广东人那种一向注重实际、反对埋头于书本的务实学风，也在一定程度上影响了孙中山的人生选择和知识摄取。很明显的是，孙中山在学习医学课程的同时，对凡是有关国情民福的知识都潜心钻研。② 关心政治和热爱祖国，积极参与社会改革活动，在理论与实践相结合的过程中，孙中山对世界、人生和社会的看法以及自我认识等方面都发生了很大的转变。从这个意义上讲，岭南教育和岭南文化熏陶，使孙中山在西化的同时仍然与岭南文化血脉相连。

可以说，农家生活的艰辛，乡民们勤俭朴素的品质，有关太平天国英雄们反抗斗争的故事，在海外谋生的乡民们所带回来的海外奇谈、形形色色的社会不良现象，同龄群体内成员相互激励和前辈榜样的招引作用，以及岭南人务实求真、开拓进取、宽容忍耐、开放包容和强烈的反叛意识等性格特点所构成的社会氛围和文化模式，孕育了孙中山的文化性格。

与孙中山同时代的人常常指责孙中山是一个不切实际、好高骛远、夸夸其谈的空想家，嘲笑他是典型的"大炮"，但这只是时人对革命成功后的孙中山和孙中山所奉行的民生主义的一种误解和苛求。辛亥革命前的孙中山的形象相反地被多数人理解为革命成功的希望和象征，因为革命"排满"在当时被认为是中国唯一的出路，在两广沿海沿江一带发动武装起义也被认为是革命党人取得成功的当时最行之有效的途径。利用会党，策动新军，感召华侨，争取外国的支持和知识界的赞同，在当时也能为大多数人所理解和信任。而这恰恰是孙中山实用主义策略的最直接表现。辛亥革命胜利后，孙中山的三民主义理想和建国主张因种种原因没有实现，再加上孙中山在求成心

---

① [美] E. 希尔斯：《论传统》，傅铿、吕乐译，上海人民出版社1991年版，第63～65页。
② 陈锡祺：《孙中山与辛亥革命论集》（增订本），中山大学出版社1992年版，第48～54页。

切和历史紧迫感的心理支配下发表了一些脱离实际的言论，这在当时社会心理倾向于实际和以成败论英雄的情境下，自然会被认为是"不切实际""理想太高"和空想主义者。①

孙中山性格中的实用主义倾向，从他对待金钱的态度和在国际事务中所采取的方式就能得到充分的说明。孙中山一直认为，革命成功的关键之一就是要有足够的金钱。他一生中为革命筹集到数以万计的金钱，而他自己却一贫如洗。他把拥有足够的资金看作革命胜利的保障固然片面狭隘，但在当时也不失为一种实际的想法。这种把金钱当作革命的手段而非目的的态度，已远远超出了儒家"重义轻利"的传统观念范畴，而打上了近代岭南文化的印记。②

在国际事务中，孙中山的所作所为与其说是"狡诈的"，不如说是机动灵活和非常注意实际效用的，而且，充分的自信、顽强的毅力以及坚定的信仰，赋予了孙中山机动灵活和注重实际效用的外交策略以勃勃生机。获得外国的支持一直是孙中山争取的主要目标，但他一方面需利用外国的力量达到革命的目的，一方面又需时刻提防着外国人可能隐藏的侵略阴谋。因此，他不得不根据不同时期不同场合下的具体需要变换着交往对象和立场观点，表现出两副面孔："软弱的追求者和自负的操纵者，追求者不得不谋求妥协；操纵者则相信他可以使妥协转过来对他有利"③。无论是追求者的角色，还是操纵者的面孔，对孙中山来说都只能是一种解释，即实用主义性格特征的灵活发挥。这种注重实际效用的功利价值观、机动灵活的策略手段，不正是近代岭南文化的体现和岭南人性格的写照吗？

除了性格中的实用主义倾向受岭南文化氛围影响外，孙中山在突发性的事件和失败、胜利、挫折等问题上所表现出来的性格意志特征，也与岭南人的顽强意志、坚韧毅力、勇于开拓、善于适应环境的性格特征有关。父辈和乡民们在土地上不知疲倦的耕作精神，岭南人本身具有的战天斗地的拼搏开拓精神和宽容大度，善于适应新环境的性格特征，无疑成为孙中山性格的一部分。因为通过家庭的训导、学校的教育、社会生活和实践活动的影响，孙中山早已把岭南文化中的某些经验、知识、思想、观念、习俗等内化为自己的主观意识，自觉地实现个体的社会化。一方面，孙中山通过对前辈中榜样人物的模仿学习（如模仿洪秀全、父辈中的权威人物、社会中主要有影响

---

① 参见黄德智、胡波、申群喜主编《孙中山、毛泽东与中国现代化》，暨南大学出版社1994年版。

② 李联海在《孙中山轶事》一书中关于孙中山对待金钱的态度的评价。

③ ［美］史扶邻：《孙中山与中国革命的起源》，丘权政、符致兴译，中国社会科学出版社1981年版，第2页。

的人、同伴中的佼佼者)、主观认同（如自认为是洪秀全第二，把何启、郑观应、郑藻如等人的某些思想主张和人格作为自己的榜样和同道，主观上与他们保持一致或将自己归于他们这一类）、角色扮演（想象自己是洪秀全，把自己看作众人的救星和反对权威的人物、与同伴们玩打仗抓坏蛋的游戏等）和自我强化（如在鼓吹革命时受到同伴群体的刮目相看，以及在伦敦蒙难获释后一举成名，孙中山从一系列的偶发事件和自我有意识地造成的"时势"中得到了自我印证，相信冥冥之中有神在支配着自己的命运；同时，一连串的胜利和希望也增强了孙中山的信心和责任感，因此在孙中山的内心深处有一种"天生我材必有用"的潜意识）等形式，自觉地摄入岭南文化的某些营养成分，实现个人社会化。另一方面，岭南文化规约下的岭南人的性格特征也通过暗示、模仿、感染、社会互动、社会评价、大众舆论、激励活动等在孙中山身上得到传承和进一步强化。如孙中山对洪秀全的认同，对三合会会员练武习操的模仿，客家妇女不缠足的习惯对他形成的暗示，广东人强烈"反满"情绪的浸染，"通天晓""洪秀全第二""四大寇""石头仔""孙悟空"之类的称呼和评价，乡村文化生活气氛的感染，以及同伴群体互相往来、互相激励和影响，使孙中山自觉或不自觉地承继了岭南人的性格特征。顽强的意志、持久的恒心、积极进取的精神、善于适应环境的能力，是孙中山性格意志特征的最明显的表现。他不像大多数人那样，一遇挫折就心灰意冷或狂躁性急，而是在挫折和失败面前，仍然保持自己的信念和矜持，保持良好的进击状态和乐观情绪，进行不屈不挠的斗争。这一点鲁迅先生看得比我们更分明，他说："但无论如何，中山先生的一生历史俱在，站出世间来就是革命，失败了还是革命；中华民国成立之后，也没有满足过，没有安逸过，仍然继续着进向近乎完全的革命的工作。"[①] 毅力、意志、恒心不是一下子就能锻造出来的，所谓"冰冻三尺非一日之寒"，它是经过生活经验的积累、长时间的实践和交往活动陶铸而成的，而这又恰恰源于岭南文化的哺育和岭南社会的教化。

[①]《鲁迅全集》第7卷，人民文学出版社1989年版，第293页。

第六章 烙印：岭南文化与孙中山的思维方式

一、问题的提出

研究孙中山思想的人，大都对其博大精深的思想理论深感叹服，但对其思想的内在底蕴和思想产生的文化渊源，则见仁见智。

孙中山在总结自己思想形成时说："余之谋中国革命者，其所持主义，有因袭吾国固有之思想者，有规抚欧洲之学说事迹者，有吾所独见而创获者。"[①] 显然，孙中山自己认为他的思想渊源于三个方面的因素，一个是西方思想家的学说思想，一个是中国古代的思想，一个就是自己在博采众家思想基础上的新见解。但是，孙中山"规抚"了什么，"因袭"了什么，他没有作更详细的交代。学者们则据此探讨了近代西方文明与孙中山的三民主义思想形成的关系，研究了中国传统的儒家文化思想对孙中山理论思想的建构所起的作用与影响。也有不少人从中西文化两方面剖析了孙中山思想体系的渊源。但是，到目前为止，似乎还没有人就岭南文化对孙中山的思维方式、致思途径和思想理论的形成所起的特殊作用作专门的研究。

正因为缺乏对孙中山思维方式的深层次研究，所以孙中山的思想理论中的许多问题依然困扰着我们：为什么大多数人都认为孙中山的思想驳杂纷呈、浮泛而不深刻，灵活而缺乏逻辑性？为什么孙中山对同一思想认识的表述常常前后不一甚至自相矛盾？为什么孙中山在众说纷纭、形形色色的西方资产阶级学说和芸芸大观的中国传统思想中，吸收了不应该吸收的而放弃了不应放弃的某些学说和主张？为什么孙中山一生当中思想上曾发生几次大的转变，有时甚至前后互不相连？为什么有些研究孙中山生平历史和理论思想的人认为"研究孙中山'真正的'学说是不会有太大收获的，因为他不是

[①] 《孙中山全集》第7卷，中华书局1985年版，第293页。

一个伟大的思想家,他是一个即兴诗人,而不是一个政治哲学家"①?为什么人们爱说:"孙氏理想,黄氏实施",把孙中山看成一个理想主义者而不说他是一个思想家?为什么最能代表孙中山思想理论的《孙文学说》《三民主义》等著述,读起来并没有像读黑格尔、康德、克罗齐,以及中国的孔孟老庄的著作那样使人感到枯燥乏味、抽象吃力?纯学理的西方近代哲学社会科学方面的著述,对孙中山来说似乎影响不大,为什么孙中山没有因阅读他们的著作而变得十分"学究气"?

要回答这些问题,似乎不那么简单,一方面需要对孙中山的思想理论有一个系统的、完全深入的研究;另一方面又必须对孙中山的思想形成的过程、原因、思维方式有一个深刻的认识。在这里我们只能从文化学的角度对孙中山思想理论形成的过程和原因以及思维方式作一次尝试性的文化分析。

文化学者们一致认为,文化影响着我们的生活、行为、思维和意识。著名的哲学家怀特就认为:"我们按照人类——个体的或整体的人类——的方式所做的一切无不深深受到我们的文化影响,我们的饮食习惯、婚姻习俗、是非观念、审美标准、丧葬礼仪,我们的哲学和宗教。总之,我们的整个生活都是由文化决定的。并且,远非是我们按照我们的思维、感觉和行为的方式解释我们的文化,相反我们能够用我们的文化解释我们大部分的思想,感觉和行为。"②他还举例说:"一个降生于存在巫术的社会文化系统内的个人,将按照特定的方法行为:在他的文化指引和规定下思考、感觉和行为。他满脑子充塞着刺探、惩罚、消灭巫婆的方法,而所有这些方法全是他的文化所规定的。相信、害怕、消灭巫婆的总是具体的个人,这一武断的结论,实际上毫无意义。个人只不过是对作为外部刺激的特定文化要素的反应而已。但我们有能力对他的信仰、恐惧或反抗等行为作出解释,但不是用个人而是用个人的外部的文化系统,正是他所从属的文化系统才制约着他的信仰、恐惧等。确切地说,不是他在思考和感觉,而是文化要他这样思考和感觉。作为人类一员的个人的思考、感觉和信仰仅仅是参与了社会文化过程。他的思考、感觉和行为是外部文化系统、文化过程——通过他的机体媒介物——的表现。整个人类意识亦复如此。意识活动仅仅是社会文化过程的个体生物学。意识活动的形式和内容取决于文化。个人意识是文化系统作用的结果。个人做些什么,信仰、思考些什么,以及怎样感觉,并非取决于他自身

---

① [美] 史扶邻:《孙中山和中国革命的起源》,丘权政、符致兴译,中国社会科学出版社 1981 年版,第 2 页。

② [美] 怀特:《文化科学——人和文明的研究》,曹锦清等译,浙江人民出版社 1988 年版,第 76 页。

的机体结构,而取决于他周围的文化。只有把个人的意识活动内容看成是外部文化在他意识中的反映,才能得到理解。"① 杜克海姆更进一步指出:"在个人之外,存在着一个由集体的行为和思维所组成的实体,个人在每时每刻都与之相适应。这些集体的思维和行为方式按他们自身的权力而存在着。集体的表象乃是无穷无尽的协作的产物,这种协作不仅超越空间,而且也超越时间,大量的头脑把他们的观念和情感加以联系、结合和组织起来,以形成集体的表象,通过集体的表象,无数的世代积累起他们的经验和知识。"②

虽然他们对文化的地位和作用太过于强调,几乎忽视了个体的人的自主性和积极性,以及自然环境的特殊性和限定性,但至少可以肯定的是,我们的认识活动、情感活动和行为方式等在很大程度上受我们所属的文化的影响。从儿童的智力和认识发展上看,文化对人的认知活动和智力发展水平都有极其重要的影响。首先,文化对儿童的认知发展是通过提供儿童生活环境来产生影响的,不同的自然生态环境也会在其中起作用。如地处热带且经济不发达的非洲某些地区,儿童自幼完全参与到氏族家庭的日常活动之中,连续不断地同若干个人进行互动。这种自然式的生活环境和群体式的互动方式,截然不同于文明国家将婴儿束缚在床上或稍大点儿即有童车和单独房间那样的情况。因此,非洲这些地区的小孩从小就与别的地区的小孩在思维空间、思维方式、思维习惯、性格能力、情感表现等方面有着很大的区别。其次,抚养儿童的方式和初期教育方式反映了不同社会的习俗和规范,并影响到儿童的智力、认识甚至人格发展。如中国南方妇女由于下田和上山劳动而将婴儿捆在背上到处颠簸,同中国北方妇女生活比较清闲而把婴儿抱在怀里蹲在家中就不一样。不同的携儿方式不仅决定母亲同婴儿的身体接触的类型和频繁程度,并造成婴儿的习惯性姿势,而且会影响到母子互动方式、婴儿的感觉运动习惯甚至儿童的独立性或依赖性的发展。所以,相对北方人来说,南方人的心理断乳期来得比北方人要早,但在智力发展程度和语言表达方面比北方人慢一些、差一些,因为,小孩从小就被背在背上,他很难与母亲进行言语、表情等方面的沟通,在母亲宽大的肩背后他无所适从,也难得察看周围的世界,心理发展的速度和水平就远比北方小孩差。又由于北方小孩从小就依偎在母亲和父亲或长辈们的怀抱里,他们从小就感到了长辈对自己的爱抚和关怀,所以他们较早地形成自我意识,个性较强,感情真挚直

---

① [美]怀特:《文化科学——人和文明的研究》,曹锦清等译,浙江人民出版社1988年版,第174页。
② [美]怀特:《文化科学——人和文明的研究》,曹锦清等译,浙江人民出版社1988年版,第85页。

率。而南方的孩子大都在母背上长大，缺乏情感交流，所以他们比较孤独，有着强烈的依赖感，感情复杂而又灵活善变。同时，父母关于儿童发展的信念和价值观也会决定儿童养育的方式方法。如中国的儿童从小就受到父母无微不至的关怀，衣食住行、言谈举止、喜怒哀乐等都被父母统统包了下来和规定着，所以，他们做事缺乏主见和创造性，在性格上也较内向含蓄。喜怒不形于色，十分注重自我克制和他人评价，"无我"意识在得到开发和鼓励强化的情况下也在儿童心理上留下了深深的印记。[①]

总之，环境和文化因素对人的智力和认识活动有着广泛而深远的影响。正如比舒维尔所说："一个社会中的文化与亚文化的差别可能存在于一般智力与一般智力得以表现自己的特殊能力'机制'之间。文化的智力刺激并非完全等同，其社会经济状况不同，抚育儿童的习惯作法也不同。人们有不同的追求并重视不同的技能。……包括营养水平、物质环境的复杂性、父母的世界观及所受教育、学校教育条件等多种情境因素均会影响智力和成长。"[②]

过去，我们忽视了文化对孙中山思想理论体系的建立、认知活动的性质和特点等方面的影响，尤其忽视了岭南文化对孙中山思维方式、致思途径、智力发展和感觉、知觉、表象、想象等认识过程的性质、特点以及内容和形式上的影响，也就是说，我们习惯上只是注意考察孙中山思想认识的外在表现，即思想认识的内容和认识活动的物化形式，却不太关心这种思想认识的具体过程和表现形式。这种只重结果不问原因、只重内容不重形式、只重客观存在不问认识活动过程的现象，妨碍了我们进一步研究孙中山的思想理论的实际价值和理论意义，也不利于我们对孙中山思想认识和行为方式上的某些特殊情况作出恰如其分和实事求是的科学说明。诚然，岭南文化在孙中山认识活动和思想理论建构上的特殊作用并不十分明显，它不像近代西方文明对孙中山的思想认识和观念态度等方面的影响那样掷地有声，它的影响是潜移默化的，而且岭南文化在许多方面与西方近代文明有相同相似的地方。

孙中山在岭南地区度过他的童年和青年时代。少年时代虽然一度离开岭南而远走他乡求学和生活，所处文化氛围在根本上却并没有因此有太多的改变。在海外，他仍然被华侨，尤其是广东华侨组成的华人文化圈所规范和模铸。即使在"十三岁随母往夏威仁岛（Hawqiian Island）始见轮舟之奇、沧海之阔，自是有慕西学之心，穷天地之想的感慨"[③]，甚至在13～18岁这段

[①] 王宏印：《跨文化心理学导论》，陕西师范大学出版社1993年版，第160～161页。
[②] 王宏印：《跨文化心理学导论》，陕西师范大学出版社1993年版，第140页。
[③] 《孙中山全集》第1卷，中华书局1981年版，第47页。

人生中可塑性最强的岁月，孙中山几乎变成一个"从传统文化圈游离出来的西化中国人"[①]。但孙中山最终没有逃脱传统文化和岭南文化对他的制约，因为他的思想认识、思维模式和致思途径等心理深层次的东西早已主宰了他的言行和心理过程。这主要体现在几个方面：

首先，语言对孙中山认识过程的制约作用。弗洛姆在谈到社会无意识时曾指出："社会过滤器使一种经验很难或者根本不可能进入意识中。语言和逻辑学是这种社会过滤器的两个组成部分，第三部分是最重要的，因为这一部分不允许某些感觉成为意识，即使这种感觉已进入了意识领域，它也要使这些感觉脱离这个领域。第三部分是由社会的禁忌组成的。这些社会的禁忌宣布某些思想和感觉是不合适的、被禁止的、危险的，并且阻止这些思想和感觉达到意识这个层次。"[②] 在弗洛姆看来，语言之所以能起到过滤人的经验、情感和思想的作用，在于每种语言用于表达人的内心体验的词汇、词根、词法和语法的意义不同于别的语言。

岭南方言很多，孙中山从小就受粤语影响，他在一生当中，使用粤语时间也不算短，更何况粤语是他的母语。粤语在词汇、词根、词法和语法上虽然与汉语无多大分别，但它仍有自己的特点，我们在前面已经作过一些介绍。需要强调的是，粤语对孙中山的思维模式、情感表达、致思途径等有种命定论式的影响，只不过这种影响表面上难以觉察。在我们所见的许多材料中都有关于孙中山平日多操粤语的习惯等方面的记载。温雄飞就说："孙先生的演讲，很受大众欢迎。他用香山话讲些满人侵略的事实和民族主义的道理，听的人很受感动。"[③] 孙中山一生所交往的人中粤籍人士占多数，这也许与语言上易于沟通有关。习惯使用粤语和乐于与同乡交往，从侧面也说明岭南文化已深深地吸引了孙中山。

其次，逻辑法则对人的意识也产生了一定的影响。在岭南地区，人们在日常生活和行为方式中表现出来的逻辑法则与北方许多地区的人们有很大的不同。如岭南人吃饭先喝汤，每餐必饮汤，而北方人是先吃饭后饮汤或边吃边喝汤。岭南人穿衣讲究宽松舒适自然，而北方人穿衣重布料和挺直有形。岭南人住房讲究厅大房小，而北方人偏爱房大厅小。岭南人生活法则注重"保养"，即确保身体健康，维持生理平衡状态，讲究舒适，生理性动机较明显，在他们心目中，进补和预防对于个人特别重要；而北方人则注重

[①] 章开沅：《从离异到回归——孙中山与传统文化的关系》，见章开沅《辛亥前后史事论丛》，华中师范大学出版社1990年版，第211页。

[②] [美] E. 弗洛姆：《在幻想锁链的彼岸——我所理解的马克思和弗洛伊德》，张燕译，湖南人民出版社1986年版，第126页。

[③] 尚明轩、王学庄、陈崧编：《孙中山生平事业追忆录》，人民出版社1986年版，第192页。

"温饱",即不要饱一餐饿一顿,饮食没有规律和节制,在他们的心目中温饱问题解决了,丰衣足食,人生在世就已经很不错了。日常生活和人生追求上的截然不同,也显现出南北方在逻辑法则方面的不同特点。岭南人的生活逻辑和行为逻辑是健康→幸福→长寿以及由内向外、从小到大、从个体到群体的逻辑运演,而北方人的生活逻辑和行为逻辑是活命→温饱→幸福,以及由外向内、由大到小、从群体到个体的逻辑推论。因此,南方人比较乐观自信、安逸随和,而北方人内心体验深刻,显得凝重深沉。这种逻辑法则自然对生活在岭南文化区域内的孙中山产生一定的影响,而这些影响又大都是在悄无声息之中进行的。

再次,岭南社会状况、岭南人活动方式对孙中山思维活动的内容和形式也有一定的影响。岭南地区在近代成为西学东渐的一个窗口,它受西方文化影响较早也最强烈,社会交往和上下流动较频繁,政治经济发展、变动比较迅速,人们较早地感受到了西方文明冲击所带来的巨大影响。在思想上,岭南地区的居民比其他地区的人显得活跃、开明、矛盾;在态度上也比其他地区的人显得宽容、豁达、大度、客观、实际;在思维的空间和时间上也比其他地区的人显得开阔博大和短平快。在某种程度上讲,岭南人的思维很像日本人。"日本人的思维无论从哪方面来说,都是非逻辑的,缺乏逻辑的、有条理的思维能力,逻辑学没有得到发展。其思维倒是有明显的直观性和情绪性。他们缺乏组织复杂表象的能力,喜欢单纯的、象征性的表象,关于客观规律的知识也很贫乏"。同时,"日本人是玩世主义的,他们企图在现象界当中去把握绝对者,他们承认被给予的现实,承认人的自然性情,富于宽容、宥和的精神,赞同文化的多层性。但是相反又有这种倾向,缺乏争辩和批判的精神,容易陷于妥协"。① 岭南人亦复如此。在解决实际问题时,岭南人凭感觉而往往不是凭理性去判断和做事,他们不太注重行为的逻辑性而只看重行为的实效性。由于交往交流较频繁,活动的空间比较广,所以,岭南人思想活跃,强调多样化发展,特别表现在对于外来学说的兼收并蓄的态度上,反对把任何学说定于一尊。他们眼界开阔,不断地接受新的知识,思维模式表现出开放性。但是由于他们相对地忽视了思维的内在的统一性,每一个体的思想中都时常处于一种混乱的、矛盾的、瞬息变化的状态中,人们

---

① 〔日〕中村元:《比较思想论》,吴震译,浙江人民出版社1987年版,第170~171页。又见范作申编著:《日本传统文化》,生活·读书·新知三联书店1992年版,其中有一段文字谈到日本人的思维方式的特点:"(一)从属的、单纯的;(二)融合的、同化的;(三)现实的、实践的;(四)乐天的、明朗的;(五)宽容的、温和的;(六)敬虔的、重礼节的;(七)纤巧的、艺术的。不足之处:缺乏理论,思维受派阀影响,处于闭锁状态中。善于模仿,缺少独创精神,情绪不够稳定。"

常在纷乱杂陈的学说的多样性中感到无所适从。孙中山真挚地同情欧洲的社会主义，但他又说社会主义有 58 种，不知道哪一种是真的，这就是很好的证明。因此可以说岭南文化对孙中山的思维模式和认识过程有着深刻的影响。

所以，无论是从孙中山的认识过程还是从其思想内容和形式上看，我们都不能忽视岭南文化对孙中山的影响。适当地强调西方式教育对孙中山思想内容、表现形式和认识过程的决定性作用，的确是必要的，但如果因此而无视岭南文化的特殊作用，就既不合情亦不合理。尤其是在近代，岭南文化呈现出来的独特色彩格外引人注目，孙中山生活在风云变幻的珠江三角洲，他无法抗拒和摆脱岭南文化对他的诱惑和制约，他一降生下来就别无选择地、理所当然地接受了既定的文化传统和生活方式。再加上孙中山主体的自觉性和积极性，使他有可能比一般人更快地将本土文化遗传给他的东西内化为自己的主观意识，形成自己独特的思维品质和认知模式。从这个意义上说，不了解岭南文化对孙中山思维模式和认识过程的影响，不了解孙中山思想特征与岭南文化的关系，我们就无法解释孙中山的言行。

二、岭南文化与孙中山的思维模式

什么是思维方式？它主要包括思维模式和致思途径两大方面。所谓思维模式，是指人们在思维中把握世界的整体联系的定格，特别是对于世界的统一性（整体）与多样性（部分）之关系的稳定的看法。思维模式，从其表现出的现象形态的种种特征来看，固然有开放与封闭、求同与求异、直线型与网络型等区别，但其核心是一与多的关系问题。如何解决一与多的关系问题，决定了思维模式的其他特征。所谓致思途径，是指人们在感性认识上升到理性认识的过程中通过何种方式、方法、步骤去由此及彼，由表及里，去粗取精，去伪存真，而获得关于事物本质的认识。[①] 也有人认为，所谓思维方式，就其根源来讲，不过是被历史主体所内化了的社会实践方式。它的特点、作用和命运，取决于它所赖以生存的历史过程。思维方式并不仅指思维的形式和方法，而是与每个时代实践活动的对象、目标相一致的思维的内容与形式、结构与功能的统一体，是由一系列的基本观念所规定和制约的、被模式化了的思维的整体程式，是特定的思维活动形式、方法和程序的总和。[②] 作为社会的思维方式，大体可分为两个基本层次：其一是人们形成和

[①] 许苏民：《中国民族文化心理素质简论》，云南人民出版社 1987 年版，第 124、169 页。
[②] 何萍：《人类认识结构与文化》，武汉大学出版社 1991 年版，第 31～32 页。

运用概念把握对象的理论思维方式,这是与人们的宇宙观、自然观和历史观密切相关的,被系统化、理论化的较高层次;其二是与人们日常生活经验相关联的,表现为思维的习惯、情趣和趋向的较低层次,即世俗性或习惯性的思维方式。① 这里我们不必过分纠缠于思维方式这个概念的规定性,因为我们主要是探讨岭南文化对孙中山思维方式的影响,而不是探讨思维方式概念本身。

(一) 两种思维方式的比较

岭南地区人们的思维方式与其他"中国人"的思维方式到底是什么样的关系? 彼此之间的区别是什么?

大致说来,岭南人的思维方式与其他"中国人"的思维方式既有联系和相同相似之处,也有它自身的特点。前者是特殊性的、个别的,后者是普遍性的、共同的。问题是它们的异同在哪里?

有人在研究中国思想时指出:"中国人的思想倾向同印度人正相反,他们无视普遍的东西,而关注于个别的或特殊的东西,特别是依赖于感觉,重视具象的知觉。首先,中国人的文字是象形文字,是具象的,而在概念的表达方面,他们也喜欢作具象的表达。即使是理论性的说明,也依赖于知觉表象,喜欢作图例式的说明。另外,对于普遍的东西缺乏自觉意识,抽象思维不够发达,语言表达及思维方法是非逻辑的,对规律性的理解也是贫乏的,他们只要依靠先例就可满足了。"中国人一般都重视过去的事情,有一种尚古主义的保守性,数千年来延续着同一种思维方法。他们的学问是传承性的,自由思想也不够发展。还有,中国人喜欢具象形态中的复杂多样性,连艺术想象也是具象性的,他们喜欢装饰文字的表现,有一种训诂癖。他们还喜欢简单的形式上的整合性。②

有人认为,在理论层面,中国传统思维的总体特点是:以"致用"为目的,以"大化流行"的整体观念为根基,直觉与思辨相互渗透的朴素辩证思维。具体可概括为这样几个方面:从"致用"出发,尊崇"自然"和重视人伦日用的致思倾向;从整体性出发,以把握整体的功能为目标的古朴系统思维;以体验"天道"为中心,知情意一体化的认知结构;从"应变"出发,着眼于整体运动的稳定和复归的辩证方法;在思维形式上,则是直观体验和理性思辨的并行和互补。③

---

① 李宗桂:《中国文化概论》,中山大学出版社 1988 年版,第 279 页。
② [日] 中村元:《比较思想论》,吴震译,浙江人民出版社 1987 年版,第 169~170 页。
③ 汪建:《试析中国古代传统思维方式》,载《哲学研究》1987 年第 2 期。

有人认为，中国传统思维方式以封闭性、单向性和趋同性为特征。封闭性，表现为思维活动往往局限于固定的框架中，缺乏和外界进行信息交流和接受新信息的主动性和积极性。单向性，表现为人们的思维活动往往只选择一个视角去认识一个对象。趋同性，表现为人们的思维活动总是趋向谋求和谐，谋求一种完美的同一性。这种传统思维是一种"反创造性"思维，传统文化观念不过是这种思维方式的现实展开而已。①

还有人认为，中国古代的思维方法，是从整体的直观到经验到直觉。即离不开具体的直观事物，通过对动态中的事物的经历（包括历史经验），体会出其中微妙而且高明的道理，达到认识上的升华。②

综合各家观点，大致可以看出中国传统思维有以下几个特点：

第一，整体思维与直觉。大多数人都承认中国传统思维是一种从整体出发（或以整体为参照）的、以经验为基础的直观思维，这种思维方式最明显的体现是阴阳五行理论。在古人看来，金、木、水、火、土是构成世界的五种元素，这五种元素相生相克，循环往复，无终无极。阴阳五行理论是以具体可感知的事物说明抽象的道理，它后来被泛化而成为中国人思维方式之一，即"从直观的、可用感官感知的事物入手。整个理论体系和论证方法带有强烈的直观色彩和经验论特征。这种直观思维，基本上是一种偏重于对现象进行整体综合的思维，它对于人们把握认知对象的总体，领会其普遍联系，特别是领会其某种不可言喻的意蕴，有着积极的意义"③。中国人就是这样善于直观感受式的整体把握，而不太善于细密严谨的逻辑推理，他们相信自己的视知觉，却不相信自己的理智判断，他们宁可相信自己的经验，却不太相信理论上的论证。他们长于瞬息间的顿悟和非理性的直觉体验，却不太喜欢运用概念进行判断和推理。从某种意义上讲，中国人是非常重感性的、善于直觉思维的人。

第二，类比思维。中国人在认识某种事物时常常采取"以人度人、以情度情、以类度类"这种由此知彼、由已知揭示未知的认识方法。这种类比方法是根据两个对象之间在某些方面的相似或相同，推出它们的其他方面的相似或相同的一种逻辑方法。它既包含由特殊到特殊，也包含从一般到一般的推理方法。如《周易》所载"观乎天文，以察时变；观乎人文，以化成天下"，《内经》主张"别异比类"，认为"五藏之象，可以类推"，《论

---

① 魏承思：《中国传统的思维方式和文化观念》，载《文汇报》1986年4月8日。
② 楼宇烈：《开展对中国文化整体上的综合研究》，见《中国文化研究集刊》第1辑，复旦大学出版社1984年版。
③ 李宗桂：《中国文化概论》，中山大学出版社1988年版，第312～316页。

语》所说"为政以德,譬如北辰,居其所而众星拱之",以及韩非以"千里之堤,蝼蚁之穴溃"的现象来说明"慎易以避难,敬细以远大者"的处世为人之哲理,都是以现象的相似、类同而进行的推演。在表达自己的思想观点时,中国人也特别喜欢采用比喻和象征的手法,孔子说:"岁寒,然后知松柏之后凋矣""君子之德风,小人之德草",就是运用比喻来说明人的品德的。

第三,中国人的思维方式也是一种象征性思维。它是用具体事物或直观表象表示某种抽象概念、思想感情或意境的思维形式。[1] 如仰观天象,便知人间事变,就是将物象喻人事的象征性思维。民间常有什么"天上多少星,地下多少人""彗星出现不吉利""竹子开花今年不吉"之类的说法,事实上就是一种象征性思维。象征性思维也是一种直观性、经验性思维。它对于人们凭借经验领悟自然界特别是社会和人生现象中某些不可言喻的深层意境有着引导和升华作用;对于中国文化在人际和代际之间的经验性传播起了积极作用。[2]

中国人的思维方式及其特点并不能完全等同于地域文化下的具体思维方式,它只能说是中国人思维方式的共同性。而处于地域文化中的人们的思维方式还具有其独特性。岭南人的思维方式除了具有中国人共有的思维方式及其特点外,还有其自身的特殊性。

第一,岭南人的思维方式表现为求异思维,即发散式思维。求异思维是指沿着多种不同的方向去思考,以寻求各种各样的解决方法,以求得答案的思维。求异求新、大胆尝试、别出心裁是岭南人在思考问题和解决问题时常常表现出来的思维特点,他们善于根据事物发展变化的具体情况,及时地改变先前和已定的计划、方法,寻找新的解决问题的途径。洪秀全"学而优则仕"不成便转而创立拜上帝教,并且组织武装反抗清政府的活动,掀起了近代反帝反封建民主革命的大浪潮。康有为在上书言事的同时还试图通过兴办教育、创办报刊、组织学会等方式来达到救亡图存、维新变法的目的,其《新学伪经考》《孔子改制考》《大同书》正是求异思维的结果。梁启超亦是如此。他的新民说、"新史学"和文学革命等主张,同样是求异思维的必然产物。岭南人长期生活在沿海地区,受地理环境和社会文化交流的影响,他们眼界开阔、思维敏捷、反应灵活,与其他地区的中国人相比,他们更富有独立思考、开拓创新的精神。那种"东方不亮西方亮""此地不留爷,自有留爷处"的观念,在他们的内心早已根深蒂固,影响着他们的择

---

[1] 李宗桂:《中国文化概论》,中山大学出版社 1988 年版,第 302 页。
[2] 李宗桂:《中国文化概论》,中山大学出版社 1988 年版,第 312~314 页。

业方向和行为方式。不断地迁徙和出海谋生，虽然是为生活和环境所迫，但亦是求异思维的一种理智选择。谋生和择业的手段和途径，对于他们来说从来就不是"唯一的"。求异思维，使岭南人在衣食住行等方面创造了在传统中国人看来是难以接受的"生活"方式，使他们在与外来文化接触时，表现出较大的宽容与理解。与其他文化区域的中国人相比，岭南人似乎更容易接受新鲜事物和异质文化，更容易在众多的异质文化的交汇中得到发展和创新。

第二，岭南人的思维方式表现为网络型思维。所谓网络型思维方式，就是联系地、整体地、动态地、立体地看问题。与直线性的思维方式那种平面地、单一地、静止地、孤立地、片面地看问题不同，它认为各种事物之间是相互联系、相互影响、相互制约的，不可能独立于局部的环境条件。大多数岭南人由于长期生活在江河纵横交错的水网地带，诡谲多变的气候，神秘莫测的河网海滨，逞凶肆虐的瘴疠病毒，出没无常的毒虫蛇蝎，错落无序的村居民舍，殊途同归相与联系的水陆交通……使岭南人形成了一种思维习惯，即喜欢联系地、立体地、多向性地去思考问题，或者说他们习惯于在联系的、立体的、多向性的空间上把握事物和问题的本质，而不是孤立地、片面地、单一地认识事物和研究问题。他们懂得了气候和自然地理环境的变化对人的身体健康、生理发育等方面会产生一定的影响，所以学会了自我调节的整套办法，如喝凉茶、吃补药、煲汤水、饮蛇酒，住高而通风的房子，穿宽松舒适的衣服；懂得了蔬菜瓜果是凉性还是热性，什么时候宜吃或不宜吃；明白了"忍一时风平浪静，退一步海阔天空"的待人处世的进退有度之道；冥冥之中感到了人与天、地、他人、神仙、鬼怪、家庭、家族、团体、国家等之间似乎存在着千丝万缕的联系。岭南人的思维像网络一样散开，头绪万端却又井然有序，俨然如系统思维。正因为岭南人具有这种网络型思维方式，所以才有可能孕育出由科举考试的惨败联想到清政府的腐朽专横，才能有谋求入仕经邦治国进而起来造反的洪秀全和由爱国爱乡到改良变法的康有为、梁启超，以及由慕西学而主张中国改革必须变末也变本的何启、胡礼垣、郑观应；才有可能使岭南人在近代较早地从过去大多数中国人那样单纯就事论事、见风是雨的因果思维模式中挣脱出来，开始朝着整体联系、动态发展、辩证统一的思维模式方向转变。在社会和人生问题上，他们不再把人的生老病死和社会的嬗递变迁简单地归之于命运的安排，而是更积极、更有创造性地将其看作自然的历史进化过程，在这个过程当中，人是可以自主的，是可以通过劳动、奋斗和创造活动来改变这一历史进程的。在政治上，他们也不再局限于"开明政治"和"清官统治"的说教和倡议上，而是在更加完整的意义上来阐述自己的见解。如容闳在向洪仁玕建议改良太平天国政治时，就有了全局全新的观念。他说："一、依正当之军事制度，组织一良好军队；二、设立武备学校，以养成多数有学识军官；三、建设海军学校；四、建设善良政府，聘用富有经验之人才，为各部行政顾问；五、创立银行制度，及厘定度量衡标准；六、颁定各级学校教育制度，以耶稣教圣经列为主课；七、设立各种实业学校。"① 很明显，容闳的建议不仅包含"器物"文明建设，而且涉及广开教育，培养人才，以及政权建设和军队建设等关于国家富强的大问题，其思维空间的广延性和思维方式的网络性绰然可见。康有为为了论证"制度"变革，采取了"实测之理""公法"和"比例"等新的思维形式和方法，② 提出了道器一致、体用一致的理论，他说："购船置械，可谓之变器矣，不可谓之变事；设邮便，开矿务，可谓之变事矣，不可谓之变政；改官制，变选举，可谓之变政矣，未可谓之变法。"③ 这同样是一种网络型思维方式。

第三，岭南人的思维方式是一种开放型的思维方式。开放式思维与发散式思维和网络型思维既有联系又有区别，在本质上，前两种思维方式都是开放性的。开放式思维模式表现在思维过程上，明显地注重对事物的整体和部分的分析综合，善于把各种对象或现象加以对比，并确定它们之间的共同点和差异点；表现在思维的基本形式上，大胆引进和灵活运用多种概念进行科学的判断和推理；表现在思维品质上，则是思路广阔、思维敏捷灵活并且有批判性。与大多数内地中国人的那种保守、封闭、囿于陈规陋习，强调一致性而排斥多样性，重视一元文化而贬抑多元文化相比，岭南人的思维方式更显得温和、大胆和平、易通达以及豪爽干脆。尽管岭南各地居民在方言上有较大的差别，彼此缺少沟通融汇的顺畅渠道，但并不妨碍他们思维的开放活泼。事实上他们已经通过其他的渠道和特殊的途径，达到了思想的融汇、情感的交流、文化的传递和物质上的流通。浩瀚辽阔的大海，广袤空旷的冲积平原，绵绵起伏的崇山峻岭，蜿蜒曲折的河川谷地，瞬息万变的天气，花开花落的自然景观和吃不完数不尽的蔬菜瓜果，以及海外归来的同乡或外来商人们的神吹海聊，使岭南人从小就对周围世界的万事万物产生了探索追求的欲望，养成了好学求新和取人之长补己之短的思维习惯。给我们最深印象的也是这一点，即岭南人善于学习、引进、模仿和创新。在他们的潜意识里，似乎美的、好的、善的、有用的东西没有你我的畛域，他们似乎不太看重文

---

① 容闳：《西学东渐记》，岳麓书社 1985 年版，第 96 页。
② 李锦全等编著：《岭南思想史》，广东人民出版社 1993 年版，第 252 页。
③ 《日本变政考》卷七，按语，转引自李锦全等编著：《岭南思想史》，广东人民出版社 1993 年版，第 255 页。

化的渊源出处和正统名位如何，而是善意地、友好地甚至显得谨慎地去作选择性的接触和合乎情理的价值判断。梁发出自内心的感悟而成了基督教在中国的第一位忠实的信徒①，洪秀全、冯云山等出于反抗暴政的动机而接受和改造了基督教，容闳、何启、胡礼垣、郑观应等人接受西学却又超越了西学，康有为、梁启超等人师承孔孟、程朱儒学，却又批判、改造、升华了所学所识的传统说教。

应该说，开放式思维是岭南人的传统。对太古时期我们无法考证，但唐朝时开创佛教禅宗的惠能，就是运用了开放式的思维方式和自觉顿悟的功夫才有了自己对于佛学的创造。明代，生于琼山府的丘濬对商品、市场、货币等问题的大胆探索，江门白沙村的陈献章对理学的批判和对明代学风的抨击，主张明理守分，以德义相配为高，倡导自由开放的学风，以及近代南海九江人朱次琦和番禺人陈澧对经世致用学风的大力提倡，从表面上看，虽然没有超越传统儒家经书的思维定式，但实际上他们的眼界已经超越了传统思维的界限，突破了陈旧的框框，自觉地从思想的牢笼中突围出来，大胆执拗地向更为广阔的思维空间迈进。这种积习相沿的思维方式，像美酒一样愈陈愈浓愈香，润泽着近代社会的岭南人。洪仁玕和曾经让内地儒学传人着实惊诧惶恐谩骂了一番的洪秀全等太平天国诸人，对西方基督教的吸纳融汇创新态度；何启、胡礼垣、郑藻如、郑观应等早期改良主义思想家们学贯中西、思想活跃、新鲜大胆、放言西学、鼓吹改良政治的言论；康有为、梁启超等维新变法的主将们的外观世界大势内察国内腐败情形，吁请变法图强的言行，就是岭南开放思维传统的具体体现。相对内地更多区域内的人们那种强调自我完整独立、排斥异己、党同伐异、眼里容不得一粒沙子，动不动就以名教、名分、节操、德行、教化等所谓正统的大帽子剥夺自由、限制舆论、扼杀创造的落后思维方式来说，岭南人显得较开明、豁达、舒展、爽快、明朗、热情、客观、公正、平和、宽容，他们不为传统所累，传统在他们的思维领域本来就没有占据太多的空间。所以，在近现代社会里，岭南人在众多领域内充当了西方文化在中国的传人和超导体。这也是岭南地区在近代群星璀璨、成为改良革命和思想启蒙的摇篮的重要因素。

第四，岭南人的思维方式表现为逆反思维。逆反思维在本质上是求异思维的一种表现，它是对人们思维习惯或思维定式的反抗，逆其道而行之，也就是一种意在打破常规、另辟蹊径的思维方式。我们所说的逆反思维并不是一般的负气或斗气式的逆反思维，而是一种旨在突破旧的思维方式、超越传统思维定式、沿着常规思维路向逆向而行的理性选择，较少有负气和情绪成

---

① 参见拙作《论梁发及早期基督教在岭南的传播》，载《学术研究》1993年第1期。

分。大凡具有创造力和批判精神的人，都具有逆向思维的品质和特点，他们能从小中见大，从旧中见新，从平常中看伟大，从拙劣中看出完善，从丑陋中见到美丽，从破中见到立，从悲痛中看到欢乐，从对立中见到统一，从冲突中见到和谐，从失败中见到胜利。他们违反常规，却又总是使常规感到汗颜；他们打破传统，却又常常使传统死而复生。岭南人似乎天生就具有这种逆向思维的素质，喜欢与传统作对，善于在平静的湖底掀起巨大的波澜，乐于对抗而耻于妥协，敢于冒天下之大不韪，志在为天下先。大多数中国人是由爱国推及爱家，而岭南人则是由爱家进而升华到爱国；大多数中国人的理论是"大河无水小河干"，而岭南人更倾向于"小河有水大河满"的法则；大多数中国人认为忍耐宽容、柔弱顺良、消极避世是明哲保身的法宝，而岭南人则以积极进取、勇于抗争、顽强坚定的态度实现自己的人生价值；他们不甘寂寞，害怕平庸，敢于以身试法，冒死犯难，而大多数中国人则甘于苟且，敷衍人生缺乏冒险意识。岭南人自古就有叛逆的传统和怀疑批判的精神，鸦片战争时期广东就曾出现过"官怕洋人，洋人怕中国老百姓"的情形。[①] 同样是在清政府专制统治之下，北方大多数地区的中国人甘心做清王朝的顺民，而洪秀全、冯云山、洪仁玕、杨秀清等人却念念不忘"反清复明"和推翻清朝的专制统治，冒死而敢与清政府为敌。同样是爱国，然而在北国义和团的英雄们与八国联军厮杀拼搏时，岭南人想到的却是如何保证境内太平无事和独立完整。总之，岭南人就是这样习惯于逆向思维，反其道而行之，既不与保守封闭的思维方式"同流合污"，又不按常规办事和常理思维，所以，他们的思维思想让人觉得稀奇古怪、不可预测。近代岭南成为开风气之先的地区，多少也与岭南人这种逆反思维有关。

（二）孙中山的思维模式与岭南文化[②]

孙中山一生大部分时间是在岭南地区或在岭南华侨生活的地区度过的，这一点我们已在前面作了必要的交代。那么孙中山的思维模式中到底有没有岭南文化的影响痕迹？或者说岭南人的思维活动是否对孙中山的思维产生过一定的影响？这是我们所要进一步讨论的问题。

---

① 陈胜粦：《林则徐与鸦片战争论稿》（增订本），中山大学出版社1990年版，第351～366页；何祥林：《论林则徐"民心可用"思想》，载《广东社会科学》1992年第2期。
② 思维模式与致思途径是思维方式的两个主体部分。思维模式的核心是一与多的关系问题。一与多的关系，在社会历史领域表现为个体与类的关系问题，对于个体与类的关系问题的解决，和一与多的关系问题的解决一样，制约着思维模式的其他特征。在这里，我们不去讨论"一与多的关系问题"，而主要是从思维模式表现出的现象形态方面探讨岭南人和孙中山思维模式的基本特征，并寻找出岭南文化与孙中山思维模式形成间的关系。

有的学者在论及孙中山的思维模式时特别指出了中国传统思维方式对孙中山的潜移默化作用，最有代表性的观点是张岂之先生在《孙中山对中国传统文化的反思》一文中所作的阐述，我们不妨照录如下：

> 从孙中山对中国传统文化的种种反思可以看出，他的"思想行为之门径"带有鲜明的中国传统思维方式的特色。中国传统思维方式之一，姑名之曰"三级连贯思想方式"，即从历史讲到现实再讲到未来。春秋时有所谓"法先王"，战国时有所谓"法后王"，后来又有"代圣人立言""托古改制"等，都是借历史以谈现实。孙中山在《三民主义》讲演中借历史以谈现实的地方很多。还有关于"自尧舜禹汤文武周公至孔子"的道统言论。他赞扬三代，从现实推知未来。这在孙中山的逻辑推论中比比皆是，充满着对未来大同世界"天下为公"的展望。中国传统思维方式之二，姑名之曰"时变思维方式"。从《周易》开始中国思维逻辑就讲变易。《易传》所谓"唯变所适"，是有条件的，这个条件就是"时"，"时止则止，时行则行。动静不失其时，其道光明"。孙中山思维方式的一大特点就是能趋时，即"适乎世界之潮流，合于人群之需要"，不断地随着时代的变化而前进。从《上李鸿章书》的改良主义爱国思想到提出民族主义、民权主义、民生主义的革命民主主义思想，再从旧三民主义发展为联俄、联共、扶助农工的新三民主义，他跨越了中国民主革命的新旧两个不同历史阶段，始终是站在革命前头指导时代潮流的伟大历史人物，不愧为充满着崇高精神和英雄气概的革命民主主义者。①

也有的学者从孙中山的三民主义思想中分析解剖了孙中山的思维模式，认为孙中山的思维模式具有三大特点，即"把中国问题放到世界全局中去考虑""学习西方与发扬民族优秀传统相结合""从实际出发，循序渐进"。并进一步地指出孙中山的思维方法上表现出明显的不足之处，即"不注意逻辑的严密性""在说明许多重大的理论问题的时候，孙中山很喜欢用比喻的方法"，其思维方法"具有直观性的经验论的弱点，在论述某些问题时常常处于自相矛盾状态而未被察觉"。②

---

① 《孙中山和他的时代——孙中山研究国际学术讨论会文集》下册，中华书局1989年版，第1688页。

② 袁伟时：《从民权主义看孙中山思维方法的若干特点》，见《孙中山研究论丛》（七），《中山大学学报》1990年第2期。

朱宗震先生则从孙中山的谋略上对孙中山的智慧和思维方式作了间接的说明，他认为：孙中山的谋略的最显著特点是不怕冒重大的风险，敢于开拓进取。谋略的第二个特点是策略转折时的彻底性和两极性。孙中山并不仅仅是一个单纯的理想主义思想家，他也是一个实实在在地行动的革命家。他虽然主张冒险，但不是一个拼命三郎，不是一个冒险主义者，他只是为了开拓、进取、完成不可回避的政治使命而冒险。因此，当他冒险受挫、客观形势起了变化的时候，他随时修正自己的策略。谋略的第三个特点，是在运用理论逻辑制定策略时，对外在形式的偏重性。运用既有的理论来制定策略，是直到现在都是常见的谋略思想。谋略的第四个特点是，力量组合和策略选择的随机性。孙中山对运用什么力量、采取什么手段去达到既定目的却并无定见，并没有去制定一个相对固定的模式，而是处于随机试探的过程之中。①

虽然学者们不是在专门讨论孙中山的思维模式及其特点，但是，他们在揭示孙中山的文化思想、三民主义思想和谋略的内在结构和特征时，无形之中却从不同的侧面将孙中山的思维模式的某些值得我们注意的问题揭示出来，他们的许多研究成果甚至直接成了孙中山思维模式的最好的最具体的注脚。

不过，值得我们注意的是，人们似乎并没有对岭南文化与孙中山的思维方式这个问题给予足够重视，在众多研究者的心目中，西方近代文化和中国的传统文化对孙中山的思想认识、理论体系和行为方式、思维模式的影响是确定无疑的。讨论岭南文化与孙中山的思维方式之间的关系，对于他们来说无异于天方夜谭。史学界有一个很大的盲点，即忽视了历史人物的思维方式对其思想认识和社会实践这些历史创造活动所起的重要作用，似乎他们存心要将这一方面的问题留给哲学家和思想家们去作思维和智力的游戏。这样，孙中山研究者们也就自己捆住了自己的手脚，自己限定了自己思维的路向和研究的领域。事实上，思维方式对于人的活动具有重大的意义。人们从自己的思维方式中形成了对外部世界的认知图式和方法。外部世界对于人是怎样的，具有什么样的价值意义，取决于人怎样去看，取决于人依据什么样的认知图式和方法去思考、去理解、去解释。人们根据自己所看到的世界，根据自己对外部世界的思考、理解和解释，决定自己的宇宙观、人生观、价值观和审美观，决定自己与外部世界的关系和联系，决定自己的实践活动的内容和形式。否定或不顾思维方式对历史主体——孙中山的思想理论的形成和革

---

① 参见朱宗震《孙中山在民国初年的决策研究》，四川人民出版社 1991 年版，第 269～276 页。

命实践活动的形式与内容诸方面所起的特殊作用显然是不科学的。同样，忽视岭南文化对孙中山思维模式的孕育生成所起的先决作用也不是历史唯物主义的。诚然，我们无法分清孙中山接触的众多的文化类型当中每一种文化现象对孙中山思维方式的形成在哪些方面起到什么样的作用和影响，但我们可以肯定地说，岭南文化对孙中山的思维方式的形成及其特点产生过极为深远的影响。或者说孙中山思维方式的形成及其特征与岭南文化有着不可分割的联系。①

首先，岭南文化是孙中山思维模式朝着开放思维模式这个方向发展的重要酵母。

岭南文化是多元文化的产物，开放、多元、实用是它的主要特征，不断地吐故纳新、不断地新陈代谢，更是岭南文化的内在机理。多元文化决定了岭南人思维路向的多元性和复杂性；文化的实用性和开放性，又决定了人们认识上的直观性和实体性。孙中山生活在这样一个复杂而开放、变动活跃的多元文化氛围里，耳濡目染，心领神会，在学习、生活、活动和交往中体认到开放、明敏、通达、融汇、吸纳、交流、学习和变动的真实价值与实际意义，意识到了封闭、单一、孤立、保守、排斥、限制、束缚、禁锢、冥顽、刻板和党同伐异、地方主义、个人主义、家族意识、专制思想等的危害，懂得了集思广益、包罗万象、取人之长补己之短的道理，明白了与人为善、团结互助、"兼听则明、偏听则暗""良药苦口利于病，忠言逆耳利于行""谋事在人、成事在天""胜败乃兵家常事""胜不骄，败不馁""三人行必有我师焉"之类名言的底蕴，养成了自信自谦、开朗明丽、真诚坦率、热情侠义、乐观进取、灵活机敏、幽默风趣的性格，学会了宽以待人、严于律己、独立思考、勇于任事、否定过去、面向未来的待人处世的本领。所有这些习得性的言行，又无不是开放思维的间接或直接的体现。岭南文化赋予孙中山开放思维模式就是在这些关于人生、社会、自我、事业、思想、观念、行为等方面得到再现和高扬的。

正因为在岭南文化的熏陶濡染中不自觉、也别无选择地承继了岭南人的这种开放思维模式，所以，在人生理想和奋斗目标的追求上，孙中山没有停留在传统的"立德、立功、立言"和"学而优则仕"这个定格上，而是随着时势的变易不断地调整和更新自己的价值目标和人生追求。像大多数岭南

---

① 参见《关于人的学说的哲学探讨》，人民出版社1982年版，第152页。关于人的思维形成问题的讨论，其中"由于人的特殊历史性活动，人在生理上历史地发生着动物所不能相比的获得性遗传。这不仅表现在前人遗传给后人的思维能力，同前人留给后人的理论认识合乎逻辑的相适应，而且还表现在人的机体，尤其是承担思维活动的机体在遗传方面发生的超出动物自然进化的变化"值得注意。

人一样，他并没有将参加科举考试作为唯一的自我价值实现的途径，而是根据时势的变易和客观社会条件，以及个人的兴趣爱好去灵活地选择自己的职业和谋生手段，正如他自己所言："虽未能为八股以博科名，工章句以邀时誉，然于圣贤六经之旨，国家治乱之源，生民根本之计，则无时不往复于胸中。"① 在兴趣爱好上，孙中山不像大多数中国人那样，"非礼勿视，非礼勿听，非礼勿言，非礼勿动"，而是一任性灵舒身展臂，听其在广阔的空间里挥挥洒洒。他自己就曾回忆说："文早岁志窥远大，性慕新奇，故所学多博杂不纯。于中学则独好三代两汉之文，于西学则雅癖达文之道；而格致政事，亦常浏览。至于教则崇耶稣，于人则仰中华之汤武暨美国华盛顿焉。"② 在对待西方和外来文化的态度上，孙中山也不像那些正统的士大夫们那样采取拒绝、否定的态度，而是像大多数岭南的知识阶层那样本能地作出了开放开明的选择。孙中山在1897年就表示"必须使我们的国家对欧洲文明采取开放态度。我不是说，我们要全盘照搬过来。我们有自己的文明，但是，因为无法进行比较、选择而得不到发展，它也就停滞不前了"③，并指出："我们为志士的，总要择地球上最文明的政治法律来救我们中国"④。"我们要学外国，是要迎头赶上去，不要向后跟着他"⑤，"我们现在改良政治，便不可学欧美以前的旧东西，……我们要学他们的最新发明，才可以驾乎各国之上"⑥。甚至为了使中国的经济和文化迅速发展起来，他还提倡引进外资、设备、技术、人才，实行开放主义。⑦ 在建国立国主张上，孙中山的态度仍然是"开放主义"的。在他看来，集天下之人力、物力、财力为我所用是国家发展的首要原则，其三民主义、《建国方略》、"联俄、联共、扶助农工"三大政策，正是开放思维的结晶。在革命实践活动过程中，孙中山的开放思维模式更得到了进一步的磨炼和陶铸。其革命方略的制定，思想主张的形成，革命力量的聚集，革命组织的建设，革命战争的进行，外交活动的展开，无不闪烁着孙中山开放思维的光芒。在内审国情、外察世界形势的同时，孙中山不断地探索，也不断地吸收各国革命和建设的成功经验，寻找救中国的最佳方案。在他看来，中国革命不是少数几个人就可以完成得了的，

---

① 《孙中山全集》第1卷，中华书局1981年版，第16页。
② 《孙中山全集》第1卷，中华书局1981年版，第48页。
③ 《孙中山全集》第1卷，中华书局1981年版，第86页。
④ 《孙中山全集》第1卷，中华书局1981年版，第281页。
⑤ 《孙中山选集》，人民出版社1981年版，第690页。
⑥ 《孙中山选集》，人民出版社1981年版，第788页。
⑦ 参见乐正《孙中山的理想和NICS的现代化实践》，见《孙中山研究论丛》（七），《中山大学学报》1990年第2期，第42页。

需要千千万万的爱国志士的共同努力和海外关心或同情中国革命的民主人士的支持。为了赢得更广泛的支持，结成反对清政府的统一战线，孙中山甚至不遗余力地与西方强国政府频频接触。在孙中山的周围也的确簇拥着千千万万的追随者、同情者和支持者。在那个需要人力、物力、财力支持的特殊时期，有了孙中山这样一个超越省界、国界和文化类型的具有开放意识的领导人，中国的旧三民主义革命才有可能走向成功之路。

具有开放思维的人必然具有平等思想和自由意识，也必然拥有客观公正、实事求是的理性精神。对人对己，孙中山少有成见，即使免不了受先入为主和社会刻板印象的影响，但他亦能随感觉和事实的改变而改变自己的态度，重新认识他人和自己。最明显的就是对待袁世凯的态度，他先是对袁抱有怀疑甚至否定的态度，后来与袁世凯晤谈后迅速被袁世凯伪装的和善和热情所感动而一改前言，对袁产生了极大的好感，甚至对袁世凯说了许多过于信任的话，这一改变也说明孙中山对人不抱成见而是依据感觉的实在性来形成自己的判断。但一旦袁世凯的阴险和伪善的面目原形毕露，在国民党员当中又是孙中山第一个从与袁世凯"蜜月"般的关系中醒悟过来并成为"非去袁不可"的积极提倡者。开放思维使孙中山始终以积极的态度去对待周围的人和事。对同志，孙中山也很少像当时革命党中大部分人那样，感情上带有地域观念的非理性色彩，而是不分地域，不分南北东西，不分同乡故旧和亲戚朋友，一律以"人尽其才"为原则，对人不抱成见，不搞宗派、拉山头，平等意识和自由思想在他这里既有了生命的依托，又得到了高扬的机会。只要我们稍稍对孙中山一生的言行作一审视，就会惊奇地发现，他对己对人的知觉，对事对物的认知，对情对势的把握，是那样的清纯如溪，是那样的刚柔如山，是那样的豁达豪迈如川，是那样的客观平实如镜。

诚然，孙中山的开放思维及其特点的形成，与他所受的西式教育、海外生活经历和个性心理有关，但与岭南开放型的人文风貌和放达舒展式的自然景观似乎关系更加密切。如前所述，开放思维模式是岭南人所共有的思维模式之一，是岭南人理知世界物象人事的习惯方式。作为一种理知习惯，孙中山理所当然地要受到它的影响，因为"习惯"在任何时候都是一种个体不可抗拒的巨大力量。从这个角度上看，孙中山后来所受的西式教育和海外生活经历最多也只是对这种早期形成的思维胚胎起着增加养分和通经活络的强化刺激作用。明显的事实是，孙中山幼年的思维活动和思维模式是在没有任何准备的状态下接受他所属文化圈内的长辈和大龄人的"言传身教"和"社会教化"而开始孕育生发的。这时，大脑就像一张白纸，要画什么就是什么，没有甄别的余地。

岭南文化对孙中山思维模式影响的这种情形，在洪秀全、洪仁玕、郑观应、康有为、梁启超、胡汉民、汪精卫、廖仲恺等人的身上同样发生过，这也是为什么在近代，岭南人在许多方面远远超过内地更多更有才智的人的重要因素之一。

其次，岭南文化对孙中山发散式思维模式的形成起了铺垫和推动作用。

如大多数人所指出的那样，岭南人，尤其是近代岭南人的思维模式的另一个特点便是发散式思维。也即是沿着各种不同的方向去思考，寻求各种各样的解决方法以求得答案的思维模式。通过发散思维，人们可以提出种种新的假设、新的构想，打破旧框框，别出心裁。从思维的向度上来说，发散式思维是多维多元多样化的思维模式。岭南人在思维模式上具有这一特点当然与他们所处地区的地理环境、自然景观、人文风貌、对外文化交流等得天独厚的因素有关。

作为岭南人中的一员，孙中山毫无疑问地继承了这一思维传统。甚至可以肯定，岭南人多视角、多向度、多侧面、灵活地处理和解决现实生活中所面临的难题的思维模式，对于幼小的孙中山来说，其印象或许是极其深刻持久的。因为，一方面，岭南人为了改变生活的苦境，挖空心思去想挣钱的举措和谋生手段、途径和方式的多样化，也许在无声无息之中就使孙中山受到启发和激励。这一点，我们只要从孙中山《致郑藻如书》和《上李鸿章书》中对发展农业生产、改善农民生活环境所提的一些主张中就可以窥见一斑。在孙中山看来，改善农民的生活境遇，不仅仅在于兴农会，鼓励农民振兴农桑，而且还要设立农官，研究农学，利用科学知识，采用新式农具，发展生产。可以说，孙中山目光所及、思维所涉的已不再局限于简单的重农抑商、重本抑末和强调农业生产的重要性这一传统观念，而是在更广泛更深层上探讨农业振兴的多种多样的方法和途径。郑观应对孙中山的这种见解也颇为欣赏，在写给李鸿章的信中，他称："吾邑孙翠溪西医，颇留心植物之理，曾于香山试种莺粟……尚欲游学欧洲，讲求新法，返国试办"①，希望李鸿章玉成其志。另一方面，岭南人处世精明，办事灵活，为人乖巧，行动敏捷，见识广博，善于适应环境，爱变会变和求新求异的风格，孙中山从小就耳闻目睹，甚至习染成癖。今天我们虽然找不到孙中山对此方面的直接表述和充分说明，但这种影响的痕迹我们从孙中山一生的言谈举止中是可以寻到蛛丝马迹的。② 在如何"救斯民于水火，扶大厦之将倾"的问题上，孙中山虽曾一度试图借助他心目中的所谓"英雄""大人物""当权者""开明人士"

---

① 《戊戌变法》资料丛刊（一），神光国学社 1955 年版，第 94 页。
② 参见王杰《论孙中山的政治文化取向》，见广东省社科院孙中山所编《辛亥革命与孙中山》，广东人民出版社 1991 年版，第 293 页。

的"开明""激进"来达到富民强国的目的,把他们作为实现自己理想的云梯,但他毕竟没有陷得太深。岭南人那种机灵圆滑、精明能干和敢作敢当的行为方式注定了孙中山不可能将命运的赌注押在他们这些"先知先觉"的大人物身上,也许他更相信"东方不亮西方亮"这个古老的民谚所包含的哲理,因为他在上书李鸿章的同时也做好了下一步的打算,其组建兴中会,发动武装起义,推翻清王朝这一举措,就很耐人寻味。同样,岭南人办事处世机灵敏捷和注重实效的品质,也注定了孙中山不可能停滞在某一思维路向上,他的每一次冲刺和跳跃,都必定跃上一个新的台阶。同盟会的成立,三民主义思想体系的不断完善,建国方略的制定,改组国民党,实行国共合作,建立黄埔军校,组织北伐,等等,几乎每一次"试跳",都跃出了新的高度。所以,孙中山也始终是他的时代的弄潮儿,推动着潮流走的人。

发散式思维模式,必然与超前意识有着内在的联系。具有发散思维模式的人,其言行自然超越于他人之上。孙中山无疑是一个具有超前意识的人,他既不沿着传统的老路缓步行进,又不地放过传统中的精华,既不人云亦云、亦步亦趋,又不草率地抛弃百家之言,总是在学习、接受和消化他人的东西的同时,有意识地寻找自己思考问题的方法方式。就是在学习别人的长处时,孙中山也很少不加分析地模仿,而是在经过一番研究和比较之后才决定取舍的对象。他在1920年1月的一次谈话中说:"社会主义的派别很多,马克思主义不过是其中的一派。我在欧洲的时候,各派的理论也都研究过,我参酌了社会主义各派的理论,汲取它们的精华,并顾及中国的实际情形,才创立三民主义。"[①] 其民生主义的创立,就是在既摘西方文明进化之善果,又避西方文明进化之恶果,既改变中国所患之贫,又防止富了之后可能出现的不均的原则下精心安排和巧妙构思的。就是其民族主义、民权主义的理论主张,也与大多数革命党人和上层社会的精英们的认识有所不同,与洛克、孟德斯鸠、托马斯·潘恩等早期西方民主和民权主义理论家们对民族问题的理解同样存在着一定的差别。[②] 他的"五权宪法"就不是照搬西方三权分立的模式,而是在更合乎国情世情的条件下对三权分立模式的一种超越。[③] 其"实业计划"亦是在汲取古今中外经济思想养分的同时,对前人和同时代人的思想的一种突破。有的学者就指出,孙中山经济建设思想的新突破有以下几方面:"其一,对中国传统的以农立国的突破","其二,对西方近代化以

---

① 陈旭麓、郝盛潮主编,王耿雄等编:《孙中山集外集》,上海人民出版社1990年版,第254页。
② 周旺生等:《西方法学名著评介》,辽宁人民出版社1986年版。
③ 刘兴华:《孙中山思想论稿》,黑龙江人民出版社1991年版,第101~108页。

轻纺工业为先导的突破"，"其三，对单一经济模式的突破"。① 这种突破说明，孙中山不愿照搬照抄外国东西，不愿按别人的思维模式去建造自己的理论大厦，而是在原有基础上力求有所创获。试想，如果孙中山像大多数中国人那样循规蹈矩、墨守成规、人云亦云，不能举一反三、触类旁通、取法乎上，他的学说、思想、主张和实践活动就不可能在近现代史的交接时期独领风骚和掀起狂飙巨澜。事实上，正因为孙中山从岭南文化中汲取了许多养分，从自己的同乡——岭南人那里学会了求异思维，所以，他才有可能成为那个动荡不安、变幻莫测的时代中永不褪色的"明星"。

当然，发散式思维模式的形成并非完全受益于岭南文化。在接受岭南文化熏陶的同时，孙中山还与东西方各国的文化有过较密切的接触，所受影响亦很明显。尤其是西方近代自然科学和实证主义、进化论，以及西医职业教育，对孙中山心智上的训练更是有据可寻、有迹可查的。他在"知难行易"学说中多次列举的生理学、医药学、卫生学、物理学、化学、进化论的例证，"皆为其在西医书院所精之学，而其所言各科学中与饮食相关之事实，亦多与其在西医书院所考试者相同，如论食物种类，与在1888年所考生理学第一题目相同；论食物入口后之变化，与第二题目相同，论食物至肠胃后之化学作用，与在1889年所考生理学之第三题目相同"②。时隔30年，记忆却如此清晰，足见其印象之深和所学之精。

但我们也要看到，人的思维训练是从小就开始的，思维中的最基本的东西是在青少年时代习得的。文化语言、生活方式、行为方式、风俗习惯等最早被主体自觉或不自觉地纳入了自己的思维和认识体系之中，它们既影响主体的思维模式，又在无形之中成为主体思维和认识对象的一部分。后来的学习和实践活动固然使早期的思维模式有所改变，但是这种改变也是极其缓慢和极为有限的，它甚至只能成为前认知图式的补充说明。孙中山之所以能够在西方文化潮水般涌来时不慌不忙地迎接挑战，乐观自信地对待本土文化，巧妙灵活地将西方文明的优秀成果加以包装变成自己的东西，无疑与岭南文化赋予他的思维模式有关，如果没有岭南文化的滋润哺育和岭南人发散思维模式的长期影响，孙中山的早期言行和后来的举措就会难以被理解。准确地说，西式教育和医生职业的训练，以及海外所见所闻、所学所思，只是在客观上强化了孙中山的发散式思维模式。过分地强调西学对孙中山的影响，重

---

① 广东省社科院孙中山所编：《辛亥革命与孙中山》，广东人民出版社1991年版，第264～265页。
② 罗香林：《香港与中西文化之交流》，香港中国学社1961年版，第169页，另见罗香林：《国父之大学时代》，独立出版社1945年版。

而言之就是割断历史,否认人不同的成长阶段间的内在逻辑发展关系。

再次,岭南文化孕育了孙中山的逆反思维模式。

岭南人思考问题与中国其他地区的人有所不同,表现出与常规相反的逆向思维。在语言方面,粤语与普通话在语法结构、句式的选择、语词的选择、语言风格等方面都存在一定的差别。如普通话说"你先走",粤语却说"你走先";普通话说"先看看",粤语则说"看看先";普通话说"多嘴",粤语则说"口多多"。诸如此类粤语与普通话在语言表达上的差别,给人一种反向颠倒的感觉。岭南人这种逆反式的思维习惯一般是通过日常生活、语言、思想观念、社会规范等途径传承给孙中山的。

第一,语言的传承对孙中山的思维模式产生深远影响。正如申小龙所说的那样:"语言是人与人之间、人与世界(包括自然界与社会文化和价值、历史与未来)之间联系的根本纽带。人按照他的语言形式来接受世界。这种接受形式决定了他的思维、感情、知觉、意识和无意识的格局。从语言中看到的客观世界已非纯粹的客观世界(包括施事的意识、功利的意识、模糊的意识等)。语言本质上不是一种与人的主体相分离的客观形式系统,而是一套价值系统和意义系统。语言带给人一种对于世界的特定的态度的关系。当人们掌握自己的母语时,也就同时接受了所包含的文化意义的价值意义。"① 应该说,粤语作为孙中山的母语,对孙中山的思维,尤其是逆反式思维的影响是毫无疑问的。

第二,日常生活方式和行为方式对孙中山的思维模式产生深远影响。初初看来觉得日常生活方式和行为方式对人的思维模式的形成没有太明显太直接的作用,但是事实上,人的思维正是在日常生活和社会活动中形成和发展的。恩格斯就曾明确地指出:"自然科学和哲学一样,直到今天还完全忽视了人的活动对他的思维的影响;它们一个只知道自然界,另一个只知道思想。但是,人的思维的最本质和最切近的基础,正是人所引起的自然界的变化,而不是自然界本身;人的智力是按照人如何学会改变自然界而发展的。"② 同样,孙中山的思维的最基本模式也是在他的早期社会交往活动和日常生活中形成和发展起来的。长期生活在岭南地区和岭南华侨文化圈中,孙中山思维所受的影响是不言而喻的,又是多方面的,但主要有二:一是岭南人生活求新求实的态度和行为维新维异的表现,使孙中山从小就受到这种态度和表现的暗示和同化,养成了一种求新求异的思维习惯;二是岭南人的这种生活态度和行为表现所蕴含的求新求异这种逆反思维的逻辑规律本身,

---

① 申小龙:《语言的人文性与东方功能型研究》,载《北方论丛》1988年第2期。
② 《马克思恩格斯全集》第20卷,人民出版社1981年版,第573~574页。

也成为孙中山思维认识的对象，在实践活动过程中，孙中山主观上也会积极地与这种求异思维（逆反思维）产生认同。因此，岭南人的逆反思维，在事实上已经成为孙中山思维模式的一部分。

所以，逆反思维是孙中山思维的一大特点。这种求新求异的思维模式，虽然使孙中山的思想主张常常因与大众截然相反而被冷落和反对，但正因为孙中山具备逆向思维这一思维品质，所以才有可能打破地域、文化、语言和心理上的障碍，实现自我超越。在救亡图存的道路、方式和方法上，孙中山没有走自上而下的改良主义的道路（康梁维新变法运动也是求新求异思维的一种表现），而是相反地提出了从下而上的革命反清、推翻封建专制统治、建立民主共和国的救国方案；在人们的排外情绪不断高涨时，他却主张实行对外开放，甚至主动与东西方列强结好消怨；在革命党人内部普遍认为袁世凯不可信的声浪中，孙中山却一反常态，北上与袁世凯共商国是；在革命不可为、众人感到前途暗淡渺茫之时，孙中山却相反地从失败和挫折的低潮中看到了革命成功的有利形势和美好前景；在大多数革命党人对会党持有极大的偏见时，孙中山却认为会党是一股可以依靠的力量，主动地去争取他们的支持；当人们对中国传统文化极力否定而大力提倡全盘西化之时，孙中山却以为中国传统文化里面还有许许多多有益的东西值得继承和发扬光大；当大多数中国人受"知易行难"的思想影响而无所作为时，孙中山却决心对"数千年来深中于中国之人心，已成牢不可破"的"知易行难"说发起一场总攻，针锋相对地提出了"知难行易"的哲学思想，对知行问题作了全面深刻的剖析，澄清了人们的思想认识；当人们对共产党怀有敌意和持反对态度时，孙中山却在积极地谋求国共合作。种种迹象表明，孙中山的逆反思维使他不至于被表面的现象或假象所迷惑，并具有一种透过现象看本质的非凡的能力。

最后，岭南文化也是孙中山系统思维模式形成的最初土壤。

鲁迅曾说，南方人机灵滑溜，"群居终日，言不及义"，对其过于机灵狡猾的品质不以为然。但从思维的特点上看，南方人（当然也包括岭南人）的这种人格特质与他们的系统思维有关。

南方人的思维是一种网络状思维模式，即系统思维。它与中国传统的整体性思维那种带有笼统性、模糊性、静态性不同，在观察思考问题时，注重从事物的联系性、发展变动性、客观实用性等方面去作系统的分析研究，从而把事物的真、善、美和用统一起来。

孙中山就是一个具有系统思维的人。在对国情的认识上，孙中山就不像许多传统士大夫甚至新型的知识分子那样，孤立静止、片面绝对地肯定一切或否定一切，而是全面、整体、联系和发展地去体认和把握，把中国的问题放在整个世界历史发展过程中进行考察的同时,还对中国政治、经济、文化、思想意识形态、国民心理等问题作了比较实事求是的、全面整体的分析研究。在确定武装推翻清王朝封建专制统治、建立民主共和国这个目标后,孙中山围绕这一目标制订了一系列计划,如成立兴中会、同盟会,争取海外华侨的支持,联络会党,策反新军,团结知识界,创办报刊,鼓动革命,利用列强之间的矛盾和野心,等等,一切显得有条不紊。在思想理论体系的建构上,孙中山的系统思维模式及其特点也充分地显示出来。他的三民主义思想、五权宪法主张、《建国方略》、"知难行易"学说以及现代化的构想等,都带有明显的系统思维特点。孙中山在《实业计划》中就直接提出"用系统的方法,指导其事"①。他自觉地运用了系统思维方法去揭示经济建设系统的内在逻辑层次。国内学者在研究孙中山的经济建设思想时指出:孙中山把整个经济建设看成一个系统,大系统由若干部分构成,每个部分又都自成系统。其中二级系统便是生产资料所有制建设和实业建设。由于中国没有经历工业革命,社会经济不发达,故孙中山主张"中国两种革命必须同时并举,既废手式采机器,又统一而因有之"②,以"两种革命并举"作为经济建设的总体策略思想,故孙中山所言的经济建设既是物质生产建设,又是新的经济制度的建设。具体便是,既要实现工业革命,振兴实业,进行物质文明建设,又要实行土地、资本的国有化,进行新的经济制度的建设,从而调动劳动者的积极性,提高生产效率,加速物质生产建设。在二级系统中又包含着三级系统,所有制建设系统中包含土地制度和资本制度两个三级系统,实业建设系统中包含经济区域建设和实业项目建设两个三级系统,而每个三级系统又有低一层次的系统,一级较一级次之。联系的观点,是孙中山经济建设思想整体性特点的哲学基础。孙中山继承了中国传统的辩证法思想,深刻认识到事物之间存在着各种的联系,"彼此互相关联""彼此互相为依倚",不仅"彼此竞争",而且"互相为用",③ 由此而构成大大小小的"网"和"系统",由部分而构成整体。因而,孙中山既从宏观上把握了经济建设的整体系统工程,进行整体性构思,全面规划;又从微观上设计出各个项目的具体规划,揭示整体中各个组成部分间的内在联系。他周密考虑到各个部分的建设规划都必须依据于整体目标,从整体出发,部分从属于整体,而整体功能的发挥和整体目标的实现又有赖于各个组成部分功能的发挥和各个部分建设的实现。《实业计划》提出的系统的完整的经济建设蓝图,

---

① 《孙中山全集》第6卷,中华书局1985年版,第264页。
② 《孙中山全集》第6卷,中华书局1985年版,第250页。
③ 《孙中山全集》第6卷,中华书局1985年版,第254、264页。

便是孙中山经济建设思想的整体性的集中表现。① 不过,论者忽视了孙中山系统思维的岭南文化渊源,并混淆了"整体思维"辩证法与"系统思维"之间的差别。因为中国传统哲学中的辩证法思想和整体思维,注重矛盾的对立统一和相互转化,是一种整体性的直观法则,而缺乏严密的逻辑实证和科学有序的运思方法,直观性、模糊性、笼统性较为明显。系统思维则不同,它强调部分与整体、个别与一般、家庭与国家、传统与现代、东方与西方、中国与世界等彼此之间的对立与统一、联系与独立、变化与发展的内在关系,偏重逻辑性、整体性、联系性、动态性和精确性。"差不多""大致说来""也许是""大概是"之类的抽象模糊性的表述是系统思维所不取的。岭南人的系统思维常有中国传统思维的辩证特点,又有自己的个性特点,这是我们要首先弄清楚的。孙中山的系统思维模式与中国传统辩证法思想和整体性思维有所不同,它带有更多的实证性、变动性,但同时与近代西方哲学、自然科学中的系统思维方法有所不同。近代自然科学中的系统思维更重视宏观把握和微观探索,更重视联系和发展的观点,而孙中山的系统思维在宏观上的探索方面还欠深入,整体联系性和局部相对独立性都不太明显,因此,不能简单地把孙中山的系统思维与现代哲学、自然科学中的系统思想等同起来,孙中山的思维模式从总体上看,还是岭南文化式的。

三、岭南文化与孙中山的致思途径

(一) 致思途径的文化差异

大家知道,思维模式是人们在思维中把握世界的整体联系的定格,特别是对于世界的统一性与多样性关系的稳定的看法,而致思途径则是指人们在感性认识上升到理性认识的过程中,通过何种方式、方法、步骤去由此及彼、由表及里、去粗取精、去伪存真,获得关于事物本质的认识。二者既有区别又有联系,共同构成人的思维方式。前者是思维的原则、方法和形式,后者是思维的机能,是人类的能力,当然也是一种认识方式和途径。②

学术界大都认为形象思维、逻辑思维与直觉是人类的三大认识能力。对于人类的认识发展来说,这三大认识能力都是不可缺少的。在人类的认识过程中,这三者又常常是交替使用的,三者相辅相成,使人类的认识得以顺利进行。有人就曾如此评说:"人们运用从现实世界中获得的感觉、知觉、表

---

① 黄明同:《孙中山经济建设思想的特色》,广东人民出版社1991年版,第262~263页。
② 许苏民:《中华民族文化心理素质简论》,云南人民出版社1987年版,第169页。

象，通过类比、联想，由此及彼，由表及里，即是运用形象来进行思维。然而，感性中有理性的积淀，形象思维中亦渗透着理性的逻辑思维的成分：把握形象思维中蕴含的理性观念，就必须借助直觉，直觉在本质上是一种审美的眼光。从感性的事实经验达到对于事物的本质的认识可以通过理性思维的途径，亦可以通过直觉的途径。但一般说来，从事物的初级的本质到二级的本质，再到更深层次的本质的认识，理性的逻辑思维是更为可靠，即使是通过直觉所获得的认识，也应该尽可能地用理性来论证它。如果在思维过程中确有理性（逻辑、思辨）无能为力的场合，那么建立在可靠的经验基础上的直觉就不失为一种必要的补充和辅助了。"[1] 不过，形象思维、逻辑思维和直觉这三种认识能力，在不同的民族和文化类型上表现出程度上的、向度上的差异。如，西欧民族注重思维活动的反省和观念的反思，以理性思辨作为主要的致思途径；印度民族虽然比西欧民族更多地运用直觉，却同样也注重理性的逻辑思维；中华民族传统的致思途径则主要是直觉的。[2] 对中国哲学思想素有研究的日本学者更明确地指出："东方人（主要指中国、日本）对事物的看法是直观的，因此，东方人并不想有系统、有条理地来把握事物。与此相反，西方人对事物的看法是推理的或逻辑的，努力做到有系统、有条理地去把握事物"，而"中国人及日本人的思维方法可以说有'直觉'的特征"，并认为："东方人的思维方法是综合型的，西方人的思维方法是分析型的"，"对各种现象作静的把握，这是东方人的特征，是中国人及印度人的思维方法的一个明显特征"。[3] 在思想方法和致思途径上，东西方有着明显不同的侧重点和倾向性，已是毫无疑问的事实。

但是，致思途径和思想方法还不只见诸民族差异，同时还表现在地域亚文化与大文化之间的差异上。如长江流域的楚文化与黄河流域为代表的中原文化（关中文化、齐鲁文化、燕赵文化等）之间，在思维方式和致思途径上就略有区别。长江流域的楚文化圈的人们的思维方式有其独特的地方，"它以注意内心的思考为一翼，以丰富而开放的联想为一翼，以'道'的追求探索为中心，构成了一种在内心世界中大开大阖而不注重外界事物的剖析为特征的主观随意性的思维方式，它比北方周文化圈的思维方式更多地突出了直觉的作用"[4]。相对于楚文化来说，岭南文化则更远离了中国北方的"黄色文明"和中国的传统文化，因此在思维方式的致思途径上就与北方中

---

[1] 许苏民：《中华民族文化心理素质简论》，云南人民出版社1987年版，第169～170页。
[2] 许苏民：《中华民族文化心理素质简论》，云南人民出版社1987年版，第169～170页。
[3] ［日］中村元：《比较思想论》，吴震译，浙江人民出版社1987年版，第172～176页。
[4] 葛兆光：《禅宗与中国文化》，上海人民出版社1986年版，第143页。

国人的致思途径大异其趣。有的学者就指出了岭南文化那种直观性、享乐性和远儒性等特点:"大凡享乐型文化大都属于注重直观的感性自然的原生型文化。岭南文化的享乐功能与文化主体重感觉的直观性是密切联系的,岭南人对文化活动的选择和偏好,更多采用直观性的认识方法去判断,而较少用诉诸抽象的概念和理性的思辨。他们常用感官享受和实惠的心理取代深沉的心灵思考,因而那种浓郁的追求趣味性、猎奇性、情节性和形象性的小市民情调,一直成为岭南文化娱乐的主旋律。在学术上和学风方面也有类似的情况。清末以来,岭南的学术研究一直具有感觉主义或经验论的倾向,甚至像康有为、梁启超这样杰出的思想家也承袭了这种传统。人的感觉具有不稳定性,它是易变的。岭南文化从内容到形式都带有善变的特征,这一特征使岭南文化难以形成深沉的思辨成果;但它能刺激文化的生命机体,使之不断推陈出新;以满足人们的需要。"① 所以,从总体上看,岭南文化是一种"感觉型文化"②。岭南文化的这种特征和楚文化、吴越文化、齐鲁文化、燕赵文化、巴蜀文化、关中文化等,在本质上固然都没有超越中国传统文化太多距离,但具体形态、具体内容等方面却仍然彼此殊异,并都带有更多的地方化和个性化的特征。因此,我们在谈论人的思维模式和致思途径时,就要处理好人与文化、人与亚文化之间的关系,也就是要注意文化的个性与共性、普遍性与特殊性两方面的相互关系,以及这两种文化关系对文化中的人的思维模式和致思途径的渗透濡染作用,不可以千篇一律、笼统模糊地谈论文化对人的思维发生所起的作用。研究孙中山的致思途径亦复如此。

(二) 岭南人的致思途径

从意识生成和心理发育过程上看,岭南文化毕竟是孙中山的母体文化。语言、生活方式、社会群体规范、行为方式、风俗习惯、价值和伦理道德观念等,与孙中山的意识形成和表达有着密切的至为关键的关系,是岭南文化最先赋予他的。孙中山感知周围的世界,从感性认识上升到理性认识、透过现象看本质的基本认识能力是从岭南文化这个母体中获得的。海德格尔曾在论述"理解"时指出,理解的先决条件要由三个方面的存在上的因素构成。一是先有。每个人必须降生于并存在于某一文化之中,历史与文化在我们意识到它们之前,已经先占有了我们,而不是我们去占有历史和文化传统。正是这种存在上的"先有"作为我们任何理解发生的先决条件,使我们有可能理解自己的历史、文化和传统。二是"先见"。它指我们在思考与理解时

---

① 李权时主编:《岭南文化》,广东人民出版社1993年版,第26~27页。
② 葛兆光:《禅宗与中国文化》,上海人民出版社1986年版,第272~275页。

所借助的语言、观念，以及运用语言的方式。语言、观念，以及运用语言的方式自身会给人们带入先入的理解，同时，我们又会把语言带给我们的先入的理解，带进我们对任何事物的理解中。在任何情况下，我们都不会在没有语言、观念的状态下去理解与思考。三是"先知"。"先知"是指在我们理解前已具有的观念、前提的假设等。在我们开始理解与解释之前，我们必须具备某种已知的知识储备，作为推知未知的起点或参照系。即使是一个错误的假定或前提，也是理解开始发生的必要条件。就像我们不可能在没有语言的状态下去思考和讨论问题那样，理解也不可能从某种精神空白状态中开始，它必须有某些已知的东西作为基础。即使这些已知的东西与将来理解到的东西相抵触，也只能在理解过程中不断地得到修正，却不能离开这些已知的东西开始进行理解。理解对"先有""先见""先知"这些存在上的状态所具有的依赖关系，也可以称作理解发生前的"前理解"状态。这种状态本身先于主体与客体区分的自觉意识，理解必须由这种"前理解"状态开始，而不是由"主体"开始。① 从这个意义上说，孙中山的致思途径在他出生后由他的母体文化——岭南文化一并给予了他，而他本人却无法拒绝也不可能拒绝这种文化的先天赋予。所以，我们从岭南文化这个角度去研究孙中山的致思途径是很有必要的。

作为孙中山的母体文化，岭南文化又有哪些独特的致思途径方面的个性呢？

有的学者认为，岭南文化是感性化的世俗文化。它没有北方文化那么理论化抽象化，却非常重感觉经验。相对于北方中原文化来说，重感性、轻理性、重直觉、轻思辨，这是岭南文化的一个重要特点。感性化的世俗文化在岭南的经济生活、政治生活和文化生活各个层面都有所体现。人们往往用感官享受和实惠心理来代替科学抽象，因而思辨性、理论性和历史感不够强，深度也不够。②

岭南文化的这一特质，决定了岭南人的思维模式和致思途径在许多方面与北方文化区域和吴越文化区域内的人们的思维模式有着比较明显的差别。具体表现在对社会现实的认识上，岭南人较少去作综合性的分析和调查研究、由现象到本质、由概念到推理到判断，然后形成知识和观念，而是凭着自己的感觉来下判断，凭着自己的意气采取行动。北方人较理性和谨慎地去面对社会存在，在分析综合中小心翼翼地得出自己的结论。在对"天道"

---

① 殷鼎：《理解的命运》，生活·读书·新知三联书店1988年版，第26～27页；又见［德］海德格尔《存在与时间》，Halle，*Niemeyer*，1927年版。

② 李权时主编：《岭南文化》，广东人民出版社1993年版，第21页。

"人道"的认识上，本来中国人一般是借助自己的感觉和经验去作直观的体认，很少是借助逻辑法则作理性的思考，① 岭南人则有过之而无不及，他们习惯凭直觉去体认自然的法则和命运的机巧，而且他们这种直觉常常得到事实的证明，所以更给他们的直觉抹上浓厚的神秘色彩。在宗教信仰上，他们与大多数中国人靠直觉的力量而进入信仰神契世界略有不同，岭南人甚至抛开直觉的力量而凭藉顿悟的功夫来达到物我合一的禅境。惠能就是在废弃一切经验论和仪式，"不立文字，直指人心"，通过"心印之法"，使人的认识顿时同那个"本原清静心"合而为一，达到顿悟，其心领神会的能力是北方人所不及的。在学术思想上，岭南人不重视理论思维和逻辑运演，常常将不同质的事物加以简单比附，由此事物推及彼事物，思想方法简单随意，强调经验理性和感性直观，长于表现和感悟，却拙于思辨和抽象。其思想学说，思辨概括抽象说理不足，而叙述铺陈摆事实有余，理论论证不足，而情感表现有余，有思想的火花，却缺乏震撼人心的理性思考的力量。我们只需翻开康有为、梁启超、郑观应等人的著述就可以感受领略到这些不同。

与岭南人不同的是，北方人认识事物获取知识、形成观念和思想的方法，更明显的倾向是"心领神会"，即用心和大脑去对事物进行体认和把握，是一种经验直觉。而岭南人是靠感觉得来的印象形成感性直觉，再加上"顿悟"的功夫来实现对事物的认知。前者的致思途径趋向于抽象概括和理性思辨，后者则偏重于形象意会和感性直觉。岭南人与北方人在致思途径上的差别，由此也就可见一斑。

（三）孙中山的致思途径

岭南人这种思维模式和致思途径毫无疑问地影响了岭南文化区域内的每一个人。孙中山自然也不例外。具体说来，孙中山的致思途径之受岭南文化的影响，主要表现在以下几方面：

第一，在治学方法上，孙中山虽然认识到了逻辑方法、归纳法、演绎法、实证科学方法等对于研究"问题"具有指导意义，认识到了逻辑思辨的理智理性精神在人类认识自然界、社会和人本身的过程中所起的特殊作用，初步掌握了近代西方实验科学的思维方法，但是在观察研究和解决问题时，又不自觉地回到感性直觉这条岭南人习以为常的致思途径上去了。如他在解释宇宙进化秩序时："元始之时太极（译为以太）动而生电子，电子凝而成元素，元素合而成物质，物质聚而成地球，此世界进化第一时期

---

① 白祖诗：《窥望中国心》，云南人民出版社1994年版，第三章。

也。"① 他用中国古代哲学概念"太极"来译17—19世纪盛行于西方物理学界的"以太",显然就是一种感性直觉上的错误。"以太"在西方指的是一种充满宇宙、没有重量质量且弹性极大的介质,没有哪一个科学家、哲学家把它视为组成宇宙的基本物质,或作为本体论的探讨。孙中山则想当然地把"以太"当作超验的本体和宇宙初始状态,而且他的阐述还带有十分浓郁的中国自然哲学的气息,他的观念、表达方法、句子结构与理学开山祖周敦颐在《太极图说》中描述宇宙万物起源的那段著名论说"太极动而生阳……阴变阳合,而生水、火、木、金、土……无极三真,妙合而凝,乾道成男,坤道成女。二气交感,化生万物,万物生生而变化无穷焉"是何其相似!只是孙中山用一些近代科学名词替换了中国传统哲学的概念、范畴而已。而二者共同表现出的直观、表象、笼统、模糊的思维方式则并无太大的区别,孙中山的"以太"也依然是一个不可言说、不能分析的"恍兮惚兮"之物。② 他在强调理性之知,即科学之知的同时,却总是陷入就事论事、以物比物式的具象思维的泥淖。如他所说:"夫科学者,统系之学也,条理之学也。凡真知特识,必从科学而来也。舍科学而外之所谓知识者,多非真知识也。如中国之习闻,有谓天圆而地方,天动而地静者,此数千年来之思想见识,习为自然,无复有知其非者,然若以科学按之以考其实,则有大谬不然者矣。又吾俗呼养子为螟蛉,盖有取蜾蠃变螟蚁之义。……吾国人所谓'知之非艰',其所知者大都类于天圆地方、天动地静、螟蛉为子之事耳。"③ 在他看来,过去人们以知为易,是因为他们所说的"知"不是科学知识,不是真知。但孙中山自己并没有意识到真知的获得需要理性和思辨,需要分析和综合,需要概念逻辑和推理判断。感知没有升华到理性就只能是一种感性的表象和肤浅的认识。事物的本质更多的是通过逻辑思维、形象思维和直觉三者的配合才有可能被完全揭示出来。西方哲学家们的治学方法基本上是思辨的、理性的。柏拉图、斯宾诺莎等人虽然也认识到直觉是一种重要的认识方法,但他们的致思途径仍然是从思辨入手的;即使他们对直觉方法的重要性作过论述,但也没有改变他们对思辨方法的偏爱。

许多西方哲学家至今仍然保持着注重逻辑思辨的传统。逻辑实证主义者罗素认为:"逻辑是哲学的本质","只要是真正的哲学问题,都可归结为逻辑问题。这并不是由于偶然,而是由于这样的事实:每个哲学问题,当经受

---

① 《三民主义·民权主义》,见《孙中山选集》,人民出版社1981年版,第693~694页。
② 马自毅:《论孙中山的进化观》,见《孙中山和他的时代——孙中山研究国际学术讨论会文集》下册,中华书局1989年版,第1867页。
③ 《孙中山全集》第6卷,中华书局1985年版,第200~201页。

必要的分析和澄清时，就可看出，它或不是真正的哲学问题，或者是具有我们所理解的含义的逻辑问题"。① 波普尔虽然推崇直觉在科学中的作用，但他的整个科学哲学，特别是其证伪主义的学说，却充满了思辨的理性精神。② 当然，我们不是要说明逻辑思维、直觉、形象思维三者孰是孰非、有用无用、谁高谁低、谁重要谁不重要的问题，只是表明在致思途径上，逻辑思维能力受到西方人的普遍推崇和认同，孙中山在学习西方文化时，在这方面的认同似乎还很不够，他的致思途径从根本上说仍然是直觉的、经验论的。在哲学思想上，西洋哲学家对本体论最感兴趣，研讨争论历久不衰。就本体论本身而言，可以分为最初根源论与最后本质论二重解释，最初根源论由本体讲起，似具体而永不能实验证明；最后本质论则由认识论讲起，似抽象而可当下实验分析。古代哲学家喜欢从最初根源论去解释，而近代哲学家则群趋于从最后本质论去解释。孙中山对本体问题并未正面谈论过，只是喜欢谈论现象。③ 孙中山就是从两方面去解释宇宙本体的。"孙文学说"所言"太极动而生电子"，是最初根源论的本体论；"军人精神教育"所言"总括宇宙现象要不外物质与精神二者"，则是最后本质论的本体论。由本体说到现象，乃是由绝对而相对，方法始于判断与演绎；由现象推到本体，则是由相对而绝对，方法始于观察与归纳。前者的哲学意味浓厚，而后者则是科学意味浓厚，在这一问题的研究上，方法是相辅相成的。④ 不过，从心理无意识倾向上看，孙中山对哲学本体论问题的探索兴趣似乎不太浓厚，他对本体论问题的把握与理解是借助直觉来实现的。抽象的理性思辨似乎不是孙中山的长处，也不是岭南人的长处。如孙中山在谈到哲学意义上的物质的含义时就不是从逻辑思辨入手，而是从感性直观上升到理念。他说物质是可感觉的，有质料的、有形象的东西。"旷观六合之内，一切现象，厘然毕陈，种类至为繁多。今先就其近者小者言之：一室之内，一案之上，茶杯也，木头也，手表也，奔赴吾之眼中者，吾皆能偻指出其名，以其有质象可求也。再由一室一案推而至于桂林一省，地大物博，种类更多。或有为吾所不能知所不能名者。再由桂林推而至于各省，或全国，或世界，则形形色色，虽集多数博物家，不能考其万一，物类之繁，概可知也"⑤。显然，孙中山对物质的认识方法与西方哲学家们从思辨入手有所不同，与北方中国人从经验直觉

---

① [英] 罗素：《意义和真理的研究》，贾可春译，商务印书馆2009年版。
② 许苏民：《中华民族文化心理素质简论》，云南人民出版社1987年版，第180～181页。
③ 蒋一安：《国父哲学思想论》（第二版）（一），台湾商务印书馆1972年版，第33～35页。
④ 蒋一安：《国父哲学思想论》（第二版）（一），台湾商务印书馆1972年版，第33～35页。
⑤ 1921年12月10日孙中山在桂林对滇、粤、赣三军官佐发表的关于论述物质与精神关系的一篇讲话。

入手认识一种事物的方法也略有分别。

　　为了说明"知难行易"的道理，孙中山"不惮其烦，连篇累牍"地列举了大量实例，其中有著名的"十事"，即饮食、用钱、作文、建屋、造船、筑城、开河、电学、化学、进化等10项例证，基本上采用了"不知亦能行"的论证方法，即以行先知后证行易知难。他说，饮食是人们日常生活中最普通的、不可一日或缺的事情，"凡一切人类皆能行之，婴孩一出母胎则能之，雏鸡一脱蛋壳则能之，无待于教者也"。孙中山以此证明，行是容易的。但是，要懂得饮食的道理，包括体内的营养卫生之道和体外的食货之道，就必须掌握烹调法和生理学、医药学、卫生学、物理学、化学，以至"粮食之生产、粮食之运输、粮食之分配及饥馑之防备"等许多专门的知识和学问。孙中山用这一平常的事实来证明了他所谓"行之非艰，知之实惟艰也"的道理。在这一事例中，"从行之而终身不知其道"的饮食之事，实是指本能的行；而所谓"知"，则是科学的知。他自知这种论证方法尚欠说服力，于是又列举了其他"人为之事"来证明。他甚至还用美国一位工人修理自来水管的事来说明"知是困难的，行是容易的"。他说有家室主因自来水管坏了，请一工人去修理。工人稍一动手，水管就修好了。主人便问："你要多少钱"？工人说："五十元零四角。"主人说："你不过举手之劳，为什么要许多钱？为什么不要五十元或五十一元，而独要五十元零四角呢？"工人回答说："你看我修好水管很容易，可是，你当初为什么不自己动手去修理？那是因为你不晓得怎样修理水管的道理，晓得道理一动手就修好了。现在我要这五十元零四角，五十元是我的知识价值，那四角钱才是劳力的价值。"主人听后哑然失笑，只好照价付钱。在孙中山看来，文明发达的欧美国家，重视科学知识，按科学知识的指导去做事，所以能收事半功倍之效；国人皆以知易行难为普通常识，所以亦畏难而不敢行。他用现象来说明道理，用事例来证明存在的方法，实质上就是依靠直觉的。道理尽管很简单，孙中山引证现象似乎也容易让人理解，但认识事物、解决问题的方法方式总叫人感到烦琐，真正本质的东西在太多的物物事事比附中也容易被掩盖和转换。

　　通读孙中山的著述，不难发现，其著述通俗易懂，平实晓畅，知识性趣味性很强，但缺乏理论辨析和逻辑论证。他几乎是凭感性（也带有经验性直觉）从感性材料入手，进而运用归纳法去分析研究问题。严格说来，他是运用了以物证物、以事论事、以形说形、以理说理的类比推理方法去揭示事物的本质，阐明真理和思想认识的。应该说，孙中山长于观察，敏于直觉，重在感性，不善于运用概念法则进行思辨和理论思维，故他的学说思想的理论性不强，易读易懂。孙中山在许多经济、政治、文化和社会问题上都不乏真知灼见，但是拙于思辨或不太重视思辨和逻辑思维，使他的思想缺乏应有的深度和理性的力量。

第二，岭南人重感性，轻思辨；重实际具体的问题，不喜欢空洞抽象不太切合实际的大话；重生动、形象、明快、活泼、轻松、自如的东西，对枯燥乏味、晦涩深奥、暮气沉沉的事物不感兴趣。

孙中山同样是一个重感性的人，他在对社会的认知和对他人的知觉上，常常是凭藉着自己的感觉和自己的心灵去触摸、体认和把握。对于孙中山来说，感觉到的和感受体验到的东西才有说服力，才是真实的。不用说，童年时代翠亨村及周围发生的许许多多的是是非非的事情，在孙中山的脑海里留下了深刻的印象：同乡侨商财物被海盗洗劫一空时的恐怖情状，乡民们对神灵顶礼膜拜诚惶诚恐的模样，地方官吏敲诈勒索、贪污腐化、鱼肉百姓、无恶不作的凶狠嘴脸，私塾先生古板沉闷、枯燥单调的教学方式和客家人习武尚文的风尚，以及香港、澳门两地与翠亨村社会情形的巨大反差，等等，所有这些童年和青少年时代的"风景"几十年后孙中山仍然记忆犹新。因为正是这些"风景"触发了孙中山的联想，启迪了他的心智，培育了他的情感，确立了他的致思途径。

感觉到的东西才是真实的，也只有感觉到的东西才容易令人激动和作出本能的反应。

孙中山就是从感受到的现象中认识和熟悉了他所处的那个时代和那个动荡不安的世界的。1922年孙中山在香港大学演讲时曾对自己思想的缘起作过较为直接的说明。他说："我之思想发源地，即为香港。至于如何得之，则三十年前在香港读书，暇时辄散步市街，见其秩序整齐，建筑宏美，工作进步不断，脑海中留有甚深的印象。我每年回故里香山二次，两地相较，情形迥异。香港整齐而安稳，香山反是。……默念香山香港，相距五十英里，何以如此不同，外人能在七八年间，在荒岛上成此伟绩，中国以四千年之文明，乃无一地如香港，其故安在？……由市政之研究，进而为政治之研究，……中国官员以贪赃纳贿为常事，而洁己奉公为变例也。……又闻诸长老，英国及欧洲之良政治，并非固有者、乃人经营而改变之耳。从前英国政治，亦复腐败恶劣，顾英人爱自由，佥曰：吾人不复能忍耐此等事，必有以更张之，有志竟成，卒达目的。我因遂作一想曰：曷为吾人不能改革中国之恶政治耶？我因此于大学毕业之后，即决计抛弃其医人生涯，而从事于医国事业，由此可知我之革命思想，完全得之香港也。"[①] 就革命思想形成的渊源上看，严格说来香港仅仅是其中之一，但就其致思途径上看，孙中山的革

[①] 许师贤：《国父革命缘起详注》，台北正中书局1947年版，第5～6页。

命思想与其最初对香港等地的印象和身历其境的感受就有极为直接的联系。看到檀香山、香港等地方街道的整齐、建筑的完善，就说香港和外国政治好；看到西欧资本主义发展的壮观情景和工业文明带来的社会危机，就觉得中国非来一次政治革命和社会革命不可；看到海外华侨中大部分人热心革命，就以为所有地区所有的华侨都拥护革命；看到中国当时的革命运动与西欧资本主义国家早期革命运动的某些相似之处，就以为外国人会同情和支持中国资产阶级目前正从事的革命运动；看到袁世凯表示拥护民主共和，就以为民族民权主义就从此解决；看到西方资本主义强国在"一战"中互相厮杀的历史，就感觉到还是中国固有的文化和道德伦理好；看到日本与中国在历史文化渊源上的关系和日本朝野部分人士同情中国革命，就认为"大亚洲主义"的理想可以实现抵抗西方的目的，所有这些，都充分显示了孙中山的致思途径是感性的、形象的，而非理性的、抽象的、逻辑的。正因为其致思途径是感性的、形象的，所以往往出现以偏概全和把现象当本质的情况。看到香港地方街道整齐、建筑宏美，就说香港政治好，就没想到香港是中国领土的一部分，鸦片战争失败后才被英国巧取豪夺而去，变为外国侵略中国的跳板，更没有看到在英国殖民政策统治下，香港社会藏污纳垢的现象甚至比内地有过之而无不及。再如"二次革命"，孙中山也过高地估计了革命阵营方面的力量和全国反袁的情绪。他对时局的判断是凭着一种感觉表象来进行的，甚至是一种想当然的自我陶醉，缺乏对时局正确的估计，结果"二次革命"几乎是不战而溃。

　　当然，不是在任何时候做任何事情，孙中山都是依靠感觉或感性去寻求答案和解决问题的，也不是说感性这种致思途径于认识社会和他人毫无帮助，但是，感觉得到的东西，有时不一定是真实的。恩格斯说："单凭观察所得的经验，是决不能证明必然性的。"[①] 毛泽东也曾指出："感觉材料固然是客观外界某些真实的反映……但它们仅是片面的和表面的东西，这种反映是不完全的，是没有反映事物本质的"，[②] "认识的真正任务在于经过感觉而到达于思维，到达于逐步了解客观事物的内部矛盾，了解它的规律性，了解这一过程和那一过程间的内部联系，即到达于理论的认识"。[③] 诚然，感觉到的事物并不是不可靠，认识也不可能离开感性材料，问题是孙中山在思维的过程中，感觉往往成了他的重要的致思途径，对事物缺乏严密的逻辑思考和理性分析，所以认识上难免出现差错。

---

① 《马克思恩格斯选集》第3卷，人民出版社1995年版，第549页。
② 《毛泽东选集》第8卷，人民出版社1967年版，第267～268页。
③ 《毛泽东选集》第1卷，人民出版社1967年版，第262～263页。

感觉作为一种致思途径，又常常是一种实体性的思维，它重视具体的生动可感的形象，用具体的形象的东西去阐释另一种形象。在讲民族主义时，孙中山就借用一个少年时代听到的故事来强调它的重要性。他说："我少年时候在香港读书，有一次看见很多苦力聚在一处休息。他们有的哈哈大笑，有的却在摇头叹息，还有的聚在一起赌博。我觉得奇怪：那大笑的是笑什么？既然有人大笑，为什么同时又有人叹息呢？便上前问个明白，有一个苦力对我说：'后生哥，你读书好了，知道我们的事与你无益，又何必打听呢？'又有一个说：'我告诉你吧。我们有一个工友，辛辛苦苦积蓄了五块钱，买了一张马票。因我们都没有房子住的，只好住在骑楼底下，他便把马票藏在用来挑东西的竹杠里，用烂布塞住竹杠头。这样神不知鬼不觉，既不怕被人偷窃，也不怕会遗失。他把马票的号码牢牢记着，专心等候开奖。后来马票开奖了，中头奖的正巧是他。他惊喜万分，以为领奖之后，便可以买洋房，做生意，这一生再也不用这根竹杠挑东西过日子了，便把它狠狠地向大海里一扔，然后跑到售马票的商店探问领奖的手续，店员告诉他，拿中奖的马票到指定的银行便可领取奖金和开户存款。这时苦力才猛然想起马票放在竹杠里，便拼命跑到海边去，希望把竹杠寻回。可是哪里还有什么影子呢？我笑的是他钱还未到手就把竹杠丢了，还带有幸灾乐祸的思想。叹息的是可惜他一个现成的富翁做不成，是带有同情的思想。现在我们这位行家因刺激过甚，神经十分错乱，到现在还没有上工呢。"① 他讲这段故事并不是为了要活跃礼堂里的气氛，而是要说明民族主义的重要性和必要性。正如他所说："彩票好比世界主义，是可以发财的；竹杠就好比是民族主义，是一个谋生的工具，……不要民族主义，就如同不要竹杠一样，不但做不成世界上的主人翁，而且连自己的小家产都保守不稳了。"② 这是一种类比的思维方法和致思途径，它不是直接论述民族主义与世界主义的关系之重要性，而是通过借一事一物来说明另一事一物的方式来实现的。

就是在论述"知难行易"这个哲学认识论问题时，孙中山也是运用具体的、形象的、可感的材料来加以说明的，他不厌其烦地罗列种种日常生活现象，来反复论证行易知难的道理。他认为，由于先有长期的饮食之行，才后有营养学这门科学；先有长期的建筑之行，才后有建筑学这门科学；先有作文之行，才后有语法修辞学；先有长期的造船之行，才后有造船学这门科

---

① 尚明轩、王学庄、陈崧编：《孙中山生平事业追忆录》，人民出版社1986年版，第155～156页。

② 李联海：《孙中山轶事》，广东人民出版社1985年版，第259页。

学；先有长期的用电之行，才后有电气学这门科学；等等。论述过程中罗列了许多近代自然科学知识、当代科学技术发展材料和资产阶级民主革命的实践经验。表面上看，这些都具有一定的说服力，但事物的本质需要科学的分析和深入研究才能显示出来，才能被人们所认识和理解，单纯凭某些具体的事实来确认事物的本质，既不科学又不彻底。如他以饮食、作文、用钱、造船、建筑等为例，不厌其烦地向人们说明"行易知难"的道理，就很具思维和理论思辨的个性。表面上，饮食、用钱等是"至寻常，至易行之事"，实际上，人们的衣食住行，不单是个生活问题，而且是个社会经济发展和生产力水平问题，也同社会政治制度和社会实践有密切关系，并与自觉地改造世界的能动活动紧密关联着。只是就生活讲生活，是不能解决问题的，只有使社会经济和社会政治制度的改变朝着有利于人民生活的方向发展，才能得到根本的解决。这就是问题的本质。满足于感性事实和经验材料的罗列是不能认识清楚事物的本质的。① 用形象的比喻来说明深刻的理论问题，应该说是孙中山思维的一大特点。讲到"权与能"的问题时，他说，国家政权好比"一辆大汽车"，政府中的官吏就是一些汽车夫和机器匠，人民是"汽车的主人"，"只要出钱雇他们来，便可以替自己来驾驶，替自己来修理"②。因此认为："民国的大事，也是一样的道理，国民是主人，就是有权的人，政府是专门家，就是有能的人"③。谈到国家建设问题，他又拿蜜蜂建窝来比拟："建设一个国家，好像是做成一个蜂窝，在窝内的蜜蜂，不许有损人利己的事，必要井井有条，彼此毫无冲突"④，"全窝内的觅食、采花、看门等任务，都要所有的蜜蜂分别担任，各司其事"⑤，而且要有守门蜂那种为保护全窝安全而不怕牺牲的精神。只有这样，全国四万万人民都有了相同的志愿，群策群力去行，物质文明建设才能迅速发展，才有希望在短时间内"把中国变成世界上顶富强的国家"⑥。讲到"什么是民国"时，他又说："民国是和帝国不同的：帝国是由皇帝一个人专制，民国是由全国的人民作主；帝国是家天下，民国是公天下。好比做生意，帝国是东家生意，民国是公司生意。公司生意赚了钱，股东都有份；东家生意赚了钱，只有一个人享受。所以从前清朝是家天下，现在民国是公天下。这便是民国和帝国的分

---

① 张江明编：《孙中山哲学研究》，广东人民出版社 1986 年版，第 127 页。
② 《孙中山选集》（下），人民出版社 1981 年版，第 740、564 页。
③ 《孙中山选集》（下），人民出版社 1981 年版，第 564 页。
④ 《孙中山选集》（下），人民出版社 1981 年版，第 564 页。
⑤ 《孙中山选集》（下），人民出版社 1981 年版，第 564 页。
⑥ 《孙中山选集》（下），人民出版社 1981 年版，第 564 页。

别。"① 实际上，民国与帝国的区别在于国民是否有参政议政权、有所谓的人权，在于是否侵略其他的国家和民族等，而不是像孙中山所说的那样简单。为了激发国人的民族精神，他甚至用"中国富翁反不如日本妓女"的事例来加以比喻说明。为了使众人明白"单是个人发财，是空的"和个人与国家的关系问题，他不厌其烦地讲述一位华侨富翁在海外发了财而仍然十分苦恼的事例来加以论证，作出结论。所有这些现象，都表明孙中山的致思途径的感性化和形象化。

正因为孙中山在思维模式上表现出开放性、发散性、逆反性、系统性②，在致思途径上表现出重直觉感性和重形象等特点，所以，孙中山的思想学说让人觉得不够深刻，缺乏严密的逻辑论证和思辨理性，使他的思想认识往往显得有些模糊、笼统或自相矛盾，以至于他的某些本来是正确的主张却被蒋介石等人和日本军国主义者别有用心地和错误地加以发挥，成了独裁和侵略的最堂而皇之的借口。

如对于民主政治制度，孙中山是极为推崇的，但是对人民群众的民主权利问题却又缺乏足够的重视，直到宣传新三民主义时仍认为："外国的民权办法不能做我们的标准，不足为我们的师导。"③ 因为在他看来，"欧洲人民在两三百年以前的革命，都是集中到自由、平等两件事。中国人向来不懂什么是争自由平等，当中原因，就是中国的专制和欧洲比较，实在没有什么厉害"，所以，"如果专拿自由、平等去提倡民气，便是离事实太远，和人民没有切肤之痛，他们便没有感觉；没有感觉，一定不来附和"。④ 这一方面说明孙中山对西方民主、自由、平等的认识有了新的感受，对中国国情，尤其是民情有了更深入的了解；但另一方面也说明孙中山的内心深处对民主、自由权利在中国的推行持有矛盾的态度。

再如对于发展社会经济问题，孙中山一向就很重视，但他又认为："夫吾人之所以持民主主义者，非反对资本，反对资本家耳。"⑤ 这就是一个无法解决的矛盾，既要求发展资本主义近代大工业，但又试图避免资本主义，这样使他在发展资本主义时必然显得有些缩手缩脚。在《实业计划》中，他又提出"欲使外国之资本主义以造成中国之社会主义"⑥，这也是一种脱

---

① 《孙中山选集》（下），人民出版社1981年版，第572页。
② 参见拙作《岭南文化与孙中山的思维模式》，载《学术研究》1995年第5期；或本章第一节。
③ 《孙中山全集》第9卷，中华书局1986年版，第317页。
④ 《孙中山全集》第9卷，中华书局1986年版，第286～289页。
⑤ 《孙中山全集》第9卷，中华书局1986年版，第338页。
⑥ 《孙中山全集》第9卷，中华书局1986年版，第399页。

离实际的空想。至于他晚年提出"节制资本"时说:"凡本国人及外国人之企业,或有独占的性质,或规模过大为私人力所不能办者,如银行、铁道、航路之属,由国家经营管理之,使私有资本制度不能操纵国民之生计,此则节制资本之要旨也。"① 表面看似是强调国家资本主义,但就其实质而言,却只能是求得半封建半殖民地中国的社会经济制度(生产关系)的改良,并不是主张彻底改造中国的半封建半殖民地的生产关系而追求资本主义在中国的充分和高度的发展,② 而这又是孙中山认识方面难以排解的矛盾。

由于孙中山在认识上表现出的这些特点,所以,他的思想学说和文化心态,从根本上来说是复杂的、多元性的,其对社会和近现代中国历史的影响也是复杂的、多元的,既有积极方面,又有消极方面,或者是两者兼而有之。而且,以后无论是发生哪一种影响,也都是以孙中山一时一地的原话原意为出发点,并不仅仅是纯粹的"歪曲"问题。如果人们知道了孙中山认识上的这些特点,就不会对孙中山的思想言论和实际行动的歧异性大惊小怪,有关孙中山思想行为上的争论也不至于那么激烈,孙中山的学说主张的矛盾对立之处也就容易理解和认识了。

孙中山的思想认识是极其复杂多变的,这是岭南思想家们的共同特点。他们都思维活跃、思想新奇,理论上和认识上创见多、发现多,但建树少,深入研究和总结论证不够。严格说来,他们都不是理论家、哲学家,只是敢想敢创新的思想家,这是岭南思想家们在理论上的建树没有北方学者们那样辉煌的原因之一。孙中山亦是如此,他那种从具体事例出发而不是从思辨理性出发来阐明哲学认识论的方式,显然与岭南人倾向于实体性和直观性思维不无关系。尽管孙中山说的比干的要多,所谓"孙氏理想,黄氏实施",但严格说来,孙中山不是一个纯粹的理论家,他的思想理论不是思辨的抽象意义的逻辑陈述和哲理沉思,而是经验的表述、直观的领悟、感觉的强化。这种倾向在当时岭南人身上都不同程度地存在着。如郑观应、康有为、梁启超、刘师复、朱执信、汪精卫、胡汉民等,他们都曾提出过改造社会和国家的主张,但都同样缺少对"问题"进行系统、深入的理论探讨,而只是对时势和社会现实采取了一种直观把握。孙中山虽然沐浴过欧风美雨,然而他也没有从根本上摆脱传统文化和岭南文化的束缚和规范。如在重大的理论问题面前,孙中山就显得踌躇不前。因此,我们赞成史扶邻先生对孙中山的基本评价——"研究孙中山'真正的'学说是不会有太大的收获的,因为他

---

① 《孙中山全集》第9卷,中华书局1986年版,第120页。
② 《遁世与救世——中国文化名著新评》,上海文艺出版社1991年版,第408~409页。

不是一个伟大的思想家。他是一个即兴诗人,而不是一个政治哲学家。当我们承认,是由于他的政治风度,而不是由于他的思想使他与众不同时,这并不贬低他在历史上的作用和他个人的英雄行为"①。我想,从致思途径所产生的认识结果这方面看,这一结论还是尊重历史的。

---

① [美] 史扶邻著:《孙中山和中国革命》(上卷),丘权政、符致兴译,山西人民出版社 2010 年版,第 14 页。

第七章 底色：岭南文化与孙中山的情感世界

一、岭南人的情感世界

"人非草木，孰能无情"，"无情未必真豪杰，怜子如何不丈夫"。

孙中山是一个感情极其丰富而又特别外露的人，"他的内心世界同他所处的历史时代一样的复杂"①。

在这位伟人的感情世界里，既有着冷淡如冰水、暴躁如雄狮、狂热如教徒、偏激固执的一面，又有着热烈如炉火、细腻如村姑、温柔如淑女、浪漫多情的一面。他有时候显得热情洋溢、善解人意，有时却表现得粗暴蛮横、莽撞粗心、固执己见、不讲情面、不近人情。他总是容易受情景、情境和环境气氛感染而激动不已，乐而忘忧，喜不自禁，任性灵随意挥洒，却又常常因一件锱铢小事而暴跳如雷，面红耳赤，急躁冒进。他有时显得悲天悯人，极富同情心，但有时又看上去铁面无情，缺乏爱心。他有时愤世嫉俗，嫉恶如仇，但有时似乎又善恶不分，敌我界线不明。为了革命，他可以出生入死、辗转异域，在心理和生理上承受着由此而来的莫大的痛苦，但为了革命，有时他又不顾多年的交情、友情和亲情，把自己与它们割裂开来。为了追求志同道合的爱情，他顶住了传统观念的舆论和压力，但在处理与前夫人卢慕贞的夫妻关系问题上，他又显得犹犹豫豫和顾虑重重，不忍心伤害她那颗善良的心灵。在对人对己、对事对物上，孙中山就是这样一个感情极为丰富而又十分矛盾的人。

在情感世界里，孙中山的个性形象无疑给人以复杂矛盾的印象，这种复杂矛盾的情形应归因于他所属的文化，因为人的感情不是先天就有的，它是在社会化的过程中逐渐形成的。其中有的感情是习得的，如宗教感情、爱国感情、乡情等；有的是受教育得来的，如博爱之心、慈善之情；有的是在生活中逐渐积淀下来的，如父子母子之情、夫妇之情、手足之情、友情等；有

---

① ［波兰］伊斯雷尔·爱泼斯坦：《宋庆龄——二十世纪的伟大女性》，沈苏儒译，人民出版社1992年版，第83页。

的是自己感悟体验到并固定下来的,如爱情、恐惧、忧虑等。而这种种情感形成的过程又是在文化的影响和限定下进行的,所以,人的情感归根到底还是文化赋予的。孙中山的情感世界的结构、内容、形式、特征同样也是多种文化相互作用的产物。岭南文化在一定程度上就影响了他的情感世界的构成。研究岭南文化与孙中山的情感世界之间的相互关系,无疑有利于我们加深对孙中山内心世界和外部行为的认识。

不同的民族拥有不同的文化,同样也拥有不同的情感。人生活在文化氛围之中,他的情感因而也受文化的影响。任何一个民族群体中的个体,他的情绪、他的情感、他的态度,都不可能超越他的民族特性,也不可能超越他所在区域的文化。

岭南文化是中国传统文化的一部分,儒、道、释三种文化在岭南文化这里都有着自己特定的色调和深沉的背影,因为岭南文化本身就是这三种文化和海外文化相互交流和相互作用的结果。但是,岭南文化又不同于它的母体文化——中国传统文化,它有着自身的特点。与此相连的是,岭南人的情感在表现形式上和程度上以及情感的价值取向上,都与北方存在着一定的差别,这种差别历来被中外学者所注目。

古代颜之推说:"南方水土和柔,其音清举而切诣,失在浮浅,其辞多鄙俗。北方山川深厚,其音沉浊而鈋钝,得其质直,其辞多古语。"① 清人王世贞在《艺苑卮言》附录中又进一步指出:"凡曲北字多而调促,促处见筋;南字少而调缓,缓处见眼。北则辞情多而声情少;南则辞情少而声情多。北力在弦;南力在板。北宜和歌;南宜独奏。北气易粗;南气易弱。"文学艺术上南北各不相同,也反映出南北方在情感表现上和情感体验上有着明显的分界。有人就指出:"南派感情深婉,注重音律色泽,风格婉丽、深致、柔缓、宛转,缺点是绮靡柔弱,文过其意;北派则重在气质骨力,其风格劲切迅爽、豪放、沉雄,缺点是荒率粗砺,理胜其词。"② 南北在情感表现上有如此分别,究其原因大概与地理环境、自然景观和人文现象有关。古人认为南方"其地多阳,阳气舒散,人情宽缓和柔";北方"其地多阴,阴气坚急,故人刚猛,恒好斗争"。③ 在西方,也有许多名哲论到地理环境、气候条件对人的情感和文学艺术、法律、政治等的影响,如斯达尔夫人在《论文学》一书中就多次强调南北方气候、自然环境对文学的影响。她认为南方清新淡雅的空气,丛密茂盛的树木,清澈晶莹的溪流,变幻莫测的气候

---

① 〔南北朝〕颜之推:《颜氏家训·卷七音辞》。
② 转引自吴承学:《中国古典文学风格学》,花城出版社1993年版,第176～177页。
③ 〔唐〕孔颖达疏:《礼记·中庸》"南方之强""北方之强"。

等生动活泼的自然界，容易激起人们的思想情绪，使人们感受生活的乐趣，安于现状，其文学情调欢快，崇尚古典美；而北方土壤贫瘠，天气阴沉，空气混浊沉闷，生活缺乏乐趣，容易引起忧郁感和哲学沉思而感情显得单一缺少变化和浪漫的色调。①

其实，南北在情感上的差异并不仅仅表现在文学艺术和审美情趣上，在对人、对事、对物和对己等方面，其情感倾向和表现形式南北亦有分野。尤其是岭南人的情感与北方人的情感在内容和情态上都有较大的差别。

首先，岭南人比北方人似乎更有一种良好的心境。从总体上看，岭南人有一个美的心境，他们没有北方人那样沉重、深沉、忧郁和庄严，他们乐观、自信、淡雅、热烈，追求着一种清新明快的人生。

岭南人良好的心境得益于岭南特殊的地理环境和社会生活环境。虽然岭南自古就有"南方暑湿，近夏瘴热，暴露水居，蝮蛇蠱生，疾疠多作，兵未刃血，而病死者十之二三"，"州南近界，涨海连天，毒雾瘴氛，日夕发作"和"南方盛热，不宜男子，特宜妇人"之说，但是，江海辽阔，物产丰富，景色优美，文化交流，生活富裕，足以抵消因气候水土带来的危害。伸手可及的野生水果可以充饥，可以消热驱寒，可以滋补身体；大米、苞谷、鱼虾、螃蟹、龟蛇、蔗果桑茶、花生豆类，"兼中外之所产，备南北之所有"，可以改善生活，可以增添乐趣；江河海湾、丘陵平原，水路陆路皆畅通无阻，可以旅游，可以嬉戏，便于贸易，利于文化交流。不断地聚族迁移，繁杂错综的村居茅舍，人们彼此间难免有口角之争和斗勇显狠的冲突，但大体上相安无事，和和气气，热热闹闹。尽管自然环境和气候条件潜在的危害对他们仍然构成生存生活的威胁，但他们在迁移谋生之中磨炼出的特殊品质，使他们轻易地化解了这些矛盾和不利因素，并使其朝着有利于他们生存生活的方向发展。例如，岭南经常发生各种自然灾害，但他们却习以为常、不以为惧，并采取了很多办法对付它们：他们把屋檐倾角做得很大，利于雨水倾泻；骑楼沿街一字排开，抵御强烈阳光和骤雨侵袭，便于下雨天门前生意正常进行；以灰泥粘紧屋瓦，不致被台风席卷而去；建造坚固高大的石坝，抵御洪水对田园、城镇的侵袭；开垦层层梯田，减少土壤侵蚀；广泛采用矮脚稻种和茎干坚韧的蔗种，减少台风带来的损失；利用地形差异种植橡胶，减少台风可能造成的危害；在沿海或大河受洪水威胁的地区，人们建筑简陋木屋，下系小舟，随时可以逃命；喝凉茶、饮蛇酒、吃例汤，据说可以清热解毒滋补身体，如此等等，轻而易举地化解了人与自然环境之间的矛盾，使得岭南人乐观自信、性轻悍、"易兴逆节"和积极进取、轻松明快。

---

① [法]斯达尔夫人：《论文学》，徐继曾译，人民文学出版社1986年版，第146~148页。

他们没有北方人那种对自然环境的刻骨铭心的体验，也没有生存生活的沉重感和危机感。他们似乎没有大起大落、大悲大喜、大彻大悟的心理感受，生存生活对于他们来说不会有太多太大的困难，灵魂不再受肠胃的约束，而可以任意地逍遥于天地万物之间。他们的心境是美好的。所以他们兴趣爱好广泛，吃喝玩乐，任意挥霍，随意抛撒，追求感官刺激，偏向享乐文化，爱吟诗歌咏，喜书画琴棋，好种花草，好养鱼鸟，喜欢村墟赶集，热衷于泛舟淌海、龙舟竞渡，无忧无虑地生活，快快乐乐地享受人生。因而，我们见到的是一种地地道道的"乐感文化"。[1]

美好的心境，使人精神振作，乐观地对待困难与挫折。正因为岭南人有着良好的、健康的，因而也是美好的心境，所以他们常常有一种"万事称心如意"的愉快感觉，有一种积极进取、不断更新的闯劲和愿望，有一种对人对己对事对物的豁达宽容的精神气质，有一种追求自然、闲逸、放达、舒展的热情。良好、健康的心境，是人学习、生活和工作的动力，也是创造和再创造的源泉。岭南人拥有这一切，因此他们给人的印象总是富足快乐的。

其次，岭南人有着强烈的恋乡情结。在对本乡本土的情感倾向上，岭南人明显地表现为强烈的审美心理愉悦和积极肯定的感情色彩。家乡，这个生于斯、长于斯的地方，人们一提起它就会流露出发自内心的微笑，觉得家乡的一切对于他来讲太熟悉太重要了。生活经验和实践理性都告诉他，家乡过去是、现在和将来都可能是生活中不可缺少的部分。大抵人们长时间重复某一动作，使用某一东西，固定地与同一人或同一群人交往，都会产生一种心理定式和思维定式。同样，在一个地方生活久了，习惯了，熟悉了，也会因此产生一种特殊的感情，诸如亲切感、依赖感、归属感、美德等都可能在心底深处氤氲化生，形成一种持久深厚的感情。这些我们在沈从文的《边城》、鲁迅的《故乡》、孙犁的《荷花淀》中都可以十分明显地感觉到、体验到。端木蕻良曾说出了他的心里话："在人类的历史上，给我印象最深的是土地。仿佛我生下来的第一眼，我便看见了她，而且永远记起了她。……土地给我一种生命的固执。土地的沉郁的忧郁性，猛烈地传染了我。"[2] 这是一种多么热烈而又深沉的感情！

岭南人这种乡土情怀更多地表现为对家乡的思念，而不是像大多数中国人那样有着较强烈的封建宗族观念和对乡土的依恋。他们的乡土宗族观念虽然也很强烈，但由于长时间过着迁徙和不定居的生活，以及海外谋生，他们的乡土观念更多地转化为一种思乡之情。他们没有像大多数中国人那样对土

---

[1] 参见李泽厚关于乐感文化的定义，《中国古代思想史论》，人民出版社1985年版。
[2] 赵园：《论小说十家》，浙江文艺出版社1987年版，第76页。

地有着强烈的占有欲。他们那种对土地、对家乡的依恋之情原本就没有内地人那么强烈深厚，乡土观念在他们这里表现出的是对家乡的无限热爱之情，是一种感情上的寄托，而不是利害关系上的一种自我保护性的选择。所以他们不为土地所限制，土地对于他们来说只是生存生活的一种暂时性的依托，但他们绝不把它视作命根子而死去活来地厮守着它。所以，他们常常很轻松地从一个地方迁移到另一个地方，或者成批地出海谋生，在异国他乡寻找生活的出路。而且，岭南人的爱乡恋乡的拳拳情怀常常很自然地转化为浓郁的爱国卫国的感情。爱乡就必然爱国，这是岭南人可贵的情感品质。尽管他们有时为了爱国而在手段方法上难以为人理解，但他们为国而群情激昂和舍生忘死的情态着实令人为之感动。近代岭南人之所以能叱咤风云和开风气之先，与他们强烈的爱国主义情怀和热爱家乡的朴素感情显然不可分割。人们常说中国人只有"家"的观念却没有"国家"的意识，只有家族的个人的意识却没有群体的利他的精神，民族意识还只是在近现代才开始觉醒和活跃起来，这些说法未免过于绝对和以偏概全，比如岭南人就没有像北方人那样以地缘血缘来划分自己的生活圈和交游圈，更没有将自己的眼界局限于家乡和地域界线上。在外来文化的冲击下，岭南人更加意识到狭隘的地域观念和乡土感情有害于他们的利益和生存，所以他们较少受"土地"这个有限的生存生活资源的限制，而能够超越空间上的障碍去广泛地接触和交流。他们原本是热爱土地和自己的家乡的，但在他们的思想意识里，土地的私有性似乎还不那么明显，他们较少把土地视为己有，在他们的内心深处似乎有一种飘零感和不安全感。他们对土地的渴望和对固定的生活空间的向往，因受到客观条件的限制，而只能在心理上和情感上去占有和享受人生的乐趣。这种实际需求的不满足使岭南人在情感上经受了考验，因此，与北方人相比，岭南人的思乡恋乡怀乡之情特别浓烈。在国家处于危急存亡之秋，他们的思乡恋乡怀乡之情又奇特地转化为一股爱国热情，这股爱国热情又驱使他们为国捐躯。正是受爱乡恋乡怀乡的动机的驱使，所以岭南人在现代史上谱写了一曲曲壮丽动人的爱国悲歌。这种爱国情感反映了岭南人重气节的品质特征。在古代有陈邦彦、张家玉、陈子壮、屈大均、陈恭尹等人，在近代则有三元里人民群众、洪秀全、洪仁玕、容闳、何启、胡礼垣、郑观应、康有为、梁启超等。他们普遍都表现出重民族气节、轻个人安危，甚至率先举起反抗外敌侵略的大旗，成为近代民族意识觉醒的先驱。

不过，广东人的思乡爱乡怀乡之情有时又使他们有着较明显的地方主义观念，这种地方主义思想倾向又与他们独特的地方语言、地理位置、自然环境和历史文化有着因果关系。岭南人有着一种"化外之民"的自律心态，但同时也有一种自我实现的欲望和自我优越感的心理。一方面，他们长期以来被视为"化外之民"和"落后的地区",被中原文化和统治者们所鄙视。在泱泱大国的政治文化领域内,岭南人感到了自己文化上的瘦弱和政治上的失势。没有地位和不为北方的当权者和文化精英们所重视,在岭南人内心深处无疑留下了难以拂拭的阴影。另一方面,由于岭南有着良好的生存生活环境条件,与外来文化有较多的接触交流的机会,富足的生活和丰富的阅历,使岭南人又有一种北方人所没有的悠闲者的心态。物质生活上的满足感暂时代替了精神上的空虚感,不平的心态暂时达到了一种平衡。真理对于饥饿的肠胃来说是没有意义的,富足的岭南人从生活中寻找到了精神上的意义。在他们看来,空虚的玄学不能使饥饿的肠胃有好的维持,他们不相信北方人在空着肚子谈论心性、道学时仍然能潇洒自如、忘乎所以。他们相信自己的肠胃,所以他们从心里又很看不起北方人那种只要精神和文化思想却没有物质生活的绅士风度和君子精神,认为那种清谈式的生活和人生是很不值得的,甚至是可怜的。所以,重视世俗生活的岭南人对偏重于精神生活的北方人既有敬畏又有嘲笑,既有肯定又有否定,既有追求向往又有舍却离异,表现出一种复杂的心态。这种复杂心理在行为上就是一方面表现为对传统文化的认同和对中华民族的皈依,另一方面表现为对政府的一种背离和地方保护主义。对政府的一种背离或反叛以及地方保护主义,是岭南人情感取向上的一大特点,尽管在其他地区也有这种情感取向,但在程度上毕竟没有岭南人那么明显。对于中国其他地区发生的事件,岭南人似乎并不关心,有一种局外人的情感体验。这种情感价值取向在洪秀全、康有为、梁启超等人的身上就有比较明显的表现。洪秀全虽然具有反抗清王朝统治的胆略,却没有大胆用人、容纳岭南以外的文才武将的气魄和胸怀;康有为、梁启超有救国图存的冲动,却没有地域文化上的超越,他们有振兴中华、实现自我的欲望,却没有礼贤下士的风度和岭南人文化个性上的刷新。在甲午战争期间,广东人为了拿回甲午战争时被日本夺去的两条船,居然派人去日本游说,称是北方人与日本人打仗而不是广东人与日本人为敌,广东是广东,北方是北方,要求日本人退还两条船。在广东人的心目中似乎没有广义的"我是中国人"的概念,这是广东人的"特别"。后来广东人也多次要求独立和实行自治,如1900年义和团运动时,孙中山等人曾想利用广东人要求独立自治的心理,与地方绅士、官僚联合李鸿章,试图实现自治和独立。对"联省自治"的倡议,岭南人也起了推波助澜的作用。由此不难看出,岭南人的地方保护主义的情感价值取向是很别具一格的。

当然,搞地方保护主义是中国人的一大性格特点,中国历来就比较重视血缘地缘关系,强调乡土情谊,重视老乡关系。中国人在家则同门相忤、互为参商,但一旦出门就"老乡见老乡,双眼泪汪汪",亲上加亲。在中国各地都有各省、市、县同乡会，海外华侨也有同乡会馆。"万里海天臣子，一堂桑梓弟兄"，就表明了一种心态和一种情感。中国人那种"凡人入他国，见同国之人而喜矣，人入他乡，见同乡之人而喜矣。以素昧生平，不习名姓，一旦询邑里，辄如骨肉相遇"的现象，充分地说明了中国人重乡情乡谊的情感倾向的不可更换性。相对于北方人来说，岭南人的乡土观念似乎格外显著，地方保护主义思想倾向比较严重。

最后是岭南人偏爱世俗生活，对自身生命的延续有一种超乎寻常的关怀。对自己身体的保养，他们投入了较多的热情和精力。他们总是不厌其烦地喝着用各种据说可以清热解毒、滋阴壮阳的药材混合调配煲成的汤水。为了能补身强肾、消湿驱寒，岭南人几乎寻遍了天上飞的、地上长的、水里游的动植物，取其精华去其糟粕，加以调配蒸煮煎熬，创造出了独特的饮食文化。他们的感情变化成为生存生活的智慧，成了他们寻找乐趣的动力。但是他们的生活又是平平淡淡、闲闲逸逸、虚虚实实的，他们的情感也没有悲悲戚戚、怨怨艾艾、怜怜爱爱式的缠绵忧郁，更没有那种大起大落、大悲大喜的情感落差。他们忠于他们的生活。他们相信世俗人生的价值，懂得如何将自己感情的航船驶向无风无浪、安全可靠的港湾。他们不会为感情而死去活来，也很少有人相信"生命诚可贵，爱情价更高"。他们不是感情至上主义者，更不是纯情主义的追求者，他们的感情附着在现实生活之上。生活的辉煌和人生的灿烂，淹没了他们内心深处对情感抒发的渴望。生活在社会底层的岭南人相对说来缺少单纯的爱情，他们偶尔也有自由抒怀的言行，但他们对物质生活的感情投入常常使他们处于一种十分尴尬的境地，扮演着十分难堪的角色。上层社会的岭南人也许不乏浪漫的故事，但他们感情的价值取向仍然是很现实的。现实主义的文学艺术在岭南一直是一个主流，就说明了这一倾向的存在，也说明在岭南社会里有着那么一大批人的情感取向是现实的、实际的。这一现象也为我们解释为什么岭南人的感情总是不那么执着、情绪总是不那么稳定和善于变化提供了依据。

从某种意义上讲，岭南人的感情是世俗的、有节制的。即使他们对自然的、纯情的文化有着一定的兴趣和热情，但那也只不过是在酒足饭饱之余对纯粹感情的一种追寻，或是文化虚脱之时所采取的一种补救措施。他们的感情从属于他们的生活，从属于他们对人生的价值取舍。爱国是为了爱乡，要爱乡就必须先爱国，这是他们从实际生活中感悟到的真理。尤其是海外侨民，他们从外国人的眼里和在外国谋生时遇到的艰难中深切地体会到思乡的况味和爱国救国的必要。他们的思乡爱国从这个角度上看又是现实主义的或功利主义的。就是那些终老在故园的岭南人，他们的感情似乎也被世俗生活的巨手拉扯着，很难潇潇洒洒、淋漓尽致地歌唱和宣泄自己的发自内心的真情。他们又常常受"欲"的诱惑和捏弄，很难自成方圆。有人在谈到粤人心态对岭南诗风影响时曾指出：历代广东人的开拓精神和求实精神影响了岭南人的诗歌创作。并认为：广东诗人往往生活在富有进取精神与创新意识的社会环境中，这有利于启发他们去打破诗歌创作中各种传统规矩的束缚，也促使他们去开辟新的诗歌意境，自由地抒发内心奔放的感情热流。因此，在历代广东诗人的审美风格中，表现最显著的就是对激情奔放的追求，以及对真情热烈的推崇。从宋末的陈红、马南宝、何文季，到明末的陈子壮、黎逐球、陈邦彦、邝露、屈大均，再到近代的张维屏、黄遵宪、康有为、梁启超、苏曼殊，杰出的广东诗人经常表现出不可遏制的澎湃激情，他们的诗歌创作中充盈着跳动的生命活力与大胆的开拓精神。同样，历代粤人的求实精神有利于粤诗中出现质实纯朴的诗风。而粤人重情尚真的传统又有利于粤诗中产生大量清新明丽的抒情写景佳构。① 诚然，岭南人当中也有不少多情女子和浪漫男儿，也有不少热血青年、放达豪迈之士，但是他们却不能代表那些芸芸众生、执着于蝇头小利和衣食住行的大众。相反地，他们在茫茫人海之中能鹤立鸡群、出类拔萃、引人注目和造成一种影响，本身也说明了那种真情的难得。他们的情感追求与表现反映了岭南社会大多数人的奔放感情之缺乏。从总体上看，岭南人的感情是平缓的、中和的、现实的、理性的。在他们的感情蠕动中掺杂着这样或那样的世俗欲念，因此相对于北方人来说，岭南人的感情是吝啬的、实利的。这也是为什么岭南人追求感性、注重享乐或及时寻乐的原因之一。

由于岭南人的情感价值取向是实际的、功利的，所以，当他们与人试图建立良好的关系时，其真诚常常受到猜疑。在大多数北方人的眼里，岭南人眼里只有金钱、名利、自我，却没有集体荣誉感、历史使命感和道德责任感，缺乏集体主义和爱国主义精神。其实这是一种误解，但也着实是岭南人的一种悲哀。有时他们的真情实感和善良美好的动机不但不能得到相应的回报，反而被人们不由自主地怀疑其是否有其他的动机或目的，这也是岭南人为什么在与其他文化区域的人打交道时很难得到他人理解的原因之一。在这方面，岭南人比较类似于上海人。上海人精于计算，巧于周旋，在社交场合你很难从他们那里得到什么感情的回报，他们总是冷冰冰的，似乎压根儿就不会表现感情。岭南人与上海人略有不同的是他们对人还算是有礼貌、有热情，表面上看他们真的是那样真情，有人情味，其实他们是有所求或是为了与你搞好关系以保护自己。他们处处设防，就像上海人处处设防一样，表面上称兄道弟，骨子里却早就拒你于感情之外。这是岭南人与上海人共同的特

---

① 严明：《粤人心态对广东诗风的影响》，载《开放时代》1993年第1期。

点，也是他们的言行总是受到嘲弄或怀疑的原因。

二、孙中山的情感世界

　　孙中山和大多数革命家、政治家一样，是一个感情丰富而又炽热的人。过去人们有一种错误的认识，即以为政治家和革命者应该不言感情，也不需要有太多的感情，多情、多感、多义与政治家、革命者无缘；若一个革命者或政治家是一个有情有感的人，似乎就不是一个好的政治家或革命者；认为革命者或政治家始终是一个铁面无情的人，他应该熄灭自己的情欲之火，他必须压抑自己内心的感情，控制自己的情绪，否则就失去了领导者的威望和权力。这种观念与中国人对情欲的看法有关。中国人要求以理智节制情欲，情欲过于泛滥总是有害的，视情欲如洪水猛兽，必须严格监视和控制。但是另一方面，中国人又追求一种抒情的人生，不仅将自我生命的意义存放在情感的体验中；而且面对亲人、朋友、乡土、家国、先祖、历史乃至自然之物，也无不用情感来协调和维系。所以，中国人在对待情感的态度上是矛盾的，在行为表现上因而也难免显出尴尬，这也是我国学术界几乎很少有人专门研究孙中山的情感世界的内涵和文化归属的文化心理的原因。虽然人们在谈到孙中山和宋庆龄的历史时无可回避地会谈论他们之间的爱情，涉及孙中山情感世界中的某些问题，但那也是冠冕堂皇的赞语或套话，不可能深入孙中山的内心世界。长期以来，人们已经习惯了谈论孙中山的伟绩，孙中山的思想言论、革命活动，甚至个性心理，却在孙中山的感情生活方面较少作细心的考究和深入的分析。1990 年在中山市翠亨村召开的"孙中山与亚洲"国际学术讨论会的小组讨论会上，有不少海内外学者就某位学者的论孙中山与宋庆龄的联姻问题展开了热烈的争论。国内学者虽然谈到孙中山与宋庆龄的结合对孙中山的影响，在研究孙中山的感情世界边缘打开了一个缺口，但毕竟没有更深入一步研讨孙中山的情感问题。而港台地区、美国、日本学者在这个问题上比较坦率，有浓厚的兴趣，他们提出了"自古英雄与美人并称"的观点，认为孙中山是一个了不起的英雄，他的生活中注定少不了美人的倩影，他的感情世界注定是活跃奔腾、开放舒展、自由浪漫的，他的生活一定是抒情性的。他们认为"英雄与美人"是一个古往今来的话题，是一种人生模式。他们有许多理由和证据，可以说明孙中山感情世界的丰富性、多变性、浪漫性、开放性，所以，他们很坦然、很认真地谈论孙中山的感情世界中的一些敏感问题。这说明在对待伟人或历史人物的情感世界这个问题的态度上，我国内地学者与境外学者之间的差别是多么的悬殊。

　　作为人的内心世界的一部分，情感问题对人的言行、态度等的影响自始至终都存在着。没有感情的革命家或领导者几乎是不可想象的,没有哪一个革命者和领导者或杰出人物没有丰富的情感和内心世界。情感是人去爱去恨去追求去探索去奋斗去牺牲的兴奋剂和添加剂。高尚的情感使人成为正义、道德、公共的利益、他人的安危、民族的存亡、人类的命运、世间的真理的捍卫者、保护者、创造者和传播者。卑劣的情欲则可能使人变得贪婪、疯狂、自私自利和为所欲为,成为历史的罪人、时代的落伍者、革命队伍中的变节分子。所以,我们没有理由忽视人们的情感世界这个重要的心理层面上丰厚的内容,更没有理由将曾经使孙中山为民主革命的成功,为他的三民主义理想的实现,为中国的繁荣富强而如痴如醉、一往无前的追求和奋斗的情感像尘土一样轻轻地拂去,也没有理由对孙中山内心世界中的情感因素置之不理。从情感与人的个性和行为的内在联系上看,不深入孙中山的内心世界,不了解孙中山内心深处隐秘的情感,我们就无法完完全全地认识和理解他这个人。从这个意义上说,情感是人物本质的真实镜像。

(一) 执着而又淡泊的爱情

真正的革命者都充满着激情,都有他自己的七情六欲,都有他的爱和恨。尽管他们有时侠骨雄心,浴血疆场,表现出铮铮铁骨的男儿气概,但他们也有英雄气短、儿女情长的时候。所谓"男儿有泪不轻弹,只因未到伤心处",就说明男儿更有男儿的情感与胸怀,只是他们不像常人那样悲悲戚戚、卿卿我我,也不像女人那样缠绵悱恻、喜怒于形。事实上,由于他们感情丰富,爱和恨鲜明强烈,理想和追求执着顽强,所以他们比常人更容易受到伤害,更容易产生孤独感,因而也更需要慰藉,更需要柔情,更需要爱。

但是,人们对"英雄与美人"这一事实的认同毕竟有一定的限度。历来对"才子配佳人"的现象似乎格外容忍并略带些羡慕和称许,而对英雄伟人、革命者的感情生活,尤其是与美人的关系,人们表现出了极强的神经质和十分苛刻的批评。就是英雄、杰出人物本身也因为害怕人们的唾沫和冷嘲热讽而不敢承认自己对"美人"的思慕和赞叹。像龚自珍那样大胆吟唱"少年虽亦薄汤武,不薄秦皇与汉武。设想英雄垂暮日,温柔不住住何乡?"[①] 以及"天涯别有伤心泪,不哭英雄哭美人"[②] 的人毕竟不多见。难得的是,作为一个革命家、政治家的孙中山,却毫不掩饰地在朋友面前表示了自己对"女人"的兴趣,并对伊藤博文自吟"醉枕妇人膝,手握天下权"

---

① 胡伟希编:《辛亥革命与中国近代思想文化》,中国人民大学出版社1991年版,第263页。
② 胡伟希编:《辛亥革命与中国近代思想文化》,中国人民大学出版社1991年版,第262页。

"甚以其风度为然"。① 孙中山这种毫不掩饰对女人的兴趣，与那些道貌岸然的"正人君子"之流的虚伪判若云泥。在大多数人的心目中，英雄、杰出人物公开地谈论自己对女人的兴趣，就不是一位真正的英雄，谈论英雄和杰出人物的感情生活或写他与女人的关系，似乎有损他们的形象。在他们看来，英雄豪杰和领袖人物就是道德的化身，就是十全十美的，就不能英雄气短、儿女情长。这种认识又与人们对待女性的看法有关。人们自古以来就认为女人是祸水，是洪水猛兽。女人误国误事殃民，英雄豪杰和领袖人物一旦贪恋女色或与女性稍有接触，就会损害道德礼法，必将大难临头。其实，谈论女人和贪图女色是有本质区别的。人人都有七情六欲，英雄豪杰和领袖人物也是人，他们也有他们的情欲，有爱的权利，对女人的兴趣并不妨碍他们对事业的追求和道德的修炼，相反，在女人的问题上，我们最能看出男人的品德和情操，最能看出男人的价值观、审美观、人生观和世界观。女人是男人的一面镜子，更是男人内心生活的试金石。

在女人问题上，孙中山大胆地表白，正显示了孙中山至情至性的一面。而且公开谈论女人和表明对女性的态度往往是男人们相互接近和走向亲密的契机。男人不像女人在谈论异性时那样态度鲜明，尤其是不像女人那样在同性中谈论自己私生活方面的问题，他们喜欢泛泛地议论女人或很具体地"研究"某个女性的容貌和体态，但很少向同类公开承认自己的爱欲。一旦能超越这种界限向他人坦白对女性的渴望，则说明彼此关系密切，以及其人性格气质的随和、率直和心无城府。孙中山敢于公开展示人们并不了解的属于他自己内心生活中的秘密，一方面说明他对同志、朋友真诚相见、亲密无间，丝毫没有故作高尚、假扮君子的用心；另一方面也充分地说明他是一个热情奔放、无所顾忌、敢作敢为、心胸宽广的人，是一个为了革命的目的而极力压抑自己的爱欲的英雄。十分明显的是，孙中山在处理自己的感情和爱欲的问题上也表现出鲜明的个性。

首先，在孙中山看来，爱情、爱欲必须服务于革命。也就是说在革命和爱情二者的取舍上，孙中山宁愿压抑爱欲，忘却爱情，也不愿放弃革命的理想和革命的事业。甚至为了革命的事业和远大的理想而不惜暂时抛却花前月下、卿卿我我的温柔乡而长期夫妻离别，忍受着思念的痛苦和离别后的伤感。宫崎滔天的夫人曾回忆说：孙中山第二次举事的惠州起义又告失败了，他和日本同志们又回到日本来。

> 和中国革命运动有关系的那些人，他们家庭的悲惨状况，真是一言难尽。

---

① 李敖：《孙中山研究》，台北李敖出版社1987年版，第286页。

……我们当时的生活，是在一面流着血泪，一面受苦痛煎熬中度过的。……

当大家围坐在晚餐桌的时候，孙先生由滔天作翻译问我道："你来有什么事吗？"我说："一来是为了外子闹病，一来是因为家庭生活困难，孩子们已经寄养在我娘家，想跟滔天认真地商量今后该怎么办。"孙先生听罢，连连点头说："啊！是吗？"然后又从皮包里拿出一张照片给我看。

那张照片上照着孙先生的令堂和他的胞兄以及四个侄子，还有十二三岁的孙科等数位，样子长得很可爱，孙先生一面给我看着照片，一面说道："我的家眷现在夏威夷，也是流着泪和贫苦搏斗。家里人要是战胜眼泪，那就意味着革命不久就要成功。从事于革命运动的人无论谁都必须战胜眼泪。"

说着，他眼睛已润湿了。①

由此可以看出，孙中山虽然是一个很重感情和家庭生活的人，但为了革命就必须用理智和意志去战胜这种感情，并将爱转化成为革命奋斗牺牲的动力。把革命事业置于爱情、婚姻之上固然体现了革命家的光明磊落、无私奉献的襟怀，但也从另一方面显示了孙中山在对待爱情婚姻的态度上有着强烈的实用理性。所以有人说他"一直把第一兴趣'革命'和第二兴趣'女人'兼顾，他早年革命中的陈夫人（陈粹芬），是革命党兼女人；在他晚年革命中的宋夫人（宋庆龄），是女人兼革命党"②。

在革命与爱情这两个问题上，孙中山的态度是鲜明的，即爱情必须服从于革命。而在具体的处理方式方法上，则又是灵活的、实际的。他不像那种"只爱美人，不爱江山"的人，而是熊掌与鱼二者都要兼得。也许有人因此会说孙中山是一个感情不专的人或是一个过于放纵的人，但事实上并非如此。有关孙中山私生活方面的传说的真实性本来就值得怀疑，即使是真实的也不足为奇。一方面因为伟人也是人，不可能没有任性随俗的时候；另一方面，当时特殊的社会政治文化环境下，个人难免不受影响，特别是在战事屡屡失利、革命常常受挫的情况下，苦闷、痛楚、孤独的心灵也需要女性的温柔。有时爱情和女性的温柔还会成为继续战斗的动力。③ 孙中山是一个不拘一格的革命者，在爱情婚姻方面也同样充分地展示了他的个性。这一点我们

---

① ［日］宫崎滔天：《三十三年之梦》附二，佚名初译，林启彦改译、注释，花城出版社、生活·读书·新知三联书店香港分店联合出版1981年版，第277～278页。
② 李敖：《孙中山研究》，台北李敖出版社1987年版，第281页。
③ 龚鹏程：《侠骨与柔情——论近代知识分子的生命形态》，见胡伟希编：《辛亥革命与中国近代思想文化》，中国人民大学出版社1991年版。

从他与陈粹芬和宋庆龄的情感与婚姻处理上就可以一叶知秋。

陈粹芬，这个鲜为人知的革命女性，在孙中山的感情历程中曾经扮演了十分重要的角色。她是在孙中山亡命南洋时进入孙中山的生活世界和情感天地的。冯自由在《革命逸史》一书中说："横滨日本邮船会社华经理张果字能之。与总理有通家之好。陈夫人瑞芬原名香菱。曾寄居张宅一年。总理居日本及越南南洋时，陈夫人恒为往来同志洗衣供食。辛勤备至。同志咸称其贤。"① 美国学者李又宁女士在《一位被遗忘的革命女性——陈粹芬》一文里说："粹芬原名香菱，又名瑞芬，人称之为陈四姑。广东人，生于1873年左右。19世纪末20世纪初，她是中山先生的革命伴侣，日本横滨是他们居住和活动的一个据点。她经常为往来的同志洗衣、做饭。革命党人士在香港和横滨之间，密运枪械，她上下船只，传递消息，同志们都很称赞她的英勇和勤劳。中山先生到南洋革命，粹芬也在左右。她亲自印刷宣传品。"② 池亨吉也曾著文说："肃然的参谋本部，忽然就变为繁忙的事务室了，……各事各人，不遗余力地进行。就中孙氏的夫人（陈粹芬），就自己担当印刷檄文，非常忙碌"，"十二月三日，午，四时，大家会集于食堂，共斟离别酒。孙氏的夫人，虽是很刚毅的广东妇人，但也不堪别凰离凤之悲。后来，我们一起程，她的眼边人情，也表露出来了"。③ 宫崎滔天的夫人也在回忆中提到陈粹芬，她说："我们坐下后，民藏用地道的肥厚口音，回顾昨夜的情形，瞪大了眼睛说：'照顾孙先生的那位中国女同志，真是个女杰。看她用那长长的筷子，毫不输于男子汉，还有一双眼睛和那吃饭的神气，就教人敬佩。总之，革命家即使是女子，也应该如此。你看她那洪亮的声音，你若还马马虎虎地下去，可要输给人家呀！'他一面称赞中国的革命妇女，一面鼓励我。"④ 种种事实使我们不难看出，孙中山之所以爱上陈粹芬，并与其同居，最主要的原因恐怕是因为陈粹芬女士也是革命者。在当时流亡革命期间，作为革命者，陈粹芬的勤劳、勇敢、精明干练可以助孙中山的革命一臂之力；作为一个女性，又可以在生活上很好地照顾孙中山的生活和身体，可以用一颗女性的爱心抚慰孙中山因革命失利而带来的心灵上的创伤。

如果说陈粹芬因为是革命女性而进入孙中山的感情世界，那么可以说宋庆龄首先是作为一个年轻貌美的现代女性进入孙中山的感情世界的。与宋庆

---

① 《革命逸史》第三集，第2页，注六。刘成禺也有"望门投宿宅能之，亡命何曾见细儿。只有香菱（陈粹芬名字）贤国姬，能飘白发说微时"的诗句。
② 李敖：《孙中山研究》，台北李敖出版社1987年版，第292页。
③ 李敖：《孙中山研究》，台北李敖出版社1987年版，第297页。
④ ［日］宫崎滔天：《三十三年之梦》，佚名初译，林启彦改译、注释，花城出版社、生活·读书·新知三联书店香港分店联合出版1981年版，第278页。

龄的结合，不仅是孙中山个人对世俗的一种示威，而且也是爱欲情感对革命理性的一次挑战。但最终还是使这种真挚的爱情为孙中山的事业和中国革命铺平了道路，因为与其说宋庆龄是嫁给了孙中山，还不如说嫁给了中国革命。宋庆龄自己就多次表白："我不求什么，但愿委身革命"，"如果我没有为这个伟大事业而生活，那末人生是要无意义而无中心的"。① 她甚至对斯诺说："我当时并不是爱上他，而是出于对英雄的景仰。我偷跑出去协助他工作，是出于少女的罗曼蒂克的念头——但这是一个好念头。我想为拯救中国出力，而孙博士是一位能够拯救中国的人，所以，我想帮助他。"② 由景仰崇敬而生爱情，这是宋庆龄的情感逻辑。作为年长许多的孙中山，在经受着革命大起大落、生活坎坷多艰所带来的心身痛苦之时，爱上具有现代气息的年轻美貌、温柔多情的宋庆龄，也是极其自然的事情。正如美国学者雷脱里克所指出的："从人性说，他对于曾受高等教育、有完美性格、又了解他的女子发生爱情，是一件人人易知的事。……就事实观察，他的再婚，同基督教美国千千万万男女的行为，在本质上并没有差异。"③

严格说来，孙中山爱上宋庆龄，除了宋庆龄本身是一个热情浪漫、温柔端庄、天生丽质的现代女性之外，也许更重要的是宋庆龄是一个对他的事业和中国革命有着狂热的激情和深刻的理解的女性。在孙中山心目中，革命与爱情二者固然都不可缺少，但相比之下，革命毕竟是更为神圣和伟大的事业，他本人就是革命的化身，抛弃革命而选择爱情是违反他的原则的；同样，选择革命而抛弃爱情也是不完美的，因此才有"我不是神，我是人"的表白。作为一个人，他有七情六欲，有强烈的爱和恨，有寂寞和孤独，他也和常人一样需要爱情，需要女人的拥抱和安慰。失去爱和家庭，无论是从本性来说还是从现实来说都是不合情理的，因此二者能够完美地结合起来就自然成了孙中山真正的心愿。而宋庆龄这样一个既可以支持他的革命事业又可以满足他爱的需要的受过西方近代教育的美丽动人的女性的出现，无疑地化解了他内心长期存在着的革命与爱情二者分离的矛盾。岭南人务实灵活的性格和追求世俗生活、讲求身心平衡的生活理性在孙中山的身上又一次得到充分的体现。与宋庆龄的结合，孙中山才真正将革命与爱情有机地统一起来，也只有与宋庆龄的结合，孙中山才感受到了爱情的欢乐和家庭生活的温馨。他在给他的老师康德黎的信中写道："我的妻子，是受过美国大学教育的女性；是我

---

① 刘家泉：《宋庆龄传》，中央文献出版社 1994 年版，第 18 页。
② ［美］埃德加·斯诺：《复始之旅》，见《斯诺文集》第 1 卷，宋久、柯南、克雄译，新华出版社 1984 年版，第 103～104 页。
③ 傅启学等编：《国父孙中山先生传》，台北正中书局 1983 年版，第 348 页。

的最早的合作者和朋友的女儿。我开始了一种新的生活。这是我过去从未享受过的真正家庭生活。我能与自己知心朋友和助手生活在一起,我是多么幸福。"①

的确,宋庆龄给予孙中山的不仅仅是女性的一切,而且更重要的是她对孙中山的革命事业极大的支持和鼓励。结婚后,她非常努力学习外语,尤其是法语,这对孙中山阅读欧美报纸书籍及函电都大有帮助。她曾情不自禁地写信给友人说:"我很愉快,尽量帮助我丈夫处理英文信件。我的法文大有长进,现在已能阅读法文报纸并能轻易地边看边译。你瞧,结婚对我来说好像是上学,只是没有'考试'来打扰我了。"②鲍罗廷的夫人法尼娅·鲍罗廷娜在她所写的《孙中山的顾问鲍罗廷》一文中写道:"孙中山的夫人宋庆龄对我们家人和各苏联顾问也很真诚、友好,她积极参与丈夫的政治工作。我们与她谈话也不用翻译,因她的英文极好。宋庆龄向我讲述了关于中国妇女的许多有趣的情况,介绍我认识了社会各阶层的一大批妇女代表……"③孙中山与宋庆龄的结合,给他的革命事业无疑地带来了新的活力。林百克甚至认为:"孙中山有了宋庆龄这样的革命事业上的杰出助手作终身伴侣,这使他有了新的活力和新的希望,这位新夫人,尽了她最大的努力,千方百计减轻丈夫的负担,实际上她一直担负着他的秘书的重任,她的双亲慢慢了解到他们结婚的幸福,从前的不满也烟消云散了。"④何人说:"爱情足以使任何沉重的劳动都变得不仅轻松,而且愉快。"莎士比亚的喜剧《爱的徒劳》中说:爱情"使每一个器官发挥双倍的效能"⑤。孙中山与宋庆龄结婚后,仿佛又回到早已逝去的青春岁月。他不仅举起了"反袁"护法的旗帜,几次在广东建立革命政权,而且撰写了一部体大思精的《建国方略》,改组了国民党,提出了联俄、联共、扶助农工三大政策,实现了第一次国共合作,推动了北伐,促进了第一次国内革命高潮。宋庆龄在孙中山晚年的革命活动中所起的重要作用是显而易见的,孙中山的贴身卫士马坤曾公开地说:"中山先生的工作人员中最得力的实际是夫人。"⑥由此可以肯定,孙中山与宋庆龄的结合对他们两人的生活和革命生涯都产生了重大影响,对中国革命事业具有积极而深远的意义。他们的结合既不是英雄爱美人,也不是美人爱英

---

① 孙中山:《致康德黎函》,《国父全集》第5册,台北文物供应社1949年版,第416页。
② 转引自[波兰]伊斯雷尔·爱泼斯坦:《宋庆龄——二十世纪的伟大女性》,沈苏儒译,人民出版社1992年版,第50页。
③ 刘家泉:《宋庆龄流亡海外岁月》,中央文献出版社1994年版,第40页。
④ [美]林百克:《孙逸仙与中华民国》,转引自[日]久保田博子:《关于宋庆龄与孙中山的结合》。
⑤ [保]瓦西列夫:《情爱论》,赵永穆、范国恩、陈行慧译,生活·读书·新知三联书店1984年版,第400~401页。
⑥ 刘家泉:《宋庆龄流亡海外岁月》,中央文献出版社1994年版,第102页。

雄的一时冲动，而是建立在牢固的共同革命信念、深厚的爱国主义思想基础上的纯真的爱情。①

其次，在爱情方面，孙中山是真诚大胆的，在婚姻家庭方面，又是务实灵活和审慎细致的。敢想敢说敢爱，既是一个人的优点又是一个人的缺点。优点是他率直真诚，毫不掩饰自己的情欲，没有做作，没有虚情假意；缺点是不够慎重，不注意后果，不考虑别人的意愿，显得简单、粗糙、盲目、主观。爱应该既是一种情感，又是一种责任。真正的爱情的获得需要付出很多的劳动和智慧，仅仅是一种情感还不足以使它转化为男女双方的爱恋，更难以因此而组合为一个家庭。鲁莽、草率和感情用事，给婚姻、家庭带来的可能不是欢乐、幸福，爱情之花也会很快凋谢。

孙中山深深懂得如何用自己的情感去尽心尽力地爱一个人、保护一个人、理解一个人。在处理爱情、婚姻和家庭问题上，既务实灵活，又审慎细致。在处理与卢慕贞的婚姻和与宋庆龄的爱情这两件事情上，孙中山的这种性格气质特征和他那种岭南人所共有的处世待人的风格都同样得到充分的体现。在宋庆龄向孙中山表示了自己的意愿之后，孙中山并没有马上作出回应，而是非常审慎严肃地考虑该如何接受这份珍贵的爱情。尽管他强调"我是革命者，我不能受社会恶习所支配"，"我不是神，我是人"，但卢慕贞毕竟为他的革命事业和他那个家庭默默地奉献了几十年，孙中山不忍心伤害她，而是采取了分居的形式。这样在形式上作了适当的安排，既达到了离婚的目的，又不至于在感情上给卢慕贞造成太多的伤害，因为在当时，"离婚"就等于是"休妻"，"休妻"对于妇女来说是最大的耻辱。即使是"离婚"这个说法，在当时普通百姓当中并没有真正的认识，以为那不过是一种时髦的说法。关键是"离婚"后的实质是否发生了变化，而这方面孙中山恰恰没有改变对卢慕贞的关照，甚至称呼。分居是多年的事实，现在说分居，自然能使卢慕贞和乡亲们不至于误解为"休妻"。以后的事实和孙中山的态度都表明孙中山对卢慕贞还是十分尊敬和关心的，并没有因离婚而放弃对卢的关心照顾。② 从卢慕贞这个角度上讲，她虽然与孙中山有多年的夫妻感情，但长期分居也是事实，现在孙中山亲自正式提出"分居"——事实上是离婚，只是将这种长期分居的形式更公开化和形式化。对于她本人来讲，"分居"并不重要，重要的是不要被"休"而离开孙家。既然仍在孙家，孙科及二女仍奉养一切，孙中山也时有信件回来，"分居"又有何不

---

① 刘家泉：《宋庆龄流亡海外岁月》，中央文献出版社1994年版，第100页。
② 参见陈旭麓、郝盛潮主编《孙中山集外集》和郝盛潮主编《孙中山集外集补编》二书，其中有不少孙中山与卢慕贞的通信，以及孙中山给孙科的书信谈到卢慕贞的生活等问题。

可。何况她早就劝过孙中山，要他再娶一室以便照顾他的生活，所以当孙中山派人送离婚信到来时，她就表示了极其开明果断的态度，同意离婚。① 与卢慕贞离婚对于孙中山来说，是法律上的一种解脱，但对卢慕贞在情义上仍然有一种义务上的默许和道义上的挂牵。对于孙中山与宋庆龄的爱情来讲，孙中山与卢慕贞的离婚则是至关重要的。正如孙中山向康德黎所解释的那样："我的前妻不喜欢经常外出旅行，她从未陪我去外国流亡。她想和她年迈的母亲安居下来，并总是劝我按旧习惯再娶一偏室，但我所爱的这位女子是一个现代女性，不会容忍这样的地位，我自己也不能让她受委屈。这样，除了同意与我前妻离婚外，别无办法。"② 宋庆龄也曾回忆说："在我到达东京之前，我不知道他离过婚，也不知道他打算和我结婚。他向我解释说，要不这么办，他担心人们会把我说成他的情妇，而流言蜚语将对革命有害。"③

从这两件事上我们不难看出：孙中山虽然是一个感情丰富、充满爱欲的血性男儿，但在爱情、婚姻问题上，其态度是严肃的，处理方式也是十分得体，某些观念甚至是比较正统的。本来他与卢慕贞结婚纯粹是尊从父母兄长的旨意，无爱情可言，婚后的夫妻生活因孙中山长期在外也算不上恩爱。但是卢慕贞毕竟为孙中山生下了孙科、孙娗、孙婉三位子女，为了孙中山曾多次亡命海外。尤其是孙中山父母在世期间，她对他们嘘寒问暖、侍汤奉菜，无怨无悔，是一个典型的三从四德的实践者。因此对于她，孙中山从内心深处自然还是充满着爱惜、尊重。即使在孤独寂寞难奈、与宋庆龄等产生爱情的时候，孙中山也没有让她在感情上、心理上、人格上受到不应有的伤害，而是采取了十分得体的方式，强调她永远是孙家的人，孙科永远是她的儿子，承认了她在孙家的地位。④ 与卢慕贞离婚，又与宋庆龄结婚，在这同一性质的两个方面的问题上，孙中山办事务实灵活、富有人情味的风格得到了充分的体现。

显然，在处理个人的感情问题上，孙中山表现出精明果断、灵活务实、重视人情人性、追求自由，既要达到个人感情有所寄托的目的，又要顾全对方的面子的性格特质，这些都与他的家庭教育、岭南社会文化环境的长期浸染和影响有着密切的联系。

---

① 马庆忠、李联海：《孙中山和他的亲友》，花城出版社1988年版，第14～15页。
② 《国父全集》第5册，台北文物供应出版社1974年版，第416页。
③ [美] 埃德加·斯诺：《复始之旅》，见《斯诺文集》第1卷，第103～104页。
④ [波兰] 伊斯雷尔·爱泼斯坦：《宋庆龄——二十世纪的伟大女性》，沈苏儒译，人民出版社1992年版，第47页。

（二）无私而又有情的伦常之性

与许许多多的普通人一样，孙中山也有父母、兄弟姐妹、妻子儿女、亲戚朋友，也有自己对他们的特殊感情。中国人那种注重伦常和亲情的情感价值取向无疑地影响了孙中山的情感倾向和情感表达。

首先，是孝的观念对孙中山的影响。

在中国传统社会，孝，是一种美德，是子女对父母的一种义务。表面上看，孝只是一种行为，但实际上是一种情感。有孝的行为而没有孝的情感，孝的行为只是一种暂时的表现；有孝的情感而没有孝的行为，孝亲也是一句空话。大多数中国人似乎特别看重前者，即重行为而不重情感，以为有了孝的行为就必然有孝的情感。其实，对于父母来说也许孝的情感比孝的行为更重要。当然，如果父母将子女孝的行为看作一种孝的情感的体现，那么也就无所谓情感与行为的区别。值得注意的是，岭南人往往更倾向于行为的体现，因为他们习惯于把行为与情感同一起来。这可以从他们出外谋生、汇款回来维持家庭生活、孝敬父母和为祖先建造气派的坟墓这些事情上得到证明。

孙中山无疑受岭南文化的这种重视孝的行为表现的情感价值取向之影响。在中国传统社会里，人们把对父母言听计从的行为视作孝的表现。孙中山亦复如此。本来，他与卢慕贞没有了解，没有爱情，但在父母的要求和安排下，还是服服帖帖地与卢慕贞拜堂成亲。按照孙中山那种好抗争和固执己见的性格，他本应会拒绝父母的命令作自由的选择，但是从我们所知的资料里还没有发现在此问题上孙中山的相反意见或违拗行为。但对大哥孙眉的某些说教和要求，孙中山的态度就截然相反，不仅拒绝那种在他看来不合情理的命令，而且表现出十分偏激和冲动的对抗行为。对父母言听计从和对兄长的意见有选择地接受，就显示了孙中山的文化个性。可以肯定，在孙中山的心目中，按照父母的意愿行事就是一种孝的体现，也是对父母的一种爱。虽然孙中山对其父母的某些言行持消极的态度，但这并不妨碍他对父母的尊敬和爱戴。① 他曾向林百克表示："我的母亲是很好的，我的父亲也是很好的。家庭中虽是守旧一些，但却是古朴可风，另有一种美德存在着。我因为要博

---

① 孙中山曾在与林百克的交谈中多次提到他的母亲和父亲。林百克问："你的父亲在澳门住了多少时候？"孙中山回答："据我所知，他住在那里并不长久，因为他害了恋乡病，渴念着翠亨，这是因为他重视对于家庭责任的缘故。"林说："我想你的父亲是很特异的。"孙中山说："特异吗？他是和善可亲的，所以一家的和同他住在一起的人，都很敬重他。"孙中山说："是的，我的母亲是中国人，自然是缠足的！"孙注视着那张照片又说："我所以这样长久地容忍这种习俗的原因，是因为敬重我的母辈。"孙说到他母亲的时候，音调低下来了（见 [美] 林百克《孙逸仙传记》（全一册），徐植仁译，上海三民公司1927年版）。

他们重视，所以一心上进。所说的那种美德，是保守的，并不是进取的，不过却是很适合于人生道德的。我的母亲希望我能得家庭中的信仰，和全村人的敬礼，使我自己得以身心愉快。"① 可以看出，孙中山对自己的思想观念陈旧的父母从感情上来说仍然充满敬意和怀念，而且把努力向上和事业的成功看作讨父母欢心和行孝的一种具体体现。

从《孙中山全集》和有关史料中可以看出，孙中山对其母亲有着更深切的感情。因为"孙中山先生少时丧父，三十后周游各地，奔走国事，未遑侍奉慈母，一次途经香港，欲上岸一省其母，又为该地政府所不许，不得已嘱人迎其母到船，慰问备至，至船将启行以别。先生国尔忘家，公尔忘私，独于孝行不忘也"②。1911年11月中旬，孙中山在与伦敦《滨海杂志》记者的谈话中又说："我得天独厚，比大数中国人的肤色黑一些，这是我的母亲遗传给我的特征，因为我父亲更接近于常见的类型。"③ 对母亲的充分肯定和口头上常常提起自己的母亲，说明孙中山不仅怀具一定的"恋母情结"，而且更说明他具有强烈的孝亲爱母之情。这种感情在孙中山的家书中就有极其自然而又极其复杂的流露。如在给侄儿孙昌的信函中就多次表示："我已于农历新年到达此间，即往晤你母亲及家人，……我深信你父亲、祖母及香港全家，亦将以能见此二子为快"④，"我也开始设法筹款，供你及家属回国之用。不料今日接你父来电谓祖母病笃，需我立即汇款若干，因之，我必须首先听从此急迫的要求，拟于明日汇去港币一千元"⑤，"因你应赶紧成行，以免使你祖母、父亲及我失望为要"⑥。与此同时，孙中山又致信给孙昌的妻子说："收到此信后，汇款随到，你当力促你夫即时动身，切不可稍为迟延；因祖母病笃，我意欲你们在其去逝前能到香港一晤。"⑦ 尽管在孙中山的言谈书信之中没有太多的"孝亲"情感的直接表白，但从这些信函中就可以触摸到他那颗游子之心。为了使病危的老母能见到儿孙满堂的场面，了却老母欲见孙儿一面的心愿，孙中山可谓费尽心机。也许催促孙昌夫妇回家探望祖母以满足老人的要求和愿望、让老人高兴一番的行为，在孙中山看来就是自己一片孝心的体现。从当时的实际情况看，对于老母亲的病危，他内心十分焦急，但又无可奈何，所能做的也只有想办法让侄儿侄媳回

---

① ［美］林百克：《孙逸仙传记》（全一册），徐植仁译，上海三民公司1927年版，第42页。
② 尚明轩、王学庄、陈崧编：《孙中山生平事业追忆录》，人民出版社1986年版，第720页。
③ 《孙中山全集》第1卷，中华书局1981年版，第550页。
④ 《孙中山全集》第1卷，中华书局1981年版，第435页。
⑤ 《孙中山全集》第1卷，中华书局1981年版，第454页。
⑥ 《孙中山全集》第1卷，中华书局1981年版，第455页。
⑦ 《孙中山全集》第1卷，中华书局1981年版，第456页。

家代他安慰老人，从心理和感情上得到一些安慰，可以说，孙中山在"孝亲"方面是尽心尽力了。

其次，中国人强烈的家庭观念对孙中山也产生了一定的影响。

中国人特别看重家庭，在家庭内部讲究辈分、年龄和爱。儿女孝顺，夫妻相爱，兄弟姐妹相亲，长幼有序，和和睦睦、亲亲热热的家庭生活，成了中国人家庭生活的理想。孙中山是一个重视家庭生活的人，同时又是一个十分看重血缘亲情的人，尽管为了革命事业和实现自己的理想，他被迫离家流浪，但他对家庭的热爱和关切之情并不因此有所减退，甚至在自己处于困境的时候，仍然惦记着家庭的一切。1911年7月18日在写给同盟会会员郑泽如的信中，这种心情跃然纸上。他写道："弟家人住椰，家费由椰城同志醵资供给，每月百元。自弟离椰之后，两女读书，家人多病，医药之费常有不给，故前后两次向港部请拨公款，然此殊属非宜，实不得已也。自港款拨后，则无向椰城同志取费，盖每月由金庆君散向同志收集，亦殊非易事，常有过期收不齐者，此亦长贫难顾之实情也。虽曰为天下者不顾家，然弟于万里奔驰之中，每见家书一至，亦不能置之度外，常以此萦扰心神，纷乱志气，于进取前途殊多窒碍。敢请兄于椰城外之各埠，邀合着实同志十余二十人，每月每人任五元或十元，按月协助家费，以抒弟内顾之忧，而减椰城同志之担任。以椰城同志之供给已过半载，未免疲劳，倘兄与他埠同志能分担，实为至感。"① 本来孙中山是一个不计较金钱、不谋个人利益、不徇私情的革命者，但为了家人的生活和子女们的成长，他却可以不加掩饰不用忌讳地向党人同志请求资助，足见其对家人有着强烈的关切之情。在这一点上，孙中山的性格表现也符合岭南人注重现实、不慕虚名的性格特征。

家庭观念对孙中山的另一影响是，在对待自己子女的问题上，孙中山表现了强烈的父爱。有人认为父爱是有条件的爱，父爱的原则是"因为你满足了我的期望，因为你有责任感，因为你像我，所以我爱你"，其实父爱同母爱一样，都是无私的。母亲保障着孩子生活的安宁，父亲则为孩子指出克服困难之路。父亲就是思想的世界，科学技术的世界，法律和秩序的世界，风纪的世界，阅历和冒险的世界。父亲是孩子的导师之一，他指给孩子通向世界之路。② 为人之父的孙中山对自己子女的成长就特别关心，尤其是对长子孙科的学习，更是关怀备至，不仅努力促使孙科完成了大学学业，而且还传书教他如何做人做事。孙科在檀香山读书时，孙中山就曾经从英国寄给他一套"人人文库"丛书，并写信叮嘱孙科："你要使英文进步，单靠学校的

---

① 《孙中山全集》第1卷，中华书局1981年版，第526～527页。
② [德] E. 弗洛姆：《爱的艺术》，陈维纲等译，四川人民出版社1986年版，第48页。

课本是不够的，必须多多阅读文学名著，久而久之，自然会有进步。"① 当得知孙科中学毕业并有所进步的时候，孙中山还鼓励孙科继续深造，并向孙科介绍读书学习的方法，指出在大学读书的头两年，要广泛地阅读，不要单看文学方面的书，社会科学的书也要看。他每到一处，总是想办法搜集最新出版的世界各类图书，寄给孙科，好让他多学些课外的知识，多了解一些国家民族发展大势。

孙科曾回忆说："我在求学的时候，功课已十分紧迫，加上办报和演讲等工作，一天到晚，忙个不停，但是先父不时从各地寄来一大包一大包的书籍要我阅读。如果他在南洋一带旅行，寄来的几乎全是我国的线装书；到了欧美，便寄英文的各种名著来，像《通鉴纪事本末》《读通鉴论》《进步与贫穷》《互助论》《达尔文游记》《物种由来》《面包的征服》及《莎士比亚全集》等，都是我在那一时期曾经读过的书。"②

1918年7月26日，孙中山在给孙科的信中就谈到读书译书之事："父近日热病初痊，经已起手著书，或于数月后可成一书也。儿有暇，当从事于译书、读书，或从事于实地考察种种学问，切勿空过时光；盖出学堂之后，乃为求学之始也。林子超先生回粤，父交他带回新购之书十本，若汝已有此种书，便可将重复者寄回上海，以便交回书店可也。父近日由日本洋书店定购数百种新书，现尚未付到。倘付到时，再当寄一书目过汝，汝要看何种，可由邮局转换寄来。汝日前与我之《宗教破产》一书，殊为可观。父自读 Dr. White's *War of Science and Theology* 之后，此书算为超绝矣，其学问考据，比 White 氏有过之无不及。父看过后，已交孙夫人看，彼看完，再传之他人矣。近日父得阅一书为 *Cell Intelligence the Cause of Evolution*，其思想为极新，驾乎近时学者之上。待孙夫人看完，我当寄来汝。汝可译之，亦可开中国学者之眼界也。"③ 8月12日又函告孙科："明日叶夏声先生回粤，父托他带回西书八本，皆父已过目或从前重买者，中有一本 *Government by all Peoples*，父甚欲你译之，有暇可速从事，因中国急需此种知识也。"④

孙科也没有辜负父亲的期望，不仅获得加州大学学士学位，还获得哥伦比亚大学政治经济硕士学位，而且还对都市规划、广告心理有一定的研究，撰写了《都市规划论》《广告心理学概论》两书，翻译介绍了不少西方近代自然科学和社会科学方面的论著。对于孙科的健康成长，孙中山深感欣慰。

---

① 项定荣：《国父七访美檀考述》，台北时报文化出版事业有限公司1982年版，第190页。
② 马庆忠、李联海：《孙中山和他的亲友》，花城出版社1988年版，第65页。
③ 《孙中山全集》第4卷，中华书局1985年版，第489～490页。
④ 《孙中山全集》第4卷，中华书局1985年版，第497页。

1910年4月8日，孙中山在给孙昌的信中就流露出这种心情，"你堂弟阿科现就读于圣雷学校，同时在《自由新报》任译员。他中文程度甚好，现已是一个很大的男孩子。"①

在中国，望子成龙是所有父母的共同心理，关心和培养子女、为他们的健康成长创造良好的环境条件也是中国父母们共同的心愿，孙中山亦是如此。在子女们的成长过程中，父爱的情感冲动使孙中山在子女的身上倾注了不少心血。对子女读书学习方面的关心固不必说，就是在他们成家立业以后的生活和身体健康等方面也悉心指导。如在给孙科的信中还专门谈到孙科夫人的肺病及治疗办法："媳妇之症，服鱼油极合。近有一本新书治本之药，乃用以注射入皮肤者，可以清除肺病，你一查西医或日本医，皆知其药之用法。闻此法可以断根云。"②他对孙科的孩子也格外爱护，常写信要求他们来与他同住，"儿以后宜着媳妇与两孙回来，在港澳地方居住，以待时局之变"，"今日媳妇与二孙到来，我顺与他等一齐到宋太夫人处；盖我到上海以来，尚未去过。去后回来晚饭，饭后孙夫人与媳妇往外买物，并送他落船。我留家，刚有暇，故顺笔书此"。③ 1925年他卧病北京时，还经常将治平带在身边，有时治平吵闹着要爷爷带他出去玩，孙中山仍握着治平的手说："公公病剧，你不要扰我。等病好后当带你出游。"④ 由此可见，孙中山是一个极其注重家庭生活之乐和父子亲情的人，同时也可以看出孙中山是一个感情丰富而又极其细腻的人。

注重家庭生活，望子成龙，希望儿孙满堂，家族兴旺，是中国人的一种人生理想，但与大多数人略有不同的是，孙中山在处理家庭内部关系上表现出内外有别，亲疏不分，公私分明。他与哥哥孙眉的感情一向很好，不仅他的成长与哥哥的爱护和培养有关，而且他所从事的革命事业也得到哥哥的大力支持。在家里，孙中山对哥哥毕恭毕敬，俯首听命。他对哥哥毕恭毕敬的

---

① 《孙中山全集》第1卷，中华书局1981年版，第454页。

② 《孙中山全集》第4卷，中华书局1985年版，第497页，1918年7月，孙中山曾至信孙科，其中就涉及卢慕贞、孙科的妻子、孙科的学费，以及其他开支。全文如下："今日仲恺先生，知媳妇亦同船回来，甚喜。此后可在澳门陪你母亲居住可也。前日你来两信并母亲一信，已经收到。……你所需六千，我托仲恺代筹一万，其余用以为乡下今年所欠及明年学堂之费，及修路之费，再其余留作你之家费可也。更有各穷亲戚，你当酌量周恤便是。"（见郝盛潮、王耿雄等编《孙中山集外集补编》，上海人民出版社1994年版，第221页）

③ 《孙中山全集》第4卷，中华书局1985年版，第490页。

④ 李荣：《总理病逝前后》第97页，转引自吴相湘：《孙逸仙先生传》（下），第1776页。

态度曾给宫崎夫人留下了深刻的印象。① 对大哥家人的生活也格外关心,与孙眉儿子、孙眉夫妇也始终保持着密切的联系,在辗转流亡中与他们夫妇的信函仍往来不断。但是,当广东光复、中华民国成立、孙中山做了临时大总统后,有不少人举荐孙眉做广东都督,孙中山却一方面向广东各界力陈不能委任哥哥为广东都督的原因,他说:"连接各界议举家兄为粤督之电,文未作答,非避嫌也。家兄质直过人,而素不娴于政治,一登舞台,人易欺以其方。粤督任重,才浅肆应,决非所宜。若为事择人,则安置民军、办理实业,家兄当能为之。与其强以所难,将来不免覆悚,何如慎之于始。知兄者莫若弟,文爱吾粤,即以爱兄也。"② 另一方面又致电孙眉,劝他勿任粤督,他说:"粤中有人议举兄为都督,弟以为政治非兄所熟习。兄质直过人,一入政界,将有相欺以其方者。未登舞台,则众人属望,稍有失策,怨亦随生。为大局计,兄宜专就所长,专任一事,如安置民军、办理实业之类,而不必当此大任。且闻有欲用强力胁迫他人以举兄者,以此造因,必无良果,尤不可不避也。"③ 两封函电相较,孙中山举贤任能、坚持原则的决心和爱兄爱粤的心情跃然于纸上。

但在孙科的任职上,孙中山却能不避用人唯亲的烦言,大胆地起用了儿子孙科出任广州市市长。因为孙科在美国学过市政,又有《都市规划论》等著作出版,虽年纪尚轻,缺乏行政经验,在当时却是再好不过的广州市市长的人选。后来的历史事实也证明了孙中山这一决定是恰当的。孙科在广州市市长任期内虽然与一些老同志相处不太融洽,与胡汉民等也经常闹别扭,但他在市政建设、财政收支诸方面都颇有成绩,得到了元老派和群众的支持和肯定。④ 如元老派胡汉民与孙科共事,常有矛盾和摩擦;但当有人指责孙科敛聚贪污时,他却认为:"除非不做官,做官就免不了招致谤怨。如果不是哲生(孙科)尽力,大本营每天三万元军需,是如何张罗的呢?我看哲生对市府经管钱粮,不会有问题,因为他在市长任内,已经连换了三次财政局长。"⑤ 孙科后来也回忆说:"民国十二年革命政府偏处广东一隅,不能在别的省市宽筹财源,而革命工作的推展又刻不容缓,在在需钱。广州市是广

---

① [日]宫崎滔天:《三十三年之梦》,附二:"孙先生和他的胞兄孙德彰先生在我们家里住了大约十天。在这期间,听他们谈过许多话,也发生过一些事情。其中,有一件现在还令人难忘的。有一天不知道因为什么缘故,孙先生受到他哥哥严厉的斥责。孙先生虽然受到哥哥的申斥,却一句话也没有反驳,毕恭毕敬地聆听着哥哥的话。我们发现个性倔强的孙先生竟还有这样柔顺的一面,这使我们深受感动。"见书第288页。
② 《孙中山全集》第2卷,中华书局1982年版,第113页。
③ 《孙中山全集》第2卷,中华书局1982年版,第114页。
④ 李伯新:《孙中山的亲属和后裔》,《中山文史》第27辑,第88~91页。
⑤ 李伯新:《孙中山的亲属和后裔》,《中山文史》第27辑,第92页。

东最称富饶之区,自不能不给予政府全面支持,是故我在第一、第二两任市长任内,大半时间都耗费于筹款、筹饷、筹革命经费中,而筹款的主要办法,就是变卖市产,以资挹注。然而市产毕竟有限,而军费开支浩繁,因此时常为无可筹之款,以应大元帅府的急需而绕宝彷徨,废寝忘食,由此一端,即不难想象当时革命事业是如何的艰难困苦。"[1]

对哥哥孙眉出任广东都督持坚决反对态度与对儿子孙科出任广州市市长抱积极态度明显地形成对比,似乎孙中山更看重亲子亲情。但事实恰恰从另一方面说明孙中山是一个坚持"外举不避仇,内举不避子"的原则,公私分明、内外分明的大公无私的领导者。这种不因私情而放弃用人原则、不因私情而埋没人才的做法,也说明孙中山是一个情理并重的人。大哥孙眉对他的恩情,孙中山是不会忘记的,对大哥的教诲,他也是牢记心间的,之所以不让大哥出任都督,是因为他太了解大哥的性格和能力,也太了解政治和官场的复杂变幻,不让大哥转入政治和进入官场,是从更深层次上替哥哥着想和敬爱哥哥。也正因为这样出于好心爱心,所以抱怨盛怒之下的孙眉最后还是高高兴兴地与刚刚回乡的弟弟在家门口合影留念,并随后迁居澳门,真正息隐林泉。也正因为孙中山深爱哥哥,所以当他在反袁斗争的关键时刻得知哥哥病逝的噩耗,竟深夜低泣悼念。孙眉逝世后,孙中山对其子女亦格外关怀爱抚,侄子孙昌就紧随孙中山左右,深得孙中山的喜爱。1917年孙昌不幸殉难,孙中山亲书"为国捐躯"挽匾表示深切的哀悼,并指定黄伯度襄助办理丧事,将孙昌葬在黄埔公园内。[2] 孙中山重视手足之情由此可见一斑。

值得注意的是,对亲生子女的爱并不意味着对他们放任自流、姑息纵容,而是严格地要求他们读书做人,奉公守法,忠于革命,热爱人民。在戎马倥偬之中,孙中山经常写信给孙科,要他学会与人相处,学会与人共事。当他得知孙科与胡汉民共事不太融洽,经常发生摩擦,便写信教导孙科:"此时为危急存亡之秋,正宜开诚布公,同心协力,以共扶危局;若彼此互相猜忌,妄相附会,则愈想愈弯矣。财政计划非军事解决,必无办法;军事非我亲临前敌,必难速行解决,故望你大家一心,竭忠尽力,维持目前之要需:第一兵站之费,务要使东江无绝粮之虞;第二海军之饷,不可失信,致复生变。此二事如果大家同心一致,必可办到,到目前之困难可纾,而东江军事必能达所期目的。东江目的一达,则各种财政计划皆有希望。……外间已有成见,你与彼成为两党,想你两人或亦不免有此意见,故留汉民仍以儿

---

[1] 李伯新:《孙中山的亲属和后裔》,《中山文史》第27辑,第90页。
[2] 李伯新:《孙中山的亲属和后裔》,《中山文史》第27辑,第108~109页。

为最相当之人。为大局计,为父此时负责任过计,你不得不留之,不得不恳切以留之,而留之必要留住斯可矣。否则父同时要任种种之过,要当各方之冲,则必不能专注意于军事;军事一败,大局便崩,无可救药矣。故汉民去留,甚有关于大局之得失成败也。你须注意,勿忽为要。"①

"现在之成败利钝,全在兵站能源源接济前方,使兵士无绝食而已;故当集全力以筹兵站之款,望你与各机关同人以此为急,首先注意,竭力设法为要。"过了五天,孙中山又写信给孙科,再次强调团结合作的重要性,"此时惠州尚未攻下,东江军事仍然紧急,望吾儿劝告各同仁,务要一心一德,共维危局"。②

对孙科的过错,孙中山也从不肯轻易放过。在讨伐陈炯明时,孙中山因急需军饷便命令胡汉民以大元帅的名义发出手令,到广州市市政厅提款20万元,作为军饷发给滇、桂军,让他们出发攻打惠州,但是作为市长的孙科却不以为然,拒绝拨款。当孙中山因此款未拨出而斥责孙科时,孙科便找胡汉民出气,并大打出手。孙中山知道后怒不可遏,夺过卫士的手枪要打孙科,并一面追赶一面怒骂,一直追到帅府大门口,连拖鞋也甩掉了。若不是李烈钧、朱培德、黄隆生等追来劝阻,还不知他们父子要闹成什么样的情形。后来,孙中山还坚决要孙科向胡汉民斟茶赔礼道歉。③ 1924 年,孙中山改组国民党时,建议成立中央委员会。在选举委员时,有人将孙科的名字也写上去了,孙中山知道孙科对改组国民党持消极态度,便将孙科的名字划掉,并告诉他人说:"不要以为他是我的儿子就要选他。还是把这个名额留给真正赞成改组的老同志。"④ 在逝世前的家事遗嘱上又一次告诫子女说:"余之儿女已长成,能自立,望各自爱,以继余志。"⑤ 由此可见,孙中山对待自己的子女既关心爱护,又严格要求,真有点像中国传统中的"大家长"和"严父"。

(三) 坦率而又真诚的友情

凡是与孙中山有过接触的人,都能从他的言行中感觉到他是一个感情丰富而又爱憎分明的人。

对敌人有着刻骨铭心的仇恨,对朋友和同志又有着无微不至的关怀,是

---

① 《孙中山全集》第 7 卷,中华书局 1985 年版,第 514～515 页。
② 《孙中山全集》第 7 卷,中华书局 1985 年版,第 536～537 页。
③ 尚明轩、王学庄、陈崧编:《孙中山生平事业追忆录》,人民出版社 1986 年版,第 435～436 页。
④ 马庆忠、李联海:《孙中山和他的亲友》,花城出版社 1988 年版,第 73 页。
⑤ 马庆忠、李联海:《孙中山和他的亲友》,花城出版社 1988 年版,第 30 页。

每一个革命者应有的情感品质。但具体到每一个人,其对敌人的态度和对同志朋友的情谊在情感表现的形式上又往往与他人有所不同。尤其是像孙中山这样一位受西方近代文明和中国传统文化以及岭南文化等多种文化影响的"边际人",其情感的表现更与大多数革命者有所不同。

首先,孙中山是一个非常重交情、友情和旧情的人。

1913年"二次革命"失败后,黄兴与孙中山在政见上产生严重分歧,甚至远走美国,对孙中山成立中华革命党持反对和消极态度。但孙中山并没有因此而疏远他,在黄兴赴美前夕,孙中山特书联相赠,表示"安危他日终须仗,甘苦来时要共尝"①,并先行电告美洲同志,要求他们妥善照顾黄兴起居。黄兴到美国时,孙中山还写信给美国朋友戴瑞克,请他善待黄兴。函中说:"黄将军不但为余之朋友与老同志。且于第一次革命前后,贡献最多。因此,余已命在美吾党同志予渠欢迎,如阁下遇及黄将军时,亦请出以同样态度善待之。"②甚至黄兴在美国各地演讲时都由孙中山的儿子孙科作翻译。孙科就曾回忆说:"屡对华侨宣传讨袁复国主义,并与当时驻美总支部长林森(子超)先生约,访问加州北部各地侨胞。每有演讲,多由科代用粤语传译。"③

1915年袁世凯帝制阴谋日益显露,为了保护辛亥革命的胜利果实,孙中山迫切希望黄兴回国与他并肩战斗。先是嘱陈其美写信去邀黄兴,黄兴没有回音。后孙中山又亲自写信称:"二十年间,文与公奔走海外,流离播迁,同气之应,匪伊朝夕。……中国当此外患侵逼,内政紊乱之秋,正我辈奋戈饮弹,碎肉喋血之时。公革命之健者,正宜同心一致,乘机以起。……祈公即日言旋,慎勿以文为孟浪而菲薄之,斯则革命前途之幸云。"④黄兴到日本后,孙中山又去信建议黄兴以他们两人的名义,向日本借款购买军械,扩充反袁民军。他在信中指出:"唯此着最为有力。机局紧急,袁系方张,民党无不相提携之理。况兄与弟有十余年最深关系之历史,未尝一日相迕之感情,弟信兄爱我助我,无殊曩日。此事成否,关系全局。"⑤ 7月8日,黄兴回到上海,"他行装甫卸,就晋谒中山先生。中山先生旋即回访克强先生。两人相见,握手言欢,极为亲切快慰"⑥。遗憾的是,黄兴因积劳成疾,

---

① 毛注青:《黄兴年谱》,湖南人民出版社1980年版,第251页。
② 毛注青:《黄兴年谱》,湖南人民出版社1980年版,第256页。
③ 孙科:《国父与黄克强先生革命之追忆》,见《孙中山生平事业追忆录》,人民出版社1986年版,第754页。
④ 《孙中山全集》第3卷,中华书局1984年版,第166~167页。
⑤ 《孙中山全集》第3卷,中华书局1984年版,第289~290页。
⑥ 《辛亥革命回忆录》第1集,文史资料出版社1981年版,第215页。

10月31日不幸逝世。噩耗传来，孙中山心情十分沉重，他想起了与黄兴战斗过的艰难岁月，想到了"二次革命"后黄兴去美国时他所赠的书联……如今革命尚未成功，许多事情正准备与他商量如何进行，而他却匆匆离去，实在令人心碎。悲痛之余，孙中山写下了"常恨随陆无武、绛灌无文，纵九等论交到古人，此才不易；试问夷惠谁贤、彭殇谁寿，只十载同盟有今日，后死何堪！"① 并致函海内外各党部、各同志告哀，其文告言词恳切，悼念之情溢于言表："启者：黄克强先生自创同盟会以来，与文同事，奔走艰难，迄于今日，凡我同志谅均知悉。前月国庆日，突患胃中血管破裂之症，吐血数盂，晕绝经时，即延德国医生克礼氏诊治，据云尚可无碍。嗣后胸膈仍觉饱闷，至上月下旬，更发见肝部肿大之征候。三十日下午五时，忽又吐血不止，势极危急，由医注射，暂见血止。三十一日早二时，突再吐血，医再注射，旋即脉停气绝，不可复救。呜呼哀哉！以克强盛年，禀赋素厚，虽此次讨贼，未得比肩致力，而提携奋斗，尚冀诸异日。遽此凋谢，为国为友，悼伤百端。"② 按当时中国人的习惯，因黄兴不幸中年早逝，应由其家人发丧，但孙中山却主动承担发表一事，并单独署名发布以上通告，其对战友的真挚之情显而易见。罗家伦就此评论说："这件忽略而遗忘的事，实在是特殊而且具有重大意义的事。足以表现国父友情的深挚，和他的同志爱的伟大。使后代愈加感觉到开国时期崇高的哲人杰士，盛德丰功，相得益彰，同垂不朽。"③

对待自己昔日的朋友，孙中山亦总是不能忘情。孙中山和陈少白、尤列、杨鹤龄三人的关系就特别亲密。他曾对日本友人宫崎滔天说："予转入香港医学校，不出一二年，同学中得革命同志三人，曰尤、曰陈、曰杨。皆志同道合，暇则放言高论，四座为惊，毫无忌惮。起卧出入，均相与偕，情胜同胞。因相结为一小团体，人称曰四大寇。"④ 在革命之初，他们相处十分融洽，彼此相互砥砺，畅论革命"排满"，所以，孙中山对那段往事始终不能忘怀。在《孙文学说》一书中又重提这段往事，他写道："予与陈、尤、杨三人常住香港，昕夕往还，所谈者莫不为革命之言论，所怀者莫不为革命之思想，所研究者莫不为革命之问题。四人相依甚密，非谈革命则无以为欢，数年如一日。故港澳间之戚友交游，皆呼予等为'四大寇'。"⑤ "四大寇"之一的杨鹤龄曾写信给孙中山，请他帮助谋一职位，孙中山回信表

---

① 萧致治主编：《领袖与群伦：黄兴与各方人物》，武汉大学出版社1991年版，第1页。
② 《孙中山全集》第3卷，中华书局1984年版，第384页。
③ 转引自薛君度《黄兴与中国革命》，三联书店香港分店1985年第二次印刷，第228页注释。
④ 《孙中山全集》第1卷，中华书局1981年版，第584页。
⑤ 《孙中山全集》第6卷，中华书局1985年版，第229页。

示:"此间现尚无事可办,先生故闭户著书。倘他日时局转机,有用人之地,必不忘故人也。"① 1921年,孙中山在广州就任非常大总统,他委托许崇智拨款3000元,将越秀山南麓总统府附近的文澜阁重新修整,延请陈少白、尤列、杨鹤龄三位老友来此居住,担任总统府顾问,并将文澜阁改名为"三老楼",取"三老五更"之意,使他们朝夕相处,共叙友情,共同扶助孙中山完成护法大业。② 他每天处理公务完毕,必到三老楼,和三位老友商讨方略,叙旧话新。但是三位老友由于各人的经历、性格等方面的差异,相处并不愉快。孙中山为了调节紧张的气氛,特地请客吃饭。然而事与愿违,尤列和陈少白意见相忤,孙中山从中劝解却无济于事,尤列便决定去香港。孙中山挽留不住,便以两千元相送。尤列走后,杨鹤龄也得到孙中山的接济,在广州小住一段时间后移居澳门,孙中山仍定期寄钱支持他。③

《古越谣歌》中有这么一段歌词:"君乘车,我戴笠,他日相逢下车揖;君担簦,我跨马,他日相逢为君下。"意思就是比喻友情深厚,不因贫贱富贵而改变。孙中山与陈少白、尤列、杨鹤龄是青年时代的朋友和战友,尽管陈、尤、杨在后来革命意志稍有改变,与孙中山也缺少往日密切的联系,但是孙中山在自己有所作为之后并没有嫌弃他们,而是主动地与他们交往,帮助他们摆脱物质上和精神上的困扰,真正做到了"苟富贵,勿相忘"。

对于亡友,孙中山更是念念不忘,终生怀念和追忆。如陆皓东,他与孙中山是同村好友,他们曾一起念书,一起击坏了村庙北极殿的菩萨,一起谈论时政,一起到上海到天津上书李鸿章,一起筹集兴中会、共同策划广州起义,并亲自设计革命军旗——青天白日旗图样,后来陆为掩护同志而英勇就义,孙中山对这位同村好友和革命战友的牺牲深表悲痛,并终生不能忘怀。为了纪念这位亡友,孙中山甚至不惜与黄兴大动肝火而执意要用陆皓东设计的青天白日旗。④ 1912年5月28日,孙中山回到翠亨村的第二天,便与孙眉及村中父老,前往陆皓东烈士家里慰问烈士家属,并拿出3000元抚恤烈士眷属。随后又亲自前往犁头尖山麓径仔亭陆皓东墓,凭吊这位忠诚的战友。⑤ 10月又致广东都督和广州各界电,要求他们要"追思木本水源",开

---

① 《孙中山全集》第5卷,中华书局1985年版,第56~57页。
② 梁华平:《孙中山先生的足迹》,见《湖北文史资料》1991年第2辑,第36页。
③ 梁华平:《孙中山先生的足迹》,见《湖北文史资料》1991年第2辑,第37页。
④ 萧致治:《领袖与群伦:黄兴与各方人物》,武汉大学出版社1991年版,第14~16页。参见罗刚编著《中华民国国父实录》第二册,台北三民主义研究所1965年版,第946页,《宋教仁日记》。
⑤ 马庆忠、李联海:《孙中山和他的亲友》,花城出版社1988年版,第87页。

会"表彰幽烈","捐款分别追恤各烈士之后人"。① 在《孙文学说》中,孙中山又再次深情地称赞陆皓东和史坚如:"坚如聪明好学、真挚恳诚与陆皓东相若,其才貌英姿亦与皓东相若,而二人皆能诗能画亦相若。皓东沉勇,坚如果毅,皆命世之英才,惜皆以事败而牺牲。元良沮丧,国土沦亡,诚革命前途之大不幸也!而二人死节之烈,浩气英风,实足为后死者之模范。每一念及,仰止无穷。二公虽死,其精灵之萦绕吾怀者,无日或间也。"②

由此不难看出,孙中山是一个念旧的人,也是一个把交情、友情看得极重的人。对旧友的关怀,对亡友的怀念,以及对亡友家属的照顾,说明孙中山具有中国人讲义气、重仁义,注重伦理道德的精神品质。对旧友、战友一往情深还说明孙中山心细思精,追求人格的完美和功德的圆满,具有强烈的自我省察意识和负罪感。

其次,孙中山也似乎特别看重别人对己的恩情,有着强烈的"知恩必报"的感情冲动。

中国民间自古以来就有许多关于结草衔环、知恩报恩的故事,它教育人们要牢记别人对己的恩情,以便将来给予恩人以感谢和回报。父母的养育之恩,老师和师傅的教育指导之恩,朋友的救助之恩,他人的救命之恩,等等,都是一种恩情,受恩之人于此是不能忘记的,而且在以后适当的时候要给予他们以回报。所谓"知恩不报非君子""饮水不忘掘井人",就是对"恩情"重要的一种强调。在中国,忘恩负义、知恩不报、以怨报德的人注定要受到谴责和鄙夷的。钱穆曾特别地剖析了中国人"重报本"的性格。他说:"中国人很重报本,亦即是报恩。父母对我有恩,我该报。不仅在父母生存,死后还有祭,这是表示我自己一番情意。父母已死,我的祭究竟对他们有什么好处,我不管。我只自尽我心。祭父母、祭祖宗,乃至祭天地,皆是我这一番报本报恩之心而已。"③ 对于父母的养育之恩是如此,对待别人的帮助更是如此。在大多数中国人看来,受惠于他人就是他人对己的一种恩情,将来一定要报答。领了别人的"情",就必须在以后报答别人的"恩",这成了中国人的一种道德观念。

作为职业革命家和领袖人物,孙中山的事业每向前跨进一步,都少不了亲友的奉献、朋友的支持、同志的牺牲。对于孙中山来说,所有这些"奉献""支持"和"牺牲"都是他人给予自己的一种恩情,尤其是那些曾经在

---

① 《孙中山全集》第2卷,中华书局1982年版,第529~530页。
② 《孙中山全集》第6卷,中华书局1985年版,第235页。
③ 钱穆:《中华文化十二讲》,台湾东大图书股份有限公司1985年版,转引自沙莲香主编:《中国民族性》(一),中国人民大学出版社1989年版,第257页。

他身处逆境和濒临绝境时拯救了他的同情者和支持者,更是自己终生难忘的恩人。而"知恩必报"的感情常常成为孙中山待人处世的一种驱动力。

伦敦蒙难,在康德黎夫妇和孟森博士等人的帮助下,孙中山得以化险为夷,并因此而成为举世瞩目的人物,对于老师康德黎和孟森博士等人的救护之恩,孙中山一直怀着感激之情,每到英国必登门拜谒康德黎夫妇,即使在工作繁忙之时,也不忘写信给康德黎夫妇,报告自己的近况。在1912年孙中山就任临时大总统的短暂而繁忙的时期内,孙中山还是抽空写了三封信去问候。

一封是1912年1月21日,全文如下:

亲爱的康德黎博士与夫人:

当你们接到此信,得知我已任中国临时政府大总统时,定会感到欣慰。我以无私的热情接受此一职务,是要借此将具有四万万人口的中国,从迫在眉睫的危殆和屈辱中拯救出来。我本应早写信给你们,但自我到达此地,尤其担任现在的职务以来,异常忙碌,总有各种事务妨碍我执笔,此情你们当能想象,亦能体谅。当我从现在的地位回顾已往的艰辛与苦斗,念及你们始终不渝、令人难忘的盛情厚谊时,使我更加感激你们。到目前为止,我能告诉你们的,就是南京诸事进步迅速,前途有望。我或许不能如我所希望的经常写信给你们,但你们可从报上不时看到我的活动。

请向你们所认识和遇到的我在伦敦的友人致意。谢谢。

谨致最良好的祝愿和最亲切的问候。

你们非常忠实的孙逸仙①

另外两封信也是介绍他就任大总统以来的工作情况,以及自己的感想。信中还特别地提到"我的眷属现在随我一起在南京,我的儿子将返美就学,我正拟送我的长女随同其兄一同赴美留学。如他们到英国,我将嘱他们务必前往你处向你和康德黎博士问安"②。一般地,中国人,甚至外国人在与人通信时较少涉及家庭生活和家庭成员等属于私人生活问题,孙中山却主动地与他们交谈,话题甚至涉及自己的婚姻和新婚生活的感受,③说明孙中山与

---

① 《孙中山全集》第2卷,中华书局1982年版,第31~32页。
② 《孙中山全集》第2卷,中华书局1982年版,第230~231页。
③ 在1918年10月17日,孙中山曾写信给康德黎谈到他与宋庆龄的婚姻生活,这在前面已有交代。

康德黎夫妇的关系十分亲密。

孙中山与康德黎夫妇的情谊既真挚又持久。为了表达自己对康德黎夫妇的深厚感情，孙中山甚至在他的《实业计划》一书的扉页上特地题词："此书至诚献与曾一度营救本人的尊师而兼挚友的康德黎先生及其夫人。"① 1921 年年底，孙中山得到了康德黎夫人去世的噩耗，悲痛万分。在给咸马里夫人的信中再一次深情地写道："康德黎夫人性格倔强，各方面都令人喜爱。我再也得不到康德黎夫人的宽慰和鼓舞的来信了！康德黎博士真不幸！我真不知道现在他没有了夫人，怎能生活下去？而且他们的孩子又都分散在世界各地。"② 对于自己的师友和救命恩人，孙中山始终没有忘记自己的那份责任和义务，遗憾的是天不假年，孙中山先其老师康德黎先生而去。

对于曾经帮助过、支持过自己革命事业的中外友人，孙中山同样怀着一颗感激之心，时刻不忘给他们以物质上和精神上的回报。宫崎滔天，这位为孙黄相识和协作牵线搭桥、为孙中山的革命事业奔走操劳的日本人士，可谓孙中山可以推心置腹的挚友。宫崎滔天从没想到要从孙中山这里得到什么回报，但是，他却没有忘记自己作为受惠者应尽的义务。宫崎滔天的夫人曾回忆说："滔天开始东奔西走，因而一点也不顾我们的生活。有一次我跟滔天商量家庭的经济，而他竟说：'我有可用于革命的钱，但没有可以养活妻子的钞票，你应该自己想想办法'，完全不理，因此我和孩子们的生活遂陷于绝境。所以我不得不开始工作，于是遂进行从海边地下挖出贝壳烧成石灰来贩卖的计划。在荒尾一带，有许多人在干这一行。在娘家原为'千金'的我，来到宫崎家以后，则不得不从事这样的工作。大概由于间接地听到我们生活的困苦，孙先生曾经暗中时或给我们寄钱来。"③ 后来孙中山北上与袁世凯共商国是时，他还特地从袁世凯那里为宫崎滔天争得了每年出口若干大米的特权，以表示自己对朋友的敬意和感激。1913 年孙中山访问日本期间，特地到荒尾村访问宫崎一家。在村长的欢迎会上，孙中山再一次对宫崎的帮助和友情表示了深深的谢意。他说："宫崎兄弟是我的挚友。对他们兄弟为我国革命事业奔走，尽心竭力，极为铭感。希望日中两国间亲密关系，犹如我与宫崎兄弟间之关系，日益加深。宫崎兄弟为中国不辞辛劳，不但为中国人所感激，亦为全世界所赞扬。以人道而论，更使我感到欣快。最后对一贯志同道合，同心戮力的两兄弟表示感谢。最后祝愿宫崎家和荒尾村人民幸

---

① 罗香林：《国父与欧美之友好》，"中央"文物供应社 1951 年版，第 60 页。
② 《孙中山全集》第 6 卷，中华书局 1985 年版，第 86 页。
③ 尚明轩、王学庄、陈崧编：《孙中山生平事业追忆录》，人民出版社 1986 年版，第 757 页。

福。"① 1922 年，宫崎滔天病逝的消息传来，孙中山以极其沉痛的心情发起了"宫崎寅藏先生追悼大会"，并高度评价了宫崎的一生："宫崎寅藏先生，日本之大改革家也，对于吾国革命历史上，尤著有极伟大之功绩，此为从事于中华民国缔造之诸同志所谂知者也。不幸先生于去冬病殁。噩耗传来，痛惋曷似，追念往烈，倍增凄恻。盖以先生之死，不惟于邻邦为损失一改革运动之领袖，而于吾国前途上亦失去一良友，不有追悼，何伸哀忱。"②

咸马里，也是孙中山的一位外国支持者和亲密朋友。在孙中山从事反清革命的斗争过程中，咸马里曾以极大的热情帮助了孙中山。对于这位朋友，孙中山也同样以自己喜欢的方式表示了感谢。1912 年，孙中山在南京宣誓就职临时大总统后就聘请咸马里为南京临时政府的高等军事顾问。咸马里因病回美国后，孙中山还时刻惦念着他，并经常保持通信联系。同年 11 月咸马里病逝，孙中山对这位年轻的美国朋友的去世同样表示了沉痛的哀悼和高度的赞扬。他写信给咸马里的夫人说："从报纸上得悉咸马里将军去世的消息，我极为哀伤。我本想致电给你，以表达我深深的同情与吊唁，但是事实上，直到今天，我都不相信报纸上的报道是真实的。失去李将军，我觉得我失去了一位伟大的和真正的朋友。"③ 言为心声，孙中山没有忘记咸马里对他的帮助和支持。当时孙中山的处境也不太好，所以对于咸马里生前的帮助，孙中山只能从感情上从心理和精神上表示衷心的感谢，而不可能为曾经帮助过他的咸马里将军及其家属提供更多的物质方面的回报。事实上，这也不是咸马里将军的愿望，帮助孙中山只是为了正义和同情革命。

再如对于以列宁为首的苏联共产党人和苏联政府的热情支持与无私援助，孙中山也从内心深处表示感谢，对列宁也一直表示尊敬和感激。鲍罗廷夫人回忆说："鲍罗廷对我们讲，孙中山热情地迎接他，长时间地询问列宁的情况，不仅以一个革命者的身份，而且以医生的口吻关注伊里奇的健康。他称列宁为中国最好的朋友，再三衷心感谢我党和苏维埃国家，因我国迅速而真诚地回答了他吁请援助的要求。当孙中山问及列宁的各种情况时，他的眼睛流露出一种特殊的温煦的光采，他的问题和反诘中也令人感到，他十分钦佩弗拉基米尔·伊里奇这位革命家和全世界被压迫人民的领袖。"④ 孙中山与列宁从没有直接联系过，更没有会面，但是在他最困难最需要外界的支

---

① 王耿雄编：《孙中山史事详录（1911—1913）》，天津人民出版社 1986 年版，第 561～562 页。
② 《孙中山全集》第 7 卷，中华书局 1985 年版，第 76～77 页。
③ 《孙中山全集》第 2 卷，中华书局 1982 年版，第 541 页。
④ [苏] 鲍罗廷娜：《孙中山的顾问鲍罗廷》，转引自马庆忠、李联海：《孙中山和他的亲友》，第 394 页。

持和帮助时，列宁及其所领导的国家无私而热情地给予了他支持，使他在晚年事业上再造辉煌，对于这一点，孙中山比其他人更清楚，感受也最深刻，所以，孙中山没有忘记列宁的"知遇"之恩。1924年1月他得知列宁不幸逝世的消息，"受到了极大的震动"①，决定休会三天，以志哀悼，要求广泛宣传列宁的生平事业，广州各行政机关下半旗三日致哀，并以个人的名义向苏联驻北京代表加拉罕发出唁电。2月24日还亲自主持了中国国民党举行的追悼列宁逝世大会，并在祭文中表示："我们虽然远隔万里，精神却是相通。你长逝了，我满怀悲痛却又不能再说什么。人民将永远怀念你这位伟大的思想家和革命家。"②对列宁的敬重和怀念，从孙中山内心来说，也是对帮助过、同情和支持过自己的人的一种感谢和报答。

当然，我们不能把孙中山对待曾经帮助过支持过他的人的这种感激之情简单地说成是一种"知恩报恩"的表现，事实上孙中山的这种感激之情与中国民众比较推崇的"知恩报恩"的行为还是有很大的差别。因为首先孙中山不是从个人的利益和恩怨出发去接受他人的帮助，给予帮助和支持的人也没有把帮助和支持视作一种恩惠，而是在道义上或情感上尽职尽责。再者，孙中山也不是因为知恩必报的思想驱使才去用心用力地寻找报答的机会。在孙中山内心深处，也许有一种知恩感恩的心理冲动，但在交往和实际行动中，则更多的是一种友情和感激之情的自然流露。无论是思想境界，还是情感深度，孙中山对待朋友、同志等的帮助和支持的感激之情都与传统的单纯为了"知恩必报"的思想观念有着本质的差别。

再次，对待战友、同志、朋友和劳动人民，有着强烈的团结友爱和关切同情的心理冲动。

爱护士卒、关心同志、热爱人民，是革命领导者的一种精神品质，孙中山亦不例外。李文钊曾回忆说："孙先生驻节桂林虽然不到半载，但他爱护人民，爱护地方，已为桂林留下深厚的遗爱和深刻的印象。当大本营将由桂林回师讨陈时，广西陆荣廷等溃部复散而为匪，桂林四郊时有抢劫。地方人士请愿大本营派兵剿匪。这时，各路军多借故推诿不前，孙先生不得已派遣自己警卫团出城剿匪。他在体育场当着广大群众毫不避忌地对当时一部驻军只知要饷、不知爱民的种种需索骚扰行为大加申斥，声泪俱下，群众都为他的处境和苦心所感动。"③由于孙中山对桂林人民的感召，桂林人民不仅在

---

① ［苏］亚·伊·切列潘诺夫：《中国国民革命军的北伐——一个驻华军事顾问的札记》，中国社会科学院近代史研究所翻译室译，中国社会科学出版社1981年版，第79页。
② 《孙中山全集》第9卷，中华书局1986年版，第509页。
③ 尚明轩、王学庄、陈崧编：《孙中山生平事业追忆录》，人民出版社1986年版，第344页。

他来时作了欢迎歌,逝世时作了悼歌,并且在他的诞辰也作了纪念歌,表示坚决遵循他的遗嘱,来完成他未完的革命遗志。这三支歌当时在桂林的青年都会唱,流行很广。① 孙中山的副官张猛也回忆说:"孙先生为人和蔼可亲,平易近人,爱民如子。他边坐轿边跟轿夫聊天,并关心地垂问轿夫有多大年岁?轿夫不过随口回答说:'六十岁了!'孙先生立刻抱歉地说:'哦,我的年纪比你小,你不该抬我,应该我抬你才对。'说着立刻请轿夫停轿,走出轿来步行,让轿夫们抬着空轿走,边走边跟轿夫讲述革命的道理。并安慰他们说:'将来革命成功了,你们就不用抬轿了。'一位革命领袖如此体恤下情,当时使我十分感动。"②

对人民如此热爱,对部下亦特别爱护,这是与孙中山有过较多接触了解的人的共同看法和感受。张猛还清楚地记得一件事情。一次,他们与孙中山去七星岩洞游览,许多人见到洞里的溪水就想喝,孙中山却阻止他们,告诫水不卫生,喝了会生病。在欣赏垂吊着的钟乳时,孙中山一面用手杖敲打乳石,一面提醒他们说:"我戴了通帽,不怕石头打破头,你们没有戴,快躲开,提防打破头。"这些尽管是平常小事,但常常是细微之处见真情。

一般说来,对待自己的部属,孙中山既严格要求、坚持原则,但又充满了浓厚的人情味。有一次,孙中山率部队预备出发去桂林作战,临行前,孙中山对参军吴铁城说:"你的老母年事已高,你不如回家侍奉老母,当中山县的县长去吧,不必随军出发了。"吴铁城临行时,孙中山还亲自提笔写了"寿"字向吴铁城的老母祝寿。③ 李石曾在谈到孙中山的"胸襟"时举了两个例子,就很能说明孙中山对同志和部属的纯真感情。他说:"民国元年,孙先生在南京就任临时大总统,住在临时大总统官邸。有一天,吴先生(吴稚晖)到了南京,孙先生请吴先生与自己同住在一个房间里面。十六七年时,吴先生同我去参观当年的大总统府孙先生和吴先生一块住过的房间,吴先生指出孙先生曾住那一个地方,吴先生自己又住那一个地方,到了晚上,孙先生还特别注意吴先生睡的床底下有没有小便的器具。当时孙中山先生是大总统,而吴先生只是孙先生的一个朋友,孙先生却照顾得无微不至,细到连小便器具都没有疏忽。可见这位伟大人物的细心,和对朋友的诚恳的态度。"还有一次,孙中山先生临终前几天,住在协和医院,张静江先生特由南方到北京探病。孙先生看见张先生到来,却忘记自己的病了,反而热心

---

① 《孙中山生平事业追忆录》,第 345 页。
② 《回忆与怀念——纪念孙中山先生文章选辑》,华夏出版社 1986 年版,第 118、120 页。
③ 尚明轩、王学庄、陈崧编:《孙中山生平事业追忆录》,人民出版社 1986 年版,第 346~347 页。

地留张先生住在协和医院，还劝他说，难得到协和医院来，协和医院的设备很好，可以趁机会检查一下身体。以后，孙先生觉得自己背上发痒，就找人帮他到外面去买竹制的搔痒的器具，买的时候，他叫人多买一副给张先生。孙先生自己病得都快到死了，还处处不忘记别人。① 作为伟人，孙中山能够处处为他人着想，时时关心体贴他人，的确难能可贵。人们常说，细微之处见真情，我们由此也不难看出孙中山情感世界的博大恢宏。同时，岭南人细腻、丰富、热情的感情倾向在孙中山这里也进一步得到体现。从表面上看，孙中山的感情倾向和特征与大多数中国人相比没有太明显的差别，但从更深层次看，似乎又有所不同，因为细腻、柔和、平实、安详、节制等不是北方人典型的情感倾向，而恰恰是南方人尤其是岭南人的情感特征。孙中山是一个重情重义的人，但他的情感表现显然不是北方人式的，而恰恰在很多方面与岭南人的情感表现和情感特征相吻合。

（四）炽烈而又持久的爱乡爱国情

"落落何人报大仇，沉沉往事泪长流。凄凉读尽支那史，几个男儿非马牛！"②

爱国爱乡，是中国人感情方面的一大传统。古时有范仲淹的"先天下之忧而忧，后天下之乐而乐"式的爱国，有陆游的"死去原知万事空，但悲不见九州同，王师北定中原日，家祭勿忘告乃翁"式的爱国，也有岳飞"精忠报国"式的爱国，更有文天祥的"人生自古谁无死，留取丹心照汗青"和顾炎武"天下兴亡，匹夫有责"式的爱国。到了近代，则有"师夷长技以制夷"式的爱国救国，有"爱国必自爱乡始"式的爱国，有"为求富国强兵策，强忍抛妻别子情"式的爱国，有"拼将十万头颅血，须把乾坤力挽回"式的爱国，有实业救国、教育救国、科学救国、体育救国、医学救国、文学救国等等样式的爱国。爱国爱乡的传统，在近代显然又添加了不少新的内容和新的形式。③ 人们不再愚昧地强调"忠君报国"，不再盲目固执地鼓吹"夷夏之防""非我族类，其心必异"，不再狭隘地宣扬和维护"国粹"，不再陶醉于"天朝上国"、万邦来朝的历史，不再单纯是一种自我防卫式的情绪冲动，而是更深刻更深层更持久的爱国情感的抒发和宣泄。

---

① 尚明轩、王学庄、陈崧编：《孙中山生平事业追忆录》，人民出版社1986年版，第827页。
② 匪石：《中国爱国者郑成功传》，载《浙江潮》第3期。
③ 苏中立认为：近代爱国主义的主要内容有二：一是反对帝国主义侵略、争取民族解放；二是建民族之国家，立民权之宪章。其特点：救国的紧迫感和民族自豪感相交织；反对外国侵略和学习外国长处相结合；爱祖国与爱乡里的一致性；爱国主义具有广泛的群众性。（见吴雁南、冯祖贻等编《清末社会思潮》第二章，福建人民出版社1990年版。）

大多数研究者认为，在外国侵略的刺激下，伴随着民族意识的觉醒，中国人的爱国主义因而注入了新的内容。① 但是，具体到每一个人，其爱国的思想、动机和情感表现等又更多地带有明显的个性。孙中山的爱国与康有为、梁启超的爱国，无论是思想主张还是感情表现的形式，都有较大的差别。就孙中山而言，其爱国感情的外在表现就颇具个性。

首先，孙中山一开始就把爱国救国与"反满"革命结合起来。章士钊就认为孙中山是"近今谈革命者之初祖，实行革命者之北辰"。秦力山更清楚明确地指出："孙君乃于吾国腐败尚未暴露之甲午乙未以前，不惜其头颅性命而虎啸于东南重主之都会广州府，在当时莫不以为狂，而今思之，举国熙熙嗥嗥，醉生梦死，彼独立一人图祖国之光复，担人种之竞争，且欲发现人权公理于东洋专制世界，得非天诱其衷天赐之勇者乎。"② 章士钊和秦力山二人的评价绝非虚言，从近代历史发展的脉络上看，首倡推翻清王朝、建立民主共和国者当为孙中山。

由爱国救国到反清革命，到建立民主共和国，其爱国主义思想发展的轨迹，从另一方面也说明了孙中山具有敏锐的直觉和丰富的想象力以及洋溢的激情。首先，他较早且敏锐地直觉到中国的落后挨打、受人欺凌以及民不聊生的根本原因在于清政府的腐败和封建专制统治的反动。要振兴中华，就必须推翻清朝封建专制统治。当然，与孙中山同时代的人当中，对清政府的专制统治表示不满的也大有人在。但他们不可能超越传统心态和思维方式的制约，对清政府所持的态度也只能局限在改良主义的立场而不敢越雷池半步。即使心中萌发了"反满"的志向，也很少像孙中山那样旗帜鲜明和意志坚定，坐而言也起而行。有的学者就指出："孙中山和他们不同。他是一个长期受过西方新式教育的近代知识分子。其知识结构、价值标准、思维方式乃至生活情趣已与传统士大夫迥然有别；他的生活经历、社会关系也和与统治层面有着密切联系的早期改良派人士不同，具有较大幅度的人格自由和更鲜明的个性。这就使他有可能更敏锐地把握时代的症候和感受社会思潮的冲击。当他身处异域而回过头来观察中国问题时，腐败落后的切肤之痛更为强烈，问题看得更为真切。他自承受中法战败的刺激而萌生决覆清廷的志向是可能也是可信的。"③ 其次，孙中山的思维空间并没有局限于过去的条条框框，他既没有像当时思想界的精英们那样，只希望在保存现有政体的前提下做一些纠偏补罅的工作，也没有像康梁改良派那样鼓吹君主立宪，而是较富

---

① 参见林家有《辛亥革命与民族问题》，中山大学出版社1992年版。
② 载中国近代史资料丛刊《辛亥革命》（一），第90～91页。
③ 沈渭滨：《孙中山与辛亥革命》，上海人民出版社1993年版，第2页。

创造性地构筑了资产阶级民主共和国的蓝图。他在《民报》发刊词中就对革命的前途和建国的主张作了概括性的说明，他说："余维欧美之进化，凡以三大主义：曰民族，曰民权，曰民生。罗马之亡，民族主义兴，而欧洲各国以独立。洎自帝其国，威行专制，在下者不堪其苦，则民权主义起。十八世纪之末，十九世纪之初，专制仆而立宪政体殖焉。世界开化，人智益蒸，物质发舒，百年锐于千载，经济问题继政治问题之后，则民生主义跃跃然动，二十世纪不得不为民生主义之擅场时代也。"① 孙中山的三民主义是孙中山对中国革命思考的结果，同时孙中山丰富的想象力也由此得到了证明。沈渭滨先生认为："孙中山的反清情绪虽然也带着狭隘的种族主义内涵，但是较之同时代的章太炎却较少理性的思考，更多的是对现政府专制腐败的直感。思考并不深沉，现实感却极为强烈。这就使他容易较快摆脱传统的囿限而注入民主主义的时代内容。所以他一心向望的'恢复中华'，本质上不是'光复故物'式的回归，而是建立一个以汉族为主体的包括各族在内的'中华国'，即近代民族国家。"② 在当时人们对共和国的内容、形式和本质缺乏全面系统的认识情况下，孙中山能较清楚地将中国革命的最终目的确定为"民族、民权、民生"三大主义之实现，不能不说孙中山具有丰富的想象力。最后，孙中山自始至终都对救国救民、振兴中华和实现现代化充满着激情。③ 在近代史上，很少有人像孙中山那样，历尽无数次挫折而斗争精神不减，甚至"愈挫愈奋"。他那种"我不管革命失败有许多次，但总要希望中国的革命成功，所以便不能不总是奋斗"④ 和直到临终前还念念不忘"和平—奋斗—救中国"的精神背后，跃跃跳动的正是孙中山那对祖国和人民充满热爱的激情。没有爱国爱民的激越之情，就不可能有对革命和建设事业的持久的追求。

其次，孙中山较早地把爱国救国与对外实行"开放主义"结合起来。在近代中国历史上，对外实行"开放主义"常常和反对帝国主义的侵略发生冲突，因为反帝反封建是近代中国民主革命的两大任务。对外实行"开放主义"容易使人产生误解，也最容易遭到爱国者们的抨击和抵制。在大多数爱国者的心目中，既然"反帝"，为什么还要对外开放？对外开放，不是公开地让外国人来侵略、剥削、奴役我们吗？因此他们把"对外开放"与"反帝"对立起来。

---

① 《孙中山全集》第 1 卷，中华书局 1981 年版，第 288 页。
② 沈渭滨：《孙中山与辛亥革命》，上海人民出版社 1993 年版，第 308 页。
③ 参见黄德智、胡波等编《孙中山、毛泽东与中国现代化》一书中的《孙中山、毛泽东与中国现代化》一文。
④ 黄琪翔：《对孙中山先生的回忆》，载《光明日报》1956 年 10 月 31 日。

孙中山却不同，他认为帝国主义之所以侵略我们，是因为我们自身落后、贫穷，而落后贫穷又与封闭保守分不开。要反帝，首要的任务还是自身的崛起和富强。因此，他认为开放是增强国力、达到解决民生问题和"反帝"、救国救民的目的的重要途径。他说，"物质文明，外国费二三百年功夫始有今日结果，我们采来就用，诸君看看，便宜不便宜？由此看来，我们物质上文明，只须三五年即可与外国并驾齐驱。……彼时我中华民国在地球上，不特要在列强中占一席，驾乎列强之上，亦意中事。"① 很明显，孙中山的"开放主义"，是试图在国家主权不受外国干涉与侵夺的前提下，把中国变成一个对外开放的国家。在对外开放中引进外国资本与科学技术，实行以工业化为目标的国民经济改造，建立一个比较强大的国家工业基础，以便在短期内赶上欧美资本主义强国，从而达到反帝救国爱国的目的。用孙中山自己的话说就是"万众一心，举国一致，而欢迎列国之雄厚资本，博大规模，宿学人才，精练技术，为我筹划，为我组织，为我经营，为我训练，则十年之内，我国之大事业必能林立于国中，我实业之人才亦同时并起。十年之后，则外资可以陆续偿还，人才可以陆续成就，则我可以独立经营矣"。"则十年之内，吾实业之发达必能并驾欧美矣。"② 实行对外开放，同时也说明孙中山不是保守狭隘和盲目固执地爱国救国，而是从更长远的利益和更广泛的积极意义上，将学习西方之长技以补己之短与反帝爱国运动结合起来，从而真正实现振兴中华的目的。孙中山这种爱国而不自大、救国而不盲目，与 20 世纪初的国粹主义和"复兴古学"思潮中的某些人单纯地强调"国粹"形成鲜明的对比，与那些顽固保守派拒绝学习西方先进思想文化的强烈的排外情绪也形同天壤。

最后，孙中山具有强烈的乡土情结。

把爱国与爱乡结合起来，是 20 世纪初的爱国志士们共同的心理倾向。③ 他们普遍认为爱国应该"由乡及国"，因为故乡者，"吾辈生于斯，长于斯，聚国族于斯"，"乡土之爱""足以发人爱国之精神"，"内以保桑梓之和平，外以固神州之心腹"，"使吾中国独立于地球之上"。④ 有的甚至更直接地指出："爱乡心者，爱国心之源泉也"，故我爱中国，不可不爱家乡。⑤ 把爱乡看作爱国心的源泉，这完全符合中国人的情感逻辑。

中国本来就是典型的乡土社会。在乡土社会中，土地是衣食之源，也是

---

① 《在安徽都督府欢迎会的演说》，《孙中山全集》第 2 卷，中华书局 1982 年版。
② 《孙中山全集》第 6 卷，中华书局 1985 年版，第 227 页。
③ 吴雁南、冯祖贻、苏中立：《清末社会思潮》，福建人民出版社 1990 年版，第 74～79 页。
④ 程明超：《湖北调查部纪事叙例》，载《湖北学生界》第 1 期。
⑤ 《论处、金、衢、严四府之关系及其处置之方法》，载《萃新报》第 2 期。

生命之根，人们满怀着诚挚的情感，眷恋着养育自己的一方土地。① 中国有句古话说"一方水土养一方人"。人总是生活在一定空间的，乡土就是这空间的具体化，它表现为一定的地理环境、社会制度和文化传统。乡土感情从来就不是简单地对家乡山山水水的依恋，它是对生活于国土上一个特定的生活群体的情感表现，是一种人生的归属感和爱国者的情操。乡土、家乡、故乡，这个生于斯、长于斯的地方，人们对它的认知，表现为既生动具体，又抽象模糊，对本乡本土的风土人情、山川形胜、物产资源、历史地理、社会人物等的认识一般地仅仅停留在感性认识阶段。因为人们对其生活周围的日常事情常常熟视无睹，很少对其进行更深一层的认识与理解。所谓"床前明月光，疑是地上霜。举头望明月，低头思故乡"，就是一种不经过任何的概念和逻辑推导就能把握事物的形状和性质特征的直观认识事物方式。② 虽然人们对自己故乡的一切都很熟悉，不加思索地就能描述或自然地回忆起来。故乡的一切似乎都是那么历历在目、清晰可辨，但真要他们谈谈对本乡本土的具体看法，或要他们作出一定的审美和价值判断时，他们又往往是只能意会而不能言传，说不出其中的味道和具体的感受。正如鲁迅在《故乡》中所言："我所记得的故乡全不如此。我的故乡好得多了。但要我记起他的美丽，说出他的佳处来，却又没有影像，没有言辞了。"③ 热爱土地，热爱故乡，是中国人的一种情结。鲁迅就说过："中国人几乎都是爱护故乡，奚落别处的大英雄，阿Q也很有这脾气。"④

广东，由于独特的自然地理条件和生态环境，以及古南越族文化的折射等因素的存在，以至于历来被人们所注意。离奇浪漫的神话传说，"恐怖野蛮"的风俗习尚，让人叹为观止的稀世珍奇，错综复杂的移民村落，驳杂异趣的语言民系，以及令人谈虎色变的"瘴疠病毒"，不仅令岭南以外文化区域的人们既惊心动魄又心驰神往，同时也使域内居民积淀出复杂矛盾的文化心理结构。岭南特殊的自然环境和社会历史条件，不仅招来了异域社会奇异惊羡的目光，就是岭南人自己也深深地感悟到自身的特点。尤其到了近代，当他们站在中外文化冲突和社会变革的前沿阵地上，这种对本乡本土文化的恋情和地位与作用的认识，就越发显得浓烈和清晰。孙中山生活在这样一种文化和自然环境里，其思想认识、情感意志乃至实践活动，无不打上这

---

① 一个人对他的家庭、家乡、祖国的感情是由模糊的形象刺激意识而产生的，并且大多涉及人的形象。对祖国、家乡的回忆是由对旧时的房屋、朋友的脸庞、父母亲戚们熟悉亲切的面容、当时的情境等印象构成的。
② 范作申编著：《日本传统文化》，生活·读书·新知三联书店1992年版，第43～46页。
③ 《鲁迅全集》第一集《故乡》一文，人民文学出版社1973年版。
④ 《鲁迅全集》第6卷，人民文学出版社1981年版，第145页。

种文化和环境影响的烙印。尽管孙中山是一个志趣高远、心胸宽广和具有反叛精神的民主革命倡导者，但当他以一个革命者的身份在海内外宣传鼓动、筹款集资、吸收同志和组织武装起义时，对广东和广东人的那种特殊的亲切感和信任感又使他情不自禁地回到广东和广东人这个熟悉而狭小的圈子里。诚然，孙中山这样做时往往是出于实际考虑或是无可奈何。然而，不管怎样，乡土观念和乡土情结在孙中山的内心深处始终是一股活跃搏动的潜流。

孙中山的乡土情结表现在他对生于斯、长于斯、学习于斯的家乡——广东，有着深厚的感情。

思乡恋土的情怀，人人有之。尤其像孙中山这样一个出生在农民家庭的人，这种感情就显得更为宽广和深厚。郑伯奇先生曾说过一段意味深长的话，他说："无论什么人对于故乡的土地，都有执着的感情。离乡背井的时候，泪湿襟袖的，固然多是妇孺之流，大丈夫所不屑为；但是一旦重归故乡的时候，就是不甘槁首乡井的莽男儿，也禁不得要热泪迸出。爱乡心的表现，不仅在这冲动一时的感情上。在微妙的感情里，也渗入了不少的爱乡心。故乡的山川草木亭园，常常蒙绕在我们的梦想里。不要紧的一种特别的食物，也可以引起我们很丰富的故乡的记忆。这种爱乡心，这种执着乡土的感情，这种故乡的记忆，……是很重要的。"① 孙中山对故乡的感情亦是如此。

故乡翠亨村绿荫如盖的榕树林，水碧沙明的兰溪，草木苍翠的金槟榔山，北极殿中"金花娘娘"的脸庞，塾师严肃认真的神情，姐姐缠足的痛苦、拔萃书室、中央书院、南华医学校、西医书院、镜湖医院、杨耀记、抗风轩，以及父辈开垦荒山、对土地的渴望，等等，② 这些对于孙中山来说，是太熟悉了，以至于在长期漂泊异域时化为浓郁的乡愁。"文去乡之日久矣，虽奔走国事之顷，每念桑梓之乡，钓游之地，斯须之间未尝去怀"③。

的确，在孙中山的记忆里，翠亨村和整个广东的一切始终使他有历历在目之感，那里的一切都使他不能忘怀。在《留别粤中父老昆弟书》中，他说："文以数十年奔走在外，未能为故乡有所尽力，夙夜耿耿，每用自愧"。"文行矣，翊卫桑梓，发扬光大，重劳我父老昆弟之虑划。溯回珠江，瞻望五岭，语长心重，不觉觙缕，区区之忱，维我父老昆弟共鉴之。"④ 浓郁厚实的乡情跃然纸上。尽管粤中之事常常不尽如人意，父老乡亲们有时对这位

---

① 严家炎：《中国现代小说流派史》，人民文学出版社1989年版，第47～48页。
② 李伯新：《孙中山与翠亨村》，见《"孙中山与亚洲"国际学术讨论会论文集》，中山大学出版社1994年版，第1095～1112页。
③ 《孙中山全集》第4卷，中华书局1985年版，第479页。
④ 《孙中山全集》第4卷，中华书局1985年版，第480页。

大胆的革命家的理想与情怀不能理解，甚至颇多微词，但这些对埋藏在孙中山内心深处的乡情乡谊无多大损伤，相反地，使孙中山更加意识到自己的责任。父老乡亲们的褒贬不一的评价，常常使孙中山不自觉地把自己的事业和理想与广东的建设和发展联系起来，个人的成功与失败似乎并不重要，关键是能否使父老乡亲们感到满意和欣慰。虽然孙中山有时对父老乡亲的误解和消极态度，以及粤事不如所愿也不免有些动情，甚至再三表示"兄弟向曾宣言，断不过问广东事"①，但从我们所见的孙中山的书信函电以及演讲词里，很难找到对家乡表示厌倦的情绪，有的只是关切、焦急和忧虑。1918年在复陈赓如的信里，他再次表示了对桑梓政事民事的关注："不法军官横行间里，蹂躏乡民，至于此极，可胜怨愤。我驻港同志侨商激于公愤，群推先生仗义执言，不辞远道，来呼将伯；文亦乡人，当此宗国垂危，里闾不靖，俛仰慨叹，实有不能已于言者，请得为左右陈之。"② 而且，就是孙中山在既是战友又是同乡的陈炯明及其叛军发动变乱，使他不得不离粤向沪的难堪局面下，孙中山仍然常常顾念桑梓。1923年2月9日致潮州会馆诸董事函中，忧愤与关切之情透过字里行间，使人们强烈地感受到它的力量。"民国变乱，十载于兹，其间牺牲之大莫过于我粤，言念及此，殊可痛心。去夏，文欲冀传统之完全恢复，整军北伐，……不料陈逆炯明顿怀异志，……甚至纵兵淫掠，……粤省繁华顿归寂寞。文忍无可忍，不得已电令各军返师讨贼。……粤局戡定，秩序无紊，堪为执事告慰。所有筹备善后，需用浩繁，不得不望我同乡父老兄弟顾念桑梓，鼎力赞助，以竟全功。苦文从事改革，奔走半生，素未与同乡诸君时恒把晤，抱憾良深。"③ 情动于衷，可谓至情至性。

对乡土的依恋莫大于对家乡人和物的依恋。人们创造出"乡亲""同乡""老乡"这些词，把曾经同饮一方水的乡邻喻为有血缘之亲，以表达对同乡亲密无间的情谊。古人宅旁经常栽有桑树和梓树，"桑梓"遂成为家乡的代名词，"维桑与梓，必恭敬止"④。人们把对桑梓的情怀赋予同乡，称同乡为"桑梓兄弟"。宋朝的思想家张载更以一种大地域的气概声称："民吾同胞，物吾与也。"⑤ 把一国之人视为同一母胎的赤子"同胞"。人们把至亲至爱的亲情推衍为桑梓兄弟和同胞的手足之情，形成中国人特有的乡谊观，

---

① 《孙中山全集》第4卷，中华书局1985年版，第291页。
② 《孙中山全集》第4卷，中华书局1985年版，第537页。
③ 陈旭麓、郝盛潮主编，王耿雄等编：《孙中山集外集》，上海人民出版社1990年版，第407页。
④ 《诗·小雅·小弁》。
⑤ 《张载集》。

尤其在国难当头之际,一声同胞兄弟,可以激发出患难与共的神圣情感,成为保家卫国的动力之源。①

俗话说,"花是故乡好,月是故乡圆,水是故乡甜,人是故乡亲",如果家乡令那些外出谋生的游子牵肠挂肚,叫那些漂泊他乡的男儿朝思暮想,使那许多侨居他国的中华儿女历尽艰辛,万里回乡寻根问祖,那么,"同乡""老乡"对于那些"独在异乡为异客,每逢佳节倍思亲"的龙的传人来说,则又是一个相互识别、相互认同、相互联系的媒介或契机。彼此相识,同乡则是交往的桥梁;相见恨晚,同乡又能使关系亲上加亲。"有缘千里来相会,无缘对面不相逢"。同乡就是一种天赐的缘分,它不需要任何人为撮合,就可以令人们一见如故。同乡,又是一种天然的信用卡,它不需要任何证明,就可以在陌生人中找到合作的伙伴和可靠的联盟,就可以找到拓展事业的机会和场所。同乡,更是情感交流和表现的园地,它不需要任何激发,就可以尽情地抒发思乡恋乡爱乡之情,就可以达到更为广泛的情感共鸣。因此,可以说,同乡就是一种资源,但在小国寡民、老死不相往来的自然村落,就没有同乡和异乡的区别。只有当人们的社会交往扩大、越出本乡跨进一个新地域时,才会发生怀念家乡的情感,而表达这种情感最密切的方式,无过于骨肉之亲。地缘区域成为血缘之情的投影。血缘之情的扩大,也反映了地域眼界的扩大。②

孙中山大部分时间是在海外或异乡度过的,所以对同乡、老乡、故乡的感悟也特别深刻。当我们阅读《孙中山全集》《孙中山集外集》,以及许多关于孙中山的著述时,就会深切地感到,在孙中山的内心深处时刻有着一股感情的冲动,这股感情驱使他在40年的革命生涯中始终没有放弃对曾经生活过、学习过的广东地区的人和物的争取与控制。尽管在理性上他较早地打破了狭隘的地域观念,从全国乃至全世界的角度来思考中国革命和建设的问题,表现出极大的开放性和时代性,但在革命实践过程中,又似乎对广东这块土地和这里的一切情有独钟,言谈举止和思想意识里又常常散发出浓厚的乡土气息,情感往往侵蚀了理性,思想观念影响了他的行为和所从事的革命事业。

从表面上看,虽然孙中山认为四海之内皆兄弟,志同道合是同志,在他的社交圈子里的确有不少异域异乡的朋友和同志,但"老乡"往往是孙中山最钟情的对象。对老乡的那种过分的亲切和信任之情,常使孙中山把自己限制在狭小的社交圈子内。1912年在与北方议和代表交谈时,孙中山就特

---

① 王俊义、黄爱平编:《炎黄文化与民族精神》,中国人民大学出版社1993年版,第207页。
② 王俊义、黄爱平编:《炎黄文化与民族精神》,中国人民大学出版社1993年版,第207页。

别亲切和善地对他们说："听说你们来，我很高兴。欢迎！我们是同乡，又是朋友，希望不要拘束，随便谈谈。"① 紧张的气氛一下子被"老乡"关系冲淡了。1902年6月12日，在与广州报界公会及各通讯社记者的谈话中，孙中山又强调指出："当前，广州正处于人民自治的时期，我是广州人，为何我不能留在广州？"② 这种有意识地强调自己是广东人的言谈，尽管有时是出于一种政治上的策略考虑，但也委实说明了孙中山的内心深处有着强烈的乡土情结。

尽管孙中山具有强烈的乡土情结，但他的乡土情结具有鲜明的革命性、战斗性、时代性、现代性，以及爱乡与爱国的辩证统一性。③ 在他看来，爱乡与爱国是不矛盾的，是合乎历史和时代逻辑的。在《留别粤中父老昆弟书》中，孙中山说："夫以吾父老昆弟爱国如是其殷也，进取如是其强也，而独于桑梓之乡日听其窳败坠落而不一加拯救者，是则我父老昆弟爱国之心过厚，而爱国之责太重。故虽意不忘故乡，欲曲尽其维护之任，而力有所不能顾，暴力者乘之，遂肆其摧残劫剥而无以抗也。然国者乡之积也，爱国者亦必爱乡"。"临别惓惓，窃欲我父老昆弟深念夫爱国固吾人之天职，爱乡亦吾人义所不可废。吾人既负救国之责，而整治乡邦，亦宜引为己任。夙夜孳孳，而致力于所谓培养民力，增进民智，扶持风俗，发展自治，采人之所长，去我之所短，以发扬我粤之光荣，永永为全国之仪型，以驰誉于世界。如是而我父老昆弟爱国之心乃可云尽，救国之责乃可完满而无憾。不然徒舍近而图远，譬之巨厦，第事粉饰外观，不知其内之蠹蚀，日积月累，必至栋摧梁崩而后已"。④ 恳切之词发自肺腑，虽带有强烈的乡情乡谊情绪，但行文措辞之中也向父老乡亲说明了爱国与爱乡的辩证统一关系。这也是孙中山的过人之处。他甚至认为"中国人的家乡观念，也是很深的。如果是同省同县同乡村的人，总是特别容易联络。依我看来，若是拿这两种好观念（另一指宗族观念）做基础，很可能把全国的人都联络起来"⑤。

很明显，孙中山是一个既重乡情又重革命原则的有血有肉、有情有义的人。他是凡夫俗子，却又做了凡夫俗子所不能做的惊天动地的事。他爱养育

---

① 陈旭麓、郝盛潮主编，王耿雄等编：《孙中山集外集》，上海人民出版社1990年版，第161页。
② 陈旭麓、郝盛潮主编，王耿雄等编：《孙中山集外集》，上海人民出版社1990年版，第272页。
③ 参见拙作《论孙中山的乡土观念》，载《中山大学学报（社会科学版）》1994年第1期，《孙中山研究专辑》。
④ 《孙中山全集》第4卷，中华书局1985年版，第479～480页。
⑤ 《三民主义·民族主义》，九州出版社2011年版。

他的乡土和亲人,但他能从这份爱恋的感情中提炼出崇高和伟大。

黑格尔在他的《精神现象学》一书中写道:"——谚语说'侍仆眼中无英雄';但这并不是因为侍仆所服侍的那个人不是英雄,而是因为服侍英雄的那个人只是侍仆,当英雄同他的侍仆打交道时,他不是作为一位英雄而是作为一个要吃饭、要喝水、要穿衣服的人,总而言之,英雄在他的侍仆面前所表现出来的乃是他的私人需要和私人表象的个别性。"[①] 也就是说,英雄也有日常生活中的至情至性的所谓世俗和平凡的一面,但也正是这一层面,更能看出英雄的品格和个性。因此,要了解一个伟大的历史人物——孙中山的心灵,仅仅停留在他写的著作、他作的演说和他的公开行为上是远远不够的,也容易自觉或不自觉地把他加以神化,只有深入地了解他日常生活中的喜怒哀乐、七情六欲,才能用合理的评价取代盲目的崇拜。孙中山的内心世界无疑地比常人更复杂更丰富,要了解孙中山,正确地评价孙中山,就必须接近他的日常生活和走进他的内心世界。

[①] [德]黑格尔:《精神现象学》下卷,贺麟、王玖兴译,商务印书馆1981年版,第172页。

第八章 定向：岭南文化与孙中山的行为方式①

一、问题讨论

记得著名的美国文化人类学家本尼迪克特说过："为了理解个人的行为，不只需要将个人生活史和个人天赋联系起来，并对照一种任意选择的规范来估量这些天赋，而且还必须将个人自然反应和他们的文化制度所择出的行为联系起来。"并认为"生长于任何社会的绝大部分个人，不管其制度的特异性如何，总是毫无疑问地认定了社会所指定的行为"。② 也就是说，人的行为总是受其所属文化的规范和制约，总是被打上深深的文化烙印。

人的行为本质上是文化的。一个人做什么和怎样做，既与他的个性心理有关，又与他所属的文化特性有关，甚至可以说，是文化规定了人对外界刺激反应的方式、作用的方式或活动的方式。因此有人认为，文化结构中的行为方式反映人们在政治、经济和社会等实践活动中的方式、手段，基本上由价值取向、思维方式所规定和支配。

人的行为方式的文化属性告诉我们不要脱离人所属的文化去单纯地研究人的行为和行为方式。每个人固然有自己独特的行为和行为方式，但他始终是在既定的文化范围内行动和选择既定文化能够认可的行为方式。从文化学的角度看，特定文化区域内的人们的行为方式大体上是相同或相似的。文化类型和文化层次不同，文化主体——人的行为和行为方式也就不同，这也是西方人的行为方式与中国人的行为方式不同，以及岭南人与北方其他省区的人们在行为方式上有较大差别的根源之一。因此，研究人的行为，首先就必须研究文化与行为方式之间的相互关系，就必须确认行为方式的文化渊源。又由于行为方式集中体现了人的价值观念、思维方式、情感倾向，所以研究

---

① 这里说的行为方式主要是指行为的基本模式，或行为模式。
② ［美］鲁思·本尼迪克特：《文化模式》，张燕、傅铿译，浙江人民出版社1987年版，第240～241页。

文化，研究个人，都可以从研究行为方式入手。正像李泽厚所说："不强调从思潮着眼，无法了解个别思想家的地位与意义；不深入解剖主要代表人物，也难以窥见时代思潮所达到的具体深度。"① 研究孙中山，不从其思维方式、价值观念着手，就无法全面认识他的复杂多变的思想观念；不研究其行为方式，也就难以深入全面地了解孙中山这个20世纪初期的杰出人物。从这个意义上看，研究孙中山的行为方式成为研究孙中山的思想理论、思维方式、价值取向和个性心理的切入点。

遗憾的是，学术界似乎不太注重对行为方式的研究，所以，孙中山的行为方式也一直没有引起足够的重视。一般地，人们只是从总体上研究孙中山的革命实践活动，笼统地抽象地谈论孙中山的行为特点，却较少对孙中山行为方式进行专门研究。

诚然，海内外也有不少专家在研究孙中山的革命实践活动史时，对孙中山的行为方式及行为特点时有精辟的评析。如美国学者韦慕廷教授就认为："在国际事务中，孙中山的所作所为似乎是狡诈的。在他的大部分政治生涯中，他都难以不带着对于一切或者更多的外国列强的良好愿望（或者至少是宽宏大量的襟怀）而从事活动。他反复地呼吁对于他所领导的政府的同情、财政资助和国际上的承认。他经常关心他在国外的形象和影响。在不同的时期，他可能宣称他和大不列颠、日本或合众国亲密无间；而在另一时期，他又和这些国家不共戴天，声讨谴责它们。因为他被某些外国政府和个人所沮丧、所挫败甚至所侮辱，人们自然可以理解他在某些场合的激情爆发。"② 也有人认为，孙中山的主要特点不是坐而论道而是起而行事。他往往不是等一切想好后再干，而是干起来再想、边干边想。孙中山在政治斗争中追求的是一种"君子政治"，即讲求君子风度、遵守信义、不滥杀无辜。③ 有的人在谈论孙中山的政治性格时，指出孙中山是一个有着强烈实用主义倾向的革命家和政治家，很少顾及策略与原则、政治决策与意识形态之间的关系是否合乎逻辑，而是更注重实效。④

在众多的孙中山研究成果当中，台湾学者华中兴先生的研究结果最值得注意。他认为：中山先生在"期望—挫折"的历程反应中，可以发现因其

---

① 李泽厚：《中国近代思想史论》，人民出版社1979年版，第474页。
② [美]韦慕廷：《孙中山——壮志未酬的爱国者》，杨慎之译，中山大学出版社1986年版，第10页。
③ 马敏：《论孙中山伟人品质》，见《孙中山和他的时代——孙中山研究国际学术讨论会文集》中册，中华书局1989年版，第1407页。
④ 桑兵：《信仰的理想主义与策略的实用主义——论孙中山的政治性格特征》，见《孙中山和他的时代——孙中山研究国际学术讨论会文集》中册，中华书局1989年版，第1389页。

个人政治人格特质及情境的交互作用，而在期望价值上是倾向于利他、高层次目标及个我取向等内在价值，故在行为上显露了我行我素的倾向；但为求达成目标价值，则必须认真考虑改变或运用外在情感的影响。挫折反应则多集中于权变与攻击两大方面。权变包括说服、联盟、妥协等；攻击则包括冲突、批判及战争，其中战争的使用，一方面有多次挫折累积的愤怒情绪；另一方面则为政治策略性工具的一种，且在中山先生革命的中后期表现得十分明显。同时华中兴先生还进一步指出：中山先生具有"唯意志论"的主观倾向及强烈的救中国的使命感，这些都成为其与恶劣环境不断斗争的原动力。在环境、人格、行为三环节中，现实环境对中山先生救中国的政治期望有很大的阻碍力量，使其不得不常须顺应环境限制的方向去妥协，故而从政治行为的角度观察，其行为常是曲折多变，甚至连他自己也承认是种妥协；但从整体观察，则显示其内心实欲"把妥协调和的手段一概打消，以作彻底成功的革命"，而不时试图以意志去改变环境以贯彻最后目标。①

严格说来，以上研究都不是专门针对孙中山的行为方式的，只是在研究孙中山的政治行为的时候，顺便论及孙中山的行为方式，而且不太注意行为和行为方式的区别与联系。而事实上，行为和行为方式二者既有联系又有区别。人的行为体现着人类对外界反应、作用或活动的共同特征和普遍的本质；而行为方式体现着人类对外界反应、作用或活动的个性特征和特殊的本质。二者是共性和个性、普遍性和特殊性的关系。首先，人的行为存在于行为方式之中并通过行为方式表现出来，它可能存在于人与人的相互交往之中，并通过这种相互作用的方式表现出来；它也可能存在于人同物的相互作用之中，并通过这种相互作用的方式表现出来；它也可能存在于张三、李四、王五等具体人的行为方式之中，并通过他们各自的行为方式表现出来。其次，人的行为方式所体现的个性特征、特殊本质受人的行为的共同特征、普遍本质所支配。每个人都有他自己独立的行为方式，但每个人的行为方式不能脱离人类的行为规范而存在，它必须在总的行为规范指导下进行，这就是个人的行为方式要讲公德。再次，行为方式的差别性的形成是由于行为主体的个性、行为目标的差异、行为对象的特殊性以及文化范畴等因素导致的。更重要的是，行为方式除了具备行为的一般特征外，还有其具体的特征，如行为方式目的的具体性，动作的可辨性、示范性、创造性、依附性。② 因此，仅仅考察孙中山的外在行为是不够的，还必须在此基础上更进一步地探讨其行为方式的特征、作用。这样，既有助于深化我们对孙中山的

---

① 华中兴：《中山先生政治人格的解析》，台北正中书局1992年版，第315、317页。
② 宋曙、刘明轩：《人生行为选择的艺术》，重庆出版社1991年版，第91~94页。

认识，同时也有助于我们进一步了解岭南文化对孙中山的影响，判明孙中山的文化属性。

二、南北中国人的行为方式

中国是一个大国，儒家文化、道家文化和佛教文化虽然一直左右着中国人的行为和行为方式，但颇具特色的地域文化，如齐鲁文化、燕赵文化、吴越文化、荆楚文化、巴蜀文化等，使中国人的行为方式又具有十分明显的地域文化特征。更明显的是，南北中国在文化上自古以来就各有千秋。南北区分在先秦时即已存在。《诗经》有云："滔滔江汉，南国之纪""奄受北国，国以其伯"。《论语》中还提到"南人"一词："南人有言曰：人而无恒，不可以作巫医。"但南北区分的加深，则是在南北对峙的魏晋南北朝时期，从那时以后，"南北"概念便深深地印在每一个中国人的脑子里。

又由于南北无论是在天文上还是在地理人文上，彼此都存在着极为明显的区别，"南方人"和"北方人"的称呼也就普遍地被中国人所接受。而且南北中国人在语言、行为和性格心理上的不同，也日益为广大的中国学人所肯定。鲁迅先生说："北人大抵厚重，南人大抵机灵。"林语堂说："南方与北方的中国人被文化纽带连在一起，成为一个民族。但他们在性格、体魄、习俗上的区别之大，不亚于地中海人与北欧日耳曼人的区别。……这里，中国人这个抽象概念几乎消失，代之而来的是一幅多种族的画卷，身体大小不同，脾气与心理构成各异。只有当我们试图让一个南方出生的将军去领导北方的士兵时，我们才会发现这种客观差异。一方面，我们看到的是北方的中国人，习惯于简单质朴的思维和艰苦的生活，身材高大健壮，性格热情幽默，吃大葱，爱开玩笑。他们是自然之子，从各方面来讲更像蒙古人，与上海以及江浙一带的人相比则更为保守，他们没有丧失掉自己的种族活力。他们致使中国产生了一代又一代的地方割据王国，他们也为描写中国战争与冒险的小说提供了人物素材"，"在东南边疆，长江以南，人们会看到另一种人。他们习惯于安逸，勤于修养，老于世故，头脑发达，身体退化，喜爱诗歌，喜欢舒适。他们是圆滑但发育不全的男人，苗条但神经衰弱的女人。他们喝燕窝汤，吃莲子。他们是精明的商人，出色的文学家，战场上的胆小鬼，随时准备在伸出的拳头落在自己头上之前就翻滚在地，哭爹喊娘。他们是晋代末年带着自己的书籍和绘画渡江南下的有教养的中国大家族的后代"。[①]

---

① 林语堂：《中国人》，郝志东、沈益洪译，浙江人民出版社1988年版，第3～4页。

有的研究南北文化反差的学者认为：北方居民具有自强不息的执着精神、坚韧不拔的顽强毅力和强烈的民族自尊心和排外心理。他们关注政治，注重现实，富于群体意识；标举礼仪，讲究法度，维护现存秩序；情感热烈而沉挚，个性刚毅而粗犷；骄横跋扈，争强好胜，盛气凌人，不可一世；重实际胜于重思辨，重人际胜于重自然，重内容胜于重形式；周游四方，慷慨任气，急人解难；弥漫着政治家和军事家的气质，雍容大雅的贵族气息，威严大度的帝王气象；充满着"壮士一去兮不复还"的豪迈气概、"知其不可而为之"的悲剧气氛。而南方居民则有所不同，他们具有安时处顺的精神特质、苟且偷生的社会心理。他们个性相对文弱，多愁善感，哀而不壮，在现实中不思进取，而在思辨中又积极创新；富于个体意识，重视个人哲学，注重个人品格的修养胜于注重对社会政治的关注；长于批判短于建设，或特立独行，或愤世嫉俗，或玩世不恭；热爱和向往自然，力图摆脱尘世束缚，即使得不到现实的自由，也要挣得心灵的自由；讲究风度仪态，追求形式声色；长于想象、比兴、抒情；充满着幽怨情调和"知其不可而安之"的宿命论色彩；有一种平民气息，以及文学家和艺术家的气质。①

南北在文化和人的性格气质等方面的差异性，在当今中国学人眼中又演化成一种"京派"文化和"海派"文化的区别。有的学者认为："京派"文化注重传统的因袭和继承。讲究师承关系，强调门户，严格遵守艺术规范和技巧，重视基本功的培养和训练；治学讲究渊综广博，追求深芜，穷其枝叶。其总体特征是踏实、谨严；长处是关注现实，追求进步，但由于受传统的影响较深，又表现出一定的保守性。相反，"海派"文化不大注重师承关系，不大讲究流派规范，不墨守成规，勇于革新创造，思想活跃，善于吸收新鲜事物；治学讲究精通简要，深入浅出，通俗易懂。其总体特征是创新、开放、多样、善变，但又夹杂着轻佻、肤浅和浮华之弊；求新有余，谨严不足。②

有的学者认为，中国人的行为受其传统文化和传统思想的制约。尤其是孔子的"仁"和"中庸"论，孟子的"性善论"，庄子的"道通为一"，墨子的"有见于齐"，以及春秋时孕育的"惟天地，万物父母；惟人，万物之灵"的"人贵论"等传统哲学思想，对中国人的行为产生过深远的影响，使中国人在行为上表现出正反两极的六大特征。③ 如中国人在情感行为上表

---

① 张仁福：《中国南北文化的反差——韩欧文风的文化透视》，云南教育出版社1992年版，第62～63页。
② 张仁福：《中国南北文化的反差——韩欧文风的文化透视》，云南教育出版社1992年版，第1～2页。
③ 罗利建：《中国行为科学导论》，电子工业出版社1988年版，第74～85页。

现出敏感性、注重性、理解性和血缘性四大特点①；在社会交际行为上又表现出同舟共济、不分贵贱、不谄不渎、直言规劝、宁我负人、交绝不出恶声、不卑不亢、士为知己者死、择交如求师等特点②。

也有人说中国人在决定他们的行为的同时，附带别人对那些行为期待的反应。"基本上，它表示一个人与外界的期望或社会准则相一致的趋势，并非内部的愿望或个人的整合，因而他就能保护人的社会的自我以及作为社会网络的一个整合部分而发挥作用"。中国人这种关心他人反应的结果是："听从社会期望和社会公众。顾虑外界的意见和在尝试达到获得奖赏的目的，维持和谐、处理印象、保护面子、社会认可和在一种社会情境中躲避惩罚、困窘、冲突、拒绝嘲笑和报复"。③

显然，人们对于中国人的行为和行为方式尚未形成统一的和全面的认识，而且大多数研究者注重的是中国人的行为与外部环境的关系，倾向于对诱发和限定中国人行为表现的各种动因的分析解剖，而忽视了中国人行为方式的本体论的阐释，因此观察研究的结果依然不能令人满意，留给人的依然是支离破碎、模糊不清的印象。

那么，中国人的行为方式是怎样的呢？大致说来，中国人的行为方式具体表现在以下几个方面：

首先是中庸。

孔子说："中庸谓之德，其至矣乎！"④ 又说："不得中行而与之，必也狂狷乎！狂者进取，狷者有所不为也。"⑤ 这里的"狂"是指激进、敢于冒险的思想行为；"狷"是指退缩、不敢有所作为的思想行为。显然，孔子既反对狂，也反对狷，认为太过和不及同样不好。只有把狂与狷这两种对立双方综合起来，采取执中的思想品德和行为作风，才是最好的道德境界。孔子本人就是"温而厉，威而不猛，恭而安"的合于中庸之道的道德典范。⑥

《中庸》认为"中庸"就是"中立不倚""和而不流"，就是通过"执中"，而达到一种"中和"和不偏不倚的状态，其目的就是要把人们的思想行为控制在不违反封建政治制度和道德规范限度内，封建秩序就能正常巩固，世间万物就能繁荣生长。要达到中庸，就必须通过修身养性，必须从自

---

① 罗利建：《中国行为科学导论》，电子工业出版社 1988 年版，第 216～217 页。
② 罗利建：《中国行为科学导论》，电子工业出版社 1988 年版，第 250～255 页。
③ 参见［美］M. H. 邦德主编《中国人的心理》，张世富等译，云南人民出版社 1990 年版，第 320 页。
④ 《论语·雍也》。
⑤ 《论语·子路》。
⑥ 唐得阳主编：《中国文化的源流》，山东人民出版社 1993 年版，第 503 页。

身实践做起，经过修身、孝亲、忠君的修养过程，才能恪守封建标准，安分守己，达到中和、中立的心境和状态。此所谓"极高明而道中庸"。显然中庸成了中国人尤其是有知识有文化的人所追求的最高的道德境界。宋儒对"极高明而道中庸"这句话就极为欣赏，他们把"极高明"解释为通晓天理的精神境界，把"道中庸"解释为按封建伦理纲常进行道德修养的结果，极力向人们提倡中庸之道。到了明清和近代，这句话又被一些守旧的思想家说成是中国哲学、伦理学的精粹，加以传扬和歌颂。这样，中庸思想从古代一直延伸到现代，最后成为中国人的一种思想方法、道德评价标准和处世哲学。①

梁启超在研究中国国民性时说："我国民之中庸妥协性世无两也，无论对个人、对社会、对自然界最能为巧妙的顺应，务使本身与环境相妥协，而其妥协且比较的常为合理的。此中国人的一种特别天才也。其窍妙之点则在凡事不走极端，而常规范中庸。"在梁启超的眼里，中庸有"和合中外，融为一体"和"礼让顺从自不确执"两个特点。②不过，梁启超还没有明确指出"中庸"就是中国人的思维方式和行为方式，它决定了中国人怎样做的形式和方法，决定了中国人的行为的价值取向。

正因为中庸成为中国人的思维方式和行为方式，所以，自古以来，中国人很少铤而走险、孤注一掷，也很少偏激狂热、睨世傲物。他们相信"宁为太平犬，莫作乱离人""君子和而不同""君子惠而不费，劳而不怨，欲而不贪，泰而不骄，威而不猛"之类的说教，做事、待人、接物、处世，始终不偏不倚，无过无不及，中和公允，显得十分节制、从容、超脱、平和、稳重、谨慎、公正、保守、苟且。③可以说，中庸成了中国人对外界刺激作出反应的一种方式，一种既定的行为模式。

其次是暗示。

暗示是以含蓄、间接的方式向对方传递思想、观念、意见、情感等广义信息，使对方在理解和无对抗状态下自然受其影响的一种社会现象及其影响他人心理的方法。④

暗示是一种心理活动，但也是一种行为方式。一位研究中国国民性的外国学者说："中国人讨厌直截了当，喜欢婉言陈述，使人往往把握不住他们的真意。语言对他们毋宁说是把隐藏在背后的观念暗示给对方的工具，认识

---

① 唐得阳主编：《中国文化的源流》，山东人民出版社1993年版，第504页。
② 郑春苗：《中西文化比较研究》，北京语言学院出版社1994年版，第181页。
③ 庄泽宣等：《民族性与教育》，见沙莲香主编《中国民族性》（一），中国人民大学出版社1989年版，第190～191页。
④ 张云：《公关心理学》，复旦大学出版社1989年版，第229页。

这些观念还需对方自己去推论。"① 有的外国学者甚至从具体的事例中悟出了中国人的表达方式和暗示的道理。斯密斯就举例说："一个中国人替你帮了一次忙，你随后自然想报酬；送钱既然不便，你也许送一件小小的礼物，'聊表微意'。他却很客气的不收，很坚决的不收。他说：为了那么一桩小事来受你的厚赐，是违反五常之理的；同时他也说你不该送东西给他，送了就瞧他不起，假若你再坚持要他接受的时候，你真是陷他于不义了，那是万万不可的。他的意思是你送得太少了，他帮了你的忙，本来希望你可以重重的酬谢他，却想不到你不知趣，只送得那么一点；失望之余，只好连一点都完璧归赵，又外加一番仁至义尽的议论。不因小利而忘大利，所以他情愿守着，让你有机会把他的旨意细细揣摩一下，只要你有恍然大悟的一回，那更大的礼物是不落虚空的。中国人又有一个和全人类共通的特性，就是把不好的消息瞒着不讲，可以瞒多久就多久，或者是用改头换面的方法讲出来。但是中国人间因为已经变本加厉的成了一种规矩，这种隐瞒和改头换面的功夫实在做得可以惊人。"② 国内也有一些学者对中国人的这种委婉暗示的方式有过深刻的剖析。如项退结曾指出："中国人对于情感的表示非常矜持。这所谓矜持，在于把有关个人内心生活的一切，都很严谨的保卫起来，而这'有关个人内心生活'的范围，对于中国人非常之广。凡是与内心生活有关的一切，都能够间接地或者以暗示方式说出；但正因此，这种表示却又非常深刻。……他们尽可能避免表达思想，而主张用直观方式去'以心传心'。"③

暗示不仅仅是中国人表达思想感情的一种艺术化的方式，而且由于习以为常，年深月久，它早已成为中国人的行为方式之一。民间有一个"孔子访老子"的寓言，说孔子拜访老子，问老子身体如何。老子反问孔子："你看我舌头如何？"孔子答："老师的舌头很好。"说完，孔子马上告辞。孔子的学生不解，孔子告诉学生："老子已给我上了一课，他告诉我柔弱胜过刚强。"在这个寓言中，孔子从老子那里获得了暗示，也获得了启迪。抗日战争时期，毛泽东在"抗大"的一次讲课中讲到有的指挥员头脑不冷静，别人一鼓动就来劲，结果事与愿违，成了鲁莽家。有个学员没等毛泽东讲完就站起来说："主席讲的是我，今后我一定克服鲁莽的毛病。"另一学员又抢着说："不，主席讲的是我。"他们都不约而同地想到了自己以前鲁莽指挥的教训，从毛泽东的讲课中获得了暗示，受到了批评教育。虽然这是两个极

---

① 沙莲香主编：《中国民族性》（一），中国人民大学出版社1989年版，第74页。
② 沙莲香主编：《中国民族性》（一），中国人民大学出版社1989年版，第53页。
③ 沙莲香主编：《中国民族性》（一），中国人民大学出版社1989年版，第229页。

为典型的例子，但也颇有代表性。从这两个例子中，我们可以肯定的是，中国人善于使用暗示的方式来传情达意，同时也善于准确地把握人家的暗示。暗示也就自然而然地成了中国人的表达方式和行为方式。如在情感表现上，中国人就特别讲究婉转含蓄，不喜欢赤裸裸地倾诉衷肠；在说服教育他人时，也很少直截了当，而总是喜欢使用暗喻的方法；① 在处世待人上，也经常采用暗示的方法来缓解矛盾冲突的紧张气氛，改善关系，增进友谊；② 在自我修养上，也喜欢运用自我暗示的办法来进行。③ 总之，中国人早已掌握了暗示的技巧，懂得了暗示的功效，并将其付诸行动。

再次是模仿。④

模仿是一种能力，但在中国人这里却同时是一种行为方式。

过去有的外国观察家认为，中国人"在思考行动的所有方面，都因袭固有的、旧的形式，没有想象力，没有创造性，一味地模仿，缺少自由的个性和创造力"⑤。

作家郁达夫也认为中国人善于模仿。他说："中国人的善于模仿的秘诀，第一，是在模仿表面，而不讲实际，譬如，大家都知道了西洋文化的好处，中国人也非学他们不可了，于是乎阿猫阿狗，就都着起了西装，穿上了皮靴，捏起了手杖，以为这就是西洋文化的一切。虽然还有一种例外的吃大菜，倒是比较得实际一点。更如一说到了科学的可珍，全国上下也就会有一批歌功颂德的放屁虫出来，空空然的大喊大叫着'科学科学，科学科学'，而实际上什么是科学，怎样的提倡科学，如何的应用科学，却一概可以置之不论。虽然在政治上应用了纵横反覆之术，来争取一点地位，和收取几十万节敬炭敬之类，倒是比较得实际的唯物史观与科学方法"。"模仿最易成功的第二个秘诀，是在模仿人家的坏处，顶明显的好例，只须听一听受着西洋人的教育的许多中国子弟之吃教者和吃洋行税关饭者的中国话，就马上可以看出来。他们别的事情，倒会置之不学，而独有那一口奇怪的外国人说的中国话，却个个都能够说得同外国人一样。名词动词的颠倒，抑扬顿挫的特异，你若闭上了眼睛，不看见在你面前说话的那一张黄色、斜眼、狮鼻的脸，那你会相信，是一位外国人在向你说教：'耶稣是顶顶好的人！'个人既是如此，同样地，国家也是一样。从前向往着严寒的北国，现在却又有一

---

① 张云：《公关心理学》，复旦大学出版社1989年版，第230～231页。
② 张云：《公关心理学》，复旦大学出版社1989年版，第232～233页。
③ 张云：《公关心理学》，复旦大学出版社1989年版，第235页。
④ 这里说的模仿有两层意思：一是内模仿，一是外模仿。前者包括体验、认识和内化，后者则主要是认同、学习、表现。
⑤ 沙莲香主编：《中国民族性》（一），中国人民大学出版社1989年版，第92页。

部分人醉心于炙热的南欧的某一小邦了"。①

模仿作为中国人的一种行为方式，在中国人的言行中都有较明显的表现。在道德行为上，服膺古训；在国家政治上，效法先王；在制造器物上，仿造旧物；在学术研究上，遵从传统；在社会生活上，重视风俗习惯。总之，中国人过去在观念上崇古薄今，力循古式，在行为上遵循传统，谨守古训，效法过去，模仿先人，缺乏开拓创新，忽视了个性的发展。

模仿之所以成为中国人的行为方式之一，原因是中国人害怕出风头，害怕脱离群体，害怕与众不同，不敢大胆开拓创造，缺乏独立发展的人格。唯有模仿他人，效法古人，才能心安理得，才能被群体所接纳，才能求得相应的发展。故模仿也就很自然地成了中国人的行为方式。

最后是服从。

与模仿相类似的行为方式就是服从。美国汉学家费正清认为包括中国在内的东方社会，"不赞成个人主动性和个人进取的哲学，或者创造发明的无限可能性和个人的占有欲，而赞成身份等级的哲学，着重个人的顺从"②。并指出："中国家庭是自成一体的小天地，是个微型的邦国。从前，社会单元是家庭而不是个人，家庭才是当地政治生活中负责的成分。在家庭生活中灌输的孝道和顺从，是培养一个人以后忠于统治者并顺从国家现政权的训练基地。"③

服从，按心理学的定义是指个人按照社会要求、群体规范或别人的愿望而作出的行为，这种行为是在外界压力的影响下而被迫发生的。中国人从小就生活在一个服从的家庭的社会环境中，时刻被家庭和社会教导为听从长辈的旨意，服从家庭和社会的安排。在家庭内对老人要唯命是听，绝对服从。听话，也就是乖，这是中国父母对儿女的最高褒奖。其实，整个社会也是如此，只不过是在此基础上更向前迈进了一步，要求人们听从老人的旨意，尊崇领导，服从权威，服从组织，服从集体。当今人们常说的个人服从集体，少数服从多数，下级服从上级，明显就是社会群体所强调的组织原则和行为原则。

通常，对于未成年的中国人来说，服从就是乖，是好孩子的行为标准；对于成年的中国人来说，服从是一种美德；对于中国的妇女来说，服从是一种义务，是女性特征的一种表现。在中国，服从本身就是性格的一种体现，就是一种行为方式，个体没有自主权，没有独立性。当然，抗拒命令，不服

---

① 《郁达夫文集》第8卷，三联书店香港分店1983年版，第116～117页。
② 沙莲香主编：《中国民族性》（一），中国人民大学出版社1989年版，第216页。
③ [美]费正清：《美国与中国》（第四版），张理京译，商务印书馆1987年版，第17页。

从指挥或消极抵制的人,在中国自古以来,也不乏其人,但从总体上看,把服从作为一种行为方式的人,在近代中国社会和古代中国社会里,应该说是很有代表性的。①

研究结果表明,中国人的行为方式主要表现为中庸、暗示、模仿和服从。那么岭南人的行为方式与"中国人"的行为方式又有什么异同?应该说,岭南人的行为方式是中国人行为方式中的特殊现象或个别现象,他们既具有中国人共同的行为方式,亦有自己独特的行为方式。中国人的行为方式和岭南人的行为方式,是共性与个性的关系。一般说来,共性总是寓于个性之中,普遍性总是存在于特殊性当中。要了解孙中山的行为方式,就必须进一步了解岭南人的行为方式。对岭南人的行为方式的考察,无疑有助于深化对中国人的行为方式和孙中山的行为方式的理解。

有位外国学者曾认为:世界上有两种思想方式,一种是根据本能和习惯来进行的思考方式,那是用行动来思考的人,他的语言是典型的线性叙述结构:SVO(主谓宾)。另一种思想方式是用语言文字去思考的,这种人不必事事亲力亲为,更多地依赖文化传统,由他所用的语言形式决定他的经验世界和思想世界。前一种思想方式的人的头脑由经验、行动、事实来决定,语言就比较简明扼要,他不是审美者和道德者,后一种思想方式的人善于用传统语言建构理想的道德审美境界。在中国,岭南人属于前一种思想方式的人,中原人属于后一种思想方式的人,江南人处在中和的境界。② 关于岭南人的思维模式,我们已在第六章作了简单的评价分析,这里要特别指出的是思维模式直接影响了行为方式的选择和基本特征。岭南人是行动之人,行动就是他们的思考方式。这样,岭南人的行为方式就带有更多的地方特色。

首先是冲动。

这里所说的冲动有两层意思:一是行动之前缺乏利害得失的权衡,慎重周密不够;二是凭本能行事,放任性灵,如血气方刚的男儿处世待人。冲动之所以是岭南人的行为方式,也主要是从其整体的行为态势和行为特征上来确定的。通常,一种行为方式的被肯定,往往是行动主体自觉选择的结果。但冲动的行为方式并不完全是岭南人自觉的选择,常常是在不自觉和无意识中"实现"了冲动。

一位作家在《论中国之民族气质》一文中对岭南人的气质分析就很耐

---

① [英]呤唎:《太平天国革命亲历记》,王维周译,中华书局1961年版,第61~62页。[俄]尤·佛·里相斯基:《涅瓦号环球旅行记》,徐景学译,黑龙江人民出版社1983年版,第238页。

② 吕嘉健:《论岭南文体》,见陈侃言等著《中国地域文化论》,广州出版社1994年版,第135~136页。

人寻味:"身体柔脆,充而为一身之恐惧,故畏死特甚;唯感官锐敏:冲刺其心虑,触处皆通,故充其畏死之情,而为畏余事之性,又充其畏余事之性,转而畏死之情反弱,以成其冒险蹈难之习:是故今日元气衰弊,则见呰窳偷惰偻怠茫然之冷性;明日元气旺盛,又见躁急怒轻死暴发之热情。……故希冀心重,而远涉重洋者多;侥幸情殷,而以赌荡家者众。又以体性之成熟较早,耽于淫佚,而盛行十姊妹之风。……其人猜忌心重,复仇心重,每有睚眦之怨,辄相率械斗,或掘冢以泄忿。颇爱自由,不恤纠众而抗官吏。……其地海通最早,民智久开,群性固结,尤富于'群次'之独立性。……其民心思缜密、娴于工艺;文学之开化则较晚。上士颇洽佛理……下士迷信神权:盖居常懊恼烦冤,聊以是慰藉其无可奈何之情耳。"①

作家的观察分析虽不够全面深刻,但大致勾勒出岭南人的气质特征。岭南人的好冲动、好斗、好走极端的气质显然已被作家充分地注意到了。其实,岭南人好斗好胜的性格气质和行为的冲动性早已为历代学者所注意。如《隋书·地理志》记载:"南海、交趾,各一都会也,并所处近海,多犀、象、瑇瑁、珠玑,奇异珍玮,故商贾至者,多取富焉。其人性并轻悍,易兴逆节,椎结箕踞,乃其旧风。其俚人则质直尚信,诸蛮则勇敢自立,皆重贿轻死,唯富为雄。"② 在胡朴安的《中华全国风俗志》一书里,就多有诸如广东各地居民性剽悍、急躁、好冲动、好械斗,稍不如意就大动干戈之类的记载。不少外国观察家都认为广东人爱斗勇显狠和争强好胜,行为受情绪支配,不受理智的约束,缺乏必要的节制,任性使气,鲁莽草率,恐惧排外。所有这些归纳起来,实际上就是属于冲动行为。

不过,我们认为冲动是岭南人的行为方式之一,并没有贬义的意思。冲动之所以成为岭南人的行为方式,并不是岭南人有意识选择的结果,而是在日常生活中的待人接物、处世办事、言谈举止等交往和活动中无意识地采用了相同或相似的动作模式。冲动行为既是岭南人的行为特征,又是岭南人的行为态势。从总体形态和特征上看,冲动可以说是岭南人的行为方式之一。

其次是冒险。

是冒险还是保守,通常与一个地区的文化价值观念有关。在中国,冒险行为是不可取的,也很少得到传统社会的肯定。如前所述,中国人普遍崇尚中庸,少走极端,着眼于现世和人事,不太关心来世和人事以外的世界。"天道远,人道迩","未能事人,焉能事鬼","未知生,焉知死",是中国人古今传诵的名言。直到今天,中庸之道还束缚着一些人的思想和行为。不

---

① 康白情:《论中国之民族气质》,载《新潮》第一卷第二号,1913年再版。
② 转引自陈侃言等著:《中国地域文化论》,广州出版社1994年版,第62页。

少人在心理上和精神上形成了反映中庸之道的落后的消极观念，如"人怕出名猪怕壮""出头的椽子先烂""树大招风"等，随大流，按部就班，怕冒尖，怕担风险，取法于中。怕冒风险，显然与中国传统社会强调中庸之道有关。

但是，岭南人也许是个例外。岭南人大都是从北方迁徙过来的。古代移民在性格上就具有冒险的倾向。没有冒险的精神和冒险的行为，就不可能有远离故土辗转到一个尚属蛮荒的地方的家族大迁徙。岭南人选择了冒险的行为方式，还与生存生活所迫有关。生存生活，是人的本能，也是人的一种必不可少的需要。为了生存生活，冒险也是可以接受的。用老华侨的话来说："如果在家里一日有三餐的话，就不用出洋去受苦了。"①

冒险又往往与开拓相联系。冒险成功，就被看成一种开拓，个人也常常被视为英雄。岭南人注重实际而又能坚韧不拔、埋头苦干，所以他们冒险的行为最终被理解为开拓创新和大胆进取。在岭南，人们对冒险的行为普遍持肯定态度，这就为岭南人选择冒险的行为方式提供了心理、精神和观念上的支持。因此，岭南人在经济活动方式中，敢于承担投资经营的风险，敢于进行风险投资，不怕失败，不怕破产，一往无前，表现出极大的冒险性和投机性。在政治活动方式中，敢于反抗强暴，反对官府，反对外敌侵略，敢于铤而走险，作自我牺牲。侬智高、张遇贤、洪秀全、黄萧养、康有为、梁启超等人的反叛行为就是典型。在文化生活活动方式中，岭南人敢于打破传统的文化生活方式，接受新的文化、新的事物、新的生活方式，表现出极大的反叛性。在人生的追求上，岭南人也较其他地区的中国人更富冒险性，这从大批的广东人冒着生命危险出洋到异国他乡谋生的情形上可以得到充分的印证。总之，冒险就是岭南人的行为方式。

再次是排外。②

排外行为，不独岭南人所有，中国和西方一些国家的居民都具有排外的倾向，只是各自排外的动机、方式、程度和内容有一定差别而已。岭南人的排外行为，就与众不同。

其一，岭南人"排外"，主要是反对外国侵略，或者说他们的"排外"行为是由于外国侵略者的野蛮残暴掠夺造成的。1843年耆英在关于商馆事件的奏文里就指出了这一点："从前粤中习俗，既资番舶为衣食之源，又以

---

① 杨国标等著：《美国华侨史》，广东高等教育出版社1989年版，第12页。
② 胡朴安在《中华全国风俗志》中说："广东人富于排外性，无论政商学界，乃至劳动苦力之夫，莫不抱此思想。属彼乡人虽甚恶之，不肯扬其恶。苟非其类，虽所爱好，必欲屏斥以为快。如对外交涉，历来争持之烈，均为他省所不逮。其爱国爱乡之忱，均堪惊叹。"目前学界亦有不少人认为岭南人具有排外性的行为。

夷人为侮弄之具,……近日夷情,不能再如从前之受侮,设有一言不合,即彼此欲得而甘心,遂有上年十一月间焚抢洋行之事。"① 一位美国传教士在《有关目前英中关系的两件文书》的前言中有这样的记述:"长期以来,人们主张战争只应对政府挑起,将来也应该如此。为了实现这个方针,人们作出了一切努力,也在相当程度上得以实现。但在广东作战期间,尽管远征军指挥官作了种种努力,其他人且不论,野战军的部属和船舰的水手们还是干出了暴行,凌辱装在棺材里的遗骸或者其他不堪言述的种种暴行,……因为由于这些暴行,在中国民众当中会发生极多而且极有力的敌对行动。使占领广州北面高地的英军受到那般痛苦的那支数量庞大的义勇军的愤怒突起,不外是基于对上述暴行的仇恨情绪。"② 侵略者的暴行,是迫使岭南人进行反抗和排外的根源。恩格斯就认为"英国政府的海盗政策已引起一切中国人反对一切外国人的普遍起义,并使这一起义带有灭绝战的性质","中国的南方人在反对外国人的斗争中所表现的那种狂热态度本身,显然表明他们已觉悟到古老的中国遇到极大的危险;过不了多少年,我们就会看到世界上最古老的帝国作垂死挣扎,同时我们也会看到整个亚洲新纪元的曙光"。③

其二,岭南人"排外",是出于保全乡里和乡民利益的动机。所谓"现在绅士中之贤者,固无不志切同仇,保全乡里"④,就承认保全乡里的观念是绅士阶层排外意识和排外行为的根子。同治《番禺县志》第53卷所载张维屏的《三元里歌》云:"三元里前声若雷,千众万众同时来,因义生愤愤生勇,乡民合力强徒摧。家室田庐须保卫。"也反映了这种倾向。有的史料记载有"(粤民)一旦骤闻其进城,则以为有紊旧制,群起而拒之,惟大半城内之民居多。若三元里则地居城北,距城十余里,夷人之进城与否,该乡民并不过问。……若社学则各聚其乡之父兄子弟,互相保卫,无事散处田间,有事听官调遣,法有类于士兵,意不外于保甲,虽其众尚不足数万,而均有公正绅士为之钤束"⑤。可见,岭南人排外的行为与保护乡民利益、保家卫国的动机有着密切的联系。

其三,岭南人对外姓人、外乡人、外地人或"圈子外"的人,有一种近乎本能的排斥倾向。通常,区域内生产和生活资源短缺现象,是人们排外

---

① 《筹办夷务始末》(道光朝)第66卷,第40页。
② [日]田中正俊等著、武汉大学历史系鸦片战争研究组编:《外国学者论鸦片战争与林则徐》(上),福建人民出版社1989年版,第191~192页。
③ 恩格斯:《波斯和中国》,见《马克思恩格斯选集》第二卷上,人民出版社1972年版,第19~22页。
④ 《筹办夷务始末》(咸丰朝)第59卷。
⑤ 《筹办夷务始末》(道光朝)第75卷,第34页。

的根本动因。岭南自然资源虽然较北方丰富,但在生产力水平极其低下的时期,生活资源相对短缺,造成了社会内部资源分配紧张,生存生活利益攸关,排外自然不可避免。同时,由于风俗习惯、方言俚俗、生活方式、文化教育等方面的区别,也造成了人们对外族、外乡、外地人的不信任。尤其在明清以前,岭南各方面相对落后于中原地区,更加强了岭南人对外地人的防范心理,从而导致了整体地排外。

最后是逐利。

逐利作为岭南人的行为方式,主要是从其行为的价值取向和行为的结果来看的。注重实际利益,讲求办事实效,追求功利,被普遍认为是岭南人的行为价值取向。

逐利,作为岭南人的行为方式之一,与岭南人思想的价值取向有关。正如有人所指出的那样,岭南人的功利观、事业观、乡土观等对岭南人的行为方式有直接的影响。"粤人重农而不轻商,在岭南农耕发展,成为'多谷'之乡,稻田利薄之后,即大力发展经济作物,或'以花果取饶',或以蔗鱼获利,颇具经济头脑。粤人重仕而不轻工,除了也走读经致仕这条路外,并不鄙视甚至还更多地把眼光投向了天地广阔的工业市场上,很早就利用本地资源发展了具有资本主义萌芽且技术精进的造船业、陶瓷业、冶铁业、铸钱业、制盐业、榨糖业。……粤人重土而不惮离,由于先祖颠沛流离,开辟蛮荒,创家立业的示范,粤人既有造福乡梓、叶落归根的浓厚的乡土观念,又有漂洋过海、经商致富、白手起家的勇毅和经营才干。环视海外,粤人在千百万华裔中的人数居全国之冠,便可为证。"①

逐利作为行为方式,表现在政治上,岭南人比较重视实际,讲求实绩,喜欢立竿见影式的政治行为,有时给人一种政治投机的印象,有时又令人怀疑他们是否具有政治兴趣。在岭南,大多数人似乎不太关心政治,而更注重物质利益。即使那些关心国家大事和地方政治的受过一定教育且具有政治意识的人,也往往因太急功近利和急于求成而变得缺乏远见。洪杨诸人和康梁党人的政治行为就是最好的说明。在经济行为上,岭南人善于趋利避害,精于计算,擅长经营,追求效率和利润。在官言商,在商言利,一举一动,似乎都带有逐利的倾向。在文化行为上,似乎也离不开"商"和"利",文化商业化,文化行为功利化,文化人成了功利人。在人际交往上,岭南人大多讲利不讲情,情与利常常混合在一起,似乎有了利就有了情,人与人之间的关系被演化为简单的物与利的关系,给人一种十分势利的感觉。因此,从行为的价值取向和岭南人整体的行为倾向上看,逐利就是岭南人的行为方式。因

---

① 柯可:《新珠江文化论》,暨南大学出版社1994年版,第43页。

为逐利不仅体现在岭南人的具体的行为过程中，而且成为其行为的直接动因。

三、孙中山的行为方式

唯物史观告诉我们，人们的行为活动并不是任意创造历史的，它的过程和结果也不是杂乱无章的。相反，社会规律和社会的客观机制一方面以铁的必然性制约着人们的行为；另一方面，人们的主观机制又在实际上指导和左右着这种活动。这两方面的统一，就形成了人们所说的行为方式。在社会的客观机制与主观机制相互作用的过程中，人们的行为呈现出一定的方式、样式，即一定的稳定形式、结构和规律，客观地以规范化、定型化的行为定势规范、制约着人们的行为。① 从广义的文化学的角度看，人的文化行为实际上是文化的行为。因为人来到世间就受他生存生活圈内的文化特性和文化环境制约和陶铸，他不可能逃避，也无法逃避既定文化模式对他的定型。从根本上来说，人是环境的产物，是文化的产物。正如多数人所认同的那样，人们可以选择行为方式以实现自己的历史，然而人们不可能随心所欲地选择自己社会活动的条件，包括生产力、生产关系、传统、习惯、思维方式等物质和精神的社会环境。这些条件是以往人们世代活动的结果，是既成的历史前提，一方面，它们为人们的行为方式提供了一定的基础和出发点；另一方面，它们又作为既定的前提和界限决定着人们在一定时期内活动的水平、性质、范围和方式。② 而这些所谓"社会活动的条件"，实际上就是文化。人离不开这些"社会活动的条件"，也就离不开他所属的文化，他的行为方式也必然受他所属文化的制约，打上文化的烙印。

孙中山的行为方式亦不例外。从主体的自觉性和能动性这个角度看，像孙中山这样一位有着强烈的爱国爱乡感情的杰出人物，岭南文化对他的行为方式的形成所起的作用就不可低估。从发生学的角度看，岭南文化是孙中山的母体文化，孙中山是在岭南文化这个环境里实现社会化的。他的言行注定与岭南文化有着天然的联系。甚至可以说，岭南文化对孙中山的行为方式的形成、结构、功能等都产生了深远影响。正因为岭南文化的影响，所以孙中山的行为方式显得与众不同。孙中山的行为方式，大致说来有如下特点。

（一）"敢为天下先"——敢于冒险、勇于开拓型的行为方式

鲁迅先生曾意味深长地说："其实地上本没有路，走的人多了，也便成

---

① 李秀林等编：《中国现代化之哲学探讨》，人民出版社1995年版，第131页。
② 李秀林等编：《中国现代化之哲学探讨》，人民出版社1995年版，第141页。

了路。"① 的确，路是大多数人共同行走脚踏出来的，但关键是谁最先想到、最先迈出第一步。那迈出第一步的人正如第一个敢吃螃蟹的人一样乃是勇敢者。没有"冒"的精神，没有股"闯"的劲头，就走不出一条好路，走不出一条新路，就干不出新的事业，就将会永远裹足不前。

遗憾的是，中国人就是缺乏"敢当第一"的精神。《韩非子》谈到赛马的妙法在于"不为最先，不耻最后"，本是很有道理的，但却被我们的祖先们泛化为做人处世的法宝。鲁迅先生就曾认为："中国人不但'不为戎首'，'不为祸始'，甚至于'不为福先'。所以凡事都不容易有改革；前驱和闯将，大抵是谁也怕得做。然而人性岂真能如道家所说的那样恬淡；欲得的却多。既然不敢径取，就只好用阴谋和手段。以此，人们也就日见其卑怯了，既是'不为最先'，自然也不敢'不耻最后'，所以虽是一大堆群众，略见危机，便'纷纷作鸟兽散'了。如果偶有几个不肯退转，因而受害的，公论家便异口同声，称之曰傻子。对于'锲而不舍'的人们也一样"。"所以中国一向就少有失败的英雄，少有韧性的反抗，少有敢单身鏖战的武人，少有敢抚哭叛徒的吊客；见胜兆则纷纷聚集，见败兆则纷纷逃亡"。②

虽然鲁迅先生所言过激，但也一针见血。中国社会长期有"忍让"传统和"守经"遗风，有"不为天下先"的士大夫行为规则。凡遇事以忍让退避、明哲保身为上策，言唯"圣人之言""祖宗之言"是举，行更是不敢离经叛道，画地为牢，墨守成规，不敢超先人雷池一步。因为为天下先总是要离经叛道冒险犯难，即使冒险成功，也难免遭受"出头的椽子先烂""枪打出头鸟"之苦，难免成为"替罪羊""刀下鬼"。唯有循规蹈矩、亦步亦趋、人云亦云，才是最安全最稳妥的处世之道。久而久之，"不为天下先"在行为中已被异化为一种人人称道的"谦逊美德"。怕冒险，怕出风头，怕做第一，怕出名，怕变革，也就成为中国大多数人的一种行为方式。

尽管如此，中国历史上依然不乏"敢为天下先"的勇士和英雄。从春秋战国时的商鞅变法到近代康梁维新变法运动，从陈胜吴广起义到太平天国英雄洪秀全，从孔子删定诗书改革教育到晏阳初的平民教育、梁漱溟的乡村建设，从秦皇汉武到唐宗宋祖到孙中山、毛泽东，千百年的历史长河之中，就有包括他们在内的无数敢于打破陈规陋习、向旧势力旧传统旧观念挑战和抗争的杰出人物。中国历史就是在他们的大胆开拓、不断创新、敢为天下先的精神和努力拼搏下才不断地新陈代谢，走向明天的。

孙中山生长在岭南这个具有"叛逆"精神传统和开风气之先的社会环

---

① 《鲁迅全集》第1卷，人民文学出版社1989年版，第485页。
② 鲁迅：《这个与那个》，《鲁迅杂文书信选续编》，陕西人民出版社1972年版。

境里,岭南人的反叛精神和勇于开拓勇于创新的行为特质,不仅孕育了孙中山的"反叛"的心灵,而且也强化了孙中山"敢为天下先"的行为方式。

有的学者指出:"中山先生革命常是凭着冒险急切的个性与决心意志去行动,在艰险中前进,即使结果常如其自己所说的'不知',但仍冒险去作。"[①] 也有不少学者认为孙中山具有冒险鲁莽急躁的气质特征。事实上也是如此。孙中山一生几乎是在不断革命不断冒险不断进取中度过的。具体表现在以下几个方面:

其一,孙中山对"冒险"有着特殊的偏爱,在思想认识上格外看重"冒险"的作用。[②] 他说:"吾人之生存成功,皆靠冒险,能之则生,不能则死。"有人问他那样做会不会成功,他却说:"诸群如果问我革命可不可以成功,我的答复是'不知',但是我不以不知,便不去奋斗,我总是抱定我的宗旨,向前去做。"[③] 对自己的"冒险"行为,孙中山也是这样解释的:"自革命同盟会成立之后,予之希望则为之开一新纪元。盖前此虽身当百姓之冲,为举世所非笑唾骂,一败再败,而犹冒险猛进者,仍未敢望革命排满事业能及吾身而成者也。其所以百折不回者,不过欲以振起既死之人心,昭苏将尽之国魂,期有继我而起者成之耳。"[④]

不过,孙中山亦意识到冒险行为的消极影响,因为中国大多数人不主张冒险犯难,对那些铤而走险、胆大妄为的人没有好的评价,认为他们是好出风头、粗暴鲁莽、一介武夫,既缺乏头脑,又没有办事的能力,不足以担当重任。中国人特别讲究谋略,不主张斗力,而喜欢斗智斗勇,有勇无谋的人常常受到讥笑和鄙夷。岭南人虽然喜欢冒险,但在具体行事时又格外讲究方式方法,而且总是经过周密的思考。孙中山亦是如此,一方面积极主张冒险,另一方面又格外讲究冒险的方式方法。也就是说,他所代表的岭南人的冒险行为,是一种在主观意志上确认为可以导致成功的冒险。孙中山的权威意识提醒他要尽量约束自己的冒险行为,以便给人一种稳重老练深沉的感觉,争取更多的支持者和拥护者。所以,在反省广州起义失败的原因时,孙中山说:"当时,我如果有今日的思考能力,我不会出于赌注一举大计之行

---

① 华中兴:《中山先生政治人格的解析》,台北正中书局1992年版,第155页。
② 孙中山说:"人类之进化,以不知而行者为必要之门径也。夫练习也,试验也,探索也,冒险也,之四事者,乃文明动机也。生徒之习练也,即行其所不知以达其欲能也。科学家之试验也,即行其所不知以致其所知也。探索家之探索也,即行其所不知以求其发现也。伟人杰士之冒险也,即行其所不知以建其功业也。"(《孙中山选集》,人民出版社1981年版,第185页。)
③ 《革命在最后一定成功》,《国父全集》第三册,"中央"文物供应社1980年版,第406~407页。
④ 《孙中山全集》第6卷,中华书局1985年版,第237页。

动,而逐渐扩大现有之信用和实力……可是血气方刚的我,究竟不能久安于此境。"① 惠州起义时,有些人提出采取"'神风连'式、迅雷不及掩耳的行动",孙中山却认为:"这也非良策,且太欠深思熟虑了。此举何异于飞蛾投火,羊弃虎前!"当宫崎滔天主张冒险时,孙中山坚决不允,摇头厉声说:"我们不能把自己的生命看得那么不值钱,而胡乱自寻死路。纵使这次的计划成为泡影,也绝对不能采取这种胡来的方法。"② 对冒险行为的反省,无疑是对自身的一种超越,它使孙中山从盲从、急躁、冒进的言行中解脱出来,成为一个有勇有谋、敢于冲刺而又善于超越的领导者。我们可以从他对暗杀活动的态度上得到体认。他说:"暗杀须顾当时革命之情形,与敌我两者损害孰甚。若以暗杀而阻我他种运动之进行,则虽歼乱之渠,亦为不值。敌之势力未破,其造恶者不过个人甲乙之更替,而我以党人之良搏之,其代价实不相当。惟与革命进行事机相应,及不至动摇我根本计划者,乃可行耳。"③ 由此可见,孙中山对于暗杀活动既赞成又不赞成。他认为有利于革命、不妨害他种行动的进行、所花代价小和不动摇根本计划的冒险是未尝不可的,否则就大可不必。

其二,孙中山常常把革命与冒险统一起来,认为革命就得冒险,强调革命者要有勇猛进取的精神。他曾解释"勇"就是"不怕",他说:"革命起义之时,人人心中有勇猛进取之精神……故成功得若是之迅且速也。"④ 又说:"吾人当革命时,有一幅勇猛进取之精神,不畏不惧之气概。"⑤ 他甚至表示:"我们决不要随天演的变更,定要为人事的变更,其进步方速。"⑥ 并常勉励同志说:"破坏事业,只要不顾身命,冒险做去,即可以办得到的。"⑦ 而且特别强调:"我辈既以担当中国改革发展为己任,虽石烂海枯,而此身尚存,此心不死。既不可以失败而灰心,亦不能以困难而缩步。精神贯注,猛力向前,应乎世界进步之潮流,合乎善长恶消之天理,则终有最后成功之一日。即使及身而不能成,四亿万苍生当亦有闻风而兴起者,毋怯也!"⑧ 显而易见的是,孙中山特别强调革命和冒险之间的内在联系,重视人的主观意志和勇猛向前的精神。他的这种把革命和冒险等同起来的言论,

---

① 陈鹏仁译:《宫崎滔天论孙中山与黄兴》,台北正中书局1977年版,第7页。
② [日]宫崎滔天:《三十三年之梦》,佚名初译,林启彦改译、注释,花城出版社、生活·读书·新知三联书店香港分店联合出版1981年版,第211页。
③ 罗家伦编:《胡汉民自传》,《革命文献》第3辑,总第412页。
④ 罗家伦编:《胡汉民自传》,《革命文献》第3辑,总第113页。
⑤ 《国父全集》第三册,"中央"文物供应社1980年版,第112页。
⑥ 《国父全集》第二册,"中央"文物供应社1980年版,第6页。
⑦ 《国父全集》第二册,"中央"文物供应社1980年版,第141页。
⑧ 《孙中山全集》第3卷,中华书局1984年版,第74页。

在一定程度上起了鼓舞士气、振奋人心的积极作用，但也助长了盲目急进的情绪。辛亥革命时期和护国运动时期，革命党人当中的激进主义和暗杀活动，就多少与孙中山的态度有关。诚然，革命需要冒险，需要牺牲，需要英勇顽强，但革命也需要保存实力，需要防止不必要的牺牲。恩格斯就认为："在革命中，也像在战争中一样，在决定性的关头，不计成败地孤注一掷是十分必要的。历史上没有一次胜利的革命不证明这个原理的正确……顽强奋战后的失败是和轻易获得的胜利具有同样的革命意义。"①

其三，孙中山敢于打破陈规陋习，敢于破除迷信，敢于反抗封建礼教，大胆开拓，不断创新。

陆天祥回忆说：孙中山由于接触到了一些自然科学的知识，便开始对旧鬼神迷信采取否定的态度。他的大哥孙眉信奉关帝，把神像挂在中堂，香火供奉，孙中山悄悄地把它扯下撕烂，又劝牧场工人不要膜拜关帝神偶。说："关云长只不过是三国时代的一个人物，死后怎能降福于人间，替人们消灾治病呢？如果谁生了病，应该请医生治疗才是。"孙中山的言行自然激起了比较正统的哥哥和大多数华侨的愤慨和不满。②孙中山因此也付出了一定的代价，只得中途辍学回国。回国后，孙中山又和陆皓东一起，不仅将北极帝君竖起的手指折断，而且又将金花殿里的金花娘娘的脸画成又丑又怪的大花脸，并毁去一只耳朵。不用说，这种亵渎神灵的行为，在村里引起了一场风波。③

在学校里，孙中山曾向学校当局建议男生参加产科实习。该校原以所谓"男女授受不亲"为理由，禁止男学生到产房做接生实习。孙中山表示愤慨，当面向美籍校长嘉约翰提出："学生毕业后行医救人，遇有产科病症也要诊治。为了使学生获得医学技术，将来能对病者负责，应当改变这种不合理的规定。"他的建议终于被采纳，抗争取得了胜利。④

在香港读书期间，孙中山就常与同学好友畅谈反清革命。同学关景良的母亲得知孙中山"只想推翻清朝政府"的志向后，就曾大为惊愕，说他"真是个胆大包天的'孙悟空'！"⑤处在那个"只反贪官，不反皇帝""只盼清官，不想改革"的大众社会心理氛围下，孙中山竟公开地宣传反清革命，的确令人感到惊愕。即使在海外华侨社会，孙中山"反清革命"的主

---

① 《马克思恩格斯选集》第一卷，人民出版社1995年版，第586页。
② 据杨连合转引陆天祥、陆华造、谭尧等口述。
③ 黄彦、李伯新：《孙中山的家庭出身和早期事迹》，见《孙中山史料专辑》，《广东文史资料》第25辑，广东人民出版社1979年版，第286页。
④ 据杨连合转引陆天祥、陆华造、谭尧等口述，第287页。
⑤ 李联海：《孙中山轶事》，广东人民出版社1985年版，第39页。

张也令华侨们感到震惊。孙中山曾感慨地说:"至甲午中东战起,以为时机可乘,乃赴檀岛、美洲,创立兴中会,欲纠合海外华侨以收臂助。不图风气未开,人心锢塞,在檀鼓吹数月,应者廖廖,仅得邓荫南与胞兄德彰二人愿倾家相助,及其他亲友数十之赞同而已。"① 又说:"当初次之失败也,举国舆论莫不目予辈为乱臣贼子,大逆不道,咒诅漫骂之声,不绝于耳;吾人足迹所到,凡认识者,几视为毒蛇猛兽,而莫敢与吾人交游也。"② 但是,孙中山立志革命推翻清王朝统治的初衷不改,甚至四处游说,宣传革命"排满"。他的言论和行动,在当时可谓惊世骇俗。孙中山因此就成为主张"驱除鞑虏,恢复中华,创立民国,平均地权"的第一人。

其四,在历次革命活动中,孙中山的行为更突出地表现为大胆冒险、勇于创新和敢为天下先。

1895 年,当康梁等爱国志士出于义愤和忧患,在北方掀起维新变法的宣传浪潮之时,孙中山却在南方的广州发动了志在推翻封建专制统治的武装起义。尽管起义很快流产,孙中山也因此流亡海外,但此举无疑上撼朝廷,下启平民百姓。在这次起义过程中,孙中山行为方式的冒险性在革命党人之中可谓有口皆碑。③ 他自己后来也回忆说:"我们拟订了一项大胆的计划,……简单说来,就是要攻占广州城……而要做到这一点,就必须得到一大批汕头地方士兵的帮助,他们也是对现状不满的……一切都准备好了,完全取决于汕头士兵能否越野行军一百五十多哩前来和我们会合,从香港来的一支特遣队又能否及时赶到。……一切似乎都在顺利进行,却突然来了一声晴天霹雳。这是汕头方面领导人拍给我的一份电报:'官军戒备,无法前进'。现在该怎么办?我们所依靠的正是汕头军队。我们试着召回我们的侦察人员,又给香港发了电报。但是来不及了,一支四百多人的特遣队已带着十箱左轮手枪乘轮船出发。我们的同谋者惊慌了,接着就开始出现一阵混乱,大家都想在风暴到来之前逃走。我们焚毁了所有的文件,贮藏好军械弹药。我潜逃到珠江三角洲海盗经常出没的河网地区,躲藏了几昼夜……"④ 虽然相隔 10 余年后孙中山的这段回忆显得平淡无奇,但起义失败后,清兵封锁城门,四处搜捕革命党人,以及杀气腾腾的气焰,在当时却是十分嚣张。孙中山能临危不惧,泰然处之,其冒险精神可见一斑。

在如何救斯民于水火、切扶大厦之将倾的问题上,孙中山首倡"民族、

---

① 《孙中山全集》第 6 卷,中华书局 1985 年版,第 229~230 页。
② 《孙中山全集》第 6 卷,中华书局 1985 年版,第 229~230 页。
③ 陈少白、郑士良都说孙中山在起义后仍然不慌不忙地处理各种文件,然后从容脱险。
④ 《孙中山全集》第 1 卷,中华书局 1981 年版,第 549~550 页。

民权、民生"三大主义,主张推翻清朝专制统治,建立"民有、民治、民享"的民主共和国,节制资本,核定地价,平均地权,实行耕者有其田,想在中国"举政治革命、社会革命毕其功于一役"。在考察研究和了解西方民主政治之后,孙中山认为"各国宪法只有三权,还是很不完备的;所以创出这个'五权宪法',补救从前的不完备"①。"五权宪法"和后来提出的"革命程序"论②,显然就是孙中山考察研究东西方政治制度和社会历史后的一种新创见。为了使中国迅速走向独立自主、繁荣富强、屹立于世界民族之林,孙中山甚至不惜让位于袁世凯,潜心兴办实业,即使在护国运动失败以后,他仍花费几年时间著书立说,为中国的现代化描绘出了一幅宏伟的蓝图。③ 尽管当时人们不太理解孙中山的所思所言和所作所为,甚至对孙中山颇有微词,但孙中山一如既往,对自己的言行充满自信。他说:"我是推翻专制,建立共和,首倡而实行之者,如离开我讲共和、讲民主,则是南辕北辙"。"老实说一句,你们许多不懂得,见识亦有限,应该盲从我,我绝对对同志负责任……决不会领导同志向专制失败路上走,我是要以一身结束数千年专制人治之陈迹,而开亿万年民主政治之宏基"。甚至自认为"再举革命非我不行……我不是包办革命,而是毕生致力于国民革命,对革命道理,有真知灼见;对于革命方略,有切实措施……我敢说除我以外,无革命之导师"。④ 孙中山这种以革命导师自任的权威倾向,虽然令革命队伍内部的同志感到难堪和极为不满,但事实上,在19世纪末和20世纪初期的旧民主主义革命时期,孙中山一直充当着革命先行者的角色,走在时代的最前列。

同时,我们应该看到,"敢为天下先",既是孙中山行为方式的优点,又是他的行为方式的缺点。优点是,孙中山能够大胆任事,勇于开拓,不断创新,敢于突破旧的条条框框,无所畏惧地去面对困难和险境,成为集革命家、思想家、实干家和理想家于一身的杰出人物。⑤ 缺点是,孙中山有时太急于求成,太急躁冒进,过于相信自己的主观意志而不顾周围的环境条件,在行动上显得盲目、冲动、轻率,给人一种脱离实际、说大话说空话的理想主义者的不良印象。这在客观上又影响了孙中山的事业和声望。也正是由于这方面的缺点,所以孙中山所追求的目标一再受挫,愿望难以达成。

---

① 《孙中山全集》第5卷,中华书局1985年版,第499页。
② 卢仲维:《合情合理的程序——散论孙中山的"革命程序论"》,见《孙中山研究》第二辑,广东人民出版社1989年版。
③ 参见拙作《孙中山、毛泽东与中国现代化》,见黄德智等编《孙中山、毛泽东与中国现代化》,暨南大学出版社1994年版。
④ 居正:《中华革命党时代的回忆》,《革命文献》第五辑,第82页。
⑤ 杨玉清:《论政治家》,中国广播电视出版社1993年版,第154页。

"敢为天下先"，也是岭南人共同的行为方式。从太平天国英雄洪秀全、冯云山、洪仁玕等人到戊戌维新运动的倡导者组织者康有为、梁启超；从三元里人民群众到第一次国共合作的广大劳苦大众；从第一个留美学生容闳到提出"商战"口号的郑观应再到积极宣传无政府主义的刘师复；从第一个中国基督教徒梁发到我国铁路之父詹天佑和航空之父冯如；从洋行里的买办到我国第一家机器缫丝厂的诞生……几乎在社会各个方面涌现出大批首开风气之先的优秀人物。岭南人名副其实地成为新时代的排头兵。孙中山长期在岭南文化圈内学习、生活和活动，岭南人的这种"敢为天下先"的精神和行为方式，无疑地对他产生了深远持久的影响。[①] 尽管孙中山本人并没有意识到自己行为受岭南文化影响，但他的言行已经作了最好的注脚。"敢为天下先"，意味着开拓冒险，当然还意味着冲动、极端和反叛，它集中地体现了岭南人的行为方式及其特征，同时也是对孙中山行为方式及其特征的高度概括。

(二) "适乎世界之潮流，合乎人群之需要"——开放主动、积极进取型的行为方式

孙中山曾指出："夫事有顺乎天理，应乎人情，适乎世界之潮流，合乎人群之需要，而为先知先觉者所决志行之，则断无不成者也，此古今之革命维新、兴邦建国等事业是也。"[②] 此言虽是泛泛而论，却也是肺腑之言，更是他言行的准则。

许多研究和了解孙中山生平历史的学者，都一致认为孙中山是一个与时俱进的革命者、爱国者和领导人。著名的孙中山研究专家陈锡祺先生就指出："孙中山先生的伟大，还在于他的不断自我革新、不断追求进步。"[③] 张磊教授也认为孙中山"始终与时俱进，从不在奔腾的'世界潮流'前固步自封"，"他积极响应了时代的召唤，勇敢地超越了先行者——制订具有比较完全意义的民主革命政纲，建立资产阶级革命政党，开展反清武装斗争。从而，使近代中国民主革命运动由准备阶段入于正规阶段。当革命新时期——新民主主义革命到来后，他积极地迎接了急湍的时代大潮，让自己的思想和实践经由检验和扬弃达到前所未有的高度：把旧三民主义发展为新三民主义，确立了联俄、联共、扶助农工的三大政策。孙中山的一生宛如上升的阶梯，始终奋进攀登不已，无论是声望、威望或年龄的增长都未曾导致思

[①] 华中兴：《中山先生政治人格的解析》，台北正中书局1992年版，第二章。
[②] 《孙中山全集》第6卷，中华书局1985年版，第228页。
[③] 陈锡祺：《孙中山与辛亥革命论集》（增订本），中山大学出版社1992年版，第363页。

想僵化和盲目性。他从爱国和热衷于社会变革的青年，成长为民族英雄和民主革命领袖；又从旧三民主义发展为新三民主义，总是时代潮流的指导者"。①

在近代社会变革过程中，为什么只有孙中山始终能与时俱进，并且总是站在时代的最前面？张磊教授是这样认为的：首先，是因为孙中山无限忠诚于爱国主义和民主主义的原则。对祖国和人民的命运的高度责任感，使他从善如流，勇于抛开过时的观念，积极接受新鲜的事物，不断探索救国救民的真理，力求使自己的活动更有成效。其次，勇于和善于在思想上除旧布新也是孙中山不断奋进的重要动因。再次，不断总结斗争经验与教训也是孙中山的活动不断踏上新阶梯的又一因素。②除了这三个方面的原因外，还有一点就是孙中山深受岭南文化和岭南人的影响，在行为方式上自觉地与岭南人的开放主动型行为方式保持协调一致。因为，一方面，孙中山是一个对大众社会心理变化和存在状态十分敏感，并善于掌握和利用大众心理的职业革命家，他懂得采用什么样的行为方式才能被大众接受和认同；另一方面，一个人的行为方式常常是他自己不自觉的一种选择，或者说他总是无意识地选择自己习惯了的也是最喜欢的行为方式。而他"习惯了的"和"最喜欢的"的行为方式，恰恰是从其所属的文化类型中习得的。孙中山自始至终都没有脱离岭南文化圈，岭南文化对其行为方式的影响不可等闲视之。事实表明，孙中山的行为方式与岭南人的行为方式具有惊人的相似之处。

我们知道，传统中国人的行为方式是一种"天不变，道亦不变""乐天安命""以不变应万变"的保守被动型的行为方式。③他们既不主动去适应社会的变革，又不积极地改变自己的生存环境，在行为方式上表现出等待、服从、安命等特点。相对于传统中国人的行为方式而言，岭南人的行为方式呈现出主动、开放、进取的特点。这当然与岭南文化的开放性、商业性、实用性、远儒性等特征有关。④孙中山既受岭南文化的哺育，又受西方近代文化教育的熏陶，再加上自身有着强烈的自我价值实现的欲望，因此在心理上对岭南人的行为方式产生认同感，在行为方式上也就自然而然地与岭南人的行为方式趋向一致。具体表现为：

---

① 中山大学近代中国研究中心编：《从林则徐到孙中山——近代中国十八先贤传》，中山大学出版社1994年版，第252~253页。

② 中山大学近代中国研究中心编：《从林则徐到孙中山——近代中国十八先贤传》，中山大学出版社1994年版，第283~284页。

③ 李秀林等编：《中国现代化之哲学探讨》，人民出版社1995年版，第149页。

④ 李权时主编，李明华、韩强副主编：《岭南文化》，广东人民出版社1993年版，陈乃刚编著：《岭南文化》，同济大学出版社1990年版。

在待人接物方面，孙中山显得主动、热情、宽容、实际。① 孙中山总是根据自己的革命需要来确定交往的对象，在交往中总是能够始终处于主动、自立的地位，善于抓住对方的心理而循循善诱，使对方接纳自己，并进而成为自己的支持者和拥护者。早期与郑观应、何启、郑藻如、刘学询、陆皓东、陈少白、郑士良、尤列、程璧光等人的交往，兴中会和同盟会时期与各地华侨，与改良派领导人，与日本人，与英国俄国法国等国上层人士的往来，与黄兴、宋教仁、章太炎、居正、谭人凤等革命党人的合作，后期与军阀的周旋，都反映出孙中山行为方式的主动开放性这一特点。与邓廷铿本来素不相识，但在英国伦敦的大街上，孙中山却主动地与其攀谈起来；张静江与孙中山也是只有一面之交，但孙中山却使张静江很快地信任了他，并成为革命的同情者、支持者；与康梁改良派本来道不同志不合，但孙中山却能成功地影响了梁启超，使他一度有与孙中山合作的倾向；许多对孙中山有成见的留学生、爱国志士，在与孙中山交往接触之后便迅速改变原来的态度，成为孙中山的追随者，其原因亦与孙中山的行为方式有关。同样，有些人中途离异，甚至反叛孙中山，多少也与孙中山的行为方式有关。热情主动、开放豁达型的行为方式，既容易被人接受又容易被人误解和利用，所以，孙中山的交际圈内总是不断地变换着角色，不断地出现新面孔。

主动开放、积极进取型的行为方式还表现在政治行为上。有人指出："中山先生在政治行动上亦甚具自主性以达其预订的目标"，"当革命受挫及党人意见不一时，中山先生常有不在乎其他意见，而显出'我行我素'的倾向"。② 从创立兴中会到改组国民党，实行"联俄、联共、扶助农工"三大政策，孙中山的言行都体现了开放主动、积极进取的精神。在旧民主主义革命的每一个关键时刻，孙中山都能够以他个人独特的开放主动、积极进取型的行为方式，澄清人们的模糊认识，坚定革命必胜的信念，鼓励人们不断革命不断进步，把革命运动一步步地推向高潮。有的学者在研究孙中山与近代军阀之间的关系后，就明确指出："综观孙中山一生，他和军阀的关系是复杂的，他对军阀的认识和斗争是曲折的。在这一漫长的过程中，孙中山确有不少迷误和失败，但孙中山始终对革命充满热情和信心，不断总结经验教训，为实现自己的奋斗目标坚持战斗。而且，当我们仔细审视孙中山和军阀打交道的全过程时，我们会发现他那艰难移动的、曲折的，甚至有时有所后

---

① 吴敬恒：《总理行谊》，见尚明轩、王学庄、陈崧编《孙中山生平事业追忆录》，人民出版社1986年版。

② 华中兴：《中山先生政治人格的解析》，台北正中书局1992年版，第153～154页。

退而终究是往前迈进的足迹。"① 孙中山与军阀之间的矛盾是不可调和的，他们各自所走的道路、追求的目标不同，甚至是根本对立的。但孙中山又对军阀心存幻想，或者是出于策略上的考虑，他常常与军阀打交道。动机和目的，甚至手段上的对立，必然使孙中山处处碰壁、屡屡受挫。可贵的是，"往往在幻想碰壁后，孙中山便继以较前更坚决果敢的行动，或者另辟新途，这在孙中山对李鸿章、袁世凯、西南军阀等的态度变化上都有体现"。② 很明显，孙中山在身处军阀混战、地方割据的四分五裂的社会环境下，仍然能够以积极进取的态度，采用迂回曲折的方式，与大大小小的地方军阀周旋，与反动、落后的旧势力斗争，就不单纯像人们所说的那样是由于受理想主义所驱使，应该还有更深刻更复杂的动因，而他那种模式化了的主动开放型的行为方式，在一定程度上既强化了各种复杂的行为动因，而且它本身又是行为动因之一。

开放的行为方式，意味着宽容和接纳，也意味着自信和自主，更意味着现代和进步。孙中山的言行就充分地体现了这一点，他既重视学习他人的经验，听取他人的意见，主动地与各阶级阶层的进步人士接触，表现出开放、热情、主动、积极的态度，又常常坚持己见，我行我素，表现出自信自立的态度。第一次广州起义失败，孙中山觉得杨衢云应为失败事负主要责任，主动地要求由自己担任会长来领导革命运动，否则分道扬镳。同盟会内部发生内讧后，孙中山便以南洋为大本营，在南洋独立地组织武装起义。"二次革命"后，孙中山又自组"中华革命党"，表示"孤信其自信力，而不敢求知于人人"③。邹鲁因此认为："总理虽重视他人的意见，但对于自己的立场，却不容易随便放松一步。"④ 这与其说是由于孙中山固执己见，不如说是习惯性的行为方式之表现。一般地，人们经过千辛万苦找到的能成功处理某项生活、生存、发展和社会事务的行为方式，是不会忘却和轻易改变的。而且在实际活动中，人们总是不加思索地选择这种被确认可行的行为方式去面对现实。孙中山也不例外地总是选择自己习惯并认为是好的行为方式，去解决革命和建设过程中遇到的难题。而这种孙中山"习惯并认为是好的行为方式"，又总是与岭南文化的开放、包容的精神相吻合。从总体上看，孙中山的行为方式与康有为、梁启超以及他那个时代岭南人的行为方式基本上是相似或相同的，所不同的是，孙中山比他们走得更远一些，在行为方式的选择

---

① 段云章、邱捷：《孙中山与近代军阀》，四川人民出版社1990年版，第590页。
② 华中兴：《中山先生政治人格的解析》，台北正中书局1992年版，第591页。
③ 华中兴：《中山先生政治人格的解析》，台北正中书局1992年版，第152～153页。
④ 邹鲁编著：《中国国民党史稿》，中华书局1960年版，第448～449页。

和运用上，更具理性、自觉性和目的性。早在1898年上书李鸿章时，孙中山就尖锐地批评了中国人"恒古守法，不思变通"的心态和行为模式，认为"世界潮流的趋势，好比长江黄河的水流一样，水流的方式，或者有许多曲折，向北流或向南流的，但是流到最后，一定是向东的，无论是怎么样，都阻止不住的，……顺着潮流做去，纵然一时失败，将来一定成功"①。"适乎世界之潮流，合乎人群之需要"也就自然而然成为孙中山行为方式的一个基本特征。

（三）"天下为公"——崇尚风骨、气节与道德的行为方式

有的学者指出："以道德为社会价值取向的基本准则，这是人伦主义的结果，是儒家学说的核心，也是中国国民受传统文化长期陶冶而形成的基本特质""这一特质使中国人在行为方式上推崇风骨、气节，在深层心态上注重内省、克己、自我控制，讲求自我的道德约束和修养，在社会上则注重自己的名誉和人际关系"。②的确，中国是一个伦理型的社会，中国人的行为方式的价值内涵就是道德至上。判断一个人行为好坏的标准也是"道德"二字，因此，无论是哪个地区的中国人，其行为方式都带有强烈的伦理道德色彩。在中国社会里，人们把伦理道德行为方式化，一言一行，都倾向于用道德的准则去评判。③"道德至上"也就理所当然地成为中国人的行为方式之一。

岭南人亦不例外。虽然岭南长期受海外异质文化的浸染，但"道德至上"依然是岭南社会评判人们言行的根本原则。所不同的是，北方中国人注重个人的道德修养，维护道德准则，由外而内地进入道德的观念世界，而岭南人更注重社会生活和交往过程中的道德行为表现，强调信用、承诺、公平、互利、利群的社会价值，由内而外地进入道德的观念世界。有的研究者则认为：与湖南地域中受"心"↔"势"主客体关系链主宰的湖湘派知识精英不同，广东近代思想家如康有为、梁启超等人往往为一种"理"↔"心"合一观念所左右而不自觉地奉行某种"道德至上"的原则。这种"道德至上"的原则一旦被逻辑化、系统化，再经过一段时间的强化积淀，就会形成一种内倾型的心理选择机制，并制约着某个地域近代知识精英对"异质文化"的选择。"理"↔"心"合一认知关系链投影到近代知识分子

---

① 《三民主义》，《孙中山选集》（下），人民出版社1981年版。
② 沈大德、吴廷嘉：《黄土板结——中国传统社会结构探析》，浙江人民出版社1994年版，第193页。
③ 参见李振宏《圣人箴言录——〈论语〉与中国文化》，河南大学出版社1995年版，第205～231页。

参政的行为模式上,就很容易转变为纯粹的道德践履。近代广东地域知识精英多成为"道德决定论"(如康有为)和"泛道德决定论"(如梁启超)的忠实信奉者,他们往往天真地以为,只要自身的修炼达于"至圣"的境界,就自然而然地达到了"外王"的目的了。"理"↔"心"合一关系链由于偏重于顿悟直觉式的主体感悟,同时失去了高悬于主体范畴之外的"理"(势)的制约,这样就容易使个体行为模式变为心理层面的过程和注脚,而使群体道德的变更成为目的。[①] 梁启超就说:"道德之立,所以利群也","公德之大目的,既在利群,而万千条理即由是生焉"。[②] 总体上说来,岭南人有一种"崇群"而不"崇独"的行为倾向。

孙中山生长在翠亨村这个传统的农业社会,父亲朴直、勤奋的农民性格和母亲严格的管教方式,多少都含有道德的意味。道德总是依附在具体的言行之上,见于日常生活之中。孙中山常因犯错误而受到母亲的责骂,甚至鞭责,"以致学习到某些是非观念,引导着其日后道德观念的发展"[③]。从其幼时许多事迹中就可以发现,孙中山常以"合不合乎道德"来衡量事物,如反对家乡蓄奴、同伴赌博、以大欺小、以强欺弱、欺骗讹诈、贩卖人口等,以及日后反对不合道德、不公平的法律、不合理的制度,都说明家庭教育、文化环境的影响,使孙中山的思想意识里有了是非观念和判断好坏的标准,在行为方式的选择上有了明确的道德价值取向。道德法则的不断内化,道德意识的不断积淀,日积月累,最终也就成为人的行为方式。岭南人的道德至上论和"崇群""利群"等道德说教,潜移默化地进入了孙中山的内心深处,成为他日后选择"天下为公"的道德型行为方式的内在动因。

孙中山把自己行为是否合乎道德看得比行为结果更重要。他总是把道德观念、道德水平和人格等同看待。在他看来,高尚的人格和"特别好的道德"在性质和内涵上是相同的,即人格高尚,道德自然高尚,而好的道德也能造就好的人格。甚至认为:我们人类的天职,"最重要的,就是要令人群社会天天进步,要人类天天进步的方法,当然是在合大家力量,用一种宗旨,互相劝勉,彼此身体力行,造就顶好的人格。人类的人格既好,社会当然进步"[④]。并向国民大声疾呼:"国民要以人格求国!"他说:"我们要造成一个好国家,便先要人人有好人格",达到"四万万人都变成好人格",

---

[①] 辛向阳、倪健中主编:《南北春秋:中国会不会走向分裂》,人民中国出版社1993年版,第346～355页。
[②] 李华兴等编:《梁启超选集》,上海人民出版社1984年版,第217页。
[③] 华中兴:《中山先生政治人格的解析》,台北正中书局1992年版,第42页。
[④] 胡汉民编:《总理全集》第2卷,上海民智书局1930年版,第289页。

以改良人格来救国。① 对那些军阀武人和官僚政客的专横跋扈、胡作非为，他深恶痛绝，抨击他们"全为自私自利，阴谋百出，诡计恒施，廉耻丧尽，道德全无，真无可耻于人类者"②。把道德、人格与救国建国联系起来进行思考，显然是思想认识上的一大飞跃。这样认识的结果必然使孙中山更倾向于用道德型的行为方式去解决自己面临的问题，同时也容易使孙中山对"天下为公"的行为方式作出正确的选择。

"天下为公"作为孙中山的行为方式之一，是因为它不仅是孙中山行为的准则，而且也是孙中山道德型行为方式的最好概括。"天下为公"成为孙中山的行为方式之一，具体表现为：

1. 无私

跟随孙中山革命几十年的人都认为"先生革命数十年，无养育之私财，无自图便利之私意，无私怨，无私仇，无私人。政治家能如先生者，非特中国古今。即西洋诸国，恐无其匹"③。孙中山为革命筹集到数以万计的金钱，但他私人却一贫如洗。访问过他的住宅的人说：在上海法租界内一幢普通的两层楼房，有着书籍成列的书房和简单的家具，有一片刚够打槌球的草坪。甚至在广州河南士敏土厂的司令部里，他和他的年轻的妻子也只住着简陋的房屋。④ 这从孙中山的遗嘱中亦可窥见一斑。他说："余因尽瘁国事，不治家产，其所遗之书籍、衣物、住宅等，一切均付吾妻宋庆龄，以为纪念。余之儿女，已长成，能自立，望各自爱，以继余志。"⑤

就个人的日常生活来说，孙中山也是一个非常俭朴节约的人。一位跟随孙中山多年的人说："中山先生的一生，从不为私利打算的，他的生活，也是十分朴素和有规律。当他避难在永丰军舰时，他起身很早，……在舰上吃的也很简单，吃的同士兵一样的普通罐头和萝卜等类。……由于他生活简单朴素，因而中山先生身边，也从来不带什么钱的。当中山先生仓猝脱离永丰舰时，留下了四只箱子，最后由我带上岸，当登陆时被陈炯明叛军发现，他们以为其中一定有许多金银财宝，定要开箱检查，结果开箱一看，除了中山先生亲手写的三民主义草稿、几件衣服、几双拖鞋及华侨汇款信件外，只有广东毫洋几百个，共合银币四十元，他们看了大失所望，冷笑几声放我们走

---

① 胡汉民编：《总理全集》第2卷，上海民智书局1930年版，第289页。
② 胡汉民编：《总理全集》第1卷，上海民智书局1930年版，第1030页。
③ 转引自杨玉清：《论政治家》，中国广播电视出版社1993年版，第163页。
④ [美]韦慕廷：《孙中山——壮志未酬的爱国者》，杨慎之译，中山大学出版社1986年版，第37页。
⑤ 陈锡祺主编：《孙中山年谱长编》（下），中华书局1991年版，第2131页。

了。还记得中山先生经常教导我们说：'革命党不要钱，要钱不是革命党。'"① 邓慕韩也说："孙中山先生生平公而忘私，身后无一私财，此固举世所共知之以深敬之者，即其起居饮食，自待亦复廉甚，曾不以地位优越，稍肆奢侈"，"民国元年，孙先生就总统职于南京，每日饮膳所供，与府中僚属同。一日南北议和代表伍廷芳、唐绍仪入见，纵谈至夜，先生以故人故，留二人膳，追入席，除寻常公膳数簋外，无稍加饰。唐平日用度最奢，即烟酒之费，日须二三十金，乍睹食品粗劣，无法下箸，又不敢以不食辞。乃佯语伍昏，今日为吾辈斋期，不能茹荤，只可陪食。先生以为确，亦不复强，随食随谈，略不介意，此不独廉俭可风，其一种推诚接物之盛德，尤足以风世，此其所以为民国国父也钦"。②

就用人而言，孙中山是用人唯贤，量才录用。孙眉是他的大哥，对革命亦有很大的贡献，但当有人举荐孙眉任广东都督时，孙中山却拍电报再三反对，因为他认为孙眉的能力有限，不能担当如此重任，要真正做到任人唯贤。就是对曾经反对过自己的人，只要他有真才实学，且有利于革命和建设，孙中山都能任用之。有的学者就指出："孙中山在革命的进程中，也不时出现反对他的人。但这种人只要认识了错误，他仍一视同仁，予以重用"③。"孙中山用人，只有革命的利益，而没有私人的感情"④。五四运动以后，孙中山看到了工人阶级和中国共产党的反帝反封建的巨大力量，决定与中国共产党合作。为了达到合作的目的，孙中山不惜与一些跟随他多年但反对国共合作的国民党元老决裂，丝毫没有袒护之情，而是从国家和民族前途考虑用人之道。正因为孙中山考虑的是国家的前途而绝没有个人的得失，所以他才会在就任临时大总统三个月后让位于袁世凯，自己则一门心思发展实业。他这种不计名利，不问个人得失，"只讲耕耘，不讲收获"的精神，古往今来，屈指可数！

2. 博爱

孙中山特别强调博爱。他认为博爱与平等、自由同为"社会主义之真髓"，只有"社会主义之博爱"，才是"广义之博爱"。⑤ 指出："博爱云者，为公爱而非私爱，……与夫爱父母妻子者有别。以其所爱在大，非妇人之仁可比，故谓之博爱。能博爱，即所谓之仁。"并认为"仁之种类，有救世、

---

① 温良：《国而忘私，不断进步》，见《孙中山生平事业追忆录》，第215页。
② 邓慕韩：《孙中山先生轶闻》，见《孙中山生平事业追忆录》，第716页。
③ 杨玉清：《论政治家》，中国广播电视出版社1993年版，第164页。
④ 杨玉清：《论政治家》，中国广播电视出版社1993年版，第164页。
⑤ 《孙中山全集》第2卷，中华书局1982年版，第510页。

救人、救国三者，其性质则皆为博爱"。① 孙中山一生就是为了救世、救人和救国。他的一言一行、一举一动，亦与救世救人救国有关。救世救人救国的举动就是博爱的表现。孙中山热爱自己的父母、妻子、儿女，也爱自己的朋友、同学、同志，更爱自己的祖国和人民大众，以及世界上受压迫受剥削的人民。1897 年他在与宫崎滔天和平山周谈话时，便表示要"为支那苍生，为亚洲黄种，为世界人道，而兴起革命军"，把"救支那四万万之苍生，雪亚东黄种之屈辱，恢复宇内之人道"作为自己奋斗的事业。② 1899 年，菲律宾民族解放组织因武器缺乏，于夏秋间密派代表彭西赴日购械，并求助于孙中山。当时孙中山"绌于资金，对于国内军事多不如意，闻之大喜，乃提议率党员至菲岛投独立军助其成功"③。在专注中国革命的同时，孙中山对菲律宾、朝鲜、越南等亚洲民族解放运动也给予了直接或间接的支持和援助，④ 表现出了高尚的国际主义情操。

3. "替众人来服务"

有的研究者指出，"博爱、平等、互助"是孙中山的伦理道德思想的主要内容⑤，而"替众人来服务"则是孙中山新道德思想的精华和核心⑥。孙中山自己也是这样表述的，他说："新思想者何？即公共心"⑦。"替众人来服务的新道德，就是世界上道德的新潮流"⑧。他要求人们要"为国家、为人民、为社会、世界来服务"⑨，提倡"人人当以服务为目的，而不以夺取为目的"⑩，指出"为个人谋幸福，和近代的思想大不相合；近代人类立志的思想，是注重发达人群，为大家谋幸福"⑪。并进一步指出：一切官吏都应"替众人来服务"，"上而总统下而巡差，皆人民之公仆也"，⑫ 做官绝不

---

① 《孙中山全集》第 6 卷，中华书局 1985 年版，第 22 页。
② 《孙中山全集》第 1 卷，中华书局 1981 年版，第 174 页。
③ 《孙总理庚子助菲律宾独立及购械失败始末》，冯自由：《革命逸史》，中华书局 1987 年版，第 4 集。
④ 参见黄铮《孙中山与越南》和胡绳武、戴鞍钢《孙中山对帝国主义认识的演进》二文，见《"孙中山与亚洲"国际学术讨论会论文集》，中山大学出版社 1994 年版。
⑤ 张启承等：《一笔值得珍视的精神遗产》，见《孙中山和他的时代——孙中山研究国际学术讨论会文集》下册，第 1755 页。
⑥ 张启承等：《一笔值得珍视的精神遗产》，见《孙中山和他的时代——孙中山研究国际学术讨论会文集》下册，第 1756 页。
⑦ 《孙中山全集》第 6 卷，中华书局 1985 年版，第 56 页。
⑧ 《孙中山全集》第 10 卷，中华书局 1986 年版，第 156 页。
⑨ 《孙中山全集》第 10 卷，中华书局 1986 年版，第 156 页。
⑩ 《孙中山全集》第 9 卷，中华书局 1986 年版，第 299 页。
⑪ 《孙中山全集》第 8 卷，中华书局 1986 年版，第 534～535 页。
⑫ 《孙中山选集》，人民出版社 1981 年版，第 173 页。

是为了发财、作威作福,而是要为众人服务。

孙中山自己一生就是为众人服务的一生。他本可以做一名好医生,生活可以有一定保障,生命也不会受到威胁,他的家人也不会为他担惊受怕、东躲西藏。但他选择的是"医国的事业",是为亿万中国人谋和平、幸福的革命事业。为了拯"斯民于水火",扶"大厦之将倾",他曾身陷囹圄,差点死于非命,甚至被禁止回国,十几年无家可归。为了迅速推翻封建专制统治,实现和平、统一、民主,他毫不犹豫地将大总统的职位让给袁世凯,自己则一再表示从事实业建设,早日实现"民生主义"。他多次告诫人们"要以服务为目的","要立大志气","替主义去牺牲"。他说:"我们要把革命做成功,便要从今天起,立一个志愿,一生一世都不存升官发财的心理。只知道做救国救民的事业,实行三民主义和五权宪法,一心一意的来革命,才可以达到革命的目的。"① 并强调"当建设时代,还要牺牲个人,为大家谋幸福。譬如破坏时代,要牺牲性命,今日建设,也要牺牲,既包括'牺牲性命',也包括'牺牲权利'。如果一个革命者,这两点牺牲精神都没有,那'真正自由之幸福,即万万不能达到'"②。他自己为亿万中国劳动人民谋幸福,就真正做到了敢于牺牲自己的性命和牺牲自己权利。做了大总统,却丝毫没有作威作福的想法,而是努力为国民谋幸福,为国家谋发展,心中所想的是祖国和人民大众。就是退职休闲的时候,仍然念念不忘祖国的现代化和"让耕者有其田"。即使弥留之际,也还是不忘"和平、奋斗、救中国"。毫无疑问,孙中山这种争取民主,谋求独立和富强的要求和愿望,以及为此而耗费了毕生精力的言行,正是一种"替众人来服务"和"天下为公"的行为表现。

可以说,孙中山一生的言行与他的"无私""博爱"和"替众人来服务"的精神品格有着密切的联系。孙中山既是一个理想主义者,又是一个始终为自己的理想而奋斗的现实主义者。他受自己的信念、理想、主义和激情所支配,所以任何一种思想观念一旦成为他的信念、理想和主义的一部分,也就必然成为他的行为方式之一。因为按照唯物主义的观点,行为方式是人们在自觉活动中所采取的形式、方法、结构、模式的总称,是社会关系的主体形式,是社会行动规律的具体体现。行为方式作为这三方内容的统一,内在地具有以下特点:第一,行为方式是在主体自觉目的指导下的,并且自身具有一定的稳定形式和结构的行为;第二,行为方式是社会关系的主

---

① 胡汉民编:《总理全集》第2卷,上海民智书局1930年版,第443页。
② 《孙中山全集》第2卷,中华书局1982年版,第471页。

体形式；第三，行为方式是社会行动规律的具体体现。① 这就说明行为方式不仅是行为主体、行为手段和行为对象等要素组合成的整体，也是行为的内容、形式和关系的统一，更是人们的行为目的和动机、行为程序和行为结果三个环节的统一。② 正是从这个意义上，我们说"敢为天下先"，"适乎世界之潮流，合乎人群之需要"和"天下为公"，既是孙中山一生的信念，又是他一生行为活动的方式。

---

① 李秀林等编：《中国现代化之哲学探讨》，人民出版社 1995 年版，第 131～132 页。
② 李秀林等编：《中国现代化之哲学探讨》，人民出版社 1995 年版，第 133～134 页。

第九章　局限：岭南文化与孙中山的历史命运

任何一种文化都有它自身的局限，正如任何人都有这样或那样的不足，岭南文化亦是如此。尽管它以其重商性、开放性、兼容性、多元性、享乐性、直观性和远儒性①等特征而成为中国地域文化中的一枝奇葩迎风怒放，造就了一代代"但开风气不为师"的所谓先知先觉式的风云人物，如洪秀全、洪仁玕、郑观应、容闳、康有为、梁启超、黄遵宪等敢于反叛传统、挑战权威、大胆开拓、勇于创新的中国式的普罗米修斯，岭南也成为近代中国人瞭望世界，学习西方，传播西方物质文化和精神文化，推动中国社会变革，走向世界民族之林的"得风气之先"和"开风气之先"的前沿阵地，②但它自身的局限性也在所难免。尽管各种地域文化之间并没有绝对的优劣对错是非的区别，但一种地域文化一旦形成，其对人的濡染浸泡和陶冶模铸所起的作用和影响，就有积极进步健康发达先进超拔与消极落后病态孱弱保守庸俗之分。因为各种地域文化对人的塑造在形式和内容上并非千篇一律。正如有人所说的那样："个人偶然降生于其内的文化环境对他是否获得天才的誉称起着很大的作用。如果他生长在边远文化地区，那里生活艰难且充满风险，人们崇尚神枪手，视酗酒和格斗为男子汉的美德，人们在刺耳的提琴伴奏下跳四方舞，这便是最高的艺术形式，那么他不可能获得诗人、作曲家、雕塑家、哲学家或科学家的称誉。他也许具有极好的天赋，在狩猎、掌舵或歌舞方面能力出众，但'天才'的称号不会授给这些才华出众的人。然而假如他生活在丰富而生机勃勃的音乐、绘画、科学或哲学等传统之内，他就易于成为一个天才。如果他才能超越或稍胜群凡的话。"③ 库利在评价高尔顿时指出，"一个巴黎人很难成为优秀的垒球手，同样，在上世纪西部美国

---

① 参见李权时主编《岭南文化》，广东人民出版社1993年版。
② 参见陈胜粦《挑战与回应——谈谈近代岭南文化》，载《炎黄世界》1995年第2期。
③ ［美］怀特：《文化科学——人和文明的研究》，曹锦清等译，浙江人民出版社1988年版，第205～206页。

长大的人也很难成为一个著名画家"①。同样，上海所代表的海派文化与北京所代表的京派文化在人的性格表现上就略有差异，上海人的"精明、骄傲、会盘算、能说会道、自由散漫、不厚道、排外、瞧不起领导、缺乏政治热情、没有集体观念、对人冷漠、吝啬、自私、赶时髦、浮滑、好标新立异、琐碎、市侩气……"②与北京人的粗豪、爽直、勇敢、诚实、友善、幽默、伪诈、浮躁、自傲、神侃、尖酸刻薄、爱面子③等性格相比就有明显的不同。两地都是中国的名城，但各属于不同的文化，它们虽没有谁优谁劣之分，但两地文化在对人们的性格定格上却有一定的雅俗之别，而且每种文化本身也有正反、积极消极的两面，都有它自身的局限性。岭南文化也有它消极落后、不合时宜的一面，当它直接作用于具体的某个人时，这种消极落后、不合时宜的一面就有可能更加集中和突出了。当然，这绝不是文化有意这样强加于人，而是人这个既是文化的主体又是文化的客体的高级智能动物自己选择吸收和选择创造发挥的结果。

岭南文化无疑是孙中山文化心理和文化性格形成与定格的最基本但又是最主要的文化成分，其对孙中山的性格、思想、行为、情感，以及孙中山一生的事业都产生了重大的有时甚至是深远的影响。

一方面，开放性、融通性、多元性、远儒性、重商性的岭南文化，孕育了孙中山积极进取、开放外向、不断探索、求新务实、宽厚善良、包容妥协、乐观自信的"现代性"性格，激发了孙中山的反抗不合理、不合法、不道德现象的热情，唤起了孙中山的国家民族意识，激励了孙中山成就事业的动机，从而为孙中山一生事业的拓展奠定了心理、情感、意志、能力、知识和思想基础。④孙中山从母体文化——岭南文化这里也自觉或被迫地接受和内化了许多文化的精华，形成了一种强烈的入世态度和顽强的不折不挠的进取精神，学会了适应时世、顺应潮流、灵活善变、务实求真的处世待人的方式方法，养成了不倦地研究国内外和党内外情况，及时"总结过去的经验教训，根据历史的发展的特点而一步一步引导群众前进的良好习惯"⑤。可以说，是岭南文化赋予了孙中山成为一个伟大的革命家、政治家、外交家和思想家所必备的心理素质。甚至可以进一步地说，是岭南文化和岭南文化

---

① [美] 怀特：《文化科学——人和文明的研究》，曹锦清等译，浙江人民出版社1988年版，第205~206页。
② 余秋雨：《文化苦旅》，上海知识出版社1994年版，第143页。
③ 骆爽等编：《"批判"北京人？!》，中国社会出版社1995年版。
④ 华中兴：《中山先生政治人格的解析》，第二章，台北正中书局1992年版。
⑤ 吴玉章：《孙中山先生伟大的革命精神》，见《孙中山研究论文集（1949—1984）》（上），四川人民出版社1986年版，第17页。

圈内的许许多多的有名和无名英雄把孙中山推向了民主革命的前沿，使其成为中国民主革命的先行者。从这一方面看，伟人孙中山是他所从属的岭南文化作用的产物。①

但是，另一方面，岭南文化的消极落后不雅不好的东西也同样使孙中山受到程度不同的感染。尽管孙中山曾有意识地避免和抑制这种母体文化的不利因素对他的感染，但是由于文化传统和文化环境等无法逃脱的控制，主体自律自制的结果往往收效甚微。孙中山的理想和追求因此常常被人们误解，其努力奋斗的结果又总是不尽如人意，甚至在革命胜利的关键时刻而功亏一篑。孙中山因此也被一些学者认为是一个壮志未酬的略带悲剧性的爱国者和革命家。

一、影响了孙中山与同志间之关系

强烈的社会责任感和个人成就动机，以及充分的自信心，使孙中山在人际关系中形成了一种"自我中心"的倾向和浓厚的领袖意识。他自己就常常以"先知先觉"自居，忽视其他人的作用，甚至否定他人的能力。在与同志、同伴的交往中，有时热情宽厚，是一个容易接近的长者和领袖，但有时他又特别喜欢命令人、指使人，固执、粗暴、专制，让人觉得难堪或者感到人格上受到歧视。宋教仁就愤愤不平地说："盖逸仙素日不能开诚布公，虚心坦怀，以待人作事，近于专制跋扈，有令人难堪处。"② 宫崎寅藏也认为："孙逸仙有一个毛病，就是命令病、专制病"③，甚至认为"孙是个刚愎自用的人，死硬坚持自己的意见"④。著名学者李时岳先生也认为："孙中山具有革命伟人的高度自信心和顽强精神，但往往不善于用民主的方法解决内部的意见分歧，有时便不免表现为独断和偏执。"⑤ 孙中山自己曾在回答朱执信等人"革命何以要服从个人"的质询时说："服从我，就是服从我所主张的革命；服从我的革命，自然应该服从我。"⑥ 把"我"当成了革命的化身，这无疑会引起以革命为己任的任何一个爱国者、革命者的反感和厌恶。

---

① 这样说，并不排除其他类型的文化对孙中山的作用，在这里只是有意强调岭南文化的作用。
② 宋教仁：《我之历史》，台北文星书店1962年版，第319页。
③ 《宫崎滔天全集》第3卷，东京平凡社1973年版，第555页。
④ 《宫崎滔天谈孙中山》，见《孙中山史料专揖》，《广东文史资料》第25辑，广东人民出版社1979年版，第318页。
⑤ 李时岳：《同盟会内部风潮与孙中山》，见《"孙中山与亚洲"国际学术讨论会论文集》，第622页。
⑥ 《孙中山全集》第2卷，中华书局1982年版，第110页。

孙中山的这种性格气质特点毫无疑问地缩小了他的社会交往圈，拉大了他与同志、朋友、伙伴等之间的距离，人为地造成了组织内部的不和谐，甚至分裂，大大地削弱了革命的力量，从而使他的革命活动屡屡受挫。如"二次革命"后，他几乎是一意孤行地要另组"中华革命党"，并要党员宣誓绝对服从党魁，结果与黄兴等国民党骨干分子产生意见分歧，黄兴出走美国，李根源、熊克武等百余人在日本另行成立了"欧事研究会";[①] 李烈钧、陈炯明则远去南洋组织"中华水利促进社"；还有朱执信等一些激进的革命者，也因不赞成新党的规章，远走欧美及南洋，自行筹划讨袁。中华革命党成立时，只有八个省籍的几百名党员，与当年同盟会成立时十七省力量联成一体、不过一年就人数万余的盛况相比，其组织力量的弱小可想而知。[②] 孙中山的威信也因此受到极大的损害，当时有人就说孙中山行的是"君主专制主义"。[③] 最终的结果是孙中山护国护法运动的目的不能达到，其革命理想不能实现。

在人际交往中，孙中山的实用主义和乡情乡谊的地缘价值取向，不仅使人们对他的言行失去了信心，而且也把自己的社会交往对象局限在狭小的圈子里。诚然，孙中山是一个国际主义者和爱国主义者，并具有开放意识，但乡土观念依然干扰着他的言行和社交活动。[④] 尽管为了壮大革命队伍的力量，争取更多的人支持和拥护革命，孙中山特别注重突破地域上的界线来广交朋友，招贤纳士，但在孙中山的交际圈内，岭南籍贯的人始终都是主角，其他省份的人所处的地位和所起的作用就可想而知。这在客观上降低了革命队伍内部成员的革命积极性，不利于革命力量之凝聚。

二、影响了孙中山理想和愿望之达成

在孙中山一生的事业中，胜利和成功似乎都是短暂的和稀少的。在辛亥革命时期，他组织和领导了10次武装起义，虽然偶有小小的胜利，但稍纵即逝。武昌起义胜利后，孙中山兴奋不已，回国后一心一意想在中国建立一

---

① 王杰：《中华革命党略论》，见《孙中山研究论文集（1949—1984）》（上），四川人民出版社1986年版，第347～348页。

② 王杰：《中华革命党略论》，见《孙中山研究论文集（1949—1984）》（上），四川人民出版社1986年版，第347～348页。

③ 《宫崎滔天谈孙中山》，见《孙中山史料专辑》，《广东文史资料》第25辑，广东人民出版社1979年版，第318页。

④ 参见拙作《论孙中山的乡土观念》，载《中山大学学报论丛·孙中山研究专辑》第10～11期。

个资产阶级民主共和国，但急于求成的心理和务实的精神，以及文化性格中的弱点，使孙中山迅速让位于袁世凯。① 孙中山的民主革命的理想和愿望并没有真正实现，因为紧接着的便是袁世凯的反革命和封建复辟，孙中山等革命党人重新流亡海外。革命胜利的欢愉也仅仅是短暂的一刻。

在稍后的岁月里，孙中山也曾先后三次在广东建立了政权，但似乎仍然是不能如其所愿。尽管失败的原因是多方面的，但是孙中山文化心理上的局限性对他言行的消极影响也是不可否认的。对于近代中国军阀混战和地方割据的现象，孙中山是具有一定认识的，但为了实现由自己建立的政治组织来完成祖国的统一和富强大业，他那岭南人式的务实灵活的性格特征使他模糊了敌我矛盾和阶级视线，"与狼共舞"，给人一种为达目的而不择手段的不好印象。长期与各地军阀，尤其是与两广、云南等地的军阀割据势力纠缠在一起，也容易被军阀们所操纵和利用，更容易被世人所误解。对广东的特殊感情和长期过分地依赖广东地区的人民和革命力量，在一定程度上影响了孙中山事业的发展。而且辛亥革命胜利后 10 多年里，广东一直成为全国反袁和反对北洋军阀斗争的中心，广东人民为孙中山的"主义"和"建国方略"在人力、物力、财力等方面所作出的牺牲是巨大的。但是对家乡颇有恋情的孙中山始终把广东作为革命依托，不断地向家乡人民提出新要求，以致家乡父老乡亲们对他产生了误解和不满。别有用心的人如陈炯明便借机反叛孙中山。结果祸起萧墙，理想破灭。

从当时的实际情况来看，除了广东，孙中山可以灵活自如地施展拳脚的地区并不多，而且孙中山在语言、生活方式、思维方式、行为方式和文化性格等方面的特点也不容许他去为革命理想而冒险。这倒不是说孙中山不敢冒险，或缺乏进取开拓精神，而是因为孙中山是一个受岭南文化影响较深的人，岭南文化的开放性、远儒性、实用性和岭南人的务实精神强化了孙中山的思想观念和性格特征，在关键时刻它使孙中山作出了比较现实的选择。因为广东毕竟是他长期生活、学习和从事革命活动的地方，他太熟悉这里的土地和人民。事实上，近代广东一直是"得风气之先"和"开风气之先"的地区，② 既有广泛的群众基础，又有良好的思想基础和心理氛围，孙中山对广东地区情有独钟，不是盲目的乐观和随意的选择，而是注重实际、面对现实的一种务实性的选择。

在争取外国的财政援助和华侨人力物力的支持方面，孙中山曾获得一次

---

① 参见拙作《清末民初社会心理与政治》，见《孙中山研究论文集》，中山大学出版社 1993 年版。

② 参见陈胜粦《挑战与回应——谈谈近代岭南文化》，载《炎黄世界》1995 年第 2 期。

又一次的成功。① 尤其是在激励、动员、组织华侨支持革命运动方面，孙中山取得了惊人的成绩。在研究"南洋华侨与孙中山"这个问题时，我们曾写过这样一段文字："南洋华侨由保守到激进，由保皇到革命这一思想认识的转变，孙中山的个性影响和革命活动的作用是不可忽视的。孙中山利用了华侨的某些心理特点，灵活地运用多种多样的宣传、鼓动和组织方式，赢得了南洋华侨的大力支持，从而为华侨是'中国革命之母'提供了有力的历史见证"，"但孙中山在唤起华侨民族意识、激发华侨革命热情的过程中，过高地估计了南洋华侨的革命力量，不切实际地向南洋华侨提出过多的经济等方面的要求和持续不断地组织军事行动，在一定程度上不仅影响了华侨和革命党人的积极性，而且在客观上也影响了辛亥革命的进程"。② 外交和筹款方面的成功，显然与孙中山灵活、善变、务实的性格有关。同时，过分注重外交和筹款工作，也从侧面证明孙中山是一个非常务实的人。因为在当时革命要取得胜利，这两方面的条件是至关重要的，至少孙中山是这么认为的。但事实上，外国的支持极其有限，筹款活动也不是十分顺利，甚至可以说在俄国支持孙中山以前，孙中山几乎没有得到西方资本主义大国的实质性的真诚的援助和道义上的支持，每一次筹款也几乎没有达到孙中山预期的目标。对于把外交工作和筹款工作看成革命取得胜利的重要保证的孙中山来说，外交得不到各资本主义大国的支持，筹款的计划又常常得不到华侨和外国政府的强有力的支持，两方面的受挫实际上就意味着理想与愿望不能达成。而外国对孙中山的支持主要还是看孙中山给他们的印象和他们在华的利益。孙中山掩饰不住的冲动、鲁莽和急躁的言行，在一定程度上又动摇了外国政府对他的信任。至于华侨们献物、捐资和回国杀敌，虽然主要是出于爱国救国的热情和动机，但亦有受孙中山影响的痕迹。孙中山的人格品质对于广大爱国华侨来说，无疑具有一定的吸引力，尤其是那些家乡观念还十分强烈的广东籍华侨，支持同乡孙中山的革命，在心理和情感上或许会得到满足。

从总体上说来，挫折和失败总是伴随着孙中山。正如韦慕廷所描述的那样："挫折沮丧是永无穷尽的。反对清王朝的武装暴动，一次接着一次地失败了。为革命筹集资金是十分困难的，共和国结果变成了一个纯粹的幻觉，它被那个独裁者袁世凯盗窃走了（孙博士后来是这样认识的），它被官僚、

---

① [美] 韦慕廷：《孙中山——壮志未酬的爱国者》，杨慎之译，第二章，为革命筹款，中山大学出版社1986年版。

② 仇智源、胡波：《孙中山与南洋华侨》，见《"孙中山与亚洲"国际学术讨论会论文集》，中山大学出版社1994年版，第233、239~240页。

军阀和追逐私利的政客们败坏收买了。利用外国借款发展铁路建设的梦想遭到破坏,精心拟就的发展中国经济的实业计划一无所成。对他所领导的任何政权,甚至包括南京的临时政府在内,没有一个外国政府予以承认。"① 对于孙中山成功和失败的原因的分析,历来学者们较少地注意到文化性格对孙中山的影响。除了外在因素或客观条件的影响外,孙中山的主观因素也是导致其屡屡失败和连连受挫的重要原因之一。

三、影响了孙中山思想理论体系之建立

孙中山在世的时候就有所谓"孙氏理想,黄氏实施"的说法,后来很多人就误认为孙中山是一个思想理论家,只说不干,而黄兴则是一个纯粹的实行家,缺乏思想和理论,其实这是一种误解。一方面,任何人的行为都受一定的思想所支配,像孙中山、黄兴这样的"先知先觉"式的革命家,没有思想是不可能的。黄兴自己就说:"一般的人都说孙先生是理想家,我是实行家,这是大错特错的。试想没有理想,那能见诸实行;没有理想的实行叫盲动,轻举妄动。我们现在实行革命,就是实行这正确的理想。理想者、实行者,在空间上不可须臾分离,在时间上无前后之分,所以古人才有知行合一、即知即行的话。孙先生一生不断地理想着、实行着,实行其理想,理想其实行。孙先生的理想实行,就是我的理想实行。"② 另一方面,人们把"理想"与"思想"等同起来,其实二者是有区别的。理想是对未来事物的想象或希望;思想是客观存在反映在人的意识中经过思维活动而产生的结果。二者在概念的内涵和外延上均有一定的区别。有理想的人就不一定个个都是有思想的;反过来,有思想的人也并非一定有理想。孙中山是一个既有理想又有思想的人,而且是一个思想就是理想的人。但是,有理想有思想的人并不能立即说他是有理论的人。"理论"是指人们由实践概括出来的关于自然界和社会的知识的有系统的结论。它常常是由一系列的概念、范畴、法则、判断、逻辑组成的带有明显的抽象色彩的语言符号体系。可以说,没有抽象、没有概念、没有范畴、没有法则、没有逻辑,就没有理论体系的建立。之所以说孙中山是一个理想家或思想家而不说是理论家,就是因为孙中山的思想体系严格说来还不够严密和完整,也缺乏一定的理论深度,其思想主张的表述既缺乏恒常性又充满矛盾。正如李泽厚所指出的那样:孙中山虽

---

① [美]韦慕廷:《孙中山——壮志未酬的爱国者》,杨慎之译,中山大学出版社 1986 年版,第 304 页。
② 林泉:《一代伟人黄克强先生》,《黄兴传记资料》(二),台北天一出版社,第 272 页。

然强调了"真知"——理性认识的重要,但是他又始终未能使自己的理论真正超出感性的范围,他的"知行学说"大都停留在琐碎的各种举例说明上,并没有达到真正抽象思辨的理论高度,始终带着浓厚的直观性和经验性。尽管他强调了理性认识的重要,但这个理性认识仍然是相当低级和朴素的阶段,非常缺乏真正科学抽象的深刻,从而达不到对事物的本质认识,他的哲学基本上仍然是经验论的认识论。①

诚然,忽视理论或轻视理论思辨,满足和局限于日常经验,是中国人的共同特点,并不是孙中山个人的缺点。只是相对说来,岭南人更重视直觉、感性和日常生活经验,不太擅长于理论思辨。孙中山亦不例外。尽管他也比较重视理论思辨,注意观察和分析日常生活中的一些在他看来是最基本的现象,但是,思维方式、行为方式等都曾受岭南文化影响的孙中山,似乎心有余而力不足。在阐述自己的思想认识和总结经验,以及揭示自然和社会运动变化规律时,他并没有采用西方哲学家、思想家们所常用的抽象式的思辨方法进行判断推理和得出结论,也没有沿袭中国传统思维方式去进行类比推理、观物取象,而是在结合了东西方思维方式和表述方法的基础上形成了自己的带有明显岭南文化胎记的思维方式和表述方法。如中国近代哲学认识论是从感觉经验出发的,谭嗣同、章太炎、严复等都是如此,孙中山则把这种经验论提到"行"的高度,重视实践在认识中的作用。但同时他所说的"行"在根本上又仍然是以个体经验感知为单位的生物性的一般抽象,而不是具体历史的社会和阶级的集体实践活动。他这种"从感知经验出发,注重人的精神力量和发扬主观能动性,当然是一大优点,但忽视和缺乏深刻的理论思辨,盲目片面地夸张心知意志,则又是重大弱点"②。在阐述"三民主义"思想及其哲学思想时,孙中山也不是采取从概念到概念、从逻辑推理到理论思辨的抽象方法来论证说明,而是从具体生动感性的现象出发,采用摆事实讲道理式的现象罗列和经验推导的直观把握方法来达到说明和阐释的目的。他像岭南大多数思想家一样,重视思想观点的传达和内容本身,而不太注重传达的方式和表述的形式,其目的重在"说明问题"而不在于"说明"本身。正因为孙中山重事实、经验、感性的东西,所以其三民主义思想和哲学思想都显得不够深刻、不够严密、不够系统、不够全面,而且语言含糊,模棱两可,容易被误解和被歪曲。如孙中山提出的以欧洲"霸道文化"、亚洲"王道文化"为依据的"大亚洲主义",后来竟然构成了汪精

---

① 李泽厚:《中国近代思想史论》,人民出版社 1979 年版,第 375 页。
② 李泽厚:《中国近代思想史论》,人民出版社 1979 年版,第 328 页。

卫卖国集团鼓吹"中日亲善"的理论来源之一。① 再如孙中山提出的治国三期说（军政、训政、宪政）以及"权能分开"论，更是明显地成为蒋介石统治的法律依据。李泽厚就曾指出：由于"孙中山严重低估了封建专制政体的严重影响和传统潜力，把'政权'与'治权'分开，……这就在理论和实际上，把'治权'放在'政权'之上。更由于孙中山不懂得国家政权的阶级专政性能，不懂得政府机关、军队、警察、法庭、监狱这些东西（'治权'）的严重性和历史具体性，不懂得在所谓民主、民权的外在形式下，仍然可以是封建专制的老一套，因此，所谓权能分离说，倒可以成为符合中国封建主义继续统治需要的东西。蒋介石就利用了这一点，他的确把孙中山的所谓'万能政府'实现了，但他实现的不是孙中山所理想的为人民服务的行政效率的'万能'，而是残酷压榨和剥削人民的'万能'"②。思想理论的模糊性和缺乏逻辑严密完整的系统性，就难免使人产生解释理解上的歧义，而且认识事物和总结经验，也需要一定的抽象概括，这样才能揭示事物的本质，才能把复杂错乱的现象简单化、条理化、精确化。过于具体、以物证物、不注重思辨和抽象概括，也影响思想理论体系的建立和完善，甚至影响人们对他的理论思想的信任、理解和接受。

四、影响了孙中山的自我认识和形象塑造

黑格尔曾指出："人以两种方式获得这种对自己的意识：第一是以认识的方式，他必须在内心里意识到他自己，意识到人心中有什么在活动，有什么在动荡和起作用，观照自己，形成对于自己的观念，把思考所发现为本质的东西凝定下来，而且在从他本身召唤出来的东西和从外在世界接受过来的东西之中，都只认出他自己。其次，人还通过实践的活动来达到为自己（认识自己），因为人有一种冲动，要在直接呈现于他面前的外在事物之中实现他自己，而且就在这实践过程中认识他自己。人通过改变外在事物来达到这个目的，在这些外在事物上面刻下他自己内心生活的烙印，而且发现他自己的性格在这些外在事物中复现了。"③ 孙中山对自己的认识亦是如此。一方面，他是一个自我意识、权威意识比较强烈的人，岭南文化教育赋予了孙中山以权威意识和领袖意识，强化了孙中山的自我意识。孙中山自小就具

---

① 李泽厚：《中国近代思想史论》，人民出版社1979年版，第370～371页。
② 朱文华：《社会政治革命家文化心态的折射——读〈孙中山全集〉》，见《遁世与救世——中国文化名著新评》，上海文艺出版社1991年版，第415页。
③ ［德］黑格尔：《美学》第一卷，朱光潜译，商务印书馆1981年版，第39页。

有"控制环境"和"反抗"的个性,虽然杨太夫人教子甚严,但在其4岁之前,因父亲老来得子,个性又较温和,尚有祖母"撑腰",故孙中山比其他孩子显得较"违拗"、固执。与陆皓东、陈少白、尤列、郑士良等的交往,由于他们对孙中山的钦敬与附从,使孙中山自革命之初即俨如领袖,强化了他的自信与权威支配倾向。① 在孙中山的早期社会化的过程中,岭南文化真正起到了决定性的作用,它赋予了孙中山自我意识的原型。另一方面,随着实践活动的不断深入,这种自我意识原型尽管相应地发生了一些变化,但实质性的东西依然顽强地留存下来,时隐时现地活跃在孙中山的思想意识之中,左右着孙中山的言行,甚至干扰着孙中山的自我认识。

首先,孙中山虽然承认主权在民,但同时视广大群众为"不知不觉者",为"阿斗",忽视或者贬低了群众的革命作用。他说:"以人言之,则有三系焉:其一先知先觉者,为创造发明;其二后知后觉者,为仿效推行;其三不知不觉者,为竭力乐成。"② 他把自己看作先知先觉者,认为自己有责任唤起民众,组织和领导所谓"后知后觉者"和"不知不觉者"这两种人。如他曾说:"我这三民主义,五权宪法,也可以叫做孙文革命;所以服从我,就是服从我所主张的革命;服从我的革命,自然应该服从我。"③ 这样人为地将自己与群众分隔开来,造成组织内部的不团结、不和谐,甚至影响了革命志士的革命积极性的发挥。忽视众人的作用,甚至贬低群众的作用,不仅仅如人们通常所说的是由于阶级的局限性所致,而且恐怕还与孙中山的自我意识、自我认识有关。

其次,与自我意识密切相关的是孙中山比较强调"心力"的作用。他说:"夫国者人之积也,人者心之器也,而国事者一人群心理之现象也。是故政治之隆污,系乎人心之振靡。吾心信其可行,则移山填海之难,终有成功之日;吾心信其不可行,则反掌折枝之易,亦无收效之期也。心之为用大矣哉!夫心也者,万事之本源也。满清之颠覆者,此心成之也;民国之建设者,此心败之也。"④ 孙中山这种把心理的作用提高到决定历史前进与倒退、革命与建设成败的关键地位的思想,既与岭南人的"理心合一认知关系

---

① 华中兴:《中山先生政治人格的解析》,台北正中书局1992年版,第44~45、82页。
② 《建国方略之一 孙文学说——行易知难(心理建设)》,《孙中山选集》,人民出版社1981年版,第116~117页。
③ 辛向阳、倪健中主编:《南北春秋:中国会不会走向分裂》,人民中国出版社1993年版,第348页。
④ [美]林毓生:《中国意识的危机——"五四"时期激烈的反传统主义》(增订再版本),穆善培译,贵州人民出版社1988年版,第45页。

链"① 和"借思想文化解决问题"的思维方式②有关，又与孙中山自己的"自我心理分析"和个人行为的"伦理学阐释"有着密切的联系，即与所谓将心比心、以己推人式的思维方式有关。孙中山以为自己所思所想所说所做的也是他人所思所想所说所做的。他这种"自己如此他人亦应该如此"的思维方法，必然使他容易走向片面强调个人和心理在社会革命和建设中的作用这一唯心主义的边缘，也容易使他过分相信自己和轻信他人，把复杂的问题简单化。尽管孙中山到晚年已渐渐意识到了过去强调心力和个人作用的危害，在主观上对自己的文化心态作了相应的调整，但从总体上来看，这种调整还是不够全面和不够彻底的。③

由此我们不难看出，岭南文化对孙中山的个性、思想和活动，既起了积极作用，又产生了消极影响。岭南文化自身的局限性在孙中山这里也像在洪秀全、康有为、梁启超等人那里一样得到了相同或相似的体现。正如华裔美国学者林毓生所说的"'自己'的心灵常常是外界流行的风气的反映而已"④。那么，孙中山的心灵也是他那个时代和他所接触的文化的一种反映。

孙中山一生受多种文化的熏陶，岭南文化仅仅是"多种文化"中的一种。所不同的是，岭南文化是孙中山的母体文化，对孙中山的文化心理结构之形成无疑起了决定性的作用。⑤ 虽然人的文化心理结构可以不断地调整或改变，但这种"调整或改变"主要还是依赖于文化主体——人的主观因素和外在环境的压力。孙中山曾强烈反叛自己赖以生存生活的文化——岭南文化，主动地拥抱西方文化，后来又积极地向中国传统文化靠拢，但大都是出于现实性和实用性的考虑，或者是由于文化反差所引起的一种情绪化的反应。而且，孙中山往往是只顾"拿来"，为我所用，却较少进一步消化和进行深层次的创造性转换，也较少地去反省自己的母体文化（原型文化），有意识地调整或改变在岭南文化圈内形成的心理结构。因此，岭南文化对孙中山的影响既不能绝对地加以夸大，也不能简单地加以否定。

---

① 朱文华：《社会政治革命家文化心态的折射——读〈孙中山全集〉》，见《遁世与救世——中国文化名著新评》，上海文艺出版社1991年版，第415页。
② ［美］林毓生：《中国意识的危机——"五四"时期激烈的反传统主义》（增订再版本），穆善培译，贵州人民出版社1988年版，第374页。
③ 朱文华：《社会政治革命家文化心态的折射——读〈孙中山全集〉》，见《遁世与救世——中国文化名著新评》，上海文艺出版社1991年版，第415页。
④ ［美］林毓生：《中国意识的危机——"五四"时期激烈的反传统主义》（增订再版本），穆善培译，贵州人民出版社1988年版，第374页。
⑤ 这方面发生认识论和文化人类学的研究报告已提供了足够的证据和理论说明。

参考书目

[1] 吴相湘. 孙逸仙先生传(上、下册)[M]. 台北：台湾远东图书公司，1982.

[2] 尚明轩. 孙中山传[M]. 北京：北京出版社，1981.

[3] [美]林百克. 孙逸仙传记[M]. 徐植仁，译. 上海：上海三民公司，1927.

[4] 陈锡祺主编. 孙中山年谱长编(全二册)[M]. 北京：中华书局，1991.

[5] 孙中山史料专辑[M]. 广东文史资料：第25辑. 广州：广东人民出版社，1979.

[6] 罗香林. 国父之大学时代[M]. 重庆：重庆独立出版社，1945.

[7] [日]宫崎滔天. 辛亥革命(一)[M]. 上海：上海人民出版社，1957.

[8] 胡去非. 孙中山先生传[M]. 上海：商务印书馆，1931.

[9] 胡绳. 孙中山革命奋斗小史[M]. 香港：香港海洋书屋，1948.

[10] 陈锡祺. 同盟会成立前的孙中山(修订本)[M]. 广州：广东人民出版社，1984.

[11] 胡去非编. 总理事略[M]. 上海：商务印书馆，1937.

[12] 冯自由. 革命逸史[M]. 上海：商务印书馆，1947.

[13] 尚明轩，王学庄，陈崧编. 孙中山生平事业追忆录[M]. 北京：人民出版社，1986.

[14] 罗香林. 国父与欧美之友好[M]. 台北："中央"文物供应社，1951.

[15] 中山丛书(四)[M]. 上海：太平洋书店，1927.

[16] 陈锡祺. 孙中山与辛亥革命论集(增订本)[M]. 广州：中山大学出版社，1992.

[17] 冯自由. 中国革命运动二十六年组织史[M]. 上海：商务印书馆，1948.

[18] 王耿维编. 孙中山史事详录(1911—1913)[M]. 天津：天津人民出

版社, 1986.

[19] 刘成禺. 先总理旧德录［M］. 国史馆馆刊：1（1）.
[20] 李凡. 孙中山全传［M］. 北京：北京出版社, 1991.
[21] 王俯民. 孙中山详传［M］. 北京：中国广播电视出版社, 1993.
[22] 李伯新. 孙中山的亲属和后裔［M］. 中山文史（27）.
[23] 刘居上. 中山采风录［M］. 中山文史（21）.
[24] 余齐昭. 孙中山文史考补［M］. 中山文史（35）.
[25] 张磊主编. 孙中山辞典［M］. 广州：广东人民出版社, 1994.
[26] 半粟编著. 中山出世后中国六十年大事记［M］. 上海：太平洋书店, 1917.
[27] 梁华平等编写. 孙中山先生的足迹［M］. 湖北文史资料（35）.
[28] 章开沅等编著. 国内外辛亥革命史研究综览［M］. 武汉：湖北教育出版社, 1991.
[29] 章开沅, 林增平主编. 辛亥革命史［M］. 北京：人民出版社, 1980.
[30] 黄彦, 李伯新编. 孙中山藏档选编（辛亥革命前后）［M］. 北京：中华书局, 1986.
[31] 章开沅. 辛亥前后史事论丛［M］. 武汉：华中师范大学出版社, 1990.
[32] 张磊. 孙中山论［M］. 广州：广东人民出版社, 1986.
[33] 张磊. 孙中山思想研究［M］. 北京：中华书局, 1981.
[34] 赵矢元主编. 孙中山和他的助手［M］. 哈尔滨：黑龙江人民出版社, 1987.
[35] 金冲及, 胡绳武. 辛亥革命史稿（四卷本）［M］. 上海：上海人民出版社, 1991.
[36] 胡绳武, 金冲及. 从辛亥革命到五四运动［M］. 长沙：湖南人民出版社, 1983.
[37] 李时岳, 赵矢元. 孙中山与中国民主革命［M］. 沈阳：辽宁人民出版社, 1981.
[38] 段云章. 孙中山［M］. 南京：江苏古籍出版社, 1984.
[39] 段云章, 邱捷. 孙中山与中国近代军阀［M］. 成都：四川人民出版社, 1989.
[40] 萧致治主编. 领袖与群伦：黄兴与各方人物［M］. 武汉：武汉大学出版社, 1991.
[41] 林家有. 辛亥革命与民族问题［M］. 广州：中山大学出版社, 1992.
[42] 龚书铎. 中国近代文化探索［M］. 北京：北京师范大学出版社, 1988.

[43] 吴雁南. 孙中山与辛亥革命 [M]. 贵阳：贵州人民出版社，1986.
[44] 章开沅. 离异与回归：传统文化与近代化关系试析 [M]. 长沙：湖南人民出版社，1988.
[45] 韦杰廷. 孙中山哲学思想研究 [M]. 长沙：湖南人民出版社，1981.
[46] 韦杰廷. 孙中山社会历史观研究 [M]. 长沙：湖南人民出版社，1986.
[47] 林家有，周兴樑. 孙中山与国共第一次合作 [M]. 成都：四川人民出版社，1988.
[48] 姜义华等. 孙中山的哲学思想 [M]. 上海：上海人民出版社，1960.
[49] 沈渭滨. 孙中山与辛亥革命 [M]. 上海：上海人民出版社，1993.
[50] 张江明编. 孙中山哲学研究 [M]. 广州：广东人民出版社，1986.
[51] 蒋一安. 国父哲学思想论 [M]. 台北：台湾商务印书馆，1966.
[52] 孙中山全集（1—11卷）[M]. 北京：中华书局，1981.
[53] 陈旭麓，郝盛潮主编. 孙中山集外集 [M]. 上海：上海人民出版社，1990.
[54] 郝盛潮主编. 孙中山集外集补编 [M]. 上海：上海人民出版社，1994.
[55] 朱宗震. 孙中山在民国初年的决策研究 [M]. 成都：四川人民出版社，1991.
[56] 孙中山和他的时代——孙中山研究国际学术讨论会文集 [M]. 北京：中华书局，1989.
[57] "孙中山与亚洲"国际学术讨论会论文集 [M]. 广州：中山大学出版社，1994.
[58] 李敖. 孙中山研究 [M]. 台北：李敖出版社，1987.
[59] 华中兴. 中山先生政治人格的解析 [M]. 台北：正中书局，1992.
[60] 李联海，马庆忠. 一代天骄——孙中山传记 [M]. 重庆：重庆出版社，1986.
[61] 马庆忠，李联海. 孙中山和他的亲友 [M]. 广州：花城出版社，1988.
[62] 李联海编著. 孙中山轶事 [M]. 广州：广东人民出版社，1985.
[63] 刘兴华. 孙中山思想论稿 [M]. 哈尔滨：黑龙江人民出版社，1985.
[64] [美] 史扶邻. 孙中山与中国革命的起源 [M]. 丘权政，符致兴，译. 北京：中国社会科学出版社，1985.
[65] [美] 韦慕廷. 孙中山——壮志未酬的爱国者 [M]. 杨慎之，译. 广州：中山大学出版社，1986.
[66] [美] 陈福霖. 孙中山廖仲恺与中国革命 [M]. 广州：中山大学出版社，1990.
[67] [波兰] 伊斯雷尔·爱泼斯坦. 宋庆龄——二十世纪的伟大女性 [M].

沈苏儒, 译. 北京：人民出版社, 1992.

[68] 李侃. 近代传统与思想文化 [M]. 北京：文化艺术出版社, 1990.

[69] 广东省社科院孙中山所编. 辛亥革命与孙中山——纪念辛亥革命八十周年论文集 [M]. 广州：广东人民出版社, 1991.

[70] 韦杰廷. 孙中山民生主义新探 [M]. 哈尔滨：黑龙江教育出版社, 1991.

[71] 蒋祖缘, 方志钦编. 简明广东史 [M]. 广州：广东人民出版社, 1987.

[72] 李泽厚. 中国近代思想史论 [M]. 北京：人民出版社, 1979.

[73] 李权时主编. 岭南文化 [M]. 广州：广东人民出版社, 1993.

[74] 陈乃刚. 岭南文化 [M]. 上海：同济大学出版社, 1990.

[75] 李锦全等编著. 岭南思想史 [M]. 广州：广东人民出版社, 1993.

[76] 司徒尚纪. 广东文化地理 [M]. 广州：广东人民出版社, 1993.

[77] 胡朴安. 中华全国风俗志 [M]. 郑州：中州古籍出版社, 1990.

[78] 陈侃言等. 中国地域文化论 [M]. 广州：广州出版社, 1994.

[79] 唐得阳编. 中国文化的源流 [M]. 济南：山东人民出版社, 1993.

[80] 胡伟希编. 辛亥革命与中国近代思想文化 [M]. 北京：中国人民大学出版社, 1991.

[81] 许苏民. 中华民族文化心理素质简论 [M]. 昆明：云南人民出版社, 1987.

[82] 高玉祥. 个性心理学 [M]. 北京：北京师范大学出版社, 1991.

[83] 沙莲香主编. 中国民族性（一）[M]. 北京：中国人民大学出版社, 1989.

[84] [美] M. H. 邦德主编. 中国人的心理 [M]. 张世富, 等, 译. 昆明：云南人民出版社, 1990.

[85] 刘豪兴, 朱少华. 人的社会化 [M]. 上海：上海人民出版社, 1993.

[86] [美] 费正清. 剑桥晚清中国史（1800—1911）（上下卷）[M]. 中国社会科学院历史研究所编译室, 译. 北京：中国社会科学出版社, 1985.

[87] [美] 费正清. 美国与中国（第四版）[M]. 张理京, 译. 北京：商务印书馆, 1987.

[88] [美] 卡尔·A. 魏特夫. 东方专制主义——对于极权力量的比较研究 [M]. 徐式谷, 等, 译. 北京：中国社会科学出版社, 1989.

[89] [美] 麦礼谦. 从华侨到华人——二十世纪美国华人社会发展史 [M]. 香港：三联书店（香港）分公司, 1992.

[90] 马小泉等. 强权与民声——民初十年社会透视 [M]. 郑州：河南大学出版社，1991.

[91] 荣孟源，章伯锋主编. 近代稗海（1—8 辑）[M]. 成都：四川人民出版社，1987.

[92] 骆惠敏编. 清末民初政情内幕——《泰晤士报》驻北京记者、袁世凯政治顾问乔·厄·莫理循书信集（上）（1895—1912）[M]. 刘桂梁，等，译. 上海：知识出版社，1986.

[93] 全国政协文史资料研究委员会编. 辛亥革命回忆录（1—6）[M]. 北京：文史资料出版社，1981.

[94] 谭人凤. 石叟牌词 [M]. 兰州：甘肃人民出版社，1983.

[95] 柴德赓等编. 辛亥革命（1—8）[M]. 中国近代史资料丛刊. 上海：上海人民出版社，1982.

[96] [日] 宫崎滔天. 三十三年之梦 [M]. 佚名，初译，林启彦，改译，注释，广州：花城出版社，香港：生活·读书·新知三联书店香港分店联合出版，1981.

[97] 蔡尚思，等. 论清末民初中国社会 [M]. 上海：复旦大学出版社，1983.

[98] 李华兴等编. 梁启超选集 [M]. 上海：上海人民出版社，1984.

[99] 孙中山研究学会编. 回顾与展望——国内外孙中山研究述评 [M]. 北京：中华书局，1986.

[100] [法] 白吉尔著. 孙逸仙 [M]. 温洽溢，译. 台北：台北时报文化出版企业股份有限公司，2010.

[101] [美] 方李邦琴主编：孙中山与《少年中国》——从美国当年的报纸看辛亥革命 [M]. 北京：北京大学出版社，2012.

[102] [美] 史扶邻. 孙中山：勉为其难的革命家 [M]. 丘权政，符致兴，译. 陈昌光，校. 北京：中国华侨出版社，1996.

第一版后记

光阴荏苒，岁月如梭，转瞬已是八年。八年前，在武汉大学硕士毕业之际，我毫不犹豫地选择了中山大学孙文学院。当时的理由很简单，因为那里曾出了伟人孙中山。迁入中山市以后，受中山市特定的人文环境影响，在那些关心我、爱护我、帮助我的师友的激励和引导下，我再一次在自己的研究方向上选择了孙中山。

中山市是一个移民的城市，又是一个文化多元的社会。她得风气之先，又开风气之先。中山人"团结、爱国、进取、创新"的精神风貌，给我留下了极其深刻的印象。在与中山人的接触和交往过程中，我越来越觉得南北文化有着极大的区别，绝不能把中华文化和地域文化混为一谈。研究孙中山的思想、活动和个性，就更应重视中山市和岭南地区特殊的文化范式对孙中山的影响。因此，我开始了本书的写作。

三年前就写出了本书的初稿，其中部分章节已作为论文的形式公开发表。后经反复修改和不断充实，终于有了现在的模样。本书的出版，仅仅是对过去研究成果的一次总结，更深入的研究还有待将来。因为岭南文化对孙中山的影响是整体性的，本书对孙中山的个性心理、思维方式、情感世界和行为方式等与岭南文化的关系所作的论述，因受个人的见识和手中的资料等方面的限制，故而既不全面又不深刻。它们本身仅仅是岭南文化与孙中山二者相互关系中的一个组成部分，诸如岭南文化与孙中山的价值取向、人生观、世界观、社会观、历史观、审美观、宗教观、文化观、自然观等更为复杂的相互关系，却未能逐个进行研究，所以从总体上看很不完整。同时，文化与人是一个互动的关系，文化影响人，人又影响和创造文化，人既是文化的主体，又是文化的客体，文化的主客体之间的相互关系不是几个要素或几个专题分析就能梳理得一清二楚的。由于篇幅、资料、学识的限制，原计划对以上诸问题作一次尝试性的分析说明，但心有余而力不足，故在动手撰写此书时不得不放弃这一奢望。

本书之所以不厌其烦地讨论岭南文化的生成、结构、特征，以及岭南人的语言、性格、气质、代表人物，目的是为了突出岭南文化自身的特点，深化人们对岭南文化的认识。从全书的结构上看，对岭南文化的论述似乎显得多余，但对岭南文化本身作一系统的研究在四年前尚属必要。因为那时学术界对岭南文化还没引起足够的重视，系统的研究除了陈乃刚的《岭南文化》和蒋祖缘、方志钦主编的《简明广东史》两书外，还没有更加具体的研究著述问世。为了保持思想认识的全貌，最后定稿时还是保留了本书的第二章和第三章。

需要特别指出的是，本书对岭南文化与孙中山相互关系的强调，并不是要否定西方近代文化和中国传统文化对孙中山的影响，而是要提醒人们注意文化的层次性和地域性，以及文化对人的早期社会化所留下的深刻影响。事实上，是岭南文化、中国传统文化和西方近代文化"锻造"了孙中山这个人。但从岭南文化的生成过程、结构、特征上看，岭南文化到了近代，实际上是中西文化的集大成。从这个角度上看，说岭南文化对孙中山产生了深远的影响亦不为过。

"文章千古事，得失寸心知"，其实并不尽然。把"文章"看得比什么都重要的人，总免不了自恋自惑的心理，对自己的"文章"的评价因此也难以进入"觉醒"的状态。本人亦不例外。为了追求认识的真，因此特别需要大众的批评和平等的学术对话。

一个人的成长，总少不了他人的支持和帮助。本书的成形亦是如此。在撰写此书的过程中，我既得到了师友的教诲和启发，又得到了家人和领导的理解与支持。在这里，我要特别感谢我的几位恩师，他们是武汉大学历史系萧致治教授，中山大学历史系陈胜粦教授、林家有教授、段云章教授，广东省社会科学院孙中山研究所刘望龄教授，花城出版社李联海书记，是他们给了我知识和方法，教会了我观察和思考。同时我也要感谢中山市孙中山研究会的老前辈和领导对我多年的支持与帮助，是他们给了我发挥特长的舞台和机会，在与他们的交往过程中，我感到了研究会这个大家庭的温馨。另外，也要感谢我院领导和同事对我的激励和关怀，是他们给了我学习交流的机会，也是他们使我懂得学术研究的价值和意义。最后，还要感谢我的学长和朋友郑集思先生、刘居上先生、陈金川先生、谢中凡先生、袁立春先生、关汉华先生，他们在我撰写本书的过程中，无私地提供了有关的资料或有价值的意见。

本书得以正式出版，我还要特别感谢中山大学出版社副社长、总编辑杨权先生，本书的责任编辑潘智彪先生以及责任校对张礼凤小姐，他们不仅对本书稿提出了许多宝贵的修改意见，而且付出了巨大的劳动。同时还要感谢中山市委、市政府，没有他们经济上的大力支持，本书恐怕难以如期与读者见面。

最后，我要特别感谢我的父母和我的妻子余霞丽，以及我岳父岳母一家老少，是他们给了我信心和力量。尤其是我的妻子，她不仅主动地承担了一切家务，耐心地为我搜集有关的研究资料，认真地打印大部分稿件，还经常与我讨论书中涉及的一些问题，甚至纠正了书稿中的一些观点和文字上的错误。可以说，这部书稿是我们俩共同学习和研究的具体体现。

总之，这部书稿是集体智慧的结晶。在写作和出版这部书稿过程中，我真正感受了人间的真情和温暖，领会了亲情和友谊的价值和意义，更懂得了为人处世的许多道理。从这个意义上说，我的收获在书外。

一九九六年中秋节于中山大学研究生楼

修订版后记

读书、教书、写书、出书，原是我年轻时的志趣和梦想，没想到计划不如变化快，意向和结果总是不能合二为一。有时，偶然的行为却意外地成就了自己的事业，甚至内在地归定了人生的路向。在读书、教书和写书、出书的道路上，虽然曾有过许多稍纵即逝的不愉快的经历，但更令人难以忘怀的还是一些意外的收获和突如其来的惊喜。

这本20多年前撰写的《岭南文化与孙中山》，在出版的过程中曾经历了不少的波折，也得到了许多热心人士的推荐与帮助。其中，中山大学出版社原总编辑杨权教授、中山大学中文系潘志彪教授，以及我的恩师陈胜粦教授和林家有教授，都曾给予了太多的指导和有力的支持。中山市委统战部和宣传部的几位领导也给予了不少的关心，甚至将其纳入中山市纪念孙中山诞辰活动的资助项目，中山市孙中山研究会也在力所能及的条件下给予了热情的帮助。但这本书从撰写到出版，前后还是经历了将近7年的时间，真可谓好事多磨。

但是，这本书带给我的更多的还是惊喜和赞誉。本书出版后，在学界尤其是孙中山研究领域产生了一定的反响，不仅有多位专家撰文对本书进行了整体的学术评析，而且还一再被学界同仁所引用，甚至受到20集电视剧《孙中山》剧组创作人员的喜爱，本书也因此多次获奖。这些殊荣对于一个刚刚涉足"孙学"领域的年轻人来说，不仅仅是一种肯定，也是一种鞭策，更是学术生命的起点。让我没想到的是，本书20年后又能重新修订，获得再版的机会。记得是2016年初快过新年的时候，在去广州的路上，我的恩师、中山大学历史系的林家有教授来电告知，本书被中山大学出版社列为2016年纪念孙中山诞辰150周年再版论著，希望我尽快增补修订，为纪念孙中山诞辰150周年献礼。我当时可谓又惊又喜，没想到这本曾经颇费周折的著作出版20年后居然还有再版的机会！

其实，在此书初版后不久，就有一些读者和同行建议我修订再版，也有一些出版社主动与我联系洽谈此事，但是最后还是没有落实。当然主要还是我自己的原因，在我的内心深处总觉得时机还不成熟。更何况近20年来，我的研究和思考中心发生了变化，手头上要写的东西实在太多，根本没有心思和精力来修订。而能够在孙中山先生诞辰150周年修订再版，对我来说是一次千载难逢的机会。当时林家有老师建议我增补一些内容，我自己也有这方面的想法，因此本次修订时在第一章、第五章增加了一些新材料，个别的文字做了相应改动，最后一章也将标题做了一些技术上的处理，但是总体上没有太多的修改，文字上也只是增加了大约2万字。因为在我看来，无论是结构、内容还是观点、方法等，都无须太多改动的必要，但必须增补一些新材料以充实原来的论据，从而使立论更加准确，且更有说服力，内容更加充实，且更有吸引力。因此，本次修订，主要有三方面的变化：首先是对引文进行了核实，对作者、出版社和编译者以及出版时间均进行了更加具体的说明，从而使其更严谨更规范；其次是对过去表述不准确不恰当的地方进行了文字上的修改润饰，从而使其更准确更生动；最后是在表现形式上进行了学术化、文学化和艺术化处理，从而使其更完善更光鲜。

　　在修订此书的过程中，要特别感谢我的夫人吴丽莉全方位的支持和学生李莹丹、陈国庆的帮助，他们不仅帮我将40多万字的书稿重新输入电脑，而且还帮助我核对原文、查找征引的书籍文献，从而减轻了我的劳动强度。更应感谢中山大学出版社邹岚萍女士，她一直为此书的再版劳思费神，付出了艰辛的劳动。在此也要特别鸣谢那些匿名的评审专家，他们认真审阅书稿，既对本书给予了高度的肯定，又提出了一些具体的建设性的意见，从而为本书平添了不少光彩。

　　虽然在修订过程中，本人也尽了最大的努力，避免出现错漏和硬伤，但因写作此书时所征引的论著现在已难以查阅，只能根据新的版本重新核对，尽管已核实补正了不少缺漏和错误，但仍有少数参考书或征引文献无法找到原来的版本，只能原封不动地保留。而且最近20多年海内外孙中山研究成果十分丰富，因一时难以消化，故暂时未能吸收进来，所以仍然有许多不尽如人意的地方。好在读者永远是高明的鉴赏家，相信在阅读时不会被我的无知和浅薄而误导。我真心地希望读者和专家指出其中的不足，以帮助我在新的研究和论著中有所进步、有所提高。

二〇一七年五月一日
于中山金馨居